U0528516

Dynamic Comparison of
Cross-Strait Comprehensive Power

海峡两岸综合实力动态比较研究

张萌 / 著

图书在版编目（CIP）数据

海峡两岸综合实力动态比较研究 / 张萌著. — 北京：九州出版社，2023.11
ISBN 978-7-5225-1868-8

Ⅰ．①海… Ⅱ．①张… Ⅲ．①海峡两岸－对比研究 Ⅳ．①D618

中国国家版本馆CIP数据核字(2023)第249716号

海峡两岸综合实力动态比较研究

作　　者	张萌　著
责任编辑	肖润楷
出版发行	九州出版社
地　　址	北京市西城区阜外大街甲35号（100037）
发行电话	(010)68992190/3/5/6
网　　址	www.jiuzhoupress.com
印　　刷	北京九州迅驰传媒文化有限公司
开　　本	720毫米×1020毫米　16开
印　　张	28.75
字　　数	390千字
版　　次	2024年1月第1版
印　　次	2024年1月第1次印刷
书　　号	ISBN 978-7-5225-1868-8
定　　价	76.00元

★版权所有　侵权必究★

序一

2011年4月,我到南京大学台湾研究所与老师们座谈交流,认识了当时还是学生的张萌。后来知道她读了本校的博士生,有时在一些学术交流活动中也看到她。有一次,她的导师南大台研所所长刘相平教授告诉我,张萌的博士论文写的是两岸实力评估,这引起我很大兴趣。邓小平同志关于"发展是硬道理"、中国解决所有问题包括台湾问题的关键要靠自己发展的思想,产生巨大而深刻的影响,在对台工作实践中启发出一种战略思路——在发展的基础上解决台湾问题。2015年3月4日,习近平总书记说"从根本上说,决定两岸关系走向的关键因素是祖国大陆发展进步",明确指出祖国大陆发展进步从根本上决定两岸关系走向,将不断积蓄解决台湾问题的能力和条件,这丰富和发展了在发展基础上解决台湾问题的战略思路。而研究台海形势基本格局中各种实力对比,包括大陆实力发展壮大、两岸实力对比、中国与美国实力对比,正是这一战略思路所关心的重要问题。多年来我一直关注这方面的情况,思考这方面的问题,并且用以研究台海形势基本格局,预测台海形势基本走向。因此,我和张萌就这个问题进行了交谈,还答应刘相平老师要我在张萌博士论文出版时为其作序。现在张萌的专著即将出版,我向她表示祝贺。

本书选题涉及研究台海形势与中国国家统一的基本问题,有重要的理论和现实意义。研究台海形势基本格局中实力对比问题,要落实到在发展基础上解决台湾问题的实践上,即要研究大陆力量的发展,对于台海形势基本格局及其内涵的影响,对于两岸关系发展的影响,对于推动两岸交流合作与融合发展的作用,对于遏制"台独"分裂行径的作用,对于处理中美关系中的台湾问题的作用,对于处理国际涉台事务的作用,乃至于预测我们最终解决台湾问题的能力、条件和时机。这都是十分必要和重要的。《孙子兵法》说:"未战而庙算胜者,得算多矣。未战而庙算不胜者,得算少矣。多算胜,少算不胜,而况于无算乎！以此观之胜负见矣。"讲的就是这个道理。《海峡两岸综合实力动态比较研究》就是研究这样一个重要问题，在学术上和实务上都很有意义。

本书首先厘清综合实力、硬实力、软实力概念的定义，然后构建综合实力评估模型，选取288个指标（206个硬实力指标和82个软实力指标），并选取涵盖硬实力、软实力各个面向的上万个数据，还提出软实力指标的量化标准。在这些工作的基础上，作者仔细排列对比1978年至2014年两岸综合实力的变化，并探寻每一阶段综合实力变化与两岸关系演进的对应关系及其理论逻辑。尤其是作者花很大功夫处理了巨量的数据，涉及面很广，比较全面，增强了论述的说服力。

这样评估的结论认为，1978年至1990年代中期，大陆综合实力有总量优势，但发展水平滞后，两岸综合实力差距逐渐缩小，1994年台湾相当于大陆的54.31%。随着大陆各项事业发展，大陆综合实力跨越式增长，两岸综合实力差距迅速扩大，2014年大陆是台湾的6.73倍。其中最显著的是经济、科技、军事、对外关系等方面。经济方面，1978年至1990年代初，两岸经济力分值差距逐渐缩小，台湾相当于大陆的41.49%，此后差距迅速扩大，2014年大陆是台湾的12.53倍。科技方面，1978年以后，台湾对大陆的优势逐渐丧失，80年代末期被大陆反超，大陆科技力分值2014年达台湾的6倍多。军事方面，两岸军事力分值差距1990年代以前逐渐缩小，台湾相当于大陆的74.39%，1994年以后大陆军事实力高速成长，2014年已达台湾的9倍。对外关系能力方面，台湾对外关系能力始终较弱。大陆对外关系能力1978年至2014年提升49.37%，在世界上发挥越来越重大的影响力。

作者还运用综合实力理论、软实力理论，分析了1978年至2014年两岸双方关于两岸关系的政策，也分析了综合实力对两岸关系发展的影响；还预测了2014年以后一个长时期内，在环境条件相对稳定的情况下，两岸综合实力以及中美综合实力发展与变化。她的基本看法是，大陆综合实力发展将数十倍地超越台湾，并将大大接近美国，这使大陆解决台湾问题的能力不断增强、条件不断优化，直至达到最终彻底解决台湾问题、实现国家完全统一的目标。

虽然作者进行这项研究的时间不长，还有继续研究的空间，但是作者已有的研究成果，已经证明大陆的发展不断显著地改变台海形势基本格局中的实力对比，并且成为一种趋势。这的确是历史的大势所趋，也是逻辑的大势所趋。

大陆自1978年12月开始以经济建设为中心、实行改革开放政策，经济高速发展，1990年代中期后大陆对台湾综合实力对比差距不断拉开、越拉越大，进入新世纪已成压倒之势，不可逆转。自2010年中国大陆成为世界第二大经济体以后，经济总量与美国的差距也越来越小，综合实力与美国的差距也显著缩小。大陆40多年的发展，综合实力全面提升，增强了对台湾经济的吸引力，扩大了对台湾文教的影响力，有力支持了对台交流合作与两岸融合发展，取得了台海军事战略优势，巩固了国际社会承认一个中国的局面。这使大陆在两岸关系中，在整个台海形势中，处于越来越强有力的地位，能够确保制止"台独"分裂图谋得逞，也能够强有力地抵御外部势力的武装干涉。这说明，在对台工作中发展也的确是硬道理，在发展基础上解决台湾问题的战略思路已被实践证明是正确的。

台湾问题非常复杂，涉及的领域非常广泛，涵盖政治、经济、文化、社会、军事、外交等几乎所有方面，既有大陆与台湾的，也有中国与美国的；既有硬实力的，也有软实力的。它们相互交织、盘根错节，因此探究台海形势中综合实力对比也是非常复杂的，不能简单化。

例如，由于两岸双方体量差距十分悬殊，大陆综合实力超越台湾是必然的，但是美国抓住台湾不放，在政治、军事、外事等方面予以扶植。美国给予台湾所谓"安全保护"，使得民进党顽固坚持"台独"立场。美国虽然与台湾没有同盟关系，但实际上把台湾纳入其战略安排之中，助长了"台独"势力的"底气"。这会增加评估台湾综合实力的复杂性，不能轻忽。

更要意识到的是，发展不是也不会是一帆风顺的，综合实力增长不是也不会是一蹴而就的。2017年以来，美国为了维护自己的世界霸权地位，不能容忍中国大陆进一步发展，将中国大陆作为最大的战略竞争对手、最严峻的地缘政治挑战、步步紧逼的最主要威胁，全面、系统地予以打压和围堵，包括利用台湾问题进行挑衅和讹诈。所幸的是，我们已经发展起来了，已经可以抵御住美国的打压和遏制了，还将不断继续发展。同时也要想到，中美之间这一时代大较量还会持续相当一段时间，我们对发展遇到的困难要想得多一些，对未来中美综合实力对比的预测也要想得远一些、深一些。

理论来源于实践，又用于指导实践。研究台海综合实力比较，要有助于探索形势阶段性变化的缘由及其规律性因素，更要有助于实事求是地思考和制定适应形势、又能推动形势发展的目标任务、战略策略、政策措施，从而推动实际工作取得进展、达致目标。我们必须坚决听从以习近平同志为核心的党中央指挥，学习贯彻中央对台工作的决策部署，坚持贯彻新时代党解决台湾问题的总体方略，进一步开展台海形势基本格局中各种实力对比的研究，更好地服务于对台工作全局，为推进两岸关系和平发展和祖国统一进程作出应有的贡献。

孙亚夫

2024 年 2 月 5 日

序二

　　张萌的《海峡两岸综合实力动态比较研究》一书终于可以正式出版了！这本书位列九州出版社的重点出版书目，但因为疫情以及其他多种原因，拖延了一些时间。对张萌而言，其中甘苦煎熬，不是一句"好事多磨"可以道尽的。

　　台湾研究是一种区域研究，两岸关系研究是一个国家内部两个区域关系的研究，涉及面十分广泛，包括历史、政治、经济、军事、社会、法律、文化、科技、对外关系等等诸多领域，每个领域又有很多研究面相，从大陆高校涉台研究机构归属部门的多样性也可见一斑。大陆高校涉台研究机构，除了少数几个大学独立设置台湾研究院外，其余的，有的挂靠公共管理学院或政府管理学院，有的挂靠经济学院，有的挂靠法学院，不一而足，南大台湾研究所则一直是归属于历史系（院）。不言而喻，南大台湾研究所的研究取向在于台湾史研究。对历史系（学院）而言，任何偏离历史研究的行为都是"非主流""边缘性"的研究，甚至被视为"不务正业"，张萌对此很清楚，为了撰写台湾史的"大论文"，她专门撰写了"小论文"《台湾"台湾史"研究谱系及其史观嬗变述论》发表在核心期刊上，算是为撰写台湾史方向的博士论文做了较好的准备。然而，她最后还是"转向"了，对两岸综合实力作比较研究，或许她认为这个课题的研究更有价值，或许她是受到了我的影响。这个决定，从一方面看，她是"明知山有虎，偏向虎山行"，学术勇气可嘉；从另一方面看，她是"自讨苦吃"，做了一个"吃力不讨好"的选择！

　　一个博士生，要想写好博士论文，必定是要"焚膏继晷""旰衣宵食"的，因而，博士论文是一个学者最纯真的学术感情、精神和心血的凝结，张萌自不例外。以她的博士论文为基础修改、深化而成的这本书，自然代表了她当下学术研究的水平。这本书，在综合实力评估的基础上，运用了综合实力理论、软实力理论和新功能主义理论对1978年以来的大陆对台政策、台湾的两岸政策进行了分析，考察和检视了两岸各自硬实力和软实力在两岸关系发展进程中的运用轨迹和实施成效，检视过去30余年大陆软、硬实力运用的成效和得失，并预测了两岸关系发展、祖国统一的前景。

个人以为，这本书具备以下几个特点：

1. 这是一个跨学科交叉研究的成果，展示了作者宽厚的知识储备和共冶一炉的能力

大陆学界涉台研究，多在历史、政治、经济、军事、社会、法律、文化、科技、两岸关系、两岸涉外关系等诸多领域中选择其一予以专攻，好处是显而易见，比如专业知识储备可以窄一些，研究方法可以简单一些，也非常适宜于深度发掘和探讨，有利于早出成果。而张萌的"海峡两岸综合实力动态比较研究"涉及众多学科，需要众多学科的知识、学理支撑。所幸，张萌自本科阶段进入南京大学历史系读书开始，即有志于研究台湾问题，她认真地接受历史系所有老师的教诲；在研究生阶段，她不但听遍了中国近现代史专业也听遍了国际关系研究院各位老师的课，还到南京大学和霍普金斯大学合设的中美文化研究中心学习了一年，也到台湾大学"国家发展研究所"交换学习了半年。从做学问的角度看，她的知识结构倒也确实能够支撑得起这种"宏大叙事"的题目！

2. 数据、资料来源权威、可靠

"专攻一点"的做学问方法好处虽多，但也容易陷入"只见树木不见森林""碎片化"的困境，而"宏大叙事"虽有助于帮助读者建立"整体印象"、树立"整体意识"，但也容易因为"蜻蜓点水""泛泛而谈"而为人所诟病。为了避免这个流病，张萌发挥"上穷碧落下黄泉"的精神，查找、收集了大量的资料，爬梳比对，锱铢必较，运用了数万个数据，选取了全国人大常委会发表《告台湾同胞书》之前的1978年、蒋经国实行开放的大陆政策之前的1986年、台湾通过"国家统一纲领"之前的1990年、江泽民总书记发表《为完成祖国统一大业而继续努力奋斗》（即"江八点"）之前的1994年、台湾实现所谓"政党轮替"之前的1999年、大陆颁布《反分裂国家法》及台湾"泛蓝"三党主席先后率团参访大陆之前的2004年、两岸签订《海峡两岸经济合作框架协议》之前的2008年，及两岸领导人举行历史性会面（即"习马会"）之前的2014年等八个时间点，对两岸综合实力进行评估，以点带线，以线成面，实证基础雄厚。需要说明的是，张萌这部书稿使用的是截至2017年的公开资料，有些数据（比

如两岸"军事实力"方面的）与当下公开的数据有所不同，还请读者理解。

3. 博采国内外学界关于综合国力的研究成果，推陈出新，建立全面性的两岸综合实力评估模型

国内外学界关于综合国力的研究不过数十年，但成果丰硕，不少学者和研究机构建立了综合国力评估模型，如德国理论物理学家威廉·富克斯（Wilhelm Fucks）、美国学者 R. S. 克莱因（Ray S. Cline）、约瑟夫·奈（Joseph S. Nye）、日本综合研究所、瑞士洛桑国际管理学院（IMD）；中国大陆学者黄硕风、丁俊峰、于宏义、王佑棣、王诵芬、朱喜安、肖腊珍；关于软实力的评估，也有一些研究机构、学者建构了模型，如美国芝加哥全球事务委员会（Chicago Council on Global Affairs）、韩国东亚研究所（East Asia Institute）、英国政府治理研究协会（The Institute for Government），中国大陆学者门洪华、阎学通、徐进等。

张萌对上列各种模型进行反复比较分析，认为黄硕风的"综合国力动态方程"最为全面，因为该"方程"运用了混沌学、系统论、协同学、耗散结构论的原理，以定性分析和定量分析、专家知识与建模计算相结合的体系集成方法建立的评估体系，是"硬国力""软国力"和"协同变量"的非线性组合。同时还研究建立了"综合国力盛衰动态方程"，用以测算综合国力的演变及国力盛衰的动向。她以黄硕风的综合国力评估模型为基础，吸收国内外综合实力评估要素之长，建立了两岸综合实力动态评估模型，将"综合实力"分为"硬实力""软实力"两大部分，"硬实力"下分"经济力""科技力""军事力""资源力"，再逐次析分，共设立 206 个指标；"软实力"下分"政治力""文教力""对外关系能力"，再逐次析分，共设立 82 个指标；这个用 288 个指标建立起来的综合实力评估模型，无遗漏地覆盖两岸综合实力的各个层面，宏观和微观相结合，全面而细致入微，繁复而层次分明。

需要指出的是，在中外学者的研究中，通常采用"综合国力"的表述，但海峡两岸关系不是国际关系，而是一个中国内部两个区域的关系，显然，"综合国力"的概念不能适用于两岸关系。张萌采用"综合实力"的概念探究大陆和台湾的实力变迁，定位准确。

4. 算法正确，结果可信

建立评估模型、收集资料和数据之后，下一个步骤就是计算，算法很关键。对文科学术背景的学者而言，算法和计算是一道难以逾越的坎。张萌有高等数

学的基础，为了这篇论文（书稿）还继续到南大数学系听课、学习，向数学系的老师请教，掌握算法。最后，她在"一级指标"测算的基础上，采用综合国力评估体系权重系数，合成"一级指标"分值，代入综合国力函数，计算出1978—2014年两岸综合实力分值。

根据张萌的计算和研究，在两岸综合实力比较方面，1978年至1990年代中期，两岸综合实力分值差距逐渐缩小，1994年台湾综合实力相当于大陆的54.31%。此后，随着大陆综合实力的跨越式增长，两岸综合实力分值差距迅速扩大，大陆的实力优势逐渐凸显，2014年大陆综合实力分值是台湾的6.73倍。在两岸硬实力比较方面，1978年大陆硬实力分值是台湾的3.84倍；此后，两岸硬实力差距逐渐缩小，1994年台湾硬实力分值占大陆比例攀升至47.13%。1994年以后，随着大陆硬实力的全面提升，两岸综合实力差距迅速扩大，2014年大陆硬实力分值是台湾的9.29倍。在两岸软实力比较方面，1978年两岸软实力分值相当。随着大陆改革开放的深入，在硬实力的保障和推动下，大陆软实力逐步显现，尤其是1990年代以后，大陆软实力稳步提升；与此同时，台湾软实力稳中有降，使得大陆与台湾软实力的分值比从1978年的1.1倍扩大至2014年的1.45倍。这个结果，是可靠、可信的。

5. 研究目的明确，即从实力对比的角度探寻实现国家统一的途径

本书的研究目的十分明确，即从两岸综合实力动态发展、比较分析的角度探讨台湾问题长期未能得到解决的原因，寻找实现国家完全统一的途径，预测两岸和平统一的前景。

台湾问题是二十世纪中后期国共内战的历史遗留问题，受到以美国为首的西方势力干涉拖延至今，是中国内战和国际"冷战"双重因素叠加的结果。70多年来，中国政府和人民不断致力于推进两岸统一大业的发展，但两岸至今未能实现完全统一。两岸关系的复杂性、长期性由此可见。

1949—1978年，海峡两岸处于军事对峙之中，事实证明，国民党台湾当局所谓的"反攻大陆"只不过是一句空话，而大陆军事力量尤其是海军、空军力量不足，使得解放军要想渡海武力解放台湾，也面临巨大的困难。而"美台共同防御条约"的签订、生效，进一步加大了大陆武力解放台湾的困难。

1979年元旦，大陆发表《告台湾同胞书》，将对台政策从"武力解放"调整为"和平统一"，但和平统一除了依靠两岸同胞的民族感情链接外，大陆实力的增长依然是其核心因素。1979年1月，邓小平在《目前的形势与任务》的讲

话中明确指出:"台湾归回祖国、祖国统一的实现,归根到底还是要我们把自己的事情搞好。"习近平总书记强调"发展是解决我国一切问题的基础和关键","打铁必须自身硬",强调要在"发展"中增强自己的实力和寻找解决问题的办法。发展、壮大自己综合实力,是粉碎"台独"、实现祖国完全统一的有力保证。事实上,在长期的反"独"促统斗争中,大陆采取了一系列措施,有力地遏制了"台独"势力的发展,维护了台海的和平稳定。反"独"斗争取得了重大的胜利,紧紧维护着两岸关系和平发展的格局,纵然时有乱云飞渡,我自从容不迫,显示出充分的信心和定力。显然,这种信心和定力来自强大的实力!

如果说,在经济学上"价格"是围绕着"价值"而波动,两岸双方的对岸政策,则是围绕着"综合实力"而波动。这种波动,原本应该建立在"知己知彼"的基础上展开,但在实践过程中,却存在"知己不知彼""知彼不知己"甚至"不知己不知彼"的情况,使得两岸在互动过程中经常出现不相"咬合"乃至完全"错位"的状态,两岸形势因而出现种种跌宕起伏的外在表现。

30多年来,大陆坚持和平统一的对台政策,维护台海的和平与稳定。这一对台政策正是基于对大陆综合实力的认识和评估,以期为全面发展两岸关系、解决台湾问题创造有利条件。而台湾方面,由于其岛内政治局势多变尤其是"政党轮替"的常态化,不同的"执政者"对双方实力的评估和认知不同,其政策主张则大相径庭、大异其趣。但不管"蓝营"还是"绿营"在台湾"执政",他们总喜欢强调"惟仁者为能以大事小,惟智者为能以小事大",要求大陆"仁"对台湾,意图从中谋利,又喜以各种小花样"智"对大陆,企图"以小博大",种种样态,不一而足!2024年1月,赖清德在台湾地区领导人选举中获胜,民进党在台湾连续执政八年后,将继续执政。按照赖清德等人现有言行推测,他们将继续走在"台独"的道路上,掀风起浪,恶化两岸关系。

大陆要想牢牢掌握两岸关系发展的主导权和主动权,反对"台独"、反对"外来干涉",就必须清楚了解海峡两岸的综合实力,知己知彼,既不妄自菲薄,也不妄自尊大、自我沉醉。在此基础上,充分运用好自己的综合实力,积极、稳步推进两岸关系和平发展、融合发展,推进祖国统一进程。

当然,两岸关系的发展并不仅仅是两岸硬实力的比拼。从大陆对台战略和政策可以看出,大陆对台湾不是简单的"征讨""征服""收复"关系,而是"攻城为下、攻心为上"乃至于实现"心与心的契合"的全系统工程。大陆硬实力的发展固然给两岸关系提供了厚实的基础和坚强的后盾,但两岸关系要从

"和平发展"向"和平统一"发展而不偏离方向，软实力的作用也同样重要。

正如本书研究所表明的那样，随着中国特色社会主义和中国式现代化建设进程的推进，中华民族伟大复兴积累了势不可挡的磅礴力量，大陆的综合实力将进一步全面提升，两岸综合实力的差距将进一步扩大，实现祖国完全统一的各方面条件更加充分，祖国完全统一既是中华民族的共同夙愿，更是任何人都无法阻挡的浩荡潮流。"台湾问题因民族弱乱而产生，必将随着民族复兴而解决！"

刘相平
2024 年 1 月 8 日

目 录

绪 论 …………………………………………………………… 1

第一章 海峡两岸硬实力之评估 ………………………… 45

第一节 海峡两岸经济力之评估 ……………………… 47

第二节 海峡两岸科技力之评估 ……………………… 88

第三节 海峡两岸军事力之评估 ……………………… 109

第四节 海峡两岸资源力之评估 ……………………… 156

第二章 海峡两岸软实力之评估 ………………………… 173

第一节 海峡两岸政治力之评估 ……………………… 175

第二节 海峡两岸文教力之评估 ……………………… 198

第三节 海峡两岸对外关系能力之评估 ……………… 216

第三章 两岸综合实力消长对两岸关系的影响 ………… 239

第一节 1978 年以来两岸综合实力评估 …………… 241

第二节 缓和时期（1978—1987）…………………… 245

第三节 开放交流与反"独"启动时期（1987—1999）… 259

第四节 反对和遏制"台独"时期（2000—2008）…… 288

第五节 和平发展时期（2008—2016）……………… 320

第四章　两岸综合实力未来走向及对两岸关系的影响 ………… 353
　　第一节　两岸政策整体检视及未来启示 …………………… 355
　　第二节　两岸及美国综合实力未来发展趋势 ……………… 361
　　第三节　未来实力消长与祖国统一前景 …………………… 371

结语 ……………………………………………………………… 390

参考文献 ………………………………………………………… 394

后记 ……………………………………………………………… 433

图目录

图 X-1 克莱因"国力方程"评估体系 …………………………………………… 10

图 X-2 日本综合研究所国力评估体系 …………………………………………… 11

图 X-3 软实力互动模型 …………………………………………………………… 20

图 X-4 海峡两岸综合实力指标体系 ……………………………………………… 32

图 X-5 本书新功能主义理论分析框架 …………………………………………… 38

图 1-1 1978—2014 年两岸 GDP 总量及增长率变化 …………………………… 49

图 1-2 1978—2014 年人民币、新台币对美元汇率变化 ………………………… 49

图 1-3 1978—2014 年两岸对外贸易变化 ………………………………………… 53

图 1-4 1978—2014 年两岸利用外资情况 ………………………………………… 54

图 1-5 1978—2014 年两岸货币供应量变化 ……………………………………… 56

图 1-6 1978—2014 年两岸外汇储备变化 ………………………………………… 57

图 1-7 1978—2014 年两岸上市公司数量变化 …………………………………… 58

图 1-8 1978—2014 年两岸人均 GDP 及增长率变化 …………………………… 64

图 1-9 1978—2014 年两岸人均外贸及利用外资金额 …………………………… 67

图 1-10 1978—2014 年两岸人均外汇储备变化 ………………………………… 68

图 1-11 1978—2014 年两岸产业结构变化 ……………………………………… 75

图 1-12 1978—2014 年两岸各产业就业结构变化 ……………………………… 76

图 1-13 1978—2014 年两岸职工平均薪资变化 ………………………………… 77

图 1-14 1978—2014 年两岸人均可支配收入和人均消费支出变化 …………… 77

3

图1-15 1978—2014年两岸恩格尔系数变化……78

图1-16 1978—2014年两岸国民储蓄变化……79

图1-17 1978—2014年两岸基尼系数变化……80

图1-18 1978—2014年两岸经济力变化……86

图1-19 1978—2014年两岸经济力构成要素变化……87

图1-20 1978—2014年两岸研发人员数量情况……91

图1-21 1978—2014年两岸研发支出情况……92

图1-22 1978—2014年两岸人均研发经费情况……93

图1-23 1978—2014年两岸财政科技拨款情况……94

图1-24 1986—2014年两岸专利申请、授权情况……98

图1-25 1990—2014年两岸获美国批准专利情况……99

图1-26 1986—2014年两岸高技术产品外贸变化……102

图1-27 1986—2014年两岸高技术产品进出口额变化……103

图1-28 1986—2014年两岸高技术产品进出口差额变化……104

图1-29 1978—2014年两岸科技力变化……107

图1-30 1978—2014年两岸科技力构成要素变化……108

图1-31 1978—2014年两岸三军人数变化……116

图1-32 1988—2014年各年度两岸军费占比变化……141

图1-33 1978—2014年两岸军备进出口额变化……142

图1-34 1978—2014年两岸军事力变化……154

图1-35 1978—2014年两岸军事力构成要素变化……155

图1-36 1978—2014年两岸粗出生率及粗死亡率变化……158

图1-37 1978—2014年两岸人口年龄结构变化……159

图1-38 1978—2014年两岸受高等教育及文盲人数占比情况……160

图1-39 1978—2014年两岸能源总供给变化……163

图1-40 1986—2014年台湾空气污染指标（PSI）测定日数低于100百分比……167

图 1-41 1978—2014 年两岸化石燃料二氧化碳排放情况 …………… 168

图 1-42 1984—2014 年大陆能源消费弹性系数变化 ……………… 168

图 1-43 1978—2014 年两岸资源力变化 …………………………… 170

图 1-44 1978—2014 年两岸资源力构成要素变化 ………………… 171

图 2-1 1992—2016 年台湾民众"台湾人"、中国人认同变化 …… 189

图 2-2 1992—2016 年台湾民众认同离散程度变化 ……………… 189

图 2-3 1979—2014 年大陆腐败案件数量变化 …………………… 192

图 2-4 1992—2016 年台湾民众政党偏好变化 …………………… 193

图 2-5 1994—2016 年台湾民众统"独"立场变化 ……………… 194

图 2-6 1994—2016 年台湾民众"蓝绿"阵营偏好及统"独"立场离散程度
变化 ……………………………………………………… 195

图 2-7 1978—2014 年两岸政治力变化 …………………………… 197

图 2-8 1978—2014 年两岸政治力构成要素变化 ………………… 197

图 2-9 1978—2014 年两岸各级学校结构变化 …………………… 199

图 2-10 1978—2014 年两岸留学生人数变化 ……………………… 202

图 2-11 1978—2014 年两岸教育经费变化 ………………………… 204

图 2-12 1978—2014 年两岸公共财政教育经费支出变化 ………… 205

图 2-13 1978—2014 年两岸升学率变化 …………………………… 206

图 2-14 1978—2014 年两岸生产电影情况 ………………………… 209

图 2-15 1978—2014 年两岸文教力变化 …………………………… 214

图 2-16 1978—2014 年两岸文教力构成要素变化 ………………… 214

图 2-17 1978—2014 年中华人民共和国邦交国与台湾"邦交国"数量变化
…………………………………………………………… 220

图 2-18 1983—2014 年台湾国际活动情况 ………………………… 224

图 2-19 1994—2014 年台湾对外援助情况 ………………………… 226

图 2-20 1978—2016 年中国大陆在联合国会费比额变化 ………… 231

图 2-21 1978—2014 年两岸对外关系能力变化 …………………… 235

图 2-22 1978—2014 年两岸对外关系能力构成要素变化……………236
图 3-1 海峡两岸综合实力指标体系……………………………………241
图 3-2 1978—2014 年两岸综合实力变化………………………………243
图 3-3 1978—2014 年两岸硬实力和软实力变化………………………244
图 3-4 1978 与 1986 年两岸综合实力"子准则层"百分比……………246
图 3-5 1978 与 1986 年两岸综合实力"一级指标"百分比……………247
图 3-6 1986 与 1994 年两岸综合实力"子准则层"百分比……………260
图 3-7 1986 与 1994 年两岸综合实力"一级指标"百分比……………261
图 3-8 开放交流与反"独"启动时期台湾民众"台湾人"、中国人认同变化
……………………………………………………………………281
图 3-9 开放交流与反"独"启动时期台湾民众统"独"立场变化………281
图 3-10 开放交流与反"独"启动时期两岸贸易总额……………………286
图 3-11 开放交流与反"独"启动时期两岸人员往来情况………………287
图 3-12 1994 与 2004 年两岸综合实力"子准则层"百分比……………289
图 3-13 1994 与 2004 年两岸综合实力"一级指标"百分比……………290
图 3-14 反对和遏制"台独"时期台湾民众"台湾人"、中国人认同变化…314
图 3-15 反对和遏制"台独"时期台湾民众统"独"立场变化……………314
图 3-16 反对和遏制"台独"时期台湾民众对大陆方面好感度…………315
图 3-17 反对和遏制"台独"时期两岸贸易总额…………………………317
图 3-18 反对和遏制"台独"时期两岸人员往来情况……………………318
图 3-19 2004 与 2014 年两岸综合实力"子准则层"百分比……………321
图 3-20 2004 与 2014 年两岸综合实力"一级指标"百分比……………321
图 3-21 和平发展时期台湾民"众台湾人"、中国人认同变化……………342
图 3-22 和平发展时期台湾民众统"独"立场变化………………………342
图 3-23 和平发展时期台湾民众对大陆官方好感度……………………343
图 3-24 和平发展时期两岸贸易总额……………………………………346
图 3-25 和平发展时期两岸人员往来情况………………………………347

图 4-1 1978—2050 年两岸综合实力变化 …………………………………… 364

图 4-2 1978—2050 年两岸人均经济指数变化 ……………………………… 365

图 4-3 1978—2050 年两岸生活水平指数变化 ……………………………… 365

图 4-4 1978—2027 年两岸教育普及率指数变化 …………………………… 366

图 4-5 世界银行预测之未来中美名义 GDP 增长情况 ……………………… 367

图 4-6 OECD 预测之未来全球 GDP 比重变化情况 ………………………… 368

图 4-7 1978—2050 年中美综合实力变化 …………………………………… 370

表目录

表 X-1 约瑟夫·奈衡量国家实力源泉的标准 ………………………………… 12

表 X-2 IMD《世界竞争力年度报告》评价体系 ……………………………… 13

表 X-3 不同评估体系对世界主要国家综合实力测算结果比较 …………… 15

表 X-4 约瑟夫·奈的权力分类 ………………………………………………… 17

表 X-5 海峡两岸综合实力系统指标的权重系数 …………………………… 33

表 1-1 1978—2014 年两岸农业和工业总产值（单位：亿美元）………… 50

表 1-2 1978—2014 年两岸粮食产量（单位：百万吨）…………………… 51

表 1-3 1978—2014 年两岸主要能源生产情况（单位：万吨标准油）…… 52

表 1-4 1978—2014 年两岸财政预算收支情况（单位：亿美元）………… 55

表 1-5 1978—2014 年两岸交通里程情况（单位：万公里）……………… 59

表 1-6 1978—2014 年两岸主要交通运输服务情况 ……………………… 60

表 1-7 1978—2014 年两岸主要邮电通信业务基本情况 ………………… 62

表 1-8 1978 2014 年两岸人均农业和工业产值（单位：美元）………… 64

表 1-9 1978—2014 年两岸主要能源生产人均情况（单位：吨标准油/千人）
……………………………………………………………………………… 65

表 1-10 1978—2014 年两岸人均外贸及利用外资金额 …………………… 66

表 1-11 1978—2014 年两岸主要人均交通运输服务情况 ………………… 68

表 1-12 1978—2014 年两岸主要邮电通信业务人均基本情况 …………… 69

表 1-13 1978—2014 年两岸医疗保健、交通通信、教文娱支出占居民消费支
出比 ……………………………………………………………………… 79

表 1-14 1978—2014 年两岸医疗卫生服务基本情况⋯⋯⋯⋯⋯⋯⋯⋯ 81
表 1-15 1978—2014 年台湾社会保险情况（单位：万人 /%）⋯⋯⋯ 82
表 1-16 1978—2014 年大陆社会保险情况（单位：万人 /%）⋯⋯⋯ 82
表 1-17 海峡两岸经济力之评估指标⋯⋯⋯⋯⋯⋯⋯⋯⋯⋯⋯⋯⋯ 84
表 1-18 1978—2014 年两岸 GDP 标准化分值⋯⋯⋯⋯⋯⋯⋯⋯⋯⋯ 84
表 1-19 1978—2014 年两岸经济力"二级指标"分值⋯⋯⋯⋯⋯⋯ 84
表 1-20 台湾研究发展执行机构分工示意图⋯⋯⋯⋯⋯⋯⋯⋯⋯⋯ 89
表 1-21 1990—2014 年两岸研发经费构成情况⋯⋯⋯⋯⋯⋯⋯⋯⋯ 94
表 1-22 1990—2014 年两岸研发经费内部支出比例⋯⋯⋯⋯⋯⋯⋯ 95
表 1-23 1990—2014 年按执行部门分两岸研发经费支出⋯⋯⋯⋯⋯ 96
表 1-24 1986—2014 年两岸 SCI、EI 论文发表情况⋯⋯⋯⋯⋯⋯⋯ 97
表 1-25 2014 年底台湾科学工业园区入区登记商家数⋯⋯⋯⋯⋯⋯ 105
表 1-26 海峡两岸科技力之评估指标⋯⋯⋯⋯⋯⋯⋯⋯⋯⋯⋯⋯⋯ 106
表 1-27 1978—2014 年两岸科技力"二级指标"分值⋯⋯⋯⋯⋯⋯ 106
表 1-28 1978—2014 年大陆主要战略导弹装备情况⋯⋯⋯⋯⋯⋯⋯ 119
表 1-29 1978—2014 年台湾主要战术导弹装备情况⋯⋯⋯⋯⋯⋯⋯ 120
表 1-30 1978—2014 年大陆主要坦克装备情况⋯⋯⋯⋯⋯⋯⋯⋯⋯ 123
表 1-31 1978—2014 年台湾主要坦克装备情况⋯⋯⋯⋯⋯⋯⋯⋯⋯ 124
表 1-32 1978—2014 年大陆航母及核潜艇装备情况⋯⋯⋯⋯⋯⋯⋯ 125
表 1-33 1978—2014 年两岸主要常规潜艇装备情况⋯⋯⋯⋯⋯⋯⋯ 126
表 1-34 1978—2014 年两岸主要驱逐舰装备情况⋯⋯⋯⋯⋯⋯⋯⋯ 127
表 1-35 1978—2014 年两岸主要护卫舰装备情况⋯⋯⋯⋯⋯⋯⋯⋯ 128
表 1-36 1978—2014 年大陆主要战斗机、攻击机装备情况⋯⋯⋯⋯ 129
表 1-37 1978—2014 年台湾主要战斗机装备情况⋯⋯⋯⋯⋯⋯⋯⋯ 130
表 1-38 1978—2014 年大陆主要轰炸机装备情况⋯⋯⋯⋯⋯⋯⋯⋯ 131
表 1-39 1978—2014 年两岸主要侦察机装备情况⋯⋯⋯⋯⋯⋯⋯⋯ 132
表 1-40 1978—2014 年两岸主要预警机装备情况⋯⋯⋯⋯⋯⋯⋯⋯ 133

9

附1 1978年以来两岸武器装备情况……………………………………134

表1-41 1988—2014年两岸军费开支情况……………………………140

表1-42 1978—2014年两岸主要主战坦克研制情况…………………147

表1-43 1978—2014年两岸主要潜艇研制情况………………………148

表1-44 1978—2014年两岸主要驱逐舰研制情况……………………149

表1-45 1978—2014年两岸主要护卫舰研制情况……………………149

表1-46 1978—2014年两岸主要战机研制情况………………………151

表1-47 海峡两岸军事力之评估指标……………………………………152

表1-48 1978—2014年两岸军事力"二级指标"分值…………………152

表1-49 1978—2014年两岸人口数变化（万人）……………………157

表1-50 1978—2014年两岸劳动力人口情况…………………………160

表1-51 1978—2014年两岸耕地、森林面积情况……………………162

表1-52 1978—2014年两岸能源平衡表………………………………164

表1-53 海峡两岸资源力之评估指标……………………………………169

表1-54 1978—2014年两岸资源力"二级指标"分值…………………170

表2-1 1978—2014年与两岸相似政治体制国家和地区数量变化……181

表2-2 1978—2014年两岸宏观调控能力指标变化……………………185

表2-3 1978—2014年两岸政治动员力指标变化………………………186

表2-4 1978—2014年两岸民众认同力变化……………………………190

表2-5 1978—2014年两岸民众亲和力变化……………………………195

表2-6 海峡两岸政治力之评估指标………………………………………196

表2-7 1978—2014年两岸政治力"二级指标"分值……………………196

表2-8 1978—2014年两岸各级学校学生人数（万）…………………200

表2-9 1978—2014年两岸各级学校每位教师负担学生数……………201

表2-10 1978—2014年两岸广播电台、电视台变化…………………208

表2-11 1978—2014年两岸公共图书馆情况…………………………211

表2-12 1986—2014年两岸艺文活动情况……………………………211

表 2-13 海峡两岸文教力之评估指标 ················· 212
表 2-14 1978—2014 年两岸文教力"二级指标"分值········ 212
表 2-15 1978—2014 年两岸利益实现效果············· 219
表 2-16 1978—2014 年两岸在外国设馆情况··········· 222
表 2-17 1978—2014 年中国大陆行使联合国安理会否决权情况·········· 230
表 2-18 海峡两岸对外关系能力之评估指标············ 234
表 2-19 1978—2014 年两岸对外关系能力"二级指标"分值······ 234
表 3-1 1978—2014 年两岸综合实力变化············· 242
表 3-2 2005—2007 年大陆对台主要优惠政策············ 319
表 3-3 2008—2014 年大陆对台主要优惠政策············ 348
表 3-4 2008—2014 年两岸两会会谈签订协议一览········· 349
表 4-1 1978 年以来两岸政治精英对两岸关系发展的态度······· 356
表 4-2 1978 年以来台湾普通民众主流身份认同及统"独"立场变化······ 357
表 4-3 阎学通预测之未来中美综合实力对比情况·········· 369
表 4-4 黄硕风测算之中美综合实力数值·············· 369

绪　论

一、研究目的与研究意义

台湾问题的出现，是国民党发动反人民内战的结果，其本质是中国的内政问题。台湾问题之所以长期存在且迄今尚未解决的一个重要因素，是美国等西方反华势力插手台湾问题，干涉中国内政，阻碍中国统一。[①] 在 1949—1978 年两岸军事对峙期间，军事力量起着主导作用。自 1979 年元旦全国人大常委会发表《告台湾同胞书》以来，两岸关系先后经历了逐渐缓和、开放交流、反对"台独"、和平发展等阶段，两岸关系的变化，是大陆对台政策、台湾的大陆政策调整的直接反映，但其深层原因则是两岸综合实力的变化。本研究在全面搜集、分析相关资料、数据的基础上，对两岸综合实力的变化做出定量分析，探析 1978 年以来两岸关系的变化与两岸综合实力消长的关系，并试图根据两岸综合实力发展的可能趋势，展望两岸关系演进的方向和路径。

1979 年 1 月，邓小平在《目前的形势与任务》的讲话中明确指出："台湾归回祖国、祖国统一的实现，归根到底还是要我们把自己的事情搞好。"[②] 培养、发展自己综合实力，是两岸关系和平发展及国家统一最有力的保证，已经是大陆各界的普遍认知和共识。

2013 年 4 月 9 日，中共中央总书记习近平在博鳌会见台湾两岸共同市场基金会荣誉董事长萧万长一行时说："肯取势者可为人先，能谋势者必有所成"，希望海峡两岸中国人"真正认识和切实把握历史机遇，顺应时代发展潮流，携

[①] 中共中央台湾工作办公室、国务院台湾事务办公室编：《中国台湾问题（干部读本）》，北京：九洲图书出版社，1998 年，第 41 页。

[②] 《邓小平文选》（第二卷），北京：人民出版社，1994 年，第 240 页。

手推动两岸关系和平发展，共同开创中华民族美好未来"。①诚哉斯言！

　　大陆应该清楚了解海峡两岸的综合实力，知己知彼，既不妄自菲薄，也不妄自尊大、自我沉醉；大陆也要充分运用好自己的综合实力，巩固和扩大支持两岸和平发展和国家统一的基础，掌控两岸关系发展的格局，维护两岸关系和平发展的方向和局面，为中华民族的伟大复兴减少障碍、增添助力。

　　综合实力包括硬实力和软实力两个层面。从社会认知来看，1978年以来，大陆在硬实力方面已经有了长足的进步，两岸的硬实力差距进一步拉大；而在软实力方面，大陆则差强人意，甚至在某些方面还不如台湾。这是一种模糊而笼统的观感，固然难以作为学理分析的基础，更无助于大陆对台政策决策的精准化、细致化。

　　通观国内外学界，综合国力的研究和评估方法很多，尤其是20世纪70年代以后，许多国际问题和战略研究学者，对综合国力的定量研究进行了广泛而深入的探索。其中，美国前中央情报局副局长、国务院情报与研究司司长、美国乔治敦大学战略与国际研究中心主任R. S. 克莱因（Ray S. Cline）在1975年出版的《世界权力的评估》②中，采用非线性、多指标合成的方法，提出了一套测量和评估国力的数学模型，即"国力方程"，并对当时世界上十个国家的综合国力进行了测算。这一模型为后来综合国力的定量研究提供了系统评估的分析框架，成为迄今为止西方综合国力研究的顶峰。此后，虽然国际上许多学者也尝试在相关研究中有所突破，但都难以摆脱克莱因模型的影响。中国学者对综合国力的研究起步较晚，也多采用多指标合成的方法，其中，中国军事科学院外军部研究员黄硕风运用混沌学、系统论、协同学和耗散结构论，通过专家咨询、建模计算等定性和定量相结合的方法，建立了一套"综合国力动态方程"，指标设置十分全面，也更适合中国的国情。

　　这些研究均以"国家"为单位，显然，台湾不是一个国家，不能对其展开"国力"评估。不过，如果将大陆、台湾看作一个中国框架下的两个研究对象，分别对其展开综合实力的研究，黄硕风的模型依然是一个十分有力的工具，具有很大的借鉴价值。

---

　　① 《习近平：两岸同胞要共同为实现中华民族伟大复兴的中国梦而努力奋斗》，新华网，2013年4月8日。

　　② Ray S. Cline: *World Power Assessment: A Calculus of Strategic Drift*, Center for Strategic and International Studies, Georgetown University, 1975.

绪　论

　　本书选取了全国人大常委会发表《告台湾同胞书》之前的1978年、蒋经国实行开放的大陆政策之前的1986年、台湾通过"国家统一纲领"之前的1990年、江泽民总书记发表《为完成祖国统一大业而继续努力奋斗》（即"江八点"）之前的1994年、台湾实现政党轮替之前的1999年、大陆颁布《反分裂国家法》及台湾"泛蓝"三党主席先后率团参访大陆之前的2004年、两岸签订《海峡两岸经济合作框架协议》之前的2008年及两岸领导人举行历史性会面（即"习马会"）之前的2014年等八个时间点，对两岸综合实力进行评估。之所以选择这八个时间点，是因为它们都是在两岸重大政策出台或者重大事件发生的前一年，是海峡两岸发展中的重要节点位置，对考察两岸关系发展与两岸综合实力变化的互动关系具有典型性和代表性。

　　评估结果表明，1978—1994年，台湾硬实力占大陆比重逐渐攀升，1994年达历史峰值。此后，随着大陆硬实力的全面提升，两岸硬实力差距迅速扩大，这自然与大陆实行改革开放政策并取得巨大成就有直接关系。不过，两岸关系的发展并不仅仅是两岸硬实力的比拼。从大陆对台战略和政策可以看出，大陆对台湾不是简单的"征讨""征服""收复"关系，而是"攻城为下、攻心为上"乃至于"心与心的契合"的全系统工程。大陆硬实力的发展固然给两岸关系提供了厚实的基础和坚强的后盾，但两岸关系要从"和平发展"向"和平统一"发展而不偏离方向，软实力的作用也同样重要。台湾方面，台湾当局固然也在不断展示其硬实力以达到自己"拒统"甚至"台独"的目的，但台湾当局也在不断地尝试用"软实力"与大陆周旋。

　　软实力（Soft Power）是美国哈佛大学肯尼迪管理学院教授、美国前助理国防部长约瑟夫·奈（Joseph S. Nye, Jr）于1989年首先提出的一个概念。他认为，除了依赖于诱惑（"胡萝卜"）或威胁（"大棒"）的命令性权力，即硬实力，还有一种间接使用权力的方式，被称为"权力的第二张脸"，它能够吸引其他国家追随或者同意你的需求，使其他人做你想要他做的事情，这种权力被称为"间接或同化的权力行为"，即软实力。[①] 软实力的理论一经提出，很快引起国际学界的重视和广泛使用，成为公共话语。

　　大陆学界十分重视软实力研究，一方面是因为软实力思想富含浓郁的东方色彩，便于直接借用。另一方面，与大陆的"和平发展"战略直接相关。近年

[①] Joseph S. Nye: *Bound to Lead: The Changing Nature of American Power*, Basic Books, 1991, p.27.

3

来，党和国家领导人十分重视软实力的建设工作。中共十七大报告明确提出，要"提高国家文化软实力""增强中华文化国际影响力""大力发展文化产业、繁荣文化市场、增强国际竞争力"等。的确，改革开放30年来，中国综合国力迅速提高，在世界普遍承认中国（大陆）发展成就、硬实力持续增强并导致国际地位和国际影响力不断提高的前提下，强调软实力建设是对国家力量建设理念的创新，是对改革开放以来中国经济、政治和军事力量发展的补充和完善。

虽然大陆对台政策仍旧展现刚猛的硬实力，如"绝不承诺放弃武力"，并且于2005年3月14日通过《反分裂国家法》，但是随着大陆综合实力的增强，以及软实力研究的兴起，大陆开始有意识地发挥软实力的作用，软实力在两岸关系发展中的作用逐步显现出来。这与大陆调整期对台政策有关，也与大陆开始重视软实力的建设有关。

近年来，由于两岸硬实力差距逐渐拉大，台湾在硬实力方面无法与大陆比拼，于是不断强调软实力的作用。2008年马英九担任台湾地区领导人以后，多次明确提出要发挥台湾软实力的作用，并表示，"一方面我们在政治上要凸显民主机制、深化民主，并且要彰显台湾的自由，这不仅攸关台湾的生存发展，也是我们在两岸交往上的软实力"。[1] 蔡英文也十分重视台湾软实力的作用，竞选之时就表示"要为台湾打造文化软实力，像纽约一样将文化成果与全世界分享，进而带动经济发展"。[2]

台湾强调软实力的作用，目标是给大陆实行"软制约""软制衡"。大陆必须在夯实硬实力的基础上，努力建设和充分发挥对台工作软实力的作用，而了解、研究、把握对台工作软实力的建设和实施途径，就是这个战略的重要组成和先导。

二、文献回顾与相关理论探讨

（一）综合实力理论研究

综合实力（Comprehensive Power）或综合国力（Comprehensive National Power）的研究始于西方，它是衡量一个国家或地区发展状况和整体竞争力的

---

[1]《"总统"主持2009年上半年陆海空军将官晋任布达暨受阶典礼》，台北：台湾"总统府"网，2008年12月30日。

[2]《点亮台湾 蔡英文谈打造文化软实力》，纽约：世界新闻网，2015年6月6日。

的重要指标。但是，起初，在西方有关的理论研究中，并没有"综合实力"或"综合国力"这一概念。国际通用的概念有实力（strength）、权力（power）、力量（force）、强权（might）、能力（capability）等，因研究者的角度和出发点而异。"综合实力"或"综合国力"，是"中国特有的一个概念"，是中国学者在学术借鉴中所产生的偏差而形成，是理论的变异，目前这一概念也被国际学术界所接受。①

在中国学者的研究中，通常采用"综合国力"的表述，但海峡两岸关系不是国际关系，而是一个中国框架下的内部关系，显然，"综合国力"的概念不能适用于两岸关系。因此，在本研究中，采用"综合实力"的概念，以探究大陆和台湾的实力变迁。

1. 国外学界对综合实力的研究

在西方学界，较早开始探讨实力的学者是意大利的政治学家马基雅维利（Niccolò Machiavelli），他在《君主论》（The Prince）中把"国力"视为法的基础和政治的核心。雅尔塔体系确立后，世界新格局形成，世界力量对比出现新均势，对于实力的理论研究出现新的探索。

美国著名的国际关系理论大师汉斯·摩根索（Hans Joachim Morgenthau）作为现实主义代表人物，对权力和利益极为重视。他在1948年出版的《国家间政治》（Politics Among Nations）中对国家权力进行了深入的剖析，认为权力"是指人支配他人的意志和行动的控制力"，"权力的行使可以通过命令、威胁、个人或权位的权威或超凡魅力，或任何这些因素的结合得以实现"。②他认为权力是实现国家目标的手段，"无论国际政治的终极目标是什么，权力总是它的直接目标"，③应该在国际社会中最大限度地获取权力。

美国国际政治学者、现实主义理论大师阿诺德·沃尔弗斯（Arnold Wolfers）在《纷争与协作：国际政治论集》（Discord and Collaboration: Essays on International Politics）中把权力定义为通过威胁或施加剥夺改变他人的能力。他将权力和影响力加以区分，认为影响力是通过许诺或利益改变他人的能力，但他认为在实际运作中两者经常结合在一起，相互影响、不可分割。沃尔弗斯强调，权

---

① 门洪华：《中国国际战略导论》，北京：清华大学出版社，2009年，第29—33页。

② Hans J. Morgenthan: *Politics among Nations: The Struggle For Power And Peace*, New York: Alfred A. Knopf, 1948, p. 28.

③ Hans J. Morgenthan: *Politics among Nations: The Struggle For Power And Peace*, New York: Alfred A. Knopf, 1948, p. 52.

力不仅是一种目的，也是实现目的的手段。[1]

美国学者 R. S. 克莱因在《80年代世界权力趋势及美国对外政策》（*World Power Trends and U.S. Foreign Policy for the 1980's*）中指出："在国际舞台上的所谓实力，简言之，乃是一国之政府去影响他国政府去做本来不愿意为之的某一事情的能力，或者使他国不敢去做本来跃跃欲试的某一事情之能力，而不论其影响方式是利用说服、威胁或明目张胆的诉诸武力。"[2]

英国历史学家爱德华·卡尔（Edward Hallett Carr）认为权力不仅是手段，其本身就是目的，而权力中的军事力量是国家生活中的核心要素。[3]

法国著名历史学家雷蒙·阿隆（Raymond Aron）在《和平与战争：国际关系理论》（*Peace and War: A theory of International Relations*）中写道，在国际舞台上，可以把权力定义为某一政治单位把自己的意志强加给其他政治单位的能力。[4]

对于权力的构成要素，学界也缺乏统一的认识。摩根索认为，国家权力的构成包括相对稳定的要素及不断变化的要素，相对稳定的要素包括地理和自然资源，不断变化的要素包括工业能力、战备、人口、民族性格、国民士气、外交的素质和政府的素质。[5]

美国哈佛大学教授约瑟夫·S.奈将综合实力分为硬实力和软实力，硬实力包括基本资源、军事力量、经济力量、科技力量；软实力包括国家凝聚力、文化被普遍接受的程度、参与国际机构程度。[6]

美国著名海军战略理论家阿弗雷德·马汉（Alfred Thayer Mahan）专注于制海权的研究，他在《海军战略论》（*Naval Strategy*）[7]中把制海权的要素分为地

---

[1] Arnold Wolfers: *Discord and Collaboration: Essays on International Politics*, Johns Hopkins Press, 1962, pp.92-113.

[2] Ray S. Cline: *World Power Trends and U.S. Foreign Policy for the 1980's*, Westview Press, 1980, p. 3.

[3] Edward Hallett Carr: *The Twenty Years' Crisis, 1919-1939: An Introduction to the study of International Relations*, Harper & Row, 1964, p. 105.

[4] Raymond Aron: *Peace and War: A theory of International Relations*, Robert E. Krieger Publishing Company, 1981, p. 47.

[5] Hans J. Morgenthan: *Politics among Nations: The Struggle for Power and Peace*, New York: Alfred A. Knopf, 1948.

[6] Joseph S. Nye: "*Still in the Game*", Boston: World Monitor, March 1990.

[7] Alfred Thayer Mahan: *Naval Strategy: Compared and Contrasted with the Principles and Practice of Military Operation on Land*, Nabu Press, 2014.

理位置、领土大小、自然结构、人口数量、国民习性、政府特性等。

英国著名军事理论家李德·哈特（Basil Henry Liddell Hart）是"大战略"理论的提出者，他在《战略论：间接路线》（Strategy: The Indirect Approach）①中指出，实现国家战略目标必须统筹运用国力各要素，包括政治、军事、外交、贸易、时政及民心等。

爱德华·卡尔将权力分为军事力量、经济力量及支配舆论的力量等。②

雷蒙·阿隆把权力分为三类，包括：某一政治单位所占据的空间、资源（包括人力和财力）、集体行动能力（涉及军备组织、社会结构和质量等）。③

2. 大陆学界对综合实力的研究

大陆学界从20世纪80年代中期开始进行综合实力的研究。黄硕风从1984年开始从事这项研究，是国内综合实力研究的开创者之一。他在1987年提出综合国力由硬件和软件两方面的七个要素构成，硬件包括人口国土、科技力量、经济力量、军事力量四个要素，软件包括战略目标、领导体制、国民意志三个要素。④他于1992年出版了《综合国力论》，之后又相继出版了《大较量：国力、球力论》（1992年）、《综合国力新论：兼论新中国综合国力》（1999年）、《大国较量：世界主要国家综合国力国际比较》（2006年）等专著。他认为，综合国力是国家"生存与发展所拥有的全部实力（物质力和精神力）及国际影响力的合力"，⑤是一个综合性的概念。他将综合国力分为物质形态的"硬国力"（包括经济力、科技力、国防力、资源力），以及精神和智力形态的"软国力"（包括政治力、文教力、外交力），涵盖的范围较为全面。他认为，"综合国力的实质就是关于国家生存力、发展力以及国际影响力的优化协同合力"。⑥

此外，丁锋峻在1987年发表了《综合国力论——2000年我国国家发展战略刍议》，他认为"综合国力是指一个国家的总体力量"，由自然力、人力、经

---

① Basil Henry Liddell Hart: *Strategy: The Indirect Approach*, Plume, 1991.
② Edward Hallett Carr: *The Twenty Years' Crisis, 1919-1939: An Introduction to the Study of International Relations*, Harper & Row, 1964.
③ Raymond Aron: *Peace and War: A theory of International Relations*, Robert E. Krieger Publishing Company, 1981, p. 52.
④ 黄硕风:《漫谈综合国力》，北京:《世界知识》，1987年第24期，第13页。
⑤ 黄硕风:《综合国力新论：兼论新中国综合国力》，北京：中国社会科学出版社，1999年，第5页。
⑥ 黄硕风:《大国较量：世界主要国家综合国力国际比较》，北京：世界知识出版社，2006年，第19页。

济力、国防力、政治力、精神力和科技力组成。[①]

张恒毓在1994年发表的《论综合国力》中指出，"国力是包括政治、经济、军事、文化、外交等在内的综合力量，一般称之为综合国力"，"是一国全部物质力量与精神力量的综合"，"标志该国在国际社会中的综合影响能力以及该国将自己的意志强加给别国的强制能力"，[②]并把综合国力分为自然、经济、科技、军事等物质因素，以及国民素质、人心士气、战略意图、国家意志等精神因素。

王诵芬主编的《世界主要国家综合国力比较研究》一书认为，"综合国力是一个主权国家在一定时期内所拥有的各种力量的有机总和，是所有国家赖以生存和发展的基础，又是世界强国赖以确立其国际地位，发挥其国际影响和作用的基础"，并将综合国力分为资源、经济活动能力、对外经济活动能力、科技能力、社会发展程度、军事能力、政府调控能力、外交能力等八个要素。[③]

中国现代国际关系研究所在《综合国力评估系统（第一期工程）研究报告》中指出，"综合国力是主权国家经济、军事、科技、资源等方面的实力和影响的总和"，"综合国力的评价涉及经济、军事、科技、资源、政治、社会、国际影响等七个领域"。[④]

概括起来，综合实力就是关系到一个国家或地区生存和发展的全部物质和精神力量以及国际影响力的总和，要素涵盖到社会生活的方方面面。中西方学者对综合实力概念的认识差异主要由本国国力强弱和发展战略所造成，中国学者强调生存力、发展力和国际影响力，而西方学者则更强调影响力和强制力。

（二）综合实力定量研究

1. 国外学界对综合实力的定量研究

在《国家间政治》中，摩根索就对综合实力的评估提出过自己的看法。他认为，一国想要制定适当的外交政策，就要对国家权力的要素进行评估。但是他认为除地理因素外，其他因素都处于不断变动中，要进行真实客观的评估是不可能的，并且在评估时要避免三类错误：第一类是无视权力的相对性，把某

[①] 丁锋峻：《综合国力论——2000年我国国家发展战略刍议》，上海：《学术界动态》，1987年第6期，第7页。
[②] 张恒毓：《论综合国力》，南京：《世界经济与政治》，1994年第3期，第32页。
[③] 王诵芬主编：《世界主要国家综合国力比较研究》，长沙：湖南出版社，1996年，第25页。
[④] 中国现代国际关系研究所：《综合国力评估系统（第一期工程）研究报告》，北京：《北京青年报》，2000年9月18日。

一特定国家的权力视为绝对权力；第二类是忽视权力因素的动态变化，认为起过决定性作用的某种因素具有永久性；第三类是忽视权力因素的整体性，认为某一单一因素具有决定性意义。①

此后，许多学者投入到实力评估的研究中，但是由于综合评估存在的困难，后来者屡屡违背摩根索所强调的避免单一因素决定论的原则。理查德汉斯·L.梅里特（Richard L. Merritt）和蒂娜·津尼斯（Dina Zinnes）对实力评估的各种传统研究进行了细致分析，并指出评估国家实力的几种独特方式，即为了避免问题的复杂性，相关学者仅关注单一的综合性变量。这些单一变量常被简单地用于代表所有综合国力，其使用者轻而易举地装作所选变量实际就是国家实力的综合指标。②

20世纪60年代起，在"冷战"的格局下，东西方两大阵营对峙日益激烈，双方都需要通过增强综合实力取得竞争优势，从而达到威慑对方的战略目的。因此，对于综合实力的研究逐渐从定性转向定量的探索，综合实力理论迎来重大创新和飞跃。

1965年，德国理论物理学教授威廉·富克斯（Wilhelm Fucks）发表《国力方程》，③首次对综合国力展开系统的定量分析。他根据对自然和生物过程的演化的观察，认为国力发展过程类似于生物种类增长的变动趋势，并提出测定国家实力动态变化的强国公式：

$Mt = [(Ms)t + (Me)t](1/2)$, $Ms = Pa \times Sb$, $Me = Pa \times Eb$

其中，Mt是t时期综合国力指数，$(Ms)t$和$(Me)t$分别表示t时期钢和能源指数，Pa、Sb和Eb分别表示人口、钢产量及能源产量。这个公式虽有独到之处，但缺乏理论依据，而且只通过人口、钢、能源生产评估国力，有很大的局限性。

考克斯（R. W. Cox）、雅各布森（H. K. Jacobson）和J.P.科尔（音译自コール）等学者也对综合实力进行了定量分析。考克斯和雅各布森计算了GNP（国民生产总值）、人均GNP、人口、核力量、国际威信等五项指标占世界的比重，

---

① Hans J. Morgenthan: *Politics among Nations: The Struggle for Power and Peace*, New York: Alfred A. Knopf, 1948, p.187.

② Ashley J. Tellis, Janice Bially, Christopher Layne, Melissa Mcpherson, Jerry M. Sollinger: *Measuring National Power in the Postindustrial Age*, RAND Corporation, 2000, pp.26.

③ Wilhelm Fucks: *Formeln zur Macht: Prognosen über Völker, Wirtschaft*, Potentiale, Deutsch Verlags-Anstalt, 1965.

然后给定权重进行加权计算,对1950、1958、1967年主要国家的综合实力进行排序。[1] J.P. 科尔为领土(面积)、人口、钢铁消费量、能源消费量(石炭换算)、GNP、总军事力等六个要素设定标准值进行测量,但是未能全面反映综合实力的客观状况。[2]

20世纪70年代以后,美国的R. S. 克莱因对综合实力评估进行了更深入的研究。他在1975年的《世界权力的评估》、1977年的《1977年世界权力的评价》和1980年的《80年代世界权力趋势与美国对外政策》等著作中,以近代地缘政治的国力学说为理论基础,提出了国力评估的数学模型,即"国力方程":[3]

$$P_p = (C + E + M) \times (S + W)$$

其中,P_p是综合国力指数,C表示基本实体,包括人口和领土面积,最高均为50分;E表示经济实力,包括国民生产总值、能源、关键性非燃料矿物、工业生产能力、食品生产和对外贸易等六类指标,满分200分,国民生产总值最高100分,其他各项最高均为20分。M表示军事实力,包括战略核力量和常规力量,最高均为100分;这三项均为物质基础。S表示战略目标,W表示国家意志,这两项决定前三项物质基础发挥的程度,评分均在0.5—1分之间,两项之和最高为2分。

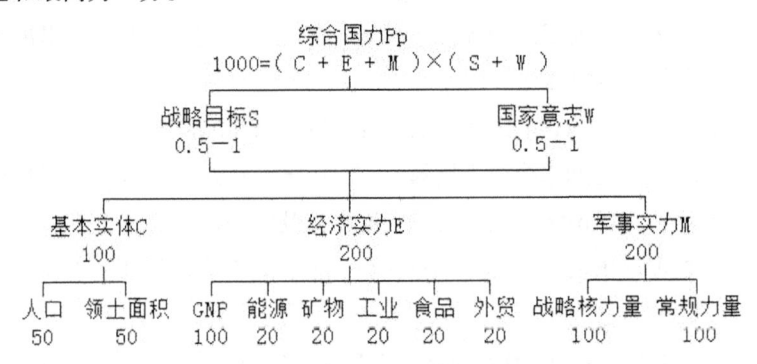

图X-1 克莱因"国力方程"评估体系

克莱因的"国力方程"成为迄今为止西方综合国力研究的顶峰,虽然此后

---

[1] R.W.Cox and H.K.Jacobson: *The Anatomy of Influence*, Yale U.P., 1973, p. 442, 转引自:日本経済企画庁総合計画局編集:《日本の総合国力》,大蔵省印刷局,1987年,第15、18页。

[2] 转引自:日本経済企画庁総合計画局編集:《日本の総合国力》,大蔵省印刷局,1987年,第15页。

[3] Ray S. Cline: *World Power Assessment 1977: A Calculus of Strategic Drift*, Westview Press, 1977, p. 34.

国际上许多学者也尝试在相关研究中有所突破,但都难以摆脱克莱因模型的影响。但是该方程无法评价国力的动态变化,而且对于战略目标、国家意志等要素,很难找到客观统一的评价标准,使其可信度和公信力受到一定的影响。

日本学者福岛康仁对克莱因的国力方程做了修订,把 S 改为 G,表示国内政治力;W 改成 D,表示外交力:

$$P = [C(基本指标) + E(经济力) + M(军事力)] \times [G(国内政治力) + D(外交力)]^{①}$$

其中,C 包括人口、领土、自然资源,E 包括 GNP、人均 GNP、实际增长率以及工业、农业、商业实力。福岛康仁以此对世界主要国家的综合实力进行测算,与克莱因的结果相差很大。

1987 年,日本综合研究所在《日本的综合国力》中提出新的综合国力评估体系,包括国际贡献能力、生存能力和强制能力等三个类别的 15 个影响要素(见图 X-2)。日本综合研究所采用专家调查的方法,通过对外籍学者、留学生、记者等人群的 800 份问卷进行统计分析,继而打分排序。这一评估体系相对全面地反映了综合国力的基本特征和发展趋势,但是调查的方法客观性不强,削弱了评估结果的权威性。

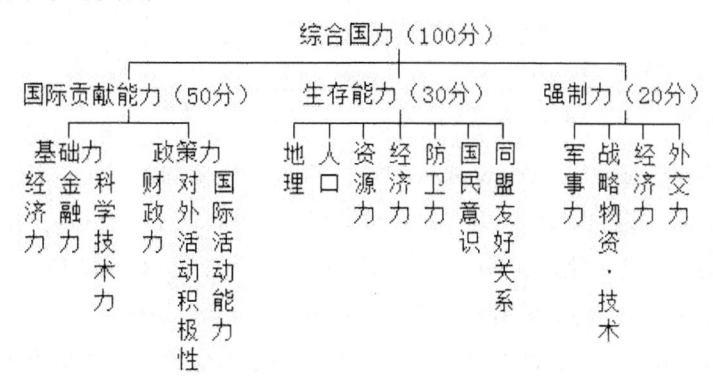

综合国力(100分)
├─ 国际贡献能力(50分)
│ ├─ 基础力:经济力、金融力、科学技术力
│ └─ 政策力:财政、对外活动积极性、国际活动能力
├─ 生存能力(30分)
│ └─ 地理、人口、资源力、经济力、防卫力、国民意识、同盟友好关系
└─ 强制力(20分)
   └─ 军事力、战略物资·技术、经济力、外交力

图 X-2 日本综合研究所国力评估体系[②]

[①] 社団法人日本経済研究センター:《〈総合国力の経済的側面に関する予備調査〉報告書》,1982 年,转引自日本経済企画庁総合計画局编集:《日本の総合国力》,大蔵省印刷局,1987 年,第 16 页。

[②] 根据《日本の総合国力》自行整理,资料来源:日本経済企画庁総合計画局编集:《日本の総合国力》,大蔵省印刷局,1987 年,第 45、52、56 页。

1990年，约瑟夫·S.奈在文章《仍是竞赛中的强者》[①]中提出了综合实力评估模型。他将综合实力分为硬实力和软实力，硬实力包括基本资源、军事力量、经济力量、科技力量；软实力包括国家凝聚力、文化被普遍接受的程度、参与国际机构程度。他采用"强、中等、弱"三个等级对各要素进行评定（见表X-1）。奈将软实力放在同硬实力同等重要的位置，实力因素较为全面，对实力评估体系的完善发挥了重要作用。但是该体系同日本综合研究所的评估体系一样，静态方程无法反映国力的动态变化，而且调查过程缺乏客观性，评价标准过于宽泛。

表 X-1 约瑟夫·奈衡量国家实力源泉的标准

国别	硬实力				软实力		
	基本资源	军事力量	经济力量	科技力量	国家凝聚力	文化被普遍接受的程度	国际机构
美国	强	强	强	强	强	强	强
苏联	强	强	中	中	弱	中	中
欧洲	强	中	强	强	弱	强	强
日本	中	弱	强	强	强	中	中
中国	强	中	中	弱	强	中	中

1989年，瑞士洛桑国际管理学院（IMD）发布《世界竞争力年度报告》（World Competitiveness Yearbook, WCY），对世界主要国家和地区的全球竞争力进行评估。该报告每年出版一次，延续至今，在国际上享有很高的声誉。从2006年的评价体系来看，WCY建立了一个四个一级指标、312项二级指标的体系，对前两级的要素采用等分权重的方法进行计算。该体系在之后每年的报告中逐步得到完善。数据主要来源于各个国家或地区及相关机构的统计资料和IMD的调查问卷。虽然竞争力的评估和综合实力有所不同，而且，洛桑国际管理学院主要侧重于经济层面的竞争力，但其指标体系尤其是建立该体系的指导思想对本研究仍有较大的借鉴价值。

[①] Joseph S. Nye: "Still in the Game", Boston: *World Monitor*, March 1990.

表 X-2 IMD《世界竞争力年度报告》评价体系[①]

IMD 国家竞争力				
一级指标	经济表现	政府效率	企业效率	基础设施
二级指标	国内经济	公共财政	生产力和效率	基本基础设施
	国际贸易	财政政策	劳动力市场	技术基础设施
	国际投资	制度框架	金融	科学基础设施
	就业	商务法律	管理实践	健康与环境
	价格	社会框架	态度和价值观	教育

2. 大陆学者对综合实力的定量研究

大陆学者对综合实力的评估一般采用多指标合成的方法。丁俊峰提出了综合国力质量公式，综合国力＝软国力×硬国力＝（政治力＋科技力＋精神力）×[R（自然力＋人力＋经济力＋国防力）]，其中 R 为硬国力结构系数，反映硬实力的结构合理程度。[②]

于宏义、王佑棣把客观实在性和逻辑简单性作为理论支撑，提出了功能（F）、规模（D）、结构（S）、水平（L）思维向量的 FDSL 综合国力（CNS）评估模式：CNS=f (F. D. S. L)，并采用 1988 年的数据对世界主要国家进行综合国力测算。[③]但是 FDSL 的评估模式指标选取较为单一，未能全面反映各国的综合国力。

王诵芬等人结合定性和定量分析，针对资源、经济活动能力、对外经济活动能力、科技能力、社会发展程度、军事能力、政府调控能力、外交能力等八个构成要素，选取 85 个指标，并用其中 64 个指标参与汇总，采用分层赋权、逐层汇总的线性汇总方法对综合国力进行评估。[④] 这种方法选取的指标范围广泛，具有代表性，在后继的研究中被多次借用。

朱喜安、肖腊珍设计的综合国力模型体系中，综合国力＝物质要素×精神要素＝（资源＋经济活动能力＋国际竞争能力＋科技能力＋可持续发展水平＋

---

① 资料来源：IMD World Competitiveness Center: "IMD World Competitiveness Yearbook 2014", June 2014, http://www.colombiacompetitiva.gov.co/prensa/informes/IMD_WCY-2014.pdf.

② 丁锋峻：《综合国力论——2000 年我国国家发展战略刍议》，上海：《学术界动态》，1987 年第 6 期，第 9 页。

③ 于宏义、王佑棣：《综合国力测度评价》，武汉：《科技进步与对策》，1989 年第 5 期，第 52 页。

④ 王诵芬主编：《世界主要国家综合国力比较研究》，长沙：湖南出版社，1996 年，第 65—70 页。

社会发展程度＋国家强制力＋外交能力）×（战略目标＋追求国家战略意志＋民族凝聚力）。① 朱喜安、肖腊珍的模型共包含 77 个物质要素和 3 个精神要素，指标代表性较强。

在大陆的研究中，成就最大的当属黄硕风的"综合国力动态方程"。该"动态方程"运用混沌学、系统论、协同学、耗散结构论的原理，以定性分析和定量分析、专家知识与建模计算相结合的体系集成方法建立的评估体系，是"硬国力""软国力"和"协同变量"的非线性组合。该"方程"把综合实力的要素分为硬国力和软国力，其中硬国力包括经济力、科技力、国防力和资源力，软国力包括政治力、文教力、外交力，从而建立多层次的"综合国力系统评价指标体制"。② 黄硕风结合牛顿第二定律，把综合实力函数表示为：

$Y_t = K(t) \cdot X_1^\alpha(t) \, X_2^\beta(t)$，式中，$Y_t$ 所表示综合实力，是具有大小和方向的变量；$X_1(t)$ 表示"硬"变量，是综合实力的"质量"；$X_2(t)$ 表示"软"变量，是综合实力的"加速度"，$K(t)$ 表示"协同"变量，包括政治体制、政府领导、组织决策能力、管理能力、改革调控能力、国际环境和自然环境参量等。③ 他还研究建立了"综合国力盛衰动态方程"，用以测算综合国力的演变及国力盛衰的动向。④

近年来，随着综合实力研究的深入，越来越多的国内外政府组织、学术机构、社会组织和媒体等开始参与到实力的评估中，既有综合实力也有单一变量指标的评估（如经济实力、军事实力等），但是对于理论和模型的研究则相对匮

---

① 朱喜安、肖腊珍：《综合国力对比方法研究》，武汉：《统计与决策》，1999 年第 1 期，第 14 页。

② 黄硕风：《综合国力新论：兼论新中国综合国力》，北京：中国社会科学出版社，1999 年，第 71 页。

③ 其中，$K(t) = f(\alpha_i, \beta_i, k_i, m, M, \ldots)$，$X_1(t) = \sum_{i=1}^{4} \alpha_i x_i(t)$，$X_2(t) = \sum_{i=1}^{3} \beta_i x_i(t)$。$\alpha_i$、$\beta_i$ 表示控制参量（即权重）；$x_i(t)$ 代表各项要素；α 表示"硬"弹性指数，指发达程度（发达地区或发展中地区）；β 表示"软"弹力指数，指精神状态（动乱或和平）。α 和 β 均是模糊变量，取值范围在 -1 到 1 之间。参考资料：黄硕风：《大国较量：世界主要国家综合国力国际比较》，北京：世界知识出版社，2006 年，第 80 页。

④ 黄硕风：《综合国力新论：兼论新中国综合国力》，北京：中国社会科学出版社，1999 年，第 71 页。

乏。综合国力的定量分析往往因为指标体系、合成方法及评估时间的不同造成结果差异（见表 X-3），但是均能在一定程度上反映综合实力的真实状况。此外，对单方面指标的评估也十分重要，这样往往能够减少由于指标体系及合成方法不同所造成的差异。

表 X-3 不同评估体系对世界主要国家综合实力测算结果比较[①]

评估方法	富克斯	考克斯	科尔	克莱因	福岛康仁	日本综合研究所	黄硕风		王诵芬
评估年份	1967	1967	1967	1978	1982	1987	1989	2005	1990
美国	2	1	1	2	1	1	1	1	1
日本	3	5	5	5	6	3	3	2	8
西德	5	7	7	4	4	6	5	3*	5*
苏联	1	2	2	1	2	2	2	4*	2
法国	7	3	8	8	5	4	7	5	6
中国	8	5	3	7	3	—	4	6	10
英国	9	5	6	9	—	5	6	7	7
加拿大	11	9	9	10	—	—	10	8	3
意大利	17	8	12	16	—	—	12	9	9
澳大利亚	6	15	11	6	—	—	11	10	4
韩国	12	—	—	—	—	—	—	11	15
巴西	4	15	10	3	7	—	8	12	11
印度	19	9	4	15	—	—	9	13	13
墨西哥	25	—	15	—	—	—	—	14	12

目前，国内外综合实力评估过于偏重硬实力评估，软实力评估指标不够全面，或仅针对个别指标进行赋值评分。这些研究主要采用定量的研究方法，单纯依靠数据的测算和解读，对综合实力尤其是软实力指标缺乏定性分析。

此外，虽然大陆学者研究综合实力的方法和成果较多，但目前尚无全面量化评估海峡两岸综合实力的成果，仅郝望出版《海峡两岸综合实力对比及预

[①] 表格中 1990 年、2005 年"西德"为东、西德统一后的排名，2005 年"苏联"为俄罗斯的排名。

测》①一书。该书仅采用定性的研究方法对比两岸自然条件、经济实力、"外交"实力和军事实力,预测大陆对台动武的时机、模式与时限,分析台海发生战事之时,两岸实力优劣势对战情的影响。因此,无论是研究方法还是研究目的,均与本书有很大差别。该书论述较详实、内容较丰富,但是数据及文献引用的规范性有所欠缺,不过仍对本书研究提供了有益借鉴。

(三)软实力理论与研究

软实力(Soft Power)的概念最早由美国学者约瑟夫·奈提出,指除经济、军事等硬实力外,文化、政治价值观、制度等方面的影响力和吸引力。其实在奈之前,软实力的思想和实际内涵早已存在,只是并没有使用软实力这一概念。

1. 早期软实力思想

在中国的古典文献中,很早就有关于软实力的表述。《论语》季氏篇中曰:"远人不服,则修文德以来之",这里的"文德"即软实力。类似的表述在《论语》《孙子兵法》中十分常见,如"是故百战百胜,费善之善者也;不战而屈人之兵,善之善者也","故善用兵者,屈人之兵而非战也,拔人之城而非攻也,毁人之国而非久也,必以全争于天下,故兵不顿而利可全,此谋攻之法也";"上兵伐谋,其次伐交,其次伐兵,其下攻城"等。

意大利新马克思主义学者安东尼奥·葛兰西(Antonio Gramsci)是第一个提出并且较为系统地讨论"软力量"的人。在对发达资本主义国家进行政治考察后,葛兰西认识到,资本主义国家政权最有效的统治工具不是武装部队、警察等硬力量,而是占据霸权地位或上升至霸权地位的意识形态和文化。②

现代国际体系形成以来,许多综合实力的研究者也越来越重视软力量的作用,如阿弗雷德·马汉在制海权中加入国民习性和政府特性两种要素,李德·哈特在"大战略"理论中提出必须统筹运用包括政治、外交、民心等在内的各要素,爱德华·卡尔则将支配舆论的力量放到与军事、经济力量同等重要的位置。

摩根索提出的国家权力中不断变化的要素就包括民族性格、国民士气、外交素质、政府素质等软力量,其中外交素质和政府素质的作用十分重要,其他的各种权力构成因素都可以通过外交结合为一个有机整体,并通过外交智慧激

---

① 郝望:《台海两岸综合实力对比及预测》,台北:威秀资讯科技,2005年。
② Antonio Gramsci: *Selections from the Prison Notebooks*, International Publishers, 1971.

发出这些权力因素的潜在力量。① 他认为，外交智慧可以通过外交策略发挥出来，首先要对自己的身份和目标进行准确的定位；其次要在体系构建中掌控话语权，这就必须仰赖自身的实力；最后选择合适的外交策略。

2. 约瑟夫·奈的软实力理论

1989年，约瑟夫·奈在他撰写的《美国注定领导世界？——美国权利性质的变迁》(*Bound to Lead: The Changing Nature of American Power*)中，首次对软实力的概念进行阐释。该概念很快被广泛使用，成为公共话语。他认为，除了依赖于诱惑（"胡萝卜"）或威胁（"大棒"）的命令性权力，即经济、军事等有形的硬实力，还有一种间接使用权力的方式，被称为"权力的第二张脸"，它能够吸引其他国家追随或者同意你的需求，使其他人做你想要他做的事，这种权力被称为间接的或同化的权力行为，即软实力。② 奈进一步阐释，软实力是一个国家文化的普世性以及设置一系列有利于自身、并能主导国际活动领域的规则和制度的能力，因此软实力是权力的重要来源。③

奈认为，软实力是影响力、说服力和吸引力的集合，其中的核心要素是文化、政治价值观和制度。软实力不仅是指令他人改变立场、达成自己目标的影响力，更重要的是它能够使他人追随自己，吸引别人的力量。奈认为，一个国家的软实力主要来自三个方面，即文化（在其能发挥魅力的地方）、政治价值观（无论在国内外都能付诸实践）、外交政策（当其被视为合法，并具有道德权威时）。

表 X-4 约瑟夫·奈的权力分类 ④

	行为	主要手段	政府策略
军事实力	胁迫 阻碍 保护	威胁 武力	强制性外交 战争 结盟

---

① Hans J. Morgenthan: *Politics among Nations: The Struggle For Power And Peace*, New York: Alfred A. Knopf, 1948, p.187.

② Joseph S. Nye: *Bound to Lead: The Changing Nature of American Power*, Basic Books, 1991, p.27.

③ Joseph S. Nye: *Bound to Lead: The Changing Nature of American Power*, Basic Books, 1991, p.28.

④ Joseph S. Nye: *Soft Power: The Means to Success in World Politics*, Public Affairs, 2005, p.31.

续表

	行为	主要手段	政府策略
经济实力	引诱 胁迫	交易 制裁	援助 贿赂 制裁
软实力	吸引 议程设置	价值观 文化 政策 制度	公共外交 双边和多边外交

奈提出软实力理论，主要因为当前世界战争成本越来越高，权力的定义不再局限于军事力量。"传统而言，作战能力往往是检验大国的标尺，而现在，权力的定义不再强调昔日极其突出的军事力量和征服。技术、教育和经济增长因素在国际权力中的作用越来越重要，而地理、人口和原材料则变得越来越不重要了。"[1] 可见，奈提出软实力理论，目的在于维护美国在全球的霸权地位，具有很强的工具性和实用主义倾向。[2]

奈认为，硬实力和软实力是相辅相成的，软实力虽然受到硬实力的影响，但并不依赖于硬实力。软实力资源与同化性或吸纳性力量联系在一起，硬实力资源与命令性或支配性力量联系在一起。

此外，奈认为软实力是可以进行量化的，"我们可以衡量和比较那些可能会产生软权力的文化和外交资源。公众观点也可以看作是一个国家在一段时间内吸引力变化的量化"。[3] 他认为要衡量软实力，需考察以下因素：政治制度、是否存在主权与领土争议、国内族群和谐、生活质量指数、大学世界排名、图书出版销售、发表科学及期刊文章、互联网主机数目、专利项目、研发支出、高科技出口、跨国品牌、诺贝尔奖得主、音乐销售、体育运动（明星）、电影电视出口量、公共外交、吸引外来游客、吸引海外留学生数量、吸引海外移民数量、吸引政治避难申请、海外发展援助以及是否拥有珍稀动物等20多项。但是他所列举的因素缺乏体系，而且影响软实力的因素远远超过这些，凸显其论述上的

---

[1] ［美］约瑟夫·S.奈著、门洪华译：《硬权力与软权力》，北京：北京大学出版社，2005年，第98—99页。

[2] 刘相平：《对软实力之再认识》，南京：《南京大学学报（哲学·人文科学·社会科学版）》，2010年第1期，第149页。

[3] ［美］约瑟夫·S.奈：《"软权力"再思索》，北京：《国外社会科学》，2006年第4期。

松散性和不完整性。①

3. 大陆学者对软实力的研究

约瑟夫·奈的软实力理论以维护美国霸权、提升美国国际影响力为目标，主要为解决国际问题，而大陆学者研究软实力是为解决国内问题，因此研究重点大多在构建和提升国家软实力上。此外，奈关于软实力的阐述具有不完整性，为大陆学者对这一理论的再研究和拓展提供了空间，内容包括软实力概念的再阐释、软实力的内涵及构成因素、软实力的性质、软实力的测量与运用、软实力与硬实力的关系等，使软实力理论"中国化"。

近年来，大陆相继成立了北京大学国家软实力研究院、中国软实力建设委员会、中国软实力研究中心、民航软实力研究中心、中国文化软实力研究中心、中国软实力产业协会等机构，专门从事软实力的研究和咨询工作。

大陆学者中最早使用软实力概念的是王沪宁，他在1993年发表的《作为国家实力的文化：软实力》一文中提出："把文化看做一种软实力，是当今国际政治中的崭新概念。人们已经把政治体系、民族士气、民族文化、经济体制、历史发展、科学技术、意识形态等因素看作是构成国家权力的属性，实际上这些因素的发散性力量正使软实力具有国际关系中的权利属性。总的软实力态势对谁有利，谁在国际社会中就占据有利地位；目前影响国际'软实力'势能的因素是工业主义、民主主义、民族主义。软实力的力量来自扩散性，只有当一种文化广泛传播时，软实力才会产生强大的力量。"②

在两岸关系研究领域，笔者导师刘相平对软实力研究已有较大成就，他在《马英九"软实力"思想评析》③中对软实力的主要内容进行初步探析，分析了马英九运用软实力的原因，以及台湾软实力的主要构成、实现途径和预期效果。随后，他在《大陆对台工作软实力之构成及实施路径探析》④中论述了大陆对台工作软实力的主要内容和实施路径，提出大陆应在文化认同、民族认同和国家认同等层面培养对台工作的软实力，结合硬实力全面展现综合实力，推动两岸

---

① 刘相平：《对软实力之再认识》，南京：《南京大学学报（哲学·人文科学·社会科学版）》，2010年第1期，第155页。
② 王沪宁：《作为国家实力的文化：软权力》，上海：《复旦学报（社会科学版）》，1993年第3期，第91页。
③ 刘相平：《马英九"软实力"思想评析》，厦门：《台湾研究集刊》，2009年第1期。
④ 刘相平：《大陆对台工作软实力之构成及实施路径探析》，北京：《北京联合大学学报（人文社会科学版）》，2009年第2期。

统一大业的完成。

刘相平还在《对软实力之再认识》一文中对软实力和硬实力的关系作了深入分析，他认为（1）软实力和硬实力都无法单独存在，军事实力和经济实力等硬实力可以衍生出软实力。"军事实力在攻击他方时，是硬实力的展现；但在承担维和、救援、救灾等任务过程中，又可产生出明显的软实力效果。经济实力在进行'制裁'或对某些统治集团或统治者进行'利诱、收买'时，是硬实力的表现，但在经济援助或抗击经济风险过程中，又能产生较大的软实力效应。"[①] 他认为，"文化力是软实力的核心"，在文化领域同样存在软、硬两种力量，文化的存在、发展和传播都离不开硬实力。（2）不同于奈的观点，他认为软实力并不比硬实力更人道，二者都是让他人服从自己，只是方式不同。（3）软实力的建设具有长期性，实施效果远比硬实力慢。（4）软实力对硬实力有较大依赖性，但并不完全受限于自身的硬实力。（5）软实力和硬实力不是简单的互补关系，如果二者不能和谐发展，会相互干扰甚至破坏。同时，他对软实力的互动模式作了深入的研究（见图X-3）：

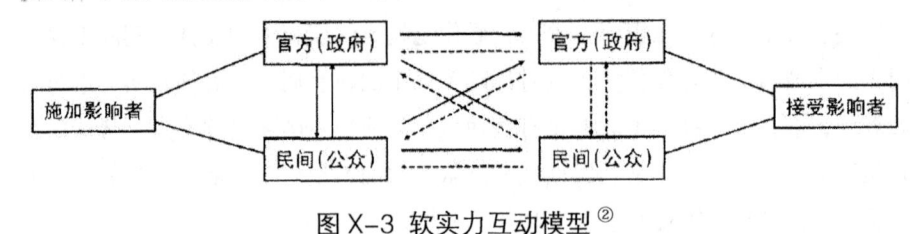

图X-3 软实力互动模型[②]

他认为官方（政府）和民间（公众：个人、公司、民间组织和机构等）既可以是施加影响者，也可以是接受影响者，互动关系十分复杂，任何一方都处于多重关系中。刘相平的软实力研究成果对本书研究提供了较大启发。

其他主要的研究著作有：上海社会科学院世界经济与政治研究院编的《国际体系与中国的软力量》[③]，门洪华主编的《中国:软实力方略》[④]，韩勃、江庆

---

① 刘相平:《对软实力之再认识》，南京:《南京大学学报（哲学·人文科学·社会科学版）》，2010年第1期，第153页。
② 刘相平:《对软实力之再认识》，南京:《南京大学学报（哲学·人文科学·社会科学版）》，2010年第1期，第157页。
③ 上海社会科学院世界经济与政治研究院编:《国际体系与中国的软力量》，北京:时事出版社，2006年。
④ 门洪华主编:《中国：软实力方略》，杭州:浙江人民出版社，2007年

20

勇的《软实力：中国视角》[①]，唐晋主编的《软实力大战略》[②]，郑彪的《中国软实力》[③]，李希光主编的《软实力要素》[④]《软实力与中国梦》[⑤]等，不胜枚举。研究论文更是汗牛充栋，但是涉及两岸关系的研究很少，仅有刘相平的相关研究，以及金苏源的《软实力建设与两岸关系的和平发展》，王远启的《文化软实力与两岸和平发展》，青觉的《"巧实力"战略对两岸关系和平发展的启示》等。

4. 台湾学者对软实力的研究

台湾对软实力的研究论文也非常多，尤其是对大陆软实力的研究，相形之下，大陆对台湾软实力研究的成果极其稀少。不过，在台湾的大陆软实力研究成果中，只有少数涉及两岸关系的文章。

龚耀光的《中国柔性权力对两岸关系发展研究》，白亚芬的《中国对台策略：柔性攻势》，蔡玮的《中共软实力分析及我因应对策》，廖箴的《两岸海外汉学推广的竞与合：以"孔子学院"及"台湾书院"为例》，林淑亮的《扁、马政府时期的中共对台政策——以理性行为者模式与软实力论分析》等。

廖登山在2006年的硕士论文《后冷战时期中国软权力之研究》[⑥]中，探讨大陆在后冷战时期如何发挥软实力消弭"中国威胁论"，走向和平发展的道路。他认为在时间上，大陆20世纪90年代后开始发展软实力，2000年之后大幅成长。在空间上，中国大陆软实力目前仅对亚洲周边国家较具吸引力和影响力，对其他地方仍不足。在议程设定能力上，中国大陆对国际组织和国际条约的参与已由以往的旁观者到参与者，甚至到主导者的地位。对软实力的运用也从高阶政治向低阶政治转换。

陈世芬在论文《以软实力看中共对台政策——以国共论坛与江陈会为例》[⑦]中，探讨2005年以后大陆对台政策中的软实力因素。大陆通过国共论坛与江陈会等平台对台释放利多，以经济和文化两大主轴施展软实力。他认为，大陆对台经济软实力恐造成台湾过度依赖大陆而影响当局决策，从而经济绑住政治，走向以经促统、以商逼政；文化上，由于两岸有共同的历史渊源，文化背景也

[①] 韩勃、江庆勇：《软实力：中国视角》，北京：人民出版社，2009年。
[②] 唐晋主编：《软实力大战略》，北京：人民日报出版社，2009年。
[③] 郑彪：《中国软实力》，北京：中央编译出版社，2009年。
[④] 李希光：《软实力要素》，北京：法律出版社，2010年。
[⑤] 李希光：《软实力与中国梦》，北京：法律出版社，2011年。
[⑥] 廖登山：《后冷战时期中国软权力之研究》，台北：淡江大学硕士学位论文，2006年。
[⑦] 陈世芬：《以软实力看中共对台政策——以国共论坛与江陈会为例》，嘉义：南华大学硕士学位论文，2012年。

极为相似，大陆通过文化认同对台实施软实力，以激发民族文化感召力，提高中华文化影响力，达到和平统一的目的。他认为，大陆通过经济和文化软实力，将使台湾民众对本岛的认同逐渐削减。

在研究著作方面，2006 年吕秀莲出版了英文专著 *Soft Power: Vision for a New Era*，①认为台湾的软实力由人权（human rights）、民主（democracy）、和平（peace）、科技（technological progress）和爱心（love）构成，这是台湾第一本关于软实力的专著，但是书中政策性宣扬过多，损害了学术价值。

2008 年，徐小波出版《台湾软实力：开放，稳定，国际化，创新的经济新蓝图》，②该书对台湾的政策、知识、技术、产业等面向进行全面的分析，认为台湾扎实的基础建设、丰富的知识资源，以及独立思考、追求创新的能力，是台湾可以进一步扩张的软实力。

其他相关研究还有古允文等人编著的《透视台湾软实力》，③王启榆的《用软实力赢向平的世界》，④谢丽华的《青年软实力》⑤等。

可见，两岸学术界对于软实力在两岸关系中的运用的研究明显不足，亟待补强。

（四）软实力定量研究

对于软实力的定量研究，除前文已述的综合实力中软变量的评估之外，也有一些单独对软实力展开定量分析的研究。

中央党校教授门洪华在《中国软实力评估报告》⑥中把软实力分为文化、观念、发展模式、国际形象、国际制度等五个方面，并对每一个方面进行评估。但是他并没有建立完整的的评估体系，定量分析也稍显薄弱。

清华大学当代国际关系研究院教授阎学通、中国社会科学院世界经济与政治研究所副研究员徐进在《中美软实力比较》中设定了软实力评估体系。他们认为软实力由国际吸引力（国家模式吸引力、文化吸引力）、国际动员力（战略

---

① Lu. Hsiu—lien: *Soft Power: Vision for a New Era*, Taipei: "Office of the President," 2006.
② 徐小波:《台湾软实力：开放，稳定，国际化，创新的经济新蓝图》，台北：财信出版社，2008 年。
③ 古允文等人编著:《透视台湾软实力》，台北：厚生基金会，2010 年。
④ 王启榆:《用软实力赢向平的世界》，台北：捷径文化，2010 年。
⑤ 谢丽华:《青年软实力》，台北：慈济人文志业中心中文期刊部，2014 年。
⑥ 门洪华:《中国软实力评估报告》（上／下），北京:《国际观察》，2007 年第 2、3 期。

友好关系、国际规则制定权)、国内动员力(对社会上层的动员力、对社会下层的动员力)三类要素构成,然后将构成要素转化成可量化的指标:①

国家模式吸引力 = 相似政治制度国家数量比

文化吸引力 = [相同民族文化国家数量比 + (电影出口额比 + 留学生人数比)/2]/2

友好关系 = 军事盟友数量比

国际规则制定权 = [联合国安理会盟友比 + (世界银行投票权比 + 国际货币基金投票权比)/2]/2

对国内社会上层的动员力 = 议会中执政党议员所占比例

对国内社会下层的动员力 = 执政党党员占成年人比例

评估表明,中国的国际吸引力不足美国的 1/8,国际动员力为美国的 1/3,国内动员力约为美国的 9/10,总体软实力在美国的 1/3 上下。②阎学通、徐进的研究是对软实力评估的一次有益尝试,但是评估因素和方法相对单一和简单,一定程度上削弱了评估的科学性和公信力。

2008 年,美国芝加哥全球事务委员会(Chicago Council on Global Affairs)和韩国东亚研究所(East Asia Institute)合作发表了《亚洲软实力:2008 年一项跨国民意调查的结论》③,对美国、日本、中国、韩国、印度尼西亚和越南等六个国家的软实力展开调查,通过打分的方式,对政治、文化、外交、经济、人力资本、科技和知识等进行民意调查。但是,民意调查不是一个客观的评估方法,所以该调查结果科学性不强。

2011 年,英国政府治理研究协会(The Institute for Government)在《单镜片》(Monocle)杂志发表《新的说服者:国际软实力排名》④报告,对 26 个国家的交易(或创新)、文化、政府、外交、教育等五类二级指数通过数据分析和专家打分(即德尔菲法)的方式进行评估。评估组认为在调查的国家范围内,是第一次全面掌握软实力的尝试。此后,该报告每年发表一次。这项研究相对

---

① 阎学通、徐进:《中美软实力比较》,北京:《现代国际关系》,2008 年第 1 期,第 27—28 页。

② 阎学通、徐进:《中美软实力比较》,北京:《现代国际关系》,2008 年第 1 期,第 27—28 页。

③ Christopher B. Whitney, David Shambaugh: "*Soft Power in Asia: Results of a 2008 Multinational Survey of Public Opinion*", https://www.brookings.edu/wp-content/uploads/2012/04/0617_east_asia_report.pdf.

④ Jonathan McClory: "*The New Persuaders: A 2011 Global Ranking of Soft Power*", Website of Institute for Government, https://www.instituteforgovernment.org.uk/sites/default/files/publications/The%20new%20persuaders_0.pdf.

而言较为全面，但是没有对各国软实力的影响力做出评估，专家咨询的方法也受到主观因素的制约。

（五）新功能主义研究

对于海峡两岸开放交流以后，两岸关系中所出现的一些综合实力未能如愿发挥作用的现象，本书以新功能主义理论为解释途径，对这一阶段的两岸关系进行检视。不过，综合实力理论仍然是本书的主要理论框架，综合实力因素在本书所探讨的新功能主义理论中亦占据重要位置。

1. 国外学者对新功能主义的研究

新功能主义兴起于20世纪50年代，是当代整合理论的主要流派之一，它是在对功能主义理论继承和批判的基础上发展起来的。

早期功能主义学派以英国学者戴维·米特兰尼（David Mitrany）为主要代表。1943年，米特兰尼出版了《有效的和平体制》（*A Working Peace System*）一书，他提出能够化解国际冲突的"功能途径"（functional approach or functional alternative），认为跨国合作能够在不涉及政治或冲突的情况下，解决国家之间的技术问题，这样的合作能够为建立日益坚实的合作网络奠定基础，使国际机制和制度得以形成和强化。据此，他提出"分枝理论"（doctrine of ramification）来解释功能途径。他认为一个领域的合作越成功，其他领域进行合作的动力就越强劲，因为在该领域合作过程中所产生的信任能够像枝叶一样扩展（ramification）到还没有开始合作的领域，从而在更大的范围内进行更深入的合作。[①] 米特兰尼还指出，功能有其"技术性自决"（technical self-determination）作用和"中立"（functional neutrality）特性，即功能可以不受政治力的影响，自我决定适当的组织和机构，当国际功能组织建立后，国家间的分歧和界限会变得越来越模糊。当人民可以从功能组织得到民族国家所不能提供的利益时，国家开始与功能组织合作，人民的忠诚会开始转移，即"忠诚移转"（loyalty transferring），致使民族国家不再被人民所期待，在国际关系中的重要性日益降低。[②] 功能主义主张从技术、经济、社会等争议性低的领域展开

[①] [美]詹姆斯·多尔蒂、小罗伯特·普法尔茨格拉夫著，阎学通、陈寒溪等译：《争论中的国际关系理论》，北京：世界知识出版社，2013年，第542页。

[②] David Mitrany: The Functional Approach to World Organization, *International Affairs*, 1948, 24(3).

绪　论

合作，避免政治力的直接介入，而这种合作能够使人民得利，改变其既有的负面情绪，也将提高战争成本，降低武力冲突的可能性。随着合作的深入，合作领域将扩展至政治、外交等具有争议性的领域，达到渐进式的和平与整合。

但是功能主义忽略了政治力的决定性以及人民对民族国家的忠诚度，而且在许多技术问题上未提出具体而有效的解决措施，如分枝如何产生、如何将信任扩展至政治领域等。虽然功能主义受到许多批评，但它突出了科技和经济手段对国际关系的塑造和深化能力，具有一定的可行性。

新功能主义继承了功能主义的主要思想，并对其进行了细化和修正，主要考察欧盟一体化进程，代表人物包括厄恩斯特·哈斯（Ernst B. Haas）、列昂·林德伯格（Leon Lindbergh）、菲利普·施米特（Philippe C. Schmitter）、约瑟夫·奈、罗伯特·基欧汉和劳伦斯·沙因曼（Lawrence Scheineman）等。德裔美国学者哈斯基于米特兰尼"扩展"原理提出"外溢"（spillover）概念，他认为最初在一个领域进行一体化的决策将外溢到新的功能领域中，一体化涉及的人越来越多，官僚机构间的接触和磋商也越来越多，从而便于解决有一体化初期达成的妥协而带来的新问题。[①] 一般认为，外溢可分为功能性外溢和政治性外溢，功能性外溢能够推动政治性外溢的形成，但不必然导致。以欧洲煤钢共同体（ECSC）为例，当欧洲行为体因煤钢部门的一体化得利时，会支持在其他功能领域的合作，甚至扩展至政治领域的合作。这一过程需要政治力量的引导和推动，如果他们不能感受到合作所带来的好处，将不会支持进一步的合作，外溢效果难以产生。因此，新功能主义者认为，政治力是整合能否成功的关键。

美国学者施米特根据行为体可能做出的战略选择，将外溢分为环溢（spill-around）、权威加强（buildup）、权威削弱（retrenchment）、回缩（spill-back）等类型。环溢指一体化组织职能范围扩大，但权威并没有相应地加强；权威加强指一体化组织的决策自主性和权威都得到加强，但没有扩展到新领域；权威削弱指一体化组织内部联合仲裁水平得到提高，但一体化组织权威受到削弱；回缩指一体化组织职能范围和权力都收缩到外溢前的状态。[②] 外溢的效果需要通过政治力量推动，而政治力量的态度决定于其是否获利。如果政治力量能够获

[①] Ernst B. Haas: "International Integration: The European and the Universal Process", *International Organization*, 1961, XV(Autumn).

[②] Philippe C. Schmitter: "A Revised Theory of Regional Integration", *International Organization*, 1970, 24(4).

利，在一定条件下通过连续外溢和环溢能构推动政治一体化的进程，但外溢不必然导致政治性外溢的实现；如果政治力量无法获利，外溢效果难以产生，甚至会发生回缩的现象。

在此基础上，哈斯和施米特提出"哈斯—施米特"架构，包括三类外溢条件，共含九个指标，作为评估外溢能否实现的标准。第一类是背景条件（background conditions），包括实体大小（size of the units）、交流频率（rate of transactions）、多元程度（extent of pluralism）和菁英互补性（elite complementarity），其中实体大小包括成员权力和实力大小等，交流频率包括贸易额、人员及资金流动、交换学生等，多元程度至内部是否存在多元化社会，菁英互补性强调政治精英对整合或彼此关系发展的态度。第二类是形成经济联盟条件（conditions at the time of economics union），包括政府的目的和意图（governmental purposes）、联盟权力（powers of union），政府的目的和意图注重政府对整合的目的及其对整合所做的相关承诺及其可信度，联盟权力指区域组织或超国家机制的自主性和权力，联盟权力越大越有利于政经整合。第三类是过程条件（process condition），包括决策风格（decision-making style）、交流频率（rate of transactions）和政府适应力（adaptability of governments），政府的决策风格必须尊重技术官僚的意见并汇集各方利益，还须重新检视成员间交流和互动的频率变化，以及政府对于整合冲击或整合目标成败的适应力及负担力。[①]当这九个指标互动程度越高、冲突和差距越小时，越有利于外溢效果的产生，进而实现政治性外溢；互动程度越低、冲突和差距越大，越难出现外溢现象。

不过，新功能主义轻视了民族国家在一体化进程中所扮演的角色，忽略了成员的自主性和外部因素的影响，对于超国家机制的功能性过于乐观。哈斯和施米特的九项外溢指标不够清晰，对于政治方面的讨论多有重叠，如菁英互补性、政治的目的和意图、决策风格和政府适应力等，而且缺少军事等领域的重要指标。此外，新功能主义仅针对欧洲经济共同体作出分析，无法预测未来能否发生政治化，也无法为政治化的形成提供有效的建议和途径。

2. 台湾学者对新功能主义的研究

台湾将新功能主义应用于两岸关系的成果较多，主要从整合理论切入，其中融入新功能主义的论述和考察。吴新兴的专著《整合理论与两岸关系之研究》

---

① 黄锦钟：《影响新功能主义"溢出效果"之条件：欧洲整合（1986—2009）与两岸关系（1987—2011）的比较分析》，台北：致知学术出版，2013年，第69—70页。

绪 论

是该领域较早的学术成果,用于观察和验证两岸关系,并预测可能导致两岸整合或分裂的因素。吴新兴认为,两岸整合是多面向的过程,所以也必须从多面向评估两岸间的整合。虽然整合理论可以借鉴于两岸关系,但是与欧洲一体化相比仍有较大差异,包括政治定位、意识形态、价值观和政治、经济制度等。他认为,未来两岸整合的手段必须建立在和平和自愿的基础上,在互相妥协和让步的过程中,在心理上建构"两岸一家"的心理意识。此外,他也强调美国对两岸整合可能采取的立场是两岸整合能否成功的重要外部因素。①

张亚中的《两岸统合论》是台湾将整合理论适用于两岸关系研究的代表之作。他在书中探讨了两岸整合的诸多议题,包括两岸基础协定、两岸认同、台湾安全与民意表达等,并将欧洲整合的经验借鉴于两岸整合。张亚中认同新功能主义渐进式的整合途径,主张外溢必须有政治条件支撑,但是两岸整合初期应避免过多议题的刻意联系,以免使议题复杂化,不利于两岸整合。他认为,两岸整合不需要时间表,要完全以人民意愿为出发点,尊重各个成员的利益,通过两岸精英的共识产生外溢效果,从而设计和建立整合机制。②

黄锦钟在其著作《影响新功能主义"溢出效果"之条件:欧洲整合(1986—2009)与两岸关系(1987—2011)的比较分析》中,对新功能主义进行了通盘性的讨论,对其缺失进行了修正和完善,提出"结构条件""过程条件""外部因素"等三组外溢条件的分析框架,其中分别包括政治体大小、政治制度、军事与国家安全威胁、交流与互动频率、政治菁英的态度与共识、市民社会的认同与民意、国际环境因素、霸权国家的角色与态度等八个条件,从而对欧洲整合与两岸关系进行分析和检视,认为两岸虽然取得了交流、互动和相关功能性合作的成果,但是受台湾民众身份认同和统"独"立场等因素的影响,无法主导出政治性外溢现象。③但是作者忽视了新功能主义受到推广主要在于其成功解释了欧洲经济一体化的现象,对于欧洲的政治化未能作出合理的建议和安排,仅通过新功能主义预测两岸关系的未来,有失偏颇。

其他的台湾研究著作还包括施正锋的《欧洲统合与台湾》④等,期刊论文主

---

① 吴新兴:《整合理论与两岸关系之研究》,台北:五南图书有限公司,1995年。
② 张亚中:《两岸统合论》,台北:生智文化事业有限公司,2000年。
③ 黄锦钟:《影响新功能主义"溢出效果"之条件:欧洲整合(1986—2009)与两岸关系(1987—2011)的比较分析》,台北:致知学术出版,2013年。
④ 施正锋:《欧洲统合与台湾》,台北:前卫出版社,2003年。

要有高朗的《从整合理论探讨两岸整合的条件与困境》[①]、黄伟峰的《欧洲整合模式与两岸主权争议之解析》[②]、宋兴洲的《两岸统合关系之回顾与展望：辩证功能主义观点》[③]、沈玄池的《由欧洲统合评析两岸之整合》[④]等。此外还有大量的学位论文基于新功能主义理论探讨两岸关系，如苏起教授指导的研究生梁华杰撰写的《由欧洲整合论海峡两岸整合可能模式》[⑤]等。

3. 大陆学者对新功能主义的研究

大陆基于新功能主义分析两岸关系的著作较少，王英津在《欧洲统合模式与两岸统一》中认为，欧洲统合模式是从分散走向集中的一体化模式，具有创设超国家机构、以理论创新推进制度整合、确立第三国际法人、介于邦联和联邦之间的性质等四个特点。欧洲统合的结果具有不确定性，欧洲联邦不可能出现。基于欧洲统合的特点和两岸现状，他认为该模式不适用于两岸统一，但可为两岸统一提供许多有益的启示，两岸应将非政治领域的功能合作作为实现两岸互动的切入点，尽快建立起"超两岸的协调机制"，以促进两岸关系的发展。[⑥]

周叶中、祝捷在《论两岸关系和平发展框架的内涵——基于整合理论的思考》中，提出两岸关系和平发展框架在两岸整合的路径上，可以杂糅新功能主义和联邦主义，形成"Z型整合路径"，从而既保证"一国两制"的精髓，即在台湾高度自治的条件下实现祖国完全统一，又从现实主义立场确保"一国两制"，可以通过两岸关系和平发展框架，在两岸充分交流和融合的基础上得以实现。[⑦]

孙云和王秀萍在论文《新功能主义的"外溢效应"在两岸关系中之检视》中，运用"哈斯—施米特"架构中的九项因素分析两岸关系，检视其是否能出现政治整合。他们认为，实体大小、多元程度、联盟权力这三个因素不利于两岸进一步整合，而合作前后的交流频率与促进整合成高度相关，政治精英对整

[①] 高朗：《从整合理论探讨两岸整合的条件与困境》，包宗和、吴玉山主编：《争辩中的两岸关系理论》，台北：五南图书出版有限公司，1999年。
[②] 黄伟峰：《欧洲整合模式与两岸主权争议之解析》，台北：《欧美研究》，2001年第1期。
[③] 宋兴洲：《两岸统合关系之回顾与展望：辩证功能主义观点》，台北：《全球政治评论》，2015年第52期。
[④] 沈玄池：《由欧洲统合评析两岸之整合》，台北：《全球政治评论》，2002年第1期。
[⑤] 梁华杰：《由欧洲整合论海峡两岸整合可能模式》，台北：台湾政治大学硕士论文，2003年。
[⑥] 王英津：《欧洲统合模式与两岸统一》，北京：《太平洋学报》，2003年第3期。
[⑦] 周叶中、祝捷：《论两岸关系和平发展框架的内涵——基于整合理论的思考》，长沙：《时代法学》，2009年第1期。

绪　论

合的态度至关重要。①

其他的关于新功能主义的两岸研究论述多散见于一些专著中，如王英津的《国家统一模式研究》②，可见大陆在该领域的研究相对欠缺。

三、研究思路与研究框架

（一）研究内容

两岸关系发展至今，是两岸综合实力即软、硬实力共同作用的结果，因此，对两岸关系中软、硬实力互动作用作一历史性考察，探析其相互作用的历史形态及其效果，实有必要，也可为后面的研究提供历史的借鉴。就一般的软、硬实力关系而言，硬实力资源主要来自物质和实体资源，软实力资源则主要存在于意识形态领域。因此，硬实力和软实力的关系基本上类似于"物质"和"意识"的关系，硬实力决定软实力的发挥程度，软实力具有主观能动性，可以对硬实力产生反作用力，增强或减损硬实力。

两岸关系的发展也遵循这一规律。1949—1978年间，两岸处于对峙状态，硬实力的作用非常突出，但大陆依然提出"一纲四目"，并派曹聚仁、章士钊等人来往穿梭于两岸，以求和平统一。1978—2008年，大陆先是发表《告台湾同胞书》，主动停止对金门的炮击，随后宣布"叶九条""一国两制""江八点"等政策，以"寄希望于台湾当局，寄希望于台湾人民"的态度，积极推动并实现了两次"汪辜会谈"，尝试着通过软实力实现两岸和平统一，但遭遇了李登辉、陈水扁倒行逆施的"台独"行径。面对"两国论""一边一国论"及种种挑衅，大陆不得不再三重申"绝不承诺放弃使用武力"，以凸显硬实力的地位。可见，在这一较长的时间内，由于大陆对台工作中的软实力受到制约，硬实力处于明显的主导地位。2008—2016年，马英九上台后，两岸关系迎来和平发展时期，各领域的交流与合作全面、深入地展开，习近平提出"两岸同胞团结合作，共圆中华民族伟大复兴的中国梦"的主张，宣导"两岸一家亲"，实现两岸同胞的"心灵契合"，软实力逐渐发挥重要作用。

台湾方面，蒋介石时期的"军事反攻大陆"政策显然是凸显了硬实力的作

---

① 孙云、王秀萍：《新功能主义的"外溢效应"在两岸关系中之检视》，北京：《台湾研究》，2015年第1期。
② 王英津：《国家统一模式研究》，北京：九州出版社，2008年。

用。蒋经国时期的"三分军事、七分政治""三民主义统一中国"等政策,则开始借重软实力的作用。李登辉、陈水扁一意孤行搞分裂、大打"台独牌",两岸关系紧张,所以偏重于硬实力,结果不自量力,自取其败。马英九上台后,由于两岸关系和平发展,台湾在硬实力方面与大陆的差距逐渐拉大,于是借重软实力的态势较为显著。

硬实力对两岸关系的发展起到了方向性的作用,所以必须对两岸硬实力的情况有一个全面深入的把握。就硬实力而言,大陆目前已经全面超越台湾,但是对于两岸硬实力的发展和对比轨迹,学界并没有十分科学和清晰的认识,对于未来两岸硬实力的发展和对比状况,也缺乏合理的预测,所以本书将对这一问题展开深入分析。

虽然大陆有较为强大的硬实力作为支撑,成为推进两岸关系发展、促进祖国统一的必要条件,但是还不足成为充要条件。我们必须将软实力的提升放到同等重要的位置,因为硬实力和软实力的影响和效果是不同的,都具有不可替代性,并且二者相互作用,处理得当可以达到互相提升的状态。另外,面对台湾近年来对软实力作用的重视,大陆必须培植和壮大自己的软实力,并有针对性地拟定万全之策,取得"以柔克柔"的效果。

因此,本书将采用综合实力评估模型,对1978年以来的两岸综合实力进行横向和纵向的分析和比较,主要考察两岸关系中软、硬实力的内涵,两岸软、硬实力构成、消长与互动关系,两岸软、硬实力互动对两岸政策及两岸关系发展的影响等。

首先,本书对1978年以来海峡两岸综合实力的变化进行评估。评估内容分为硬实力和软实力,硬实力包括经济力、科技力、国防力、资源力等四个要素,软实力包括政治力、文教力、对外关系能力等三个要素,然后从1978—2014年近四十年中,选取八个重要的时间节点,以官方统计数据等资料为依据,建立适合两岸形势的综合实力模型进行评估。

其次,本书根据历史分期的方法,将1978年以来的两岸关系分为缓和时期(1978—1987)、开放交流与反"独"启动时期(1987—1999)、反对和遏制"台独"时期(2000—2008)、和平发展时期(2008—2016)等四个阶段,采用新功能主义理论分析1978年以来两岸综合实力消长对两岸政策的影响。在大陆对台政策方面,本书主要分析邓小平的"一国两制"政策、江泽民的对台"八项主张"、胡锦涛"硬的更硬、软的更软"策略以及习近平的"共圆中国梦"政策。

在台湾的大陆政策方面，本书主要分析蒋经国的"三民主义统一中国"政策、李登辉的"两国论"、陈水扁的"一边一国"论以及马英九的"不统、不独、不武"政策。从而检视过去四十余年大陆对台政策的实施成效及未来启示。

最后，本书在1978—2014年两岸综合实力对比的基础上，通过"综合国力动态方程"预测2014—2050年两岸综合实力及中美综合实力走向，分析两岸和平统一的必然性，为大陆对台政策提出可操作的方向。

总之，对台工作是一个全面而系统的工作，应该兼顾硬实力和软实力，形成更全面、更有力的"合力"，全方位地推动祖国统一大业加速完成。

（二）综合实力研究模型

虽然台湾不是一个国家，不能对其展开"国力"评估，不过可以把大陆和台湾放在一个中国框架下，分别对其展开综合实力研究。

前人关于综合实力评估的研究成果对本书具有相当的参考价值，尤其是黄硕风的综合国力评估模型，综合运用混沌学、系统论、协同学、耗散结构论的原理，结合定性和定量分析、专家知识和建模计算相结合的体系集成方法建立模型，具有相当的全面性，也更适合中国国情。

但是，这些成果也存在一些局限。首先，评估过于偏重硬实力指标，软实力指标不够全面，或仅针对个别软实力指标进行赋值评分，缺乏客观、统一和普适的评价标准。其次，研究主要采用定量的研究方法，依靠数据勾画综合实力发展趋势，对综合实力尤其是软实力指标缺乏必要的定性分析。再次，研究对象主要是主权国家，通常采用"综合国力"的概念，但海峡两岸关系不是国际关系，而是一个中国框架下的内部关系，不宜采用"综合国力"的概念。

本书结合海峡两岸实际情况，采用"综合实力"的概念，建立新的实力评估模型，探究大陆和台湾的实力变迁。本书将综合实力设为"目标层"，硬实力和软实力设为"准则层"，将硬、软实力分为7个"子准则层"和29项"一级指标"。在经过对经济和社会发展内在规律的探寻后，指标的选取根据两个原则展开：首先，充分考虑其系统性、全面性和代表性，从而准确、有序地涵盖和描述综合实力系统。其次，由于两岸统计口径存在较大差异，指标选取必须根据两岸统计资料的情况设计，使之具有可行性及可比性。经过对相关统计指标的反复甄别和排查，本书共选取288项指标，其中206项硬实力指标，82项软实力指标。

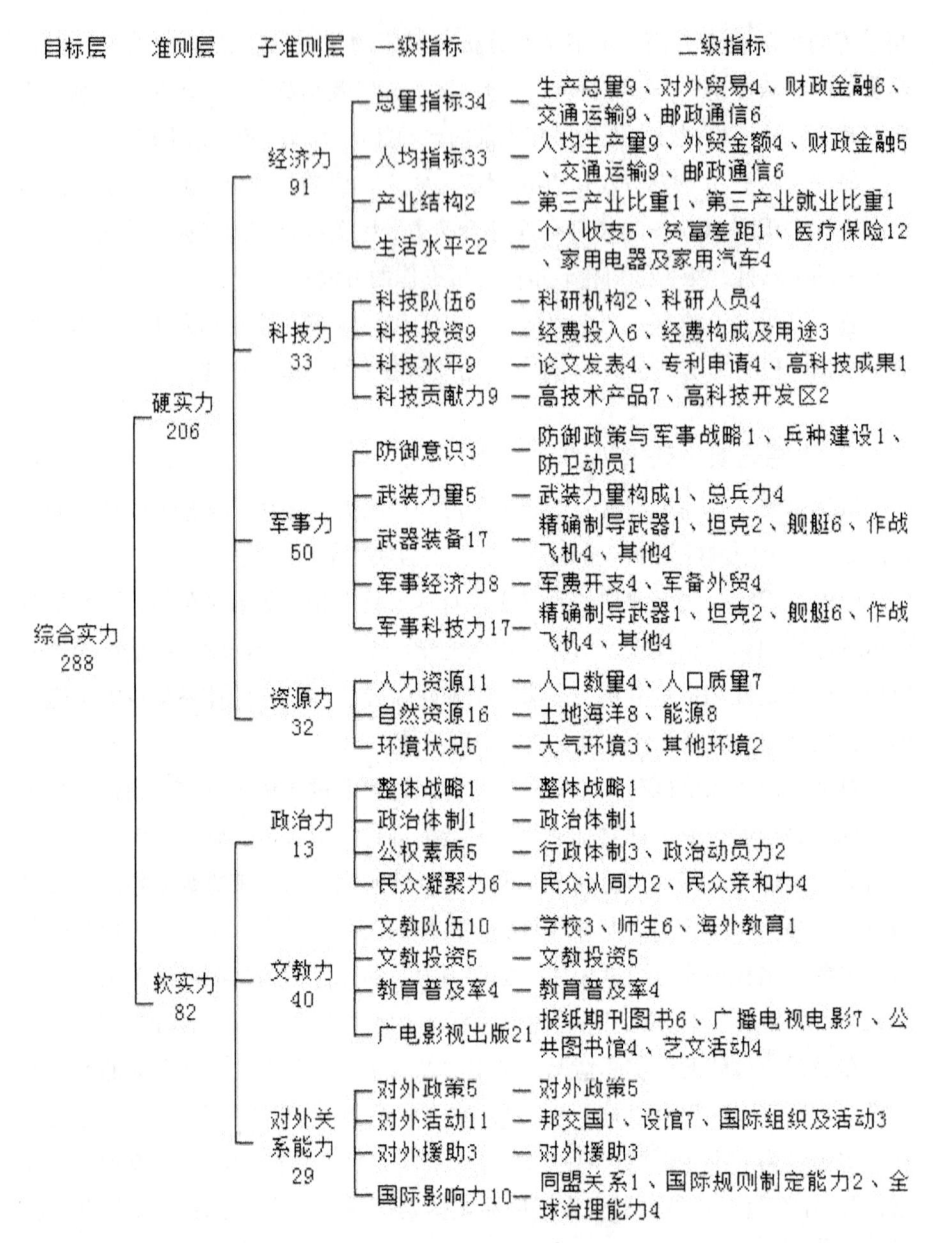

```
目标层      准则层      子准则层      一级指标           二级指标

                                  ┌ 总量指标34   ─ 生产总量9、对外贸易4、财政金融6、
                                  │                交通运输9、邮政通信6
                        ┌ 经济力 ─┤ 人均指标33   ─ 人均生产量9、外贸金额4、财政金融5
                        │   91    │                、交通运输9、邮政通信6
                        │         ├ 产业结构2    ─ 第三产业比重1、第三产业就业比重1
                        │         └ 生活水平22   ─ 个人收支5、贫富差距1、医疗保险12
                        │                          、家用电器及家用汽车4
                        │         ┌ 科技队伍6    ─ 科研机构2、科研人员4
                        │ 科技力 ─┤ 科技投资9    ─ 经费投入6、经费构成及用途3
                        │   33    ├ 科技水平9    ─ 论文发表4、专利申请4、高科技成果1
              ┌ 硬实力 ─┤         └ 科技贡献力9  ─ 高技术产品7、高科技开发区2
              │   206   │         ┌ 防御意识3    ─ 防御政策与军事战略1、兵种建设1、
              │         │         │                防卫动员1
              │         │         ├ 武装力量5    ─ 武装力量构成1、总兵力4
              │         │ 军事力 ─┤ 武器装备17   ─ 精确制导武器1、坦克2、舰艇6、作战
              │         │   50    │                飞机4、其他4
              │         │         ├ 军事经济力8  ─ 军费开支4、军备外贸4
              │         │         └ 军事科技力17 ─ 精确制导武器1、坦克2、舰艇6、作战
    综合实力 ─┤         │                          飞机4、其他4
      288     │         │         ┌ 人力资源11   ─ 人口数量4、人口质量7
              │         │ 资源力 ─┤ 自然资源16   ─ 土地海洋8、能源8
              │         └   32    └ 环境状况5    ─ 大气环境3、其他环境2
              │                   ┌ 整体战略1    ─ 整体战略1
              │         ┌ 政治力 ─┤ 政治体制1    ─ 政治体制1
              │         │   13    ├ 公权素质5    ─ 行政体制3、政治动员力2
              │         │         └ 民众凝聚力6  ─ 民众认同力2、民众亲和力4
              │         │         ┌ 文教队伍10   ─ 学校3、师生6、海外教育1
              │         │ 文教力 ─┤ 文教投资5    ─ 文教投资5
              └ 软实力 ─┤   40    ├ 教育普及率4  ─ 教育普及率4
                  82    │         └ 广电影视出版21 ─ 报纸期刊图书6、广播电视电影7、公
                        │                          共图书馆4、艺文活动4
                        │         ┌ 对外政策5    ─ 对外政策5
                        │ 对外关 ─┤ 对外活动11   ─ 邦交国1、设馆7、国际组织及活动3
                        └ 系能力  ├ 对外援助3    ─ 对外援助3
                            29    └ 国际影响力10 ─ 同盟关系1、国际规则制定能力2、全
                                                   球治理能力4
```

图 X-4 海峡两岸综合实力指标体系[①]

对于软实力指标，以及产业结构、生活水平、科技水平、科技贡献力、军

[①] 本书运用散点图探寻各指标所表示的经济、社会发展内在规律，从而选取具有合理性的相关指标。

事科技力、环境状况等硬实力指标中的软实力要素，本书根据相关领域的理论研究成果，提出客观、统一的量化标准，尽可能减少软指标的数量，以避免专家评分、问卷调查等形式可能产生的主观性和随意性，从而建构较为完整和客观的综合实力评估体系，建立海峡两岸综合实力指标体系（见图X-5）和系统指标权重系数（见表X-5）。

表X-5 海峡两岸综合实力系统指标的权重系数

准则层	子准则层	一级指标	赋权系数	准则层	子准则层	一级指标	赋权系数
硬实力	经济力 0.35	总量指标	0.20	软实力	政治力 −1—0.8	整体战略	−1—0.25
		人均指标	0.30			政治体制	−1—0.20
		产业结构	0.20			公权素质	−1—0.20
		生活水平	0.30			民众凝聚力	−1—0.15
	科技力 0.30	科技队伍	0.30		文教力 −1—0.6	文教队伍	−1—0.15
		科技投资	0.30			文教投资	−1—0.20
		科技水平	0.20			教育普及率	−1—0.15
		科技贡献力	0.20			广电影视出版	−1—0.10
	军事力 0.17	武装力量	0.15		对外关系能力 −1—0.6	对外政策	−1—0.20
		武器装备	0.25			对外活动	−1—0.15
		军事经济力	0.25			对外援助	−1—0.10
		军事科技力	0.25			国际影响力	−1—0.15
		防御意识	0.10				
	资源力 0.18	人力资源	0.20				
		土地、海洋	0.25				
		能源	0.35				
		环境状况	0.20				

注：本表参照黄硕风的"综合国力系统指标的权重系数"建构而成，该系数经过数学模型的反复论证和专家咨询确定。本书根据海峡两岸实际情况，对要素名称进行更改。参见黄硕风：《大国较量：世界主要国家综合国力国际比较》，北京：世界知识出版社，2006年，第103—104页。

考虑到发展模式的路径依赖决定了战略调整的滞后性，或者说大陆对台政策及台湾的大陆政策总是依赖双方的综合实力为基础,本书选取了全国人大常委会发表《告台湾同胞书》之前的1978年、蒋经国实行开放的大陆政策之前的1986年、台湾通过《"国家统一纲领"》之前的1990年、《为完成祖国统一大业而继续努力奋斗》(即"江八点")发表之前的1994年、台湾实现所谓"政党轮替"之前的1999年、大陆颁布《反分裂国家法》及台湾"泛蓝"三党主席先后率团参访大陆之前的2004年、两岸签订《海峡两岸经济合作框架协议》之前的2008年、以及两岸领导人举行历史性会面(即"习马会")之前的2014年等八个时间点,对两岸综合实力进行评估。

原始数据大多采集于两岸官方统计资料和国际权威军事统计资料,大陆资料主要包括各年《中国统计年鉴》、国防白皮书、《中国科技统计年鉴》、《中国能源统计年鉴》、《中国环境状况公报》、《中国教育统计年鉴》、《中国外交》、《世界军事年鉴》、《中国科技论文统计与分析简报》、《中国共产党党内统计公报》等;台湾资料主要包括各年《"中华民国"统计年鉴》、《"中华民国"统计月报》、《"中华民国"教育统计》、《"中华民国""外交"统计年报》、《"国家科学技术发展计划"》、《"中华民国"科学技术年鉴》、《"中华民国"电影年鉴》等;英文资料主要包括各年 Taiwan Statistical Data Book、The Military Power of the People's Republic of China、The Military Balance 等。

在测算方法上,首先,由于各指标量纲①不同,物理量和数量级相差较大,本书采用了指数法、专家征询法、模糊评判法、灰色评判法等方法②,将每一个指标数值转化成无量纲的相对量,设定1978年台湾各项指标分值为1,依次计算各年份两岸各项指标分值③。

其次,根据系统的复杂性、指标属性和指标间的关系,选择合适的综合指标模型对指标进行分级合成,计算"二级指标"分值,综合指标模

---

① 量纲(fundamental unit)表示一个物理量由基本量组成的情况,规定了物理学中的一些基本单位。

② 指数法指根据量值之间的比例得出无量纲的相对量。专家征询法又叫德尔菲法(Delphi),在掌握一定客观情况和资料的基础上,依靠专家的知识和经验做出评判。模糊评判法用于测算不确定性的因素,如政府领导水平、国民凝聚力等,通过确定评估对象的因素论域、确定评语等级论域、建立模糊关系矩阵、确定评判因素权向量、求综合评判向量、模糊综合评判结果等得出结论。灰色评估法主要用于未来预测的实际问题,把已知的与时间序列相关的数据序列、事件、关系、决策集合等按规律加以组合,再通过变换、模拟、解法对"灰色模块"进行求解。

③ 本书所建立的综合实力体系中涉及到少数确有纳入体系必要、但在1978年以后陆续兴起的产业,如20世纪80年代末开始出现的移动电话、90年代开始出现的互联网等。这部分产业由于缺失1978年的数据,为尽可能避免乘法合成模型中的计算误差,将其设定为0.001。

型主要包括,线性加权和模型:$Y = \sum_{i=1}^{n} W_i X_i$,乘法合成模型:$Y = \prod_{i=1}^{n} X_i$ ($X_i > 0$),代换模型:$Y = 1 - \prod_{i=1}^{n}(1 - X_i)$ ($0 < X_i \leq 1$),加乘混合模型:$Y = \sum_{i=1}^{n} W_i X_i + \sum_{j=n+1}^{m} w_j \sum_{i=1}^{m} X_i$ ($i = 1, 2, \ldots n, n+1, \ldots m$)[①]。例如,"二级指标"生产总量中的9个"三级指标"之间相互独立,采用线性加权和模型合成;在"二级指标"财政金融中,"三级指标"财政预算收入总额和财政预算支出总额之间相互强烈关联,货币供应量 M_1 和 M_2 之间相互强烈关联,需分别对其采用乘法合成模型,再将其合成结果与其他"三级指标"通过线性加权和模型合成;在"二级指标"个人收支中,"三级指标"人均消费支出和"四级指标"家庭消费项目支出分别为具有同等重要意义的"父"指标和"子"指标,家庭消费项目支出内部指标间补偿作用明显,人均消费支出对每一个家庭消费项目支出的变化敏感,所以先用代换模型合成"三级指标"人均消费支出和"四级指标"家庭消费项目支出,再将其结果与其他"三级指标"通过线性加权和模型进行合成。

再次,由于各"二级指标"分值间数量级差距较大,为展现数据的"集中趋势",必须对其进行归一化处理,再依次合成"一级指标"和"子准则层"分值。最后,将"子准则层"数值带入综合国力评估模型($Y_t = K(t) \cdot X_1^{\alpha}(t) X_2^{\beta}(t)$,$K(t) = f(\alpha_i, \beta_i, k_i, m, M, \ldots)$,$X_1(t) = \sum_{i=1}^{4} \alpha_i x_i(t)$,$X_2(t) = \sum_{i=1}^{3} \beta_i x_i(t)$)和权重系数计算出各年份两岸硬实力、软实力和综合实力数值。

(三)新功能主义分析框架

新功能主义在分析区域整合方面具有重要的借鉴意义,将其运用于两岸关系领域时,必须明确一个重要前提,即:世界上只有一个中国,大陆和台湾同属一个中国,中国的主权和领土完整不容分割。新功能主义在两岸关系上的运用,是将大陆和台湾放在一个中国框架下研究,对双方的互动、冲突和差距进

[①] 线性加权和模型适用于"子"指标相互独立的情形;乘法合成模型适用于各"子"指标相互强烈关联的情形,对各"子"指标的变化较敏感;代换模型的特点是各"子"指标相对于"父"指标具有同等重要的意义,各"子"指标之间补偿作用明显,"父"指标对每一个"子"指标的变化敏感;加乘混合模型适用于内部关系较为明确的评价系统。

行分析，考察外溢效果，解释两岸关系发展过程中所出现的一些问题，如近年来，为何两岸实力差距逐渐拉大，两岸经济关系发展愈加紧密，但台湾当局和民众统一意愿反而降低等。

本书将结合新功能主义的优劣势以及海峡两岸的特殊性，提出适合两岸关系发展的分析构架。在九项外溢指标中，多元程度、菁英互补性、政治的目的和意图、决策风格和政府适应力均属于政治范畴，本书将其归纳为政治因素的影响，并通过范围扩展和主体归纳将其二次划分为政治精英、相关利益集团和普通民众的意愿；实体大小则以综合实力的大小作为界定；交流频率以两岸经贸和人员往来为分析对象；增加外部因素的影响。此外，两岸并无建立类似欧盟的区域组织或超国家机制的意愿和设想，但在两岸关系和平发展时期建立了常态化的沟通和协调机制，因此联盟权力将结合两岸关系的特殊性予以考虑。

实体大小包括成员权力和实力大小，是外溢形成的背景条件之一，也是影响外溢效果的主要因素。在新功能主义理论中，由于整合成功后涉及决策权和利益分配问题，所以实体成员差距越小，合作所得的决策权和利益越能平均分配，合作所耗费的成本越低，政治性外溢效果越能持续产生；而实体成员差距越大，实体较大一方获得决策权和利益优势越明显，实体较小一方的整合意愿越低，政治性外溢越难产生。但是，新功能主义忽略了成员间实力悬殊这一情况，当该情况出现时，实力占优一方所具备的吸引力和向心力，将会促成吸收式关系的形成。传统研究将实力大小分为资源、经济层面，成员权利划归政治层面，遗漏了军事、科技、文教、外交等方面的内容。本书以综合实力代替实体大小，以期更全面地阐释实力对比在关系整合中的作用。如前文所述，综合实力由硬实力和软实力构成，硬实力包括经济力、科技力、军事力、资源力，软实力包括政治力、文教力、外交力。

政治因素包括政治精英、相关利益集团和普通民众，是外溢效果是否能够持续产生的基本条件之一。政治精英对整合效果起主导性作用，如果政治精英愿意推动整合并积极主动地实施，出现连续外溢和环溢的可能性较大；如果政治精英不愿意推动整合甚至阻碍实施，则可能造成外溢停滞甚至出现回缩。两岸关系的发展历程也遵循这样的规律。李登辉执政前期，名义上大致遵守一个中国原则，两岸关系外溢效果开始显现；执政后期，李登辉奉行"两国论"，两岸关系外溢效果短暂回缩后停滞。陈水扁奉行"一边一国"论，两岸关系外溢效果停滞，后在胡锦涛的极力推动下，出现一定的外溢。马英九坚持"九二共识"，两岸关系外溢效果明显。相关利益集团能够通过游说对政治决断施加重要影响，以追求自我利益和价值的实现。陈水扁时期，企业领袖的意愿对促使台当局松绑其两岸经贸政策起到了重要作用。2012年台湾"大选"时，企业领袖对"九二共识"的支持影响了岛内舆论，对马英九连任产生积极效果。民众意愿是结合新功能主义理论中"多元程度"等内容的论述及两岸实际状况而提出的，指两岸民众对统一的意愿以及对彼方的看法。

结构现实主义认为，国家是国际政治的主要行为者，国际体系造就国家行为，[①]新功能主义最为学界诟病的缺陷之一即缺乏对外部因素的考察。台湾问题虽然属于中国内政，但是两岸关系的发展始终受到国际体系和大国态度的影响。首先，冷战时期，两岸分属不同阵营，美苏对峙加深了两岸敌对状态；冷战结束后，和平与发展成为时代主题，一定程度上促进了两岸的互动和交流。其次，美国和日本在两岸关系中始终扮演重要角色，其中美国作为台湾地区最重要的"盟友"，对台湾的政治决策有着不可估量的影响力。

交流频率沿用新功能主义理论中的释义，包括贸易额、人员及资金流动、交换学生等。本书主要考察两岸贸易、人员往来等内容。由于外溢的"扩展"性，交流范围也是考察外溢效果的重要因素，如技术领域的合作可以扩展至经济领域，之后还可扩展至法律、文化、教育等领域。因此，本书提出结合交流的频率和范围综合考察外溢的效果。

两岸共同治理机制即新功能主义理论中的联盟权利（超国家机制），它既是外溢的结果，又是推动外溢持续产生的动力。新功能主义认为，外溢效应使一体化从技术性部门扩展至其他部门，进而产生政治性外溢。在外溢效应持续产生的过程中，国家权力逐渐流失，最终建立具有功能性的制度化超国家机制。超国家机制由区域成员共同建立，以"主权分享"代替"主权转移"，对成员具有指导性和制约性。此外，超国家机制及其技术官僚能够界定整合的利益和目标，解决因整合而产生的问题，有助于外溢的持续产生。

---

① Kenneth Waltz: *Theory of International Politics*, New York: McGraw-Hill, 1979.

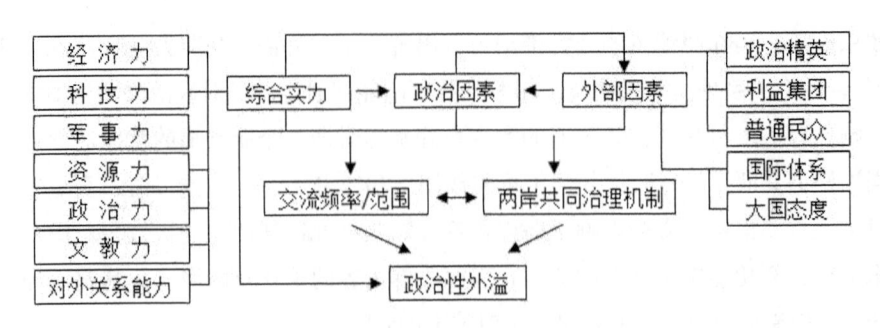

图 X-5 本书新功能主义理论分析框架

此外,"哈斯—施米特"架构未能明确说明九个指标之间的关联性,在区域关系的发展中显得有些不切实际。根据综合实力理论和以往两岸政策出台的现实和经验,综合实力在两岸关系发展中具有基础性作用,外部因素受到综合实力的影响,综合实力和外部因素影响政治因素的决断。因此,综合实力、政治因素和外部因素是外溢能否产生以及是否能够持续产生的主要原因。交流频率、范围和超国家机制是外溢效果,交流频率和范围既能够促进两岸共同治理机制的产生,又能检验外溢效果;两岸共同治理机制可作为互动和交流的主要平台,进而促进交流频率和范围。最后,综合实力、政治因素、外部因素、交流频率和范围、两岸共同治理机制均能促进形成政治性外溢。

海峡两岸自1987年开放交流以后,两岸关系经历了跌宕起伏的过程。本书试图通过新功能主义理论达到以下目的:(1)分析构成要素尤其是综合实力要素对两岸政策产生的作用,以期发现和验证这些要素在两岸政策形成过程中的影响程度,为未来大陆对台政策提供方向;(2)检视大陆对台政策和台湾的大陆政策在两岸关系"外溢"过程中的发挥成效;(3)阐释和填补综合实力理论在两岸关系发展中未能如愿发挥作用之处;(4)补充和完善新功能主义理论在两岸关系领域的分析架构。虽然新功能主义能够"解释"两岸关系发展中的一些问题,但是由于其自身的缺陷,新功能主义无法"预测"两岸关系的未来。因此,不能因为两岸实力差距变大等因素认定两岸在未来无法实现整合。

四、研究方法

在目前的台湾研究领域,最常用的是历史研究方法,这也是本书最基本的研究方法。此外,在研究中,笔者比较重视历史学、统计学、政治学、国际关系等多种理论和方法的综合运用。除前文已阐述的综合实力理论、软实力理论、新功能主义理论的研究方法外，还包括：

（一）历史分期法

时间作为一种历史研究的工具，在历史学中是弥漫性、渗透性地存在的。通过对历史时段的划分，以时间维度探究事件发展，可以清晰地把握事件发展的过程和脉络。

法国年鉴学派代表人物费尔南·布罗代尔（Fernand Braudel）的"时段理论"提出了地理时间、社会时间和个体时间三个概念，后又将其称为"长时段""中时段"和"短时段"，并把它们各自对应的历史事物称为"结构"（structures）、"局势"（conjunctures）和"事件"（evenements），三者交互作用构成其"总体史"的研究对象。其中，"中时段"的历史波动跨越了"短时段"事件，包含了更长的时间长度，构成了"短时段"事件发生、发展的基础，[①] 同时又能通过其洞察"长时段"历史的演进，从而把握和解释历史现象，认识推动历史前进的潜在力量。

本书将对1978年以来这一"中时段"下大陆和台湾的综合实力进行分析和比较，在此基础上分析该时段内基于各自实力的两岸政策，以期更明确地把握两岸关系进程，洞察两岸关系的未来走向。

（二）文献分析法

文献分析法是定性研究的主要方法之一，通过搜集、整理、研究文献，形成对事实的认识。本书搜集两岸权威统计资料，对综合实力进行数据分析。此外，本书还搜集大陆对台政策以及台湾大陆政策的一手资料，分析综合实力对两岸政策的影响，以期形成清晰、明确的论定。

（三）统计分析法

统计分析法指把信息统括起来，进行计算分析，是对数据进行定量处理的技术和理论。统计分析法包括模型设计、资料收集、资料整理、统计测算、汇总反馈等阶段，描述统计、推断统计等内容，具有科学性、直观性等特征。

[①] 陈勇、罗通秀编著：《西方史学思想导论》，武汉：武汉大学出版社，1995年，第157页。

统计分析的方法很多，有指标分析法、分组分析法、时间数列、动态分析法、平衡分析法、综合评价分析法、景气分析法、预测分析等。下面将结合本书研究主题综合实力这几种分析方法进行简介：

指标分析法是最常用的统计分析法，分为静态比较分析和动态比较分析。静态比较分析指同一时间中不同指标的比较，也叫横向比较，如对1978年大陆和台湾经济力的比较等；动态比较分析指同一条件下对不同时期指标的比较，也叫纵向比较，如对1978年和2014年大陆经济力的比较等。

分组分析法指根据分析的目的，把研究对象按标志划分成若干个部分进行分析，以揭示其内在联系和规律。如把综合实力分为硬实力和软实力，把硬实力分为经济力、资源力、科技力、军事力等。

时间数列又称动态数列，把同一指标的时间变化和发展的数值按时间先后顺序排列，找出动态变化的规律，反映综合实力发展变动的情况，为预测未来实力发展趋势提供依据。

动态分析法能够反映综合实力的发展水平和变化规律，并据此绘制曲线图，为直观地观察两岸综合实力发展轨迹提供途径。

平衡分析法可用来研究综合实力的数量变化对等关系，具体运用于能源平衡表、投入产出平衡表、国际收支平衡表等。该方法能够反映平衡状况，揭示不平衡因素，利用平衡关系从已知指标中推算未知指标。

综合实力包含错综复杂的实力要素，也是各种要素综合作用的结果，而且各要素的变动方向和程度是不同的，这就要借助于综合评价分析法。如果只用单一要素分析，很难做出客观的评价。

景气分析法主要用以分析经济波动，分为宏观经济景气分析和企业景气调查分析。

预测分析，顾名思义就是预测未来实力的走向，属于定量预测，以数据分析为主，也结合定性分析。方法主要有两种，一种属于时间数列分析，根据时间数列进行预测；一种属于回归分析，根据指标间相互关系进行预测。其他方法还有滑动平均法、指数平滑法、周期变化法、模型分析法等。

五、创新与不足

按照厦门大学台湾研究所前所长陈孔立的总结，大陆台湾研究分为四种类型。一是动态研究：紧跟形势，"应付岛内突发事件，被动的急就章式的研究"，特点是求快。二是对策研究：为决策部门提供建议和对策。三是基础研究：对台湾各方面情况作长期的、系统的、连续性的研究，一般每个研究人员都有相对固定的研究方向，一旦需要各方面的基础资料、最新动态以及比较有权威性的见解，都有专人可以提供。四是理论研究：这是更高层次的研究，一方面要研究一些涉及理论的问题，一方面要提出观察台湾政治、经济以及其他问题的种种理论框架或模式，是难度较大的研究工作。[①]

本书偏重"基础研究"和"理论研究"，兼顾"对策研究"，其创新之处主要包括以下几点。

第一，本书对海峡两岸综合实力的全面量化分析作了有益地尝试，是具有较大开拓性的研究。学界普遍认为，两岸综合实力差距的扩大使大陆逐渐具备完成国家统一的能力，但是对于两岸综合实力发展和对比的轨迹仅限于感性认识，或仅基于GDP总量等重要经济指标的片面认知，对于未来两岸对比的发展也缺乏科学的预测。这种模糊而笼统的观感难以作为学理分析的基础，也无法为政策制订提供准确的依据，而通过准确的数据计算能帮助我们更好地把握事实，更加客观、全面、科学和清晰地认识两岸综合实力，为有关部门决策提供切实可靠的实力依据。

对海峡两岸综合实力进行全面量化分析研究，必须具备两个基本条件：（1）必须全面、准确收集相关数据。研究者必须以耐心细致的态度、"上天入海"的精神搜寻、汇集、比对各种数据，为分析研究工作打下坚实的基础；（2）必须掌握和运用数学分析模型和方法，对原始数据进行科学、客观的处理、分析和研究。这可能会让不少年轻学人望而却步。本书克服了种种困难，综合国内外关于综合实力的研究成果，采用定性和定量相结合的研究方法，选取上万个数据、围绕综合实力的288个指标（其中206个硬实力指标，82个软实力指标），对1978—2014年海峡两岸综合实力进行全面、客观的数理评估，通过横向和纵向的分析和比较，考察两岸硬实力与软实力的构成、消长和互动关系，为两岸政策评估奠定基础。此外，本书采用"综合国力动态方程"测算2014—2050年两岸综合实力和中美综合实力发展轨迹，论述两岸和平统一的必然性，为未来大陆对台政策提供具有可操作性的思路和方向。

---

① 陈孔立：《大陆学者研究台湾的方法问题》，见陈孔立：《台湾历史与两岸关系》，北京：台海出版社，1999年，第267—269页。

第二，本书提出多项硬实力的细化评价指标。例如，在武器装备方面，本书基于瑞典斯德哥尔摩国际和平研究所的军事资料，通过代级划分和赋值加乘的方式，结合武器装备的数质量对其进行评估。在军费方面，国内外不同机构公布的中国大陆军费数据差异很大，本书综合中国大陆官方统计资料和英国国际战略研究所的统计资料，对中国大陆军费进行综合评定，比较权威可靠。在军事科技力方面，本书将武器装备分为"国外购入""仿制改进""自行研制""国外合作"四个研制等级，综合研制等级和装备代级，对装备研发赋值加乘。此外，在生活水平、科技贡献力、环境状况等内容上，本书也提出诸多量化指标，以期使两岸综合实力的评估更为科学和严谨。

第三，本书提出软实力的细化评价指标，有助于进一步完善软实力量化研究体系。目前，国内外综合实力评估过于偏重硬实力评估，软实力评估指标不够全面，或仅针对个别指标进行赋值评分。例如，黄硕风对软实力的评估主要通过专家征询调查和模糊评估系统，这种评估方法固然有其合理性和科学性，但是主观因素过强，评价标准的统一性和普适性较弱。本书结合前人的有益成果，提出具有体系的软实力量化标准，如参考阎学通的研究成果，采取两岸相似政治体制国家或地区数量等指标展开量化，对两岸政治体制进行了评估。此外，本书根据相关领域的理论研究成果，对民众凝聚力、对外政策、对外活动与援助、国际影响力等软实力提出量化分析的指标，完善了软实力的量化评价体系。

第四，针对海峡两岸的特殊情况，本书试图将综合实力理论和新功能主义理论进行有机地整合、改进，并提出海峡两岸新功能主义分析框架，用以阐释两岸关系的发展。在过去的两岸关系研究中，学界对新功能主义的缺陷多有批判，尤其是指责"哈斯—施米特"架构存在九个指标内容重复，忽视军事、国际体系等因素的影响等弊病，但很少针对这些缺陷进行调整。本书在理论学习的基础上，参考前人的研究成果，针对海峡两岸的特殊情况，对新功能主义影响要素进行调整，强调综合实力的基础性作用，提出适用于两岸关系的理论分析架构。

第五，本书运用综合实力理论、软实力理论、新功能主义理论对1978年以来的主要两岸政策进行分析，考察硬实力和软实力对两岸关系发展的影响，同时检视两岸决策者主动运用硬实力、软实力的能力及其实施成效。大陆对台政策和台湾的大陆政策都是硬实力和软实力综合运用的结果，硬实力中包含软实力因素，软实力中也涵盖硬实力因素，因此必须通过综合实力理论和软实力理论对其加以阐释，并检视过去四十多年两岸对软、硬实力运用的成效和得失。此外，新功能主义能够很好地解释两岸关系发展过程中所出现的一些问题，如近年来为何两岸综合实力逐渐扩大，台湾人的统一意愿却逐渐降低等。但是新功能主义并不能预测两岸关系发展的前景，也不能对其发展方向提供建议，未来两岸关系发展的预测仍需立足于综合实力理论和软实力理论。因此，必须综合运用这三种理论，才能更好地考察、检视、阐释和预测两岸关系发展的过程。

第六，本书基于模型分析对两岸综合实力发展趋势做出了合理的预测，为未来大陆对台政策提供了参考依据。例如，研究表明，目前大陆人均经济指标落后于台湾，到21世纪30年代该指标将超过台湾，这就使得大陆解决台湾问题具备了现实条件，对台湾的影响力和吸引力都将全面提升。此外，美国是影响两岸关系走向和实现祖国统一的重要外部因素，本书对中美未来综合实力的发展也作了预测，有利于大陆及早作出相关的政策准备，在中美台海博弈中占得先机。

但是，两岸综合实力与海峡两岸关系的研究是一个非常庞大的课题，本书只是一个初步性研究，还存在诸多不足和局限。例如，过去三十年中美综合实力对比的数据，本书未能通过中美原始数据的采集、处理和分析作出自己的研究结论，而是借助黄硕风的研究结果进行分析，但是黄硕风的研究数据仅1996年和2005年公开至经济力、军事力、政治力等"子准则层"，难以形成未来"子准则层"的趋势预测，所以本书对未来中美综合实力的预测较为笼统；对"政策"围绕综合实力"波动"的规律，尚未完全切实掌握等等，有待于在今后的研究中进一步深化。

当然，本书还存在其他不足之处，恳请专家学者和学术同行批评指正。

第一章　海峡两岸硬实力之评估

　　硬实力在综合实力中具有支配性作用，主要表现为具有物质形态的有形载体，包括经济力、科技力、军事力和资源力。由于硬实力的综合性、伴生性和复杂性，其构成要素又是在物质形态要素和精神形态要素协同作用下的非线性统一，如经济力由工业实力、农业实力等物质形态要素和经济体制等精神形态要素构成，科技力由科技队伍数量、科技投资等物质形态要素和科技水平等精神形态要素构成，军事力由武装力量、武器装备数量等物质形态要素和军事科技力等精神形态要素构成，资源力由空气污染指标等物质形态要素和环境状况等精神形态要素构成。因此，硬实力的评估必须采用定量与定性相结合的研究方法，注重要素的多样性和子系统的层次性，达到绝对与相对、整体与局部的统一。

第一节　海峡两岸经济力之评估

经济力在综合实力构成中具有决定性作用，是工业、农业、商业、金融、交通运输、邮电通信等各部门经济实力的总和。在某种程度上，一个国家或地区的经济实力可以代表其综合实力的主要水平。

两岸经济力评估分为总量指标、人均指标、产业结构、生活水平四个指标。总量指标包括生产总量、对外贸易、财政金融、交通运输、邮政通信等"子"指标；人均指标的"子"指标与总量指标类似；产业结构采用定量与定性相结合的方法进行评估，主要参考三大产业结构及三大产业就业结构等"子"指标；生活水平的"子"指标包括个人收支、贫富差距、医疗与保险、家用电器普及率等。

1978年12月，中共十一届三中全会在北京召开，全会重新确立了解放思想、实事求是的思想路线，停止使用"以阶级斗争为纲"的口号，作出把党和国家工作重心转移到社会主义现代化建设上来的战略决策和实行改革开放的伟大决策。全会后，国民经济的调整和经济体制改革工作在全国展开。同年，蒋经国就任台湾地区领导人。改革开放初期，大陆经济处于恢复和起步阶段，在经济规模上没有优势。而台湾起步较早，自20世纪60年代确立出口导向型经济模式后，一跃成为"亚洲四小龙"之首，位列亚洲发达富裕地区，创造了所谓的"台湾经济奇迹"。

自1978年以来的40年间，海峡两岸经济实力对比发生重大变化。大陆经济迅速增长，通过"中国特色的经济发展模式"创造了"新的经济奇迹"，实现经济实力的迅速增强。当前，大陆正处于工业化和城镇化发展阶段，经济潜力巨大，在未来相当长的时间内，大陆经济仍将保持较快增长。与此同时，台湾则经历了从"亚洲四小龙"之首到"亚洲四小龙"之尾的过程，陷入难以摆脱的经济困境。

一、总量指标

（一）生产总量

改革开放以来，大陆经济在宏观上实现了平稳、持续、快速增长。1978年，大陆GDP为2122亿美元，40年来，大陆整体保持较高的GDP增长率，2014年首次突破十万亿美元大关，达到103606亿美元，世界排名从第十位迅速上升至第二位，仅次于美国；占全球经济总量的比重从1.8%上升至12%。1979年，台湾被经济合作与发展组织（Organization for Economic Cooperation and Development, OECD）列为全球新兴工业化国家与地区，成为亚洲"四小龙"之首，GDP等主要经济指标位列香港地区、新加坡、韩国之上。20世纪90年代以后，台湾GDP增长从高速转为中速，21世纪以后降为低速，甚至出现负增长。

在两岸GDP比较方面，1995年以前，受经济发展水平和美元汇率[①]的影响，台湾GDP相对大陆的比重从1978年的12.63%上升至1994年的45.6%，达到历史峰值。1994年以后，随着大陆的经济腾飞，两岸GDP差距不断拉大，2008年台湾相对于大陆GDP比重首次跌破10%，仅9.14%，2014年进一步跌至5.11%。2014年，广东、江苏、山东、浙江、河南等五个大陆省份的GDP超过台湾，其中广东、江苏GDP超出台湾近一倍，河北、辽宁、四川、湖北、湖南等省份GDP也逼近台湾。

[①] 1978年，大陆实行计划经济体制，人民币汇率是官方固定的，不能反映实际汇率水平，以美元结算的统计金额存在一定的高估现象。1986—1994年间，新台币对美元汇率下降26.08%，人民币对美元上升149.86%，台湾GDP相对于大陆比重不断上升，并在1994年达到历史峰值。1995—2004年，人民币对美元汇率始终保持在8.28左右，新台币整体呈贬值趋势。2004—2014年，人民币和新台币相对于美元都在升值，但是人民币升值率更高，2014年兑美元汇率分别达到6.14和30.37。汇率均以当年平均价计。

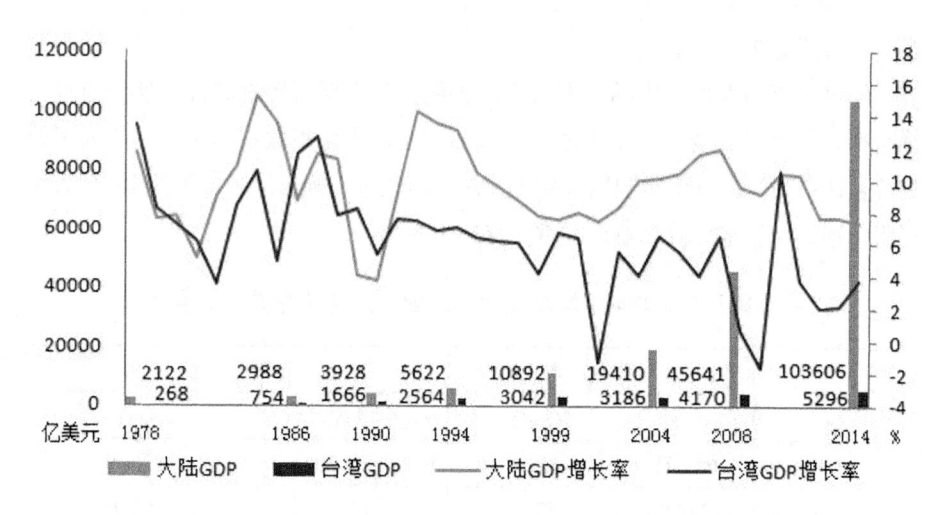

图 1-1 1978—2014 年两岸 GDP 总量及增长率变化①

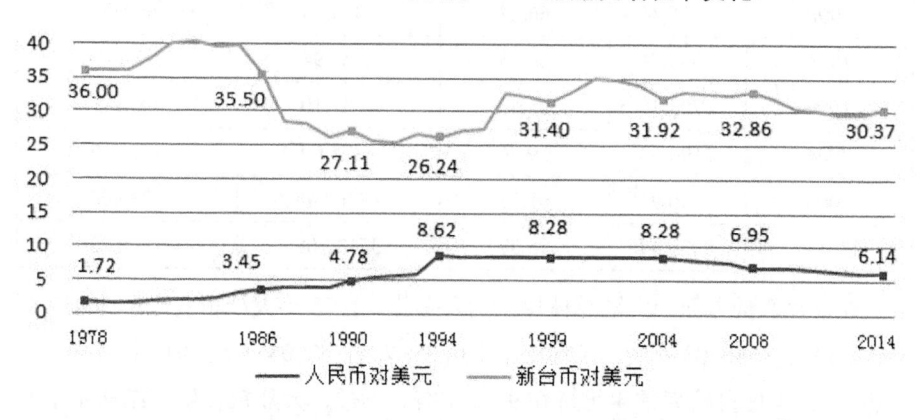

图 1-2 1978—2014 年人民币、新台币对美元汇率变化②

改革开放以来，大陆主要农、工业产品产量呈指数式增长，国民经济基础发生了根本性变化。1978 年，大陆农业总产值是台湾的 24 倍，工业总产值是台湾的 6.84 倍。与 GDP 总量变化类似，20 世纪 80 年代末以后受人民币贬值、新台币升值等因素影响，两岸农、工业总产值差距逐渐缩小，1994 年大陆农、工业总产值分别是台湾的 12.36 倍和 2.5 倍。此后，随着大陆农、工业的迅速成长，两岸差距逐渐扩大。2014 年，大陆农业总产值是台湾的 93.53 倍，工业总

---

① 数据来源：各年《中国统计年鉴》，Taiwan Statistical Data Book。原始数据中大陆 GDP 单位为"亿元"，本书根据当年汇率转换为"亿美元"。
② 数据来源：各年《中国统计年鉴》，Taiwan Statistical Data Book。汇率均以当年平均价计。本书所涉及人民币、新台币兑美元汇率转换，均以该图数据为依据。

产值是台湾的 20.11 倍。

经过多年的发展，大陆主要农产品供给已基本摆脱短缺状况，实现总量大体平衡，提高了农业综合生产能力。大陆工业现代化指数提高三倍，步入工业初等发达行列，[1] 2011 年中国大陆工业总产值超过美国，位居世界首位，[2] 农用化肥、钢、煤、水泥等工业产量常年保持世界第一。

表 1-1 1978—2014 年两岸农业和工业总产值（单位：亿美元）[3]

	农业总产值		工业总产值	
	大陆	台湾	大陆	台湾
1978	649.71	27.08	934.30	136.63
1986	1244.00	45.00	1149.86	384.91
1990	1036.46	66.22	1434.73	650.66
1994	1063.71	86.05	2259.94	903.98
1999	1703.65	75.40	4331.10	980.42
2004	2190.63	59.76	7875.60	1201.68
2008	4040.95	61.37	18769.48	1239.66
2014	8920.44	95.37	37132.08	1846.22

在粮食产量方面，大陆总体保持上升态势。1978 年大陆粮食产量 30477 万吨，2014 年为 60703 万吨，年均增长率达 2% 左右，2003 年至 2014 年实现"十一连增"，粮食自给率常年维持在 97% 左右。不过，大陆粮食生产结构不平衡的矛盾依然很突出，大豆供需存在较大缺口，但整体供需能够维持在 95% 基本自给线以上。[4]

---

[1] 中国科学院中国现代化研究中心：《中国现代化报告 2014—2015：工业现代化研究》，北京：北京大学出版社，2016 年。
[2] 《中国工业产值超美国 26% 取代其成头号制造国》，人民网，2013 年 9 月 4 日。
[3] 数据来源：各年《中国统计年鉴》，台湾"行政院"主计处网。大陆原始数据单位为"亿元"，台湾原始数据单位为"百万新台币"，本书根据当年汇率转换为"亿美元"。
[4] 国家统计局：《农业生产稳定增长 综合能力显著提高——十八大以来农业生产发展状况》，国家统计局网，2016 年 3 月 4 日。

表1-2 1978—2014年两岸粮食产量（单位：百万吨）[①]

	大陆粮食产量	大陆稻谷产量	台湾稻谷产量
1978	304.77	136.93	29.85
1986	391.51	172.22	27.54
1990	446.24	189.33	22.84
1994	445.10	175.93	20.61
1999	508.39	198.49	19.16
2004	469.47	179.09	16.23
2008	528.71	191.90	14.57
2014	607.03	206.51	17.32

同时期，台湾粮食产量不断下滑，1978年稻谷产量2985万吨，2008年降至1457万吨，2014年略微回升至1732万吨。由于粮食产量降低而导致短缺，台湾必须依赖大规模粮食进口。1978年台湾粮食自给率仅为57%，随着粮食产量的下滑，2004年粮食自给率跌至32.3%。2014年，虽然粮食自给率回升至34.07%，但是台湾已出现严重的"粮食依赖"现象，谷类、薯类等主要粮食供应进口比例均高达70%以上，粮食安全问题十分严重。[②]

能源生产是衡量工业生产能力的重要指标。1978年，大陆、台湾自产能源分别为62770万吨、699.33万吨标准煤。1989年，大陆自产能源总量突破10亿吨标准煤，2004年再破20亿吨标准煤，2014年达36.19亿吨标准煤，年均增速4.99%，中华人民共和国成为世界第一大能源生产国。1978—1993年，台湾自产能源总量一路下滑，1994年跌至204.93万吨标准煤，此后二十年间波动上升至372.46万吨标准煤，仅占2014年大陆自产能源总量的0.1%。

---

① 数据来源：各年《中国统计年鉴》，《"中华民国"统计年鉴》，台北："行政院农业委员会"网，以及刘志伟：《国际农粮体制与台湾的粮食依赖：战后台湾养猪业的历史考察》(见台北：《台湾史研究》，第十六卷第二期，2009年6月。)

② 数据来源：台湾省政府粮食局：《台湾粮食统计要览》，台北：台湾省政府粮食局，1986年；各年台湾"行政院农业委员会"："粮食供需年报"，台北："行政院农业委员会"网。

表 1-3 1978—2014 年两岸主要能源生产情况（单位：万吨标准油）[①]

	原煤		原油	
	大陆	台湾	大陆	台湾
1978	44127.31	255.69	14876.49	31.76
1986	63801.78	152.95	18682.29	15.20
1990	77110.12	41.85	19745.18	23.47
1994	88003.38	25.28	20762.19	8.83
1999	97499.97	8.13	22824.76	6.06
2004	158084.84	—	25145.18	5.74
2008	213057.79	—	27187.06	2.07
2014	266333.38	—	30396.74	1.17
	天然气		水电	
	大陆	台湾	大陆	台湾
1978	1820.33	252.42	1945.87	44.31
1986	1850.60	153.68	3789.33	75.97
1990	2078.44	151.08	4988.26	105.98
1994	2241.37	103.82	6960.05	141.93
1999	3298.38	97.89	8311.91	187.59
2004	5564.92	90.99	17313.07	233.26
2008	10819.34	40.89	26354.81	257.71
2014	17007.70	43.40	48128.18	334.59

原煤是大陆产量最大的能源，占能源总产量比例始终维持在 70% 以上。三十多年来，大陆原油、天然气、水电产量分别增长 104.33%、717.24% 和 2373.35%，能源发展重点从过去的增加产能、保障供应逐步转向结构调整、技术创新以及大力发展新能源、可再生能源的新阶段。台湾由于能源资源短缺，2001 年以后停止原煤生产，全部依赖进口，原油、天然气等能源生产也告急。20 世纪 90 年代以后，水电成为台湾最主要的自产能源，2014 年水电能源生产

[①] 大陆数据来源：各年《中国统计年鉴》，《国际统计年鉴》，《中国能源统计年鉴》。台湾原始数据单位为"1000 千升油当量"，为方便比较，统一转换为"万吨标准油"，换算标准为：1 千升油当量 =0.9 吨油当量，1 吨油当量 =1.43 吨标准煤；原始数据来源：各年《"中华民国"统计年鉴》，*Taiwan Statistical Data Book*。

量占自产能源总量的 89.83%。

（二）对外贸易

对外贸易是衡量经济实力的重要指标之一，台湾地区作为出口导向型经济，外贸是其经济增长的重要支撑。1994 年以前，两岸对外贸易总额差距不大，台湾略微领先于大陆。1978 年大陆近 30 个省市的外贸总额不到台湾的九成；1993 年，大陆的外贸总额也不过是台湾的 1.31 倍。1994 年以后，虽然台湾对外贸易仍然保持较快发展，但远远不及大陆的发展速度，尤其是 1999 年以后，大陆贸易总额以每年 2000 多亿美元的金额增加，并维持较大的贸易顺差优势。2014 年，大陆对外贸易总额从 1978 年的 237.14 亿美元增长至 43015.3 亿美元，成为全球最大贸易国，[①]占全球外贸总额的 11.34%，是台湾的 7.3 倍。

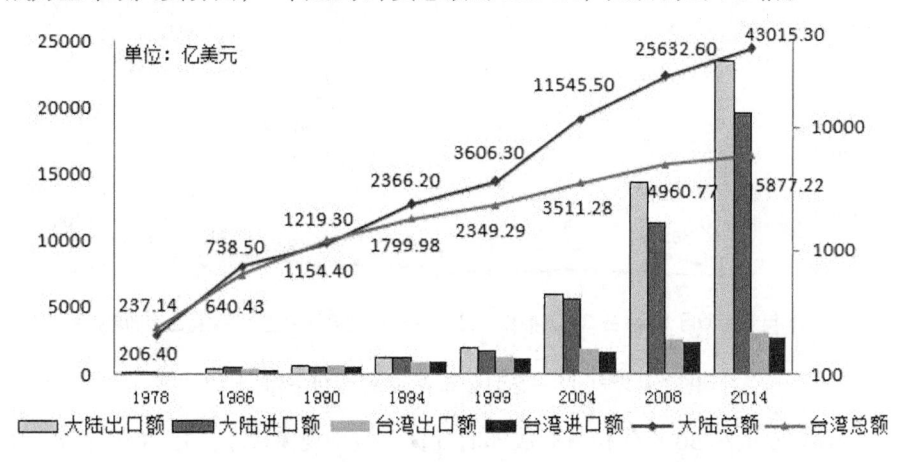

图 1-3 1978—2014 年两岸对外贸易变化[②]

与此同时，大陆进出口贸易结构不断实现优化，2014 年跨境电子商务增速高达 30% 以上，生物技术产品、航空航天技术产品、计算机集成制造技术等高新技术产品进口增速均在 15% 以上，金融、通讯、计算机和信息服务等高端服务贸易进出口增速分别达到 59.5%、24.6% 和 25.4%，为自身的产业结构调整提供了支撑。[③]目前，中国大陆已经成为世界许多国家和地区的最大贸易市场，成为带动世界经济增长的重要引擎，作为世界潜在市场的巨大优势正在显现，

[①] 《WTO 公布 2014 年进出口总额 中国蝉联第一》，环球网，2015 年 4 月 15 日。
[②] 数据来源：各年《中国统计年鉴》，Taiwan Statistical Data Book。原始数据单位均为"百万美元"。
[③] 商务部综合司：《2014 年中国对外贸易发展情况》，商务部综合司网，2015 年 5 月 5 日。

这是台湾的经济规模和市场容量所不能比拟的。

改革开放以后，大陆逐渐开放吸引外资，初期在较长时间内，大陆利用外资主要依靠港资借贷，1990年以后实现跨越式增长，2014年实际利用外资23778项、1197.05亿美元，总额位列全球第一，较1990年增长近40倍。中国大陆外贸发展较为落后的中西部地区，近年来也积极承接大陆沿海和境外产业转移，外贸发展能力明显提高。外商投资不断加速大陆经济快速发展，中国大陆已经成为世界经济的制造基地和研发中心。

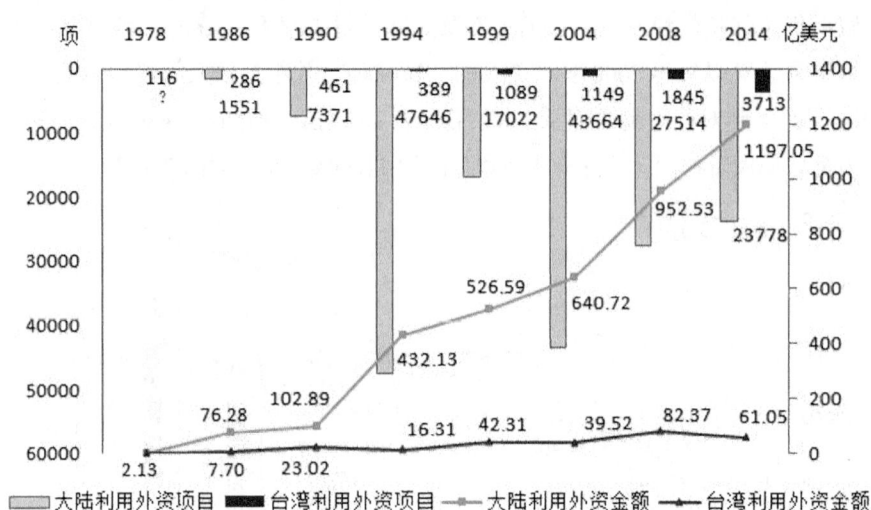

图1-4 1978—2014年两岸利用外资情况[①]

台湾20世纪50年代初就开放外商投资，但是规模较小。1978年，台湾利用外资116项、2.13亿美元，近年来虽有所增长，发展速度依然缓慢，2014年核定利用外资金额仅3713项、61.05亿美元，利用外资总额仅占大陆的5.1%。2015年瑞士洛桑管理学院最新报告显示，在世界61个国家和地区中，台湾吸引外资能力排名倒数第五，[②] 台湾正逐渐被全球经济边缘化。

（三）财政、金融

经济发展水平对公共财政收入的影响是基础性的，公共财政收入是衡量经

[①] 数据来源：各年《中国统计年鉴》，*Taiwan Statistical Data Book*。大陆利用外资金额为实际使用外资金额，原始数据中缺大陆1978年利用外资金额。台湾利用外资金额为核定利用外资金额，2009年以后包含大陆对台湾投资金额。

[②] 《吸外资倒数第5谁来投资台湾？》，台北："中央社"，2015年7月22日。

济发展的重要参数，也是调节经济发展的物质保障。1978—2014年，两岸公共财政预算收支整体上增幅显著，但均呈现不同程度的赤字情况。2014年，大陆公共财政预算收入较1978年增长30余倍，台湾则增长近10倍。一般来说，公共财政收入占GDP比重越高，该国家或地区的财力越充足，经济发展水平越高、政府职能也越大。① 近二十年来，大陆公共财政收入占GDP比重从1994年的10.77%提高到2014年的22.07%，台湾的比重则从1994年的38.16%下降至2014年的26.33%，两岸在经济发展水平上的差距正在逐渐缩小。

表1-4 1978—2014年两岸财政预算收支情况（单位：亿美元）②

	大陆公共财政预算		台湾公共财政预算	
	收入	支出	收入	支出
1978	658.29	652.38	135.05	138.49
1986	615.08	639.10	280.89	289.87
1990	614.46	645.10	658.47	660.36
1994	605.35	672.00	978.48	1101.81
1999	1382.14	1592.71	1057.83	1072.36
2004	3187.98	3440.45	1026.58	1203.73
2008	8824.51	9006.14	1178.48	1205.50
2014	22861.57	24720.78	1394.55	1481.49

货币供应量③是衡量宏观经济的主要变量，货币供应量的变动直接影响利率水平，对投资需求及投资乘数造成实际影响，从而传导至对经济增长的影响。当实际货币需求较高时，增加货币供应量，不仅可以影响利率下降，还可刺激投资和经济增长。因此，实现经济稳健增长，必须维持货币供应增长率的稳定；反之，货币供应量总额变化又是反映经济总量变化的重要依据。

1978年，大陆M_2货币供应量为659.59亿美元，此后市场需求的扩大，每

---

① 刘定祥、樊俊花：《统计学基础》，北京：首都师范大学出版社，2009年，第138页。
② 数据来源：各年《中国统计年鉴》，《"中华民国"统计年鉴》，*Taiwan Statistical Data Book*。原始数据中大陆外汇储备单位为"亿元"，台湾外汇储备单位为"百万新台币"，本书根据当年汇率转换为"亿美元"。
③ 按流动性强弱标准，货币供应量从强到弱分为M0、M1、M2。M0指流通中的通货；M1为狭义货币供应量，M1= M0+活期存款（含转账信用卡存款等）；M2为广义货币供应量，M2= M1+定期存款+政府债券。

五年至少翻一番，尤其是 2008 年以后，在大规模经济刺激计划下，大陆 M_2 以较快速度增长，2012 年达 97.4 万亿元（折合 154381.74 亿美元），位居世界第一。[①] 2014 年，大陆 M_2 突破 20 万亿美元。1978—1994 年，台湾 M_2 货币供应量以年均 21.48% 的高速成长，1994—2008 年年均增长率降至 4.66%，2014 年为 12412.53 亿美元。

在两岸比较上，1978 年台湾 M_2 约为大陆的三成；1994 年差距缩至历年最小值，相当于大陆的 81.93%；此后随着大陆 M_2 不断增加，该比例迅速降低，2014 年台湾 M_2 仅占大陆的 6.2%。

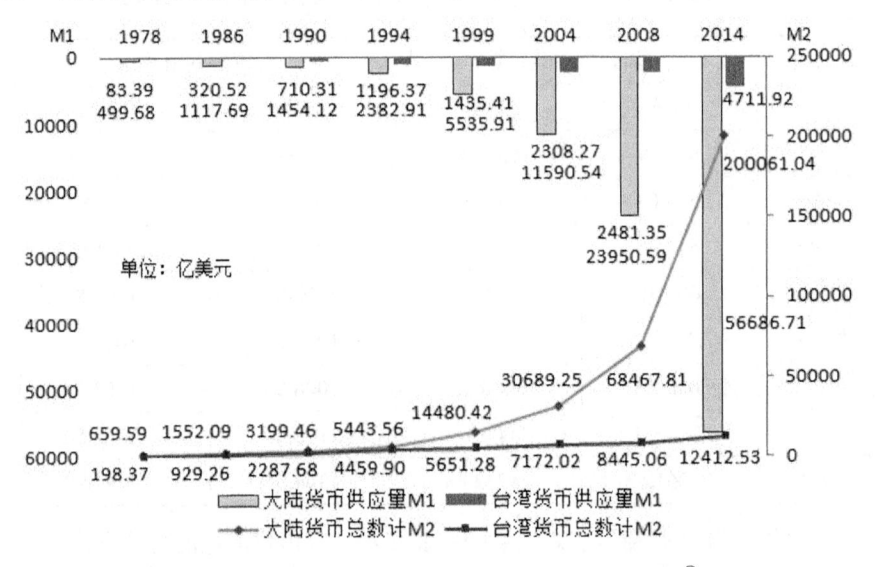

图 1-5 1978—2014 年两岸货币供应量变化[②]

对外贸易和利用外资等因素与外汇储备呈正相关联系。由于台湾对外贸易起步早、发展快，利用外资情况发达，1978 年台湾"外汇储备"达 14.6 亿美元。20 世纪 80 年代后期台湾地区不断增持外汇储备，外汇储备金额常年占据世界第二位，仅次于日本，1999 年超过 1000 亿美元，2014 年持续增长至 4189.8 亿美元。改革开放初期，大陆外汇储备严重不足，1978 年仅 1.67 亿美元。20 世纪 90 年代以后，随着外贸顺差持续扩大和外资大幅流入，大陆外汇

---

① 《中国广义货币供应量首超百万亿元》，北京：《新京报》，2013 年 4 月 12 日。
② 数据来源：各年《中国统计年鉴》，《"中华民国"统计年鉴》，*Taiwan Statistical Data Book*。原始数据中单位为"亿元"及"亿元新台币"，本书根据当年汇率转换为"亿美元"。

第一章 海峡两岸硬实力之评估

储备增长迅速，1996年超过1000亿美元，2006年超过1万亿美元，超过日本跃居世界第一位，2014年达38430.18亿美元。

在两岸比较上，20世纪90年代中期以前，台湾外汇储备均高于大陆。1978年台湾是大陆的8.74倍，1986年更达22倍之多。1996年两岸外汇储备规模出现重大逆转，大陆以1050.29亿美元超过台湾的880亿美元。2014年，大陆外汇储备达台湾的9.17倍。

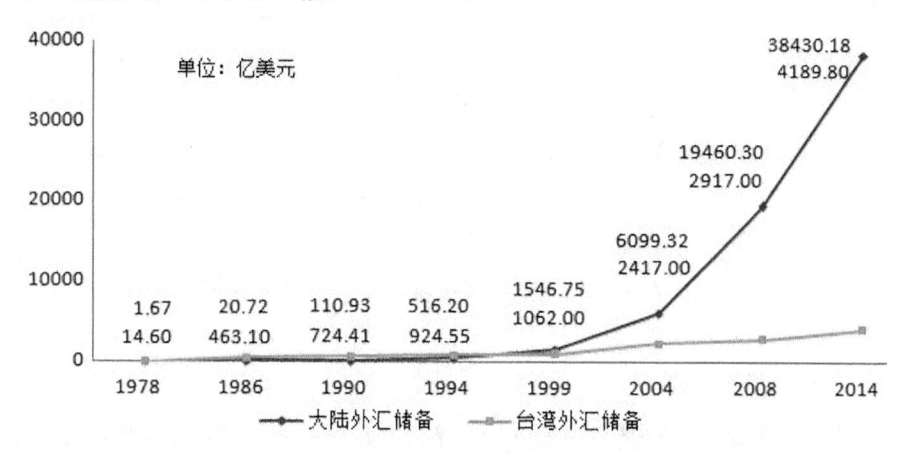

图 1-6　1978—2014年两岸外汇储备变化[①]

台湾上市公司起步先于大陆近30年。1962年，台湾证券交易所成立，初开业时有19家上市公司。20世纪90年代以后，随着经济发展，台湾上市公司结构转向电子产业，鸿海、台积电、华硕等公司陆续上市。2004年以后，台湾上市公司数量增长缓慢，2004—2006年间甚至出现减少现象。近年来，台湾上市企业竞争力严重下降，2007年台湾上市企业在海峡两岸暨香港100强大型企业中占19席，其中台积电排名最高，位居第10；2014年，台湾进入100强的企业仅剩12家，除台积电位次提升至第9名外，其余企业位次衰退居多，企业经济力逐渐下降。[②]

20世纪90年代以来，大陆上市公司数量增长迅速，1990年仅10家，1996年为530家，短短六年超过台湾发展30多年的上市公司总数。2014年，大陆

[①] 数据来源：各年《中国统计年鉴》，Taiwan Statistical Data Book。原始数据中大陆外汇储备单位为"亿元"，台湾外汇储备单位为"百万新台币"，本书根据当年汇率转换为"亿美元"。

[②] 刘丽、桑虹、赵宝山：《从两岸三地上市公司市值排名看台湾企业竞争实力》，北京：《海峡科技与产业》，2013年第6期。

57

上市公司增至2613家，其中8家市值超过千亿美元，占该类企业全球总数的11.59%，位列世界第三；台湾仅台积电一家上市公司市值过千亿美元。[1]

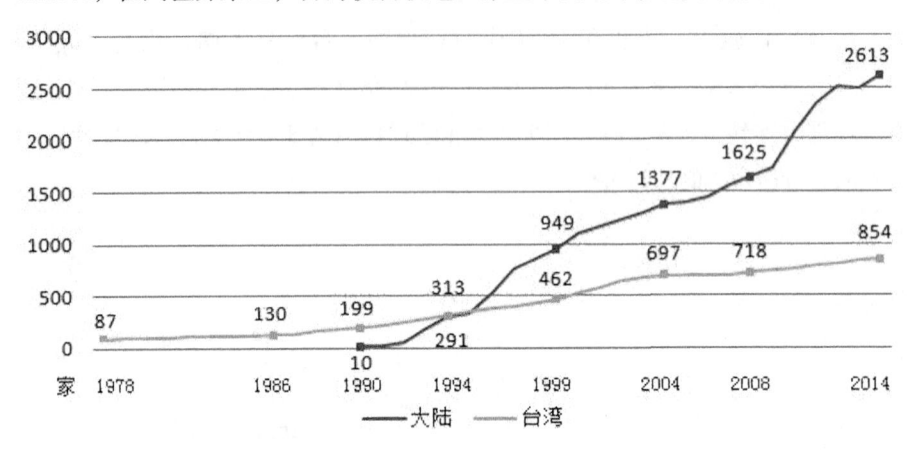

图 1-7 1978—2014年两岸上市公司数量变化[2]

（四）交通运输

交通运输是社会经济发展的基础和条件，是国民经济的重要组成部分。交通运输布局是否合理、运输能力的强弱都直接影响整个经济社会效益、经济发展速度和水平。交通和运输反映着同一事物的两个方面，交通关注运输网络的流量大小、拥挤程度，如交通里程等；运输关注流动中的运输工具的载运情况，如客运量、客运周转量等。交通是运输存在的媒介，运输是交通存在的意义。[3]

大陆幅员辽阔，在交通里程方面有绝对优势。1978—2014年，两岸铁路里程差距从51.7倍增至62.1倍，公路里程差距从51.16倍增至106.54倍。随着经济社会的发展，高速铁路成为必然趋势。1998年，台湾启动高速铁路兴建计划，2007年开通贯穿西海岸的交通动脉，线路全长345公里，[4]这也是台湾至今唯一一条高铁。2008年，大陆第一条高速铁路京津城际开通运营，全长120公里。2014年，大陆已建成以高速铁路为骨架，涵盖城际铁路、区际快速铁路和既有

---

[1]《全球千亿市值企业达69家 中国有9家入围》，中商情报网，2014年10月20日。
[2] 数据来源：《中国统计年鉴》，台北：台湾证券交易所网"历年股票市场概况表年报"：http://www.tse.com.tw。
[3] 蒋惠园主编：《交通运输经济学》，北京：人民交通出版社，2016年，第4页。
[4] 数据来源：*Taiwan Statistical Data Book* 2015。

线的提速线路等构成的快速铁路网,[①]线路全长共计16381公里,[②]占世界总里程的60%以上。[③]

表1-5 1978—2014年两岸交通里程情况（单位：万公里）[④]

	铁路里程		公路里程	
	大陆	台湾	大陆	台湾
1978	5.17	0.10	89.02	1.74
1986	5.58	0.11	96.28	1.99
1990	5.79	0.11	102.83	2.00
1994	5.90	0.12	111.78	3.14
1999	6.74	0.12	135.17	3.56
2004	7.44	0.13	187.07	3.70
2008	7.97	0.17	373.02	3.93
2014	11.18	0.18	446.39	4.19

随着城市化进程的推进，城市交通问题越来越突出，地铁作为提高公共交通服务水平、缓解城市交通的重要载体，已经成为衡量城市是否成熟的关键指标之一。大陆第一条地铁是1971年1月开始试运营的北京地铁。1993年上海地铁开通，此后，大陆地铁的建设和营运进入高速发展阶段。目前，大陆已建成世界上规模最大、线路最长的城市地铁系统。截至2014年底，大陆共有22座城市开通运营95条城市轨道交通运营线路，总里程达2933.26公里，其中地铁2491.44公里，[⑤]处于世界首位。台湾1996年开通台北地铁，[⑥]2008年开通高雄地铁41公里，此后，进展缓慢，2014年台湾地铁总长不过174公里。

在旅客运输方面，1978年大陆的客运量是台湾的1.96倍，客运周转量是台湾的7.07倍。至2014年，大陆客运量和客运周转量分别增长769.84%和

---

① 国家铁路局：《2014年铁道统计公报》，国家铁路局网，2015年4月27日。
② 数据来源：《中国统计年鉴2015》。
③ 《李克强：中国高速铁路运营里程达1.6万公里 占世界的60%以上》，央广网，2015年3月5日。
④ 数据来源：各年《中国统计年鉴》，Taiwan Statistical Data Book。
⑤ 《2014年末中国城市轨道交通运营里程突破2900公里》，北京：《今日轨道交通》，2015年1月。
⑥ 台湾称捷运。

1626.66%，两岸差距扩大至 9.76 倍和 67.31 倍。货物运输的两岸比较同样呈迅速扩大轨迹，1978 年大陆的货运量是台湾的 22.18 倍，货运周转量是台湾的 114.63 倍；2014 年，两岸货运量和货运周转量差距分别增至 41.64 倍和 354.74 倍。

表 1-6 1978—2014 年两岸主要交通运输服务情况①

	客运量 / 亿人		客运周转量 / 亿人公里	
	大陆	台湾	大陆	台湾
1978	25.40	12.93	1743.10	246.45
1986	57.59	21.23	4590.00	378.15
1990	77.27	16.98	5628.40	338.05
1994	109.29	15.70	8591.40	275.10
1999	139.44	15.08	11299.70	252.67
2004	176.75	15.39	16309.10	278.28
2008	286.79	17.44	23196.70	348.49
2014	220.94	22.63	30097.40	447.17
	货运量 / 亿吨		货运周转量 / 亿吨公里	
	大陆	台湾	大陆	台湾
1978	31.94	1.44	9928.00	86.61
1986	28.15	2.18	19777.00	116.24
1990	97.06	2.74	26208.00	134.20
1994	118.04	3.45	33435.00	150.98
1999	129.30	3.76	40568.00	195.66
2004	170.64	5.66	69445.00	319.38
2008	258.59	6.21	110300.00	310.93
2014	438.68	5.53	185837.00	385.35

在港口吞吐量方面，台湾作为海岛，有天然的港口优势，尤其是台湾较早开展对外贸易、主导外向型经济，使港口成为台湾经济的生命线。1978 年，大陆和台湾港口吞吐量分别为 19834 万吨和 8381.9 万吨。随着竞争环境和市

---

① 数据来源：各年《中国统计年鉴》，Taiwan Statistical Data Book。台湾客运量数据中含捷运系统运输旅客数量，货运周转量为铁路和公路货运周转量原始数据之和。台湾货运量单位为"亿公吨"，货运周转量单位为"亿公吨公里"，本书进行对比时统一采用"亿吨""亿吨公里"。

场需求的变化，台湾港口的传统优势不断被削弱，1999年台湾港口吞吐量为53408.6万吨，大陆则突破十亿吨，达105162万吨。2000年以后，大陆港口吞吐量以年均14.19%的增长率高速成长，2014年达769557万吨，台湾港口逐渐衰落，2014年74861.5万吨，大陆仅宁波—舟山的港口吞吐量（87346万吨）即超过全台港口吞吐量。[①] 2014年，港口货物吞吐量居世界前20的港口有10个属于大陆，分别是上海港、天津港、宁波港、广州港、青岛港、大连港、香港港、秦皇岛港、深圳港、厦门港，其中上海港成为全球吞吐量最大的港口，台湾港口则无一入选。[②]

（五）邮政通信

改革开放以后，大陆邮政行业发展迅速。1978年，大陆邮政网点不足5万处，邮路总长约486.33万公里。20世纪90年代以后，随着固定电话和移动电话的普及，邮政行业一度受到挑战，大陆邮路总长一度萎缩至不足200万公里。面对衰落的形势，大陆邮政行业开展"信息化"运动，21世纪初完成"数字化"改革，推动了大陆邮政网络的基本建设。目前，大陆邮政网点达到13.8万处，农村网点4.4万处，邮路总长630.6万公里，实现了航空、铁路、公路、水路等多运输手段的综合利用，几乎覆盖所有乡政府所在地，成为世界规模最大的邮政网络之一，尤其是近年来电子商务的发展，推动了大陆邮政行业从传统、单一的函件、包裹业务转向以电子商务市场所带来的快递业务为主的多业务格局，业务总量从2008年的908亿元猛增至2014年的3696亿元，快递量从2008年的15.1亿件增至2014年的139.6亿件，[③] 年均增长率分别高达26.36%和44.87%，快递业务量占业务总量的一半以上。而台湾的电子商务发展较为落后，无论规模和渗透力仍有较大拓展空间，直接制约了台湾邮政行业的发展。

[①] 数据来源：各年《中国统计年鉴》，*Taiwan Statistical Data Book*。台湾港口吞吐量单位为"百万海关吨"。
[②] 朱建海主编：《中国港口年鉴》，北京：中国港口杂志社，2016年，第24页。
[③] 国家邮政局：《2014年邮政行业发展统计公报》，新华网，2015年4月29日。

表 1-7　1978—2014 年两岸主要邮电通信业务基本情况[①]

情况 年份	邮政网点 / 处 大陆	台湾	邮路总长 / 万公里 大陆	台湾
1978	49623	10322	486.33	75.78
1986	52800	12532	504.20	158.32
1990	53629	12700	161.82	160.76
1994	60447	14079	178.18	170.12
1999	66649	14414	297.90	190.57
2004	66393	6755	333.65	190.49
2008	69146	2570	369.35	191.28
2014	137562	2544	630.60	191.96

情况 年份	市内电话用户数 / 万 大陆	台湾	移动电话用户数 / 万 大陆	台湾
1978	191.30	150.30	0.00	0.00
1986	467.00	454.00	0.00	0.00
1990	680.40	630.08	1.80	8.35
1994	2690.80	850.30	156.80	58.43
1999	10573.60	1204.40	4329.60	1154.11
2004	28960.60	1353.00	33482.40	2276.01
2008	31264.40	1308.20	64124.50	2541.25
2014	22886.10	1205.50	128609.30	3008.02

在电话通信方面，台湾起步较早，1978年市内电话用户150.3万，同年大陆仅191.3万；20世纪80年代后，两岸市内电话用户数几乎持平，直到90年代中期，大陆才逐渐普及市内电话。移动电话和互联网同样首先在台湾普及，1990年大陆和台湾移动电话用户数分别为1.8万和8.35万，台湾移动电话普及率远高于大陆，2014年两岸都能达到人均一部移动电话；1999年，大陆和台湾互联网上网人数分别为890万和479万，2014年上网人数增至6亿4875万和

[①] 数据来源：各年《中国统计年鉴》，Taiwan Statistical Data Book。大陆市内电话用户数的原始数据中含公共电话机机数，为便于比较，本表格数据已去除公共电话机机数。

1764万，分别占总人口的47.43%和75.26%。[①]

二、人均指标

（一）生产量

人均GDP是衡量一个国家和地区经济实力和富裕程度的重要指标。1978年大陆人均GDP222.09美元，属于世界最低收入的国家和地区之一，按当时购买力平价计算，相当于世界低收入国家和地区平均水平的一半。同年台湾地区人均GDP1577美元，是大陆的7.1倍。大陆自20世纪90年代以来，人均GDP保持平稳、较快的增长态势，1995年开始从低收入国家和地区进入中低等收入国家和地区；2004年，大陆人均GDP1497.58美元，略高于中低等收入国家和地区的平均水平；2014年增至7594.3美元，在全国34个省市自治区中，天津人均GDP最高，为17138.6美元，北京、上海、江苏、浙江、内蒙古、辽宁、广东、福建等省市均超过1万美元。1992年，台湾地区人均GDP超过1万美元，开始步入世界发达地区，2014年增至22635美元。因此，从人均GDP指标看，在1978—2014年间台湾一直在大陆之上。

但是，从人均GDP变动的脉络看，1994—2014年20年间，大陆与台湾的差距从1994年的26倍缩小到2014年的3倍。按照这个发展趋势，大陆人均GDP超过台湾只是时间问题。2014年，深圳人均GDP达24336美元，[②]成为大陆第一个人均GDP超过台湾的大型城市，开启了大陆大型城市人均GDP超越台湾的先河，其他城市紧随其后在短时间内将成为现实。

[①] 大陆互联网上网人数数据来源：中国互联网络信息中心：各年《中国互联网络发展状况统计报告》，北京：中国互联网络信息中心网，http://www.cnnic.net.cn。台湾互联网上网人数数据来源：财团法人台湾网路资讯中心：《台湾宽频网路使用调查》，台北：财团法人台湾网路资讯中心网，http://www.twnic.net.tw。

[②] 《2014年深圳人均GDP达14.95万元居副省级城市首位》，中国经济网，2015年2月5日。

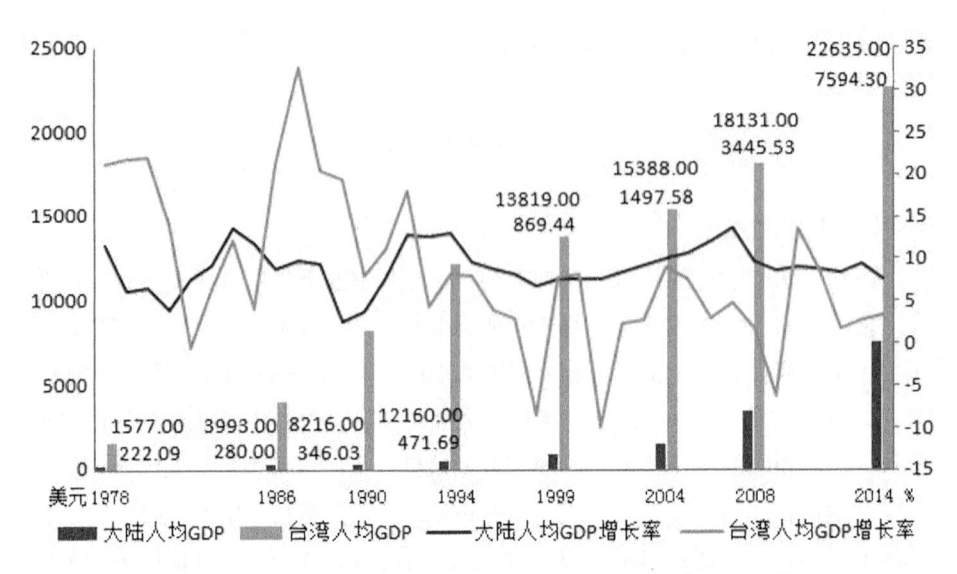

图 1-8 1978—2014 年两岸人均 GDP 及增长率变化[①]

1978 年，大陆人均农业产值不到台湾的一半；1994 年，受发展水平和汇率等因素的影响，大陆人均农业产值仅占台湾的 21.84%，达改革开放以来的最低水平。2008 年，大陆人均农业产值增长至 304.28 美元，超过台湾的 266.36 美元；2014 年达台湾的 1.6 倍。

两岸人均工业产值发展情况与人均农业产值类似。1978 年大陆人均工业产值远落后于台湾，仅占其 12.2%，1994 年跌至 4.42%。2014 年，虽然大陆人均工业产值仍落后于台湾，不过两岸差距已从 1978 年的 8.2 倍缩小至 2.9 倍。

表 1-8 1978—2014 年两岸人均农业和工业产值（单位：美元）[②]

	人均农业产值		人均工业产值	
	大陆	台湾	大陆	台湾
1978	67.50	157.72	97.06	795.75
1986	115.71	231.24	106.96	1977.95
1990	90.65	324.61	125.49	3189.51
1994	88.75	406.28	188.56	4268.08

---

① 数据来源：各年《中国统计年鉴》，*Taiwan Statistical Data Book*。原始数据中大陆人均 GDP 单位为"元"，本书根据当年汇率转换为"美元"。

② 数据根据各年度两岸农业、工业总产值和人口数量计算。

续表

	人均农业产值		人均工业产值	
	大陆	台湾	大陆	台湾
1999	135.44	341.33	344.32	4438.30
2004	168.53	263.38	605.87	5296.08
2008	304.28	266.36	1413.34	5380.47
2014	652.16	406.87	2714.69	7876.37

在人均能源生产方面，大陆原煤、原油、天然气、水电等四大能源的人均产量均逐年上升，2014年人均产量分别是1978年的4.25倍、1.44倍、6.58倍和17.41倍，水电能源起步晚但是增长速度最快。台湾除水电外，原煤、原油、天然气能源均呈下降趋势，2001年原煤生产全面停止，2004年天然气人均产量开始低于大陆，2014年原油人均产量低至每千人0.5吨标准煤。

表1-9 1978—2014年两岸主要能源生产人均情况（单位：吨标准油/千人）[①]

	原煤		原油	
	大陆	台湾	大陆	台湾
1978	458.42	148.92	154.55	18.50
1986	593.47	78.60	173.78	7.81
1990	674.43	20.52	172.70	11.51
1994	734.28	11.93	173.23	4.17
1999	775.13	3.68	181.46	2.74
2004	1216.15	—	193.44	2.53
2008	1604.33	—	204.72	0.90
2014	1947.14	—	222.23	0.50
	天然气		水电	
	大陆	台湾	大陆	台湾
1978	18.91	147.01	20.21	25.81
1986	17.21	78.97	35.25	39.04
1990	18.18	74.06	43.63	51.95

---

① 数据根据各年度两岸能源生产量和人口数量计算。

续表

	天然气		水电	
	大陆	台湾	大陆	台湾
1994	18.70	49.02	58.07	67.01
1999	26.22	44.31	66.08	84.92
2004	42.81	40.10	133.19	102.80
2008	81.47	17.75	198.45	111.85
2014	124.34	18.51	351.86	142.74

（二）对外贸易

1978 年，台湾人均外贸金额 1381.13 美元，大陆仅 21.44 美元，台湾是大陆的 64 倍之多。近 40 年来，大陆和台湾人均外贸金额分别以年均 14.86% 和 8.39% 的速度增长，2014 年分别达到 3144.81 美元、25073.46 美元，两岸人均外贸金额差距缩小至 7 倍。改革开放以后，两岸人均利用外资金额差距也在逐渐缩小，2014 年大陆和台湾人均利用外资金额分别为 87.52 美元、260.45 美元。

表 1-10 1978—2014 年两岸人均外贸及利用外资金额[①]

	人均外贸金额		人均利用外资金额	
	大陆	台湾	大陆	台湾
1978	21.44	1381.13	—	12.41
1986	68.69	3291.01	7.10	39.57
1990	100.97	5976.96	9.00	112.84
1994	197.43	8498.49	36.06	77.01
1999	286.70	10635.08	41.86	191.53
2004	888.20	15475.01	49.29	174.17
2008	1930.14	21531.12	71.73	357.51
2014	3144.81	25073.46	87.52	260.45

---

① 数据根据各年度两岸对外贸易总额、利用外资总额和人口数量计算。

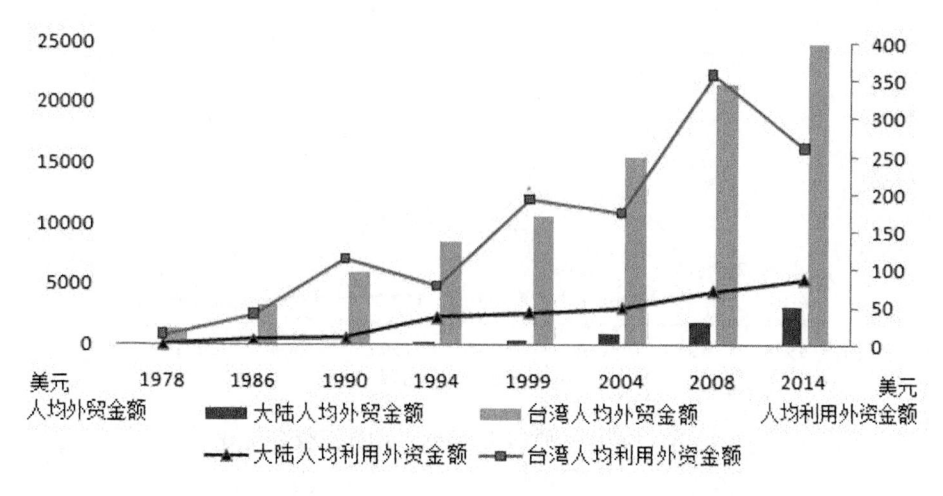

图 1-9 1978—2014 年两岸人均外贸及利用外资金额

（三）财政、金融

在人均财政支出方面，1978 年大陆和台湾分别为 67.77 美元、806.58 美元；1994 年，大陆人均财政支出降为 56.07 美元，台湾则增至 5202.12 美元，是大陆的 93 倍之多。此后，大陆人均财政支出以年均 18.96% 的增长率增长，台湾年均增长率不足 1%。2014 年，台湾人均财政支出为 6320.35 美元，较 1994 年仅增加 1000 余美元，大陆则增至 1807.31 美元，两岸差距已缩小至 3.49 倍。[①]

在人均外汇储备方面，1978 年台湾人均金额为 85.03 美元，2004 年突破一万美元大关，达 10652.27 美元，2014 年继续增长至 17874.57 美元。1995 年以前，大陆人均外汇储备金额均不足台湾的 1%，直到 20 世纪 90 年代末期才有所改善。21 世纪以后，大陆人均外汇储备以年均 23.19% 的高速增长，2014 年增至 2809.59 美元，占台湾人均外汇储备的 15.72%。

---

① 数据根据各年度两岸财政支出金额和人口数量计算。

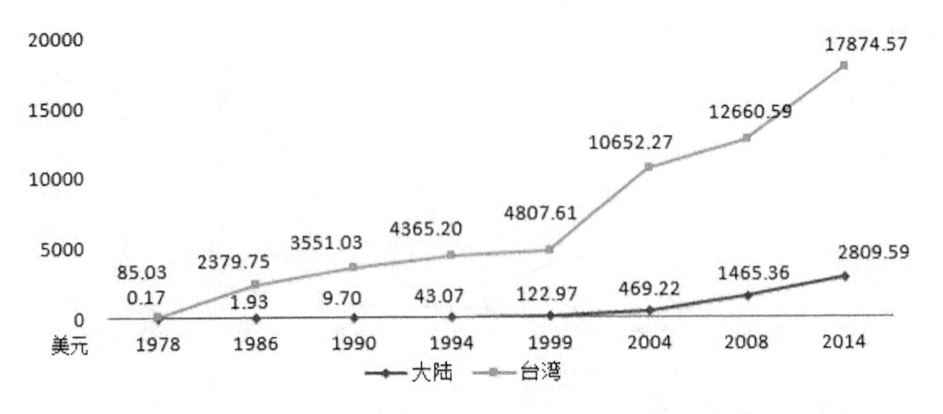

图 1-10 1978—2014 年两岸人均外汇储备变化[1]

（四）交通运输

1978 年，大陆除人均货运周转量外，人均客运量、人均客运周转量和人均货运量均远低于台湾，分别占当年台湾人均水平的 3.5%、12.62% 和 39.57%。21 世纪以后，大陆人均客运周转量和人均货运量相继实现反超，但是人均客运量仅占台湾的 16.73%，说明大陆民众机动化出行次数较少，交通运输内需扩充不足，一定程度上说明了两岸民众生活水平上的差距。

表 1-11 1978—2014 年两岸主要人均交通运输服务情况[2]

	人均客运量 / 人		人均客运周转量 / 人公里	
	大陆	台湾	大陆	台湾
1978	2.64	75.31	181.08	1435.35
1986	5.36	109.10	426.95	1943.22
1990	6.76	83.24	492.28	1657.11
1994	9.12	74.13	716.85	1298.87
1999	11.09	68.27	898.33	1143.82
2004	13.60	67.83	1254.66	1226.44
2008	21.60	75.69	1746.71	1512.54
2014	16.15	96.54	2200.39	1907.72

① 数据根据各年度两岸外汇储备金额和人口数量计算。
② 数据根据各年度两岸客运量、客运周转量、货运量、货运周转量和人口数量计算。

续表

	人均货运量/吨		人均货运周转量/吨公里	
	大陆	台湾	大陆	台湾
1978	3.32	8.39	1031.38	504.43
1986	2.62	11.20	1839.60	597.33
1990	8.49	13.43	2292.25	657.84
1994	9.85	16.29	2789.74	712.84
1999	10.28	17.02	3225.16	885.74
2004	13.13	24.94	5342.42	1407.58
2008	19.47	26.95	8305.60	1349.52
2014	32.07	23.59	13586.36	1643.98

（五）邮政通信

在人均邮政网点数量方面，1978年，大陆和台湾每万人网点数分别为0.52处、6.01处，随着大陆网点总数的增加和台湾网点数的减少，2014年两岸人均邮政网点数基本持平，均为每万人约有1处邮政网点。台湾比大陆较早开始普及市内电话，1978年台湾每万人拥有市内电话数量是大陆的44倍，1986年更高达53.7倍，2008年缩小至2.4倍。在人均移动电话数量方面，台湾仍然优于大陆，2004年平均每个台湾人拥有一部，大陆平均每四人拥有一部移动电话；2014年大陆基本达到每人拥有一部移动电话，台湾则平均每人拥有1.3部移动电话。

表1-12 1978—2014年两岸主要邮电通信业务人均基本情况[①]

	每万人邮政网点数		每万人拥有市内电话数		每万人拥有移动电话数	
	大陆	台湾	大陆	台湾	大陆	台湾
1978	0.52	6.01	19.87	875.36	0	0
1986	0.49	6.44	43.44	2332.99	0	0
1990	0.47	6.23	59.51	3088.63	0.16	40.93
1994	0.50	6.65	224.51	4014.64	13.08	275.87

① 数据根据各年度两岸邮政网点数、市内电话用户数、移动电话用户数和人口数量计算。

续表

	每万人邮政网点数		每万人拥有市内电话数		每万人拥有移动电话数	
	大陆	台湾	大陆	台湾	大陆	台湾
1999	0.53	6.53	840.60	5452.24	344.20	5224.58
2004	0.51	2.98	2227.94	5962.98	2575.81	10030.89
2008	0.52	1.12	2354.21	5677.95	4828.58	11029.73
2014	1.01	1.09	1673.18	5142.92	9402.50	12832.85

三、产业结构

产业结构指整体经济体系中，各产业部门所占相对比重情况。由于产业结构通常因经济发展程度不同而有所差异，所以产业结构的变化能够反映经济发展轨迹，产业结构调整亦关系到经济发展的质量。根据新西兰经济学家艾伦·费雪（Allan George Barnard Fisher）、英国经济学家科林·克拉克（Colin Grant Clark）和法国经济学家让·富拉斯蒂耶（Jean Fourastié）提出和深化的三大产业理论，[①] 农业、渔业、森林及矿产等为第一产业，工业等产品生产为第二产业，以提供服务为主的产业为第三产业。在传统文明的第一阶段，一、二、三产业劳动力配额分别为65%、20%、15%，第一产业占据主导地位；在过渡期的第二阶段，三部门劳动力配额分别为40%、40%、20%，第一、二产业逐步实现和普及机械化，劳动力逐渐流动至第二产业，第三产业开始发展；在发展水平较高的第三阶段，劳动力配额分别为10%、20%、70%，第一、二产业逐渐被自动化控制，劳动力需求下降，就业人员逐渐流向第三产业。

在传统文明阶段，人们的基本生存和生活需求未得到解决，第一产业占据经济体系结构的主导。在过渡阶段，工业化为经济发展提供支撑，第二产业逐步扩大。随着社会发展和国民生活水平的提高，人们的消费需求发生改变，逐渐追求较高的生活品质和更多的服务，催生服务业的发展。另外，根据世界发

---

① 三大产业理论（three-sector theory）最早由 Allan GB Fisher 提出，后经 Colin Grant Clark 和 Jean Fourastié 逐渐得到完善。该理论将经济部门分为一、二、三产业，认为经济活动重点从第一产业流向第二产业，最终流向第三产业。参见 Allan GB Fisher: "Production, Primary, Secondary and Tertiary", *Economic Record*, 1939. Colin Grant Clark: *Conditions of Economic Progress*, Macmillan, 1940. Jean Fourastié: "The Great Hope of the 20th Century", *Die große Hoffnung des zwanzigsten Jahrhunderts*, Bund-Verlag, 1954.

达国家或地区的发展经验，主导产业生产的要素一般经历资源密集型、劳动密集型、资本密集型、技术密集型、知识密集型等五个阶段，[①] 一般来说这种产业升级的顺序难以跳跃，两岸的产业升级也遵循这样的规律。

1949年以后，为满足民生的基本需求，台湾推行"以农业培养工业，以工业发展农业"的产业政策，通过三七五减租、耕地放领、耕者有其田等政策重点发展农业，对工业采取劳动密集的进口替代民生必需品的政策。20世纪60年代，农业比重在台湾生产结构中迅速降低，生产资源逐渐转向工业和服务业。面对岛内市场的饱和及外部市场的挑战，台湾重点发展出口工业，开放国际市场，进入了出口扩张阶段。

20世纪70年代，随着台湾工业化的发展，农业产值进一步下降。在石油危机和新兴市场的冲击下，台湾出口工业发展不利；与此同时，日本进行产业结构调整，着重发展技术密集型产业，将部分资本密集型产业转移到台湾，台湾开始推动重化工业、石化工业、钢铁和电机电器等资本密集工业，进入了重化工业进口替代阶段。1978年，台湾一、二、三产业占GDP比重分别为9.1%、44.1%、46.8%，就业比重分别为24.9%、39.5%、35.6%。

20世纪80年代初期，受第二次石油危机和福特主义[②]的影响，台湾将工业发展政策调整为"加速经济升级，积极发展策略性工业"，即市场潜力大、附加价值高、环保程度高的工业产业，如电子信息、机械、汽车零件、生物技术等技术密集工业。为配合全球科技热潮，1980年台湾兴建新竹科学园区，扩大吸引外资，鼓励高科技产业的投资，并于1984年推动十四项建设，借公共投资加速产业发展，将产业形态升级转型至高科技产业阶段，重点生产高附加值的科技产品，将产业生产体系纳入全球经贸分工。[③] 20世纪80年代中后期，台湾服务业急剧扩张，尤其是1986年到1989年之间，年增长率均保持在10%以上。1986年，台湾一、二、三产业占GDP比重分别为5.55%、47.11%、47.34%，就业比重分别为17.03%、41.58%、41.39%。

[①] 陶君道：《工业化与中国经济》，北京：中国金融出版社，2007年，第256页。

[②] 福特主义：以美国企业家亨利·福特（Henry Ford）名字命名，用于概括第一次世界大战后在美国兴起的基于工业化和标准化的大量生产及消费的经济、社会体系，是一种新的工业劳动组织模式、生产管理模式及新的资本积累战略。参考：Victoria de Grazia's: *Irresistible Empire: America's Advance Through 20th-Century Europe*, Cambridge: Belknap Press of Harvard University Press, 2005, p.4.

[③] 吴敏华：《台湾产业空间在地条件之研究——以科学园区为例》，台北：台湾政治大学地政学系硕士论文，2002年。

通过策略性工业扶植，台湾产业逐渐由重工业调整至高科技、技术密集产业，1990年台湾一、二、三产业占GDP比重分别为4.18%、41.22%、54.6%，就业比重分别为12.85%、40.83%、46.32%。1991年台湾制定"促进产业升级条例"，全面促进产业升级和转型发展，以推动高科技产业发展为工业发展方向，将通信、信息、半导体、消费性电子、精密性机械与自动化、高级材料、航太、特殊化学和制药、医疗保健及污染性防止等十项高科技产业作为工业发展主力。[1] 同时，台湾服务业继续扩张，迅速占领经济体系主导地位。1999年，台湾一、二、三产业占GDP比重分别为1.81%、34.55%、63.64%，就业比重分别为8.27%、37.21%、54.52%。

21世纪以来，台湾进入以知识密集型为主导的产业结构阶段，发布并实施"知识经济发展方案"（2000年）、"挑战2008国家发展重点计划"（2002年）及"服务业行动纲领及行动方案"（2004年）等经济规划，推动研发创新和产品高附加值，实现产业结构的再升级。2004年，台湾一、二、三产业占GDP比重分别为1.74%、29.54%、68.72%，就业比重分别为6.56%、35.9%、57.54%。2007年，台湾知识密集型产业（包括高科技工业及知识密集型服务业）实质增长9.92%，占实质GDP比重37.61%，对经济增长贡献63.0%，知识密集型产业对整体生产力和竞争力提升的贡献十分显著。[2] 2011年，台湾知识密集型服务业生产总额占服务业生产总额的43.14%，从业人数占服务业员工总数的31.59%，知识密集型服务业在台湾经济发展中的角色，已经从传统的"经济活动支持者"转变为"经济扩张新来源"。[3] 不过近年来，台湾第三产业比重有所下降，第二产业比重重新上升，2014年，台湾一、二、三产业占GDP比重分别为1.81%、34.55%、63.64%，就业比重分别为4.95%、36.13%、58.92%。

大陆的产业结构发展则较为落后。1958年以前，第一产业均占据大陆产业结构主导地位。1958—1969年，第一、二产业交替成为最大产业，被称为"摇摆型"产业结构。在当时的国际形势下，大陆建立了相对独立的国民经济体系，

---

[1] 《促进产业升级条例》，台北："法务部"全球资讯网"全国法规资料库"，http://law.moj.gov.tw/LawClass/LawAll.aspx?PCode=J0040016。

[2] 台湾"经济建设委员会综合计划处"：《台湾产业知识化，厚植成长潜力》，台北："国家发展委员会"网，2008年4月9日。

[3] 台湾"经济建设委员会综合计划处"：《"我国"知识密集型服务业发展现况分析》，台北："国家发展委员会"网，2013年8月15日。本书中台湾知识密集型服务业生产总额及从业人数占服务业整体比重根据《"我国"知识密集型服务业发展现况分析》一文中知识密集型服务业生产总额、服务业生产总额、知识密集型服务业从业员工人数、服务业从业员工人数等数据计算。

但也使工业化走向重化工业自我服务和循环的封闭计划经济，干扰了经济资源对工业化的配置作用。1970年以后，第二产业才开始占据主体地位，但是由于经济体制的限制，产业结构缺乏市场机制的调整，计划经济未能充分发挥调节作用，大陆的工业化程度依然较低。1978年，大陆一、二、三产业占GDP比重分别为27.9%、47.56%、24.54%，就业比重分别为70.5%、17.3%、12.2%。

改革开放起步以后，随着经济体制改革的深化，大陆对经济管理方式做出重大调整，实行"有计划的商品经济"，对产业经济的发展和产业结构的调整起到了重要引领作用，工业化开始进入正常的发展轨道。1983年，大陆第一产业比重开始逐步下降，农业内部结构日趋协调，第二产业比重逐步上升，轻工业比重得到提高，缓解了轻重工业结构失衡的状况。1986年，大陆一、二、三产业占GDP比重分别为26.81%、43.36%、29.83%，就业比重分别为60.9%、21.9%、17.2%。到1988年，大陆初步形成以消费和供给需求共同推动经济成长的动力组合，第一产业增长速度开始放缓，过度倚重第二产业的情况得到调整，第三产业逐步发展。1989年，大陆颁布《国务院关于当前产业政策要点的决定》，分析了当时产业结构存在的问题，明确对国民经济各领域支持和限制的重点，对农业、能源、交通、原材料等基础产业实施倾斜政策，控制一般加工工业的发展。[①] 20世纪80年代后期，经济增长以重化工业为主导，大陆开始步入工业化产业结构变动的正常发展轨道。1990年，大陆一、二、三产业占GDP比重分别为26.72%、40.9%、32.38%，就业比重分别为60.1%、21.4%、18.5%。

1992年，大陆提出发展社会主义市场经济，突出利用价值规律和价格杠杆，使产业经济的发展从计划和行政手段转变为主要依靠市场和法律手段，重点发展基础产业。随着温饱问题的解决及农村剩余劳动力向城市的加速转移，劳动力大量转移到第三产业，金融、房地产、旅游等迅速兴起，推动了第三产业的发展。1994年，大陆一、二、三产业占GDP比重分别为19.54%、46.09%、34.37%，就业比重分别为54.3%、22.7%、23%。与此同时，基础产业的发展带动了电力、运输、钢铁、建材、有色、石化、机械电子等产业的进步，推动了第二产业的发展，重化工业成为带动经济增长的主要动能。

2000年以后，大陆工业发展势头不减，重工业加强对轻工业原料及设备的供应，轻工业通过生产资料市场的开拓强化对重工业的需求，形成了工业内部

[①] 国务院：《国务院关于当前产业政策要点的决定》，1989年3月15日。

的良性循环。服务业得到较大发展，经济贡献率不断上升，其就业人数成为三大产业中增长最快的产业，金融服务业等新兴第三产业比重持续上升。2008年，大陆一、二、三产业占GDP比重分别为10.34%、46.76%、42.9%，就业比重分别为39.6%、27.2%、33.2%。

2010年以来，大陆重点发展知识技术主导下的产业结构。通信交通、电子信息、房地产、文化娱乐等知识技术为主导的服务业已成为大陆经济发展主要动力，高速铁路、空间实验、量子卫星、核能开发等技术和知识密集型产业已处于世界领先水平。2010—2014年，信息基础产业、软件和信息技术服务业、现代交通装备产业、智能制造装备产业、生物医药产业、新型功能材料产业、高效节能环保产业、资源循环利用产业等八大专利密集型产业增加值为26.7万亿元，占GDP比重的11%，年均实际增长16.6%，是同期GDP增长速度的两倍以上；年均提供2631万个就业机会，占全社会就业人员的3.4%，经济拉动能力强，极具创新活力和市场竞争优势。[①] 2014年，大陆一、二、三产业占GDP比重分别为9.17%、42.72%、48.11%，就业比重分别为29.5%、29.9%、40.6%。

从两岸产业结构整体趋势来看，1978年以来台湾第一产业比例呈现下降趋势，近十余年均不足2%。第二产业所占比重有所下降，20世纪90年代中期以后基本维持在三成左右。第三产业始终占据优势地位，1995年所占比重达到60.15%，超过GDP比重的60%，成为台湾进入发达社会的标志之一。[②] 目前，台湾地区的产业结构已形成第三产业为主、第二产业次之、第一产业相当低的形态，接近世界先进产业结构水平。

大陆第一产业比例同样呈现下降趋势，2013年跌破10%。第二产业比重始终维持在40%—50%之间，保持较为稳定的发展。第三产业比重稳定上升，从1978年的24.54%增长到2014年的48.11%，其中2013年首次超过第二产业比重，占据经济体系的主体地位。就三大产业所占GDP比重来看，大陆与台湾仍有较大差距，2014年大陆三大产业比重结构仅相当于台湾1978年左右的水平，但是大陆在诸多技术和知识密集型产业方面领先于台湾。

[①] 国家知识产权局规划发展司：《中国专利密集型产业主要统计数据报告》，2016年9月。
[②] 朱磊：《台湾产业结构演进及对两岸经济关系的影响》，北京：《台湾研究》，2006年第4期。

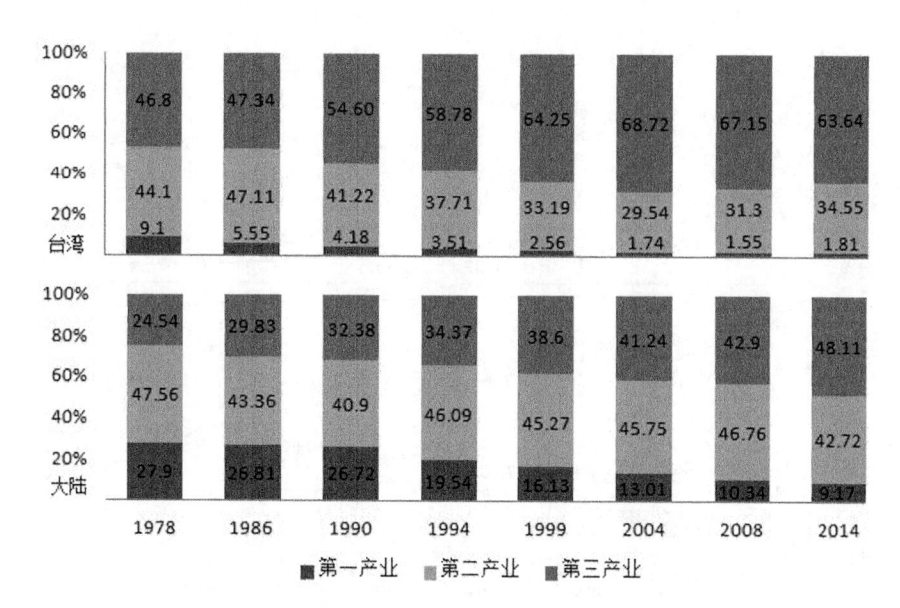

图 1-11 1978—2014 年两岸产业结构变化[①]

在就业结构方面，台湾 1978 年以来第一产业就业比重始终最低，并且呈下降趋势，20 世纪 90 年代中期以后跌破 10%，2014 年仅剩 4.95%。另外，从较长时段来看，台湾第二、三产业就业比重分别呈下降和上升趋势，二者在 1986 年前后出现交叉，1995 年第三产业就业比重突破 50%，2014 年二、三产业就业比重分别为 36.13%、58.92%，接近世界先进水平。

大陆就业结构也朝着良性方向发展，第一产业就业比重不断下降，2000 年首次跌破 50%，2014 年降至 30% 以下。大陆第二、三产业就业比重均呈现上升趋势，二者在 1994 年出现交叉，第三产业就业比重开始超越第二产业，达到 23%。2011 年，第三产业就业比重再超第一产业，成为就业人数最多的产业部门。当前大陆仍然存在第一产业人员过多、第三产业人员不足的问题，产业就业结构较台湾仍有较大差距。

---

① 数据来源：各年《中国统计年鉴》，*Taiwan Statistical Data Book*。

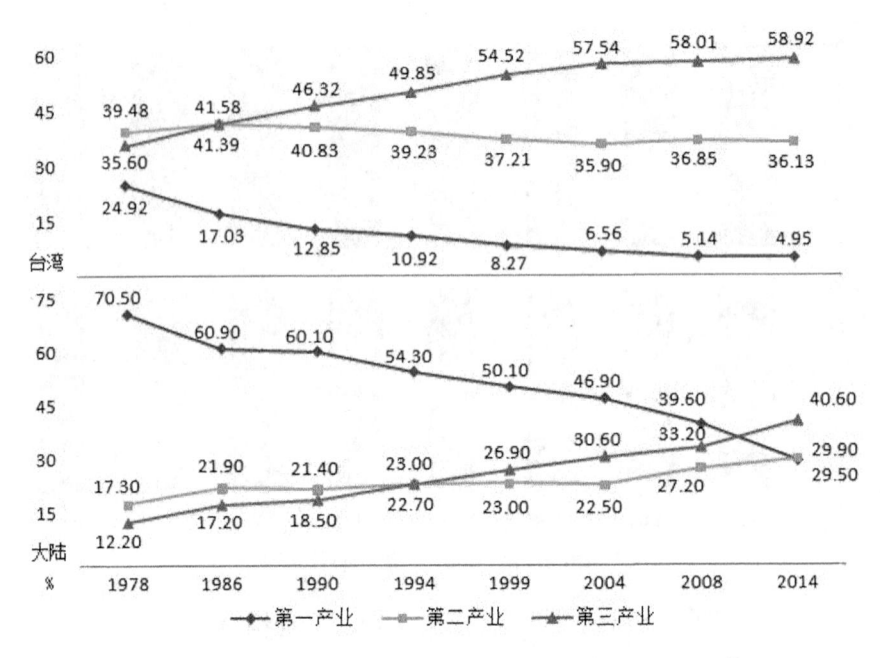

图 1-12 1978—2014 年两岸各产业就业结构变化[①]

四、生活水平

(一)个人收支

平均薪资收入是衡量生活水平最重要的因素之一。1978年，大陆和台湾职工年平均薪资分别为357.56美元（人民币615元，按当年汇率折算）、2130.33美元一年，台湾高出大陆近五倍。1990年，台湾职工平均薪资突破一万美元，达10763.7美元。1994年两岸职工平均薪资差距达历史最高值29.27倍。1999年，大陆平均薪资超过1000美元，此后以年均14.94%的速度增长。2014年，大陆和台湾平均薪资分别为8138.27美元、17975.9美元，两岸差距缩小至两倍。

---

① 数据来源：各年《中国统计年鉴》，《中华民国"统计年鉴》；"行政院主计处"：《台湾地区"国民所得"统计摘要》，台北："行政院主计处"，2008年、2016年。

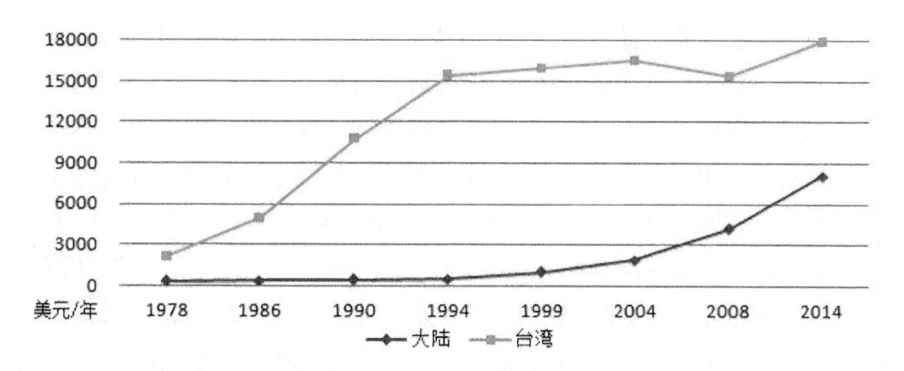

图 1-13 1978—2014 年两岸职工平均薪资变化[①]

人均可支配收入是衡量生活水平和贫富状态的重要指标，也是影响人均消费支出的决定性因素。1978 年，台湾人均可支配收入为 1024.03 美元一年，是大陆的 5.14 倍。1978—1994 年，台湾人均可支配收入年均增长率高达 12.99%，1994 年超过 7000 美元，两岸收入差距增至 17.81 倍。1994 年以后台湾增速缓慢，大陆人均可支配收入开始显著提升，1994—2014 二十年间维持 11.02% 的增长率。2014 年大陆和台湾人均可支配收入分别为 3284.53 美元、10002.04 美元，差距缩小至 3.05 倍。

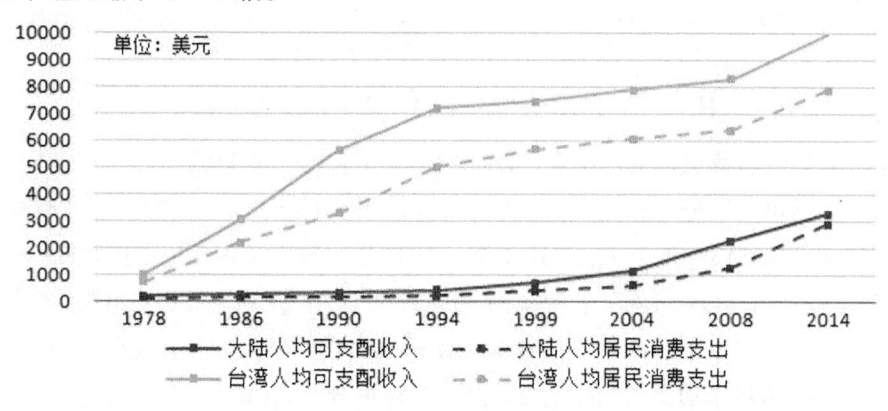

图 1-14 1978—2014 年两岸人均可支配收入和人均消费支出变化[②]

[①] 数据来源：各年《中国统计年鉴》，《"中华民国"统计年鉴》。原始数据中单位为"元"及"新台币"，本书根据当年汇率转换为"美元"。台湾职工平均工资指工业及服务业平均工资，原始数据中为月薪，本书比较时统一转换为年薪。

[②] 数据来源：各年《中国统计年鉴》，《"中华民国"统计年鉴》。原始数据中单位为"元"及"新台币"，本书根据当年汇率转换为"美元"。

77

恩格尔系数[1]指食品支出占家庭消费的比重，是用于衡量居民消费结构和生活水平的系数。在消费结构中，一个家庭收入越少，收入（或支出）中用于购买食物的支出比重越大，随着家庭收入的增加，该比重会逐渐下降，住宅和燃料支出持平，用于文化、教育、娱乐、保健的费用会提高。台湾的恩格尔系数较为稳定，1979 年以前始终在 40% 以上，1980 年以后步入富裕阶段；随着个人所得的增长，2013 年台湾恩格尔系数降至 16%。[2] 1978 年，大陆居民消费结构总体处于绝对贫困阶段，而且城乡差距较大。1994 年，大陆城镇恩格尔系数降至 50%，开始步入小康阶段，2000 年以后进入较富裕阶段。2014 年，大陆城镇和农村居民恩格尔系数分别为 35.6% 和 37.9%，仅相当于台湾 1978 年左右的水平。

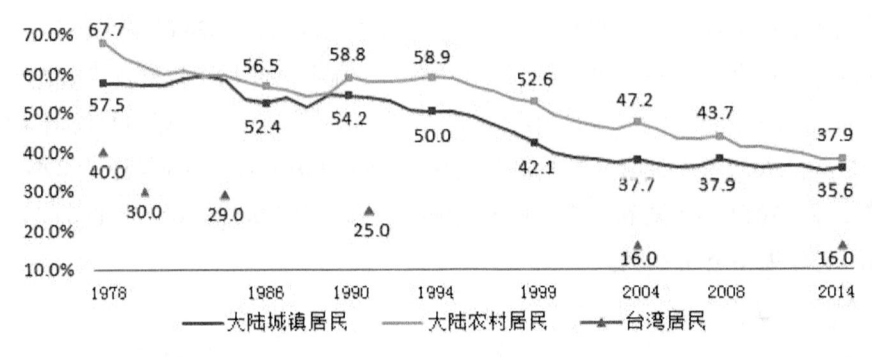

图 1-15 1978—2014 年两岸恩格尔系数变化[3]

从其他消费项目支出来看，1981—2014 年台湾住宅和燃料支出等均维持在消费支出的四分之一左右，医疗保健支出增长最快，从 4.5% 增至 14.87%；交通通信从 6.88% 增至 13.12%；1990—2008 年，教育文化娱乐占比始终高达 13% 左右，2014 年回落至 9.58%。大陆医疗保健、交通通信消费支出比例整体低于台湾。1999 年以来两岸教育文化娱乐支出比例基本持平。此外，1981—2014 年大陆城镇居民人均住宅支出从 4.31% 上升至 22.48%，农村住宅支出从 13.85% 增至 21.03%。

---

[1] 恩格尔系数由 19 世纪德国统计学家恩斯特·恩格尔（Ernst Engel）提出。根据联合国粮农组织的标准，恩格尔系数超过 59% 为绝对贫困，50%—59% 为温饱，40%—50% 为小康，30%—40% 为较富裕，低于 30% 为富裕。

[2] 数据来源：于国钦：《〈经济教室〉恩格尔系数的迷思》，台北：《中时电子报》，2015 年 7 月 12 日。

[3] 数据来源：各年《中国统计年鉴》。

表 1-13 1978—2014 年两岸医疗保健、交通通信、
教文娱支出占居民消费支出比[①]

	医疗保健			交通通信			教育文化娱乐		
	陆城镇	陆农村	台湾	陆城镇	陆农村	台湾	陆城镇	陆农村	台湾
1981	0.60	2.21	4.50	1.44	0.30	6.88	8.43	5.30	8.30
1986	0.95	2.45	5.42	1.14	1.73	8.23	9.61	4.04	10.03
1990	2.00	3.25	4.82	2.10	1.44	8.82	9.18	5.37	13.34
1994	2.91	3.15	8.49	4.65	2.36	9.87	8.79	7.39	13.48
1999	5.32	4.44	10.97	6.73	4.36	11.11	12.28	10.67	12.96
2004	7.35	5.98	12.91	11.75	8.82	12.54	14.38	11.33	13.31
2008	6.99	6.72	14.64	12.60	9.84	11.98	12.08	8.59	12.49
2014	6.54	8.99	14.87	13.21	12.08	13.12	10.73	10.25	9.58

在国民储蓄方面，1978 年大陆总额 122.44 亿美元，仅比台湾高 27.93 亿美元，但是台湾人均储蓄 550.41 美元，是大陆的 43.27 倍。改革开放以后，大陆国民储蓄总额及人均储蓄金额分别保持年均 19.69% 和 18.53% 的增长率高速成长。2014 年，大陆国民储蓄总额达 79032.57 亿美元，是台湾的 45.66 倍，两岸人均储蓄金额差距已缩小至 1.28 倍。

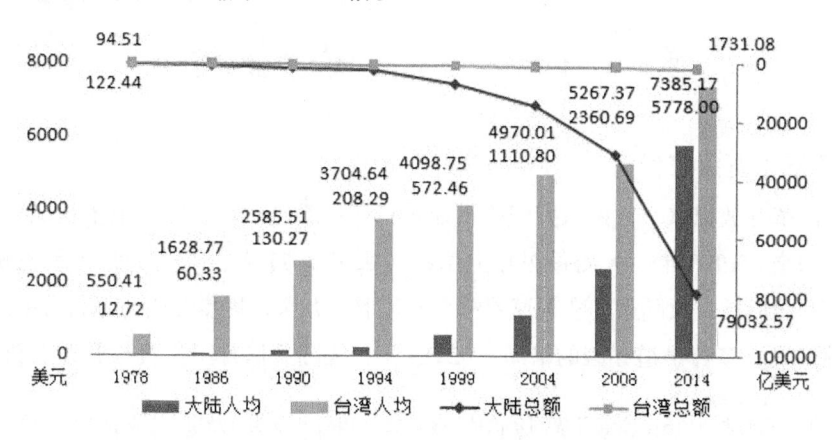

图 1-16 1978—2014 年两岸国民储蓄变化[②]

---

① 数据来源：各年《中国统计年鉴》；台湾"行政院主计总处地方统计推展中心家庭收支科"：各年《平均每户家庭收支区域别分》，台北：台湾地区家庭收支调查网，http://win.dgbas.gov.tw/fies/index.asp。各消费项目所占比重根据该项目消费金额及消费总数计算。

② 数据来源：各年《中国统计年鉴》, *Taiwan Statistical Data Book*。原始数据中单位为"十亿元"及"百万新台币"，本书根据当年汇率转换为"美元"。人均数据根据总额及人口总数计算。

（二）贫富差距

改革开放以来，大陆经济增长迅猛、世界瞩目，然而人均水平依然较低，主要原因即内部发展不平衡，有效需求难以替代产能不足成为发展的瓶颈。1978年大陆基尼系数[①]为0.24，1994年以来该系数始终居高不下，超过收入分配差距的"警戒线"，位列收入差距悬殊的行列。台湾基尼系数虽然呈稳定增长态势，但幅度较小，始终维持在收入相对合理的范围内。2014年，大陆和台湾基尼系数分别为0.469和0.336。不过，大陆经济已进入人口自由迁徙时代，东部作为较发达地区，人口聚集将使东部总体规模进一步扩大。中、西部虽然发展规模缓慢，随着人口外迁，内部人均资源得到增加，人均水平将得到较快增长，最终达到各地区间收入差距减小。

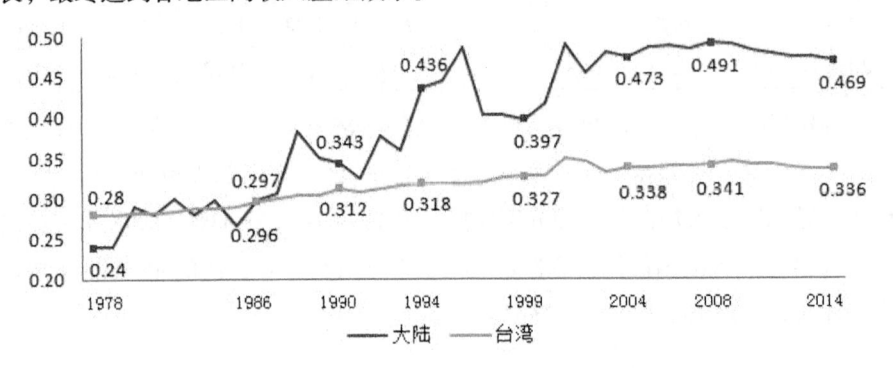

图1-17 1978—2014年两岸基尼系数变化[②]

（三）医疗与保险

改革开放以来，大陆医疗卫生事业进行了一系列改革，医疗卫生状况得到较大改善。1978年，大陆每医疗卫生机构服务5671人，卫生资源严重短缺。改革开放以后，大陆鼓励多渠道筹资、多种形式办医，逐步形成公有制为主体，多种形式、多种渠道办医的格局。[③]2014年，大陆每医疗卫生机构服务人数减

---

① 基尼系数由美国经济学家阿尔伯特·赫希曼于1943年发明，是用于考察收入分配公平程度的指标。按照联合国有关组织的规定，基尼系数低于0.2，表示收入绝对平均；0.2—0.3间，表示收入比较平均；0.3—0.4间，表示收入相对合理；0.4—0.5间，表示收入差距较大；0.5以上，表示收入差距悬殊。国际上将0.4作为收入分配差距"警戒线"，根据黄金分割定律，其准确值为0.382。

② 数据来源：各年《中国统计年鉴》、国家统计局网、《"中华民国"统计年鉴》、《台湾地区社会指标统计》。

③ 王澜明：《改革开放以来我国事业单位改革的历史回顾》，北京：《中国行政管理》，2010年第6期。

少至1394人，接近台湾水平。两岸在人均医生服务人数方面水平相当，但是1986年以来，大陆每病床服务人数与台湾仍有一定差距。

表1-14 1978—2014年两岸医疗卫生服务基本情况[①]

	每机构服务人数		每医生服务人数		每病床服务人数	
	大陆	台湾	大陆	台湾	大陆	台湾
1978	5671	1711	984	1360	471	464
1986	5292	1608	724	1086	419	239
1990	5477	1578	648	913	391	228
1994	6251	1344	637	776	382	204
1999	4179	1243	615	696	398	180
2004	4384	1179	682	598	398	158
2008	1490	1142	603	545	329	151
2014	1394	1063	473	477	207	145

在社会保险方面，台湾从1950年开始实施"劳工保险"，之后根据参保人的行业身份和内容，实施"军人保险""公教人员保险""农民保险"等险种。1995年，台湾开始实施具有强制性的民众健康保险，将旧有保险体系纳入民众健保中，通过健保总额支付制度控制财务风险，加保人根据行业身份缴纳保费，大幅减少了个人财务负担。1999年台湾民众保险覆盖率达95.47%，2014年增至100%以上，实现了全覆盖。普及保险虽然减轻了个人负担，但也造成了医疗成本过高、品质下降、医护人员劳动条件恶化等问题，同时对台湾经济所造成的负担日益严重。此外，台湾于1999年实施失业保险，2008年实施年金保险[②]，社会保险制度基本得以完善。

[①] 本图表数据根据两岸医疗卫生机构总数、医生总数、病床总数、领土面积总数、人口总数等数据计算。原始数据来源：各年《中国统计年鉴》、《"中华民国"统计年鉴》，Taiwan Statistical Data Book。

[②] 年金保险：主要纳保对象是未参加军保、公教保、劳保、农保的25岁以上、65岁以下的台湾人，给付项目包括生育、老年年金、身心障碍、死亡等。参考资料：郭明政：《社会福利与社会保险》，见赵永茂等：《中华民国发展史：政治与法制（下）》，台北：联经出版公司，2011年。

表1-15 1978—2014年台湾社会保险情况（单位：万人/%）[1]

	全民		公教	劳工	农民
	人数	占比	人数	人数	人数
1978	—	—	51	207	—
1986	—	—	78	483	—
1990	—	—	108	685	157
1994	—	—	179	850	174
1999	2109	95.47	62	774	180
2004	2213	97.53	62	834	168
2008	2292	99.48	59	880	157
2014	2362	100.77	59	992	135

表1-16 1978—2014年大陆社会保险情况（单位：万人/%）

	养老		失业		医疗		工伤		生育
	人数	占比	人数	占比	人数	占比	人数	占比	人数
1978	—	—	—	—	—	—	—	—	—
1986	—	—	—	—	—	—	—	—	—
1990	6166	5.39	—	—	—	—	—	—	—
1994	10574	8.82	7968	6.65	400	0.33	1822	1.52	916
1999	12485	9.93	9852	7.83	2065	1.64	3912	3.11	2930
2004	16353	12.58	10584	8.14	12404	9.54	6845	5.27	4384
2008	21891	16.48	12400	9.34	31822	23.96	13787	10.38	9254
2014	84232	61.58	17043	12.46	59747	43.68	20639	15.09	17039

大陆1949年以后建立了适应计划经济体制的社会保险制度，主要包括国有企业和机关事业单位的养老保险和医疗保险，但是覆盖面过窄、保障层次单一、保障项目不全面。1986年，大陆通过《国民经济和社会发展第七个五年计划》，首次提出社会保障概念，社会保险制度改革才真正开始。改革后，社保由"五险一金"构成，即养老保险、医疗保险、失业保险、工伤保险、生育保险和住

---

[1] 数据来源：各年《中国统计年鉴》，《"中华民国"统计月报》。参保人数占比根据各项参保人数和人口总数计算。

房公积金。养老保险覆盖率最高,1990年6166万人参保,2014年增至84232万人,覆盖比率从5.39%升至61.58%。医疗保险参保人数增长最快,1994—2014年年均增速高达28.44%,覆盖率从0.33%增至43.68%。失业保险和工伤保险参保人数仍然很低,2014年覆盖率分别为12.46%和15.09%。

(四)家用电器及汽车普及率

家用电器普及率能够直观地反映人们的生活水平。21世纪以后,虽然洗衣机、电视机等已经成为大陆居民的必备家庭电器,普及率均高达九成以上,但在改革开放之初的二十年中,大陆普通家庭的电器普及率远远低于台湾。1978年,台湾洗衣机普及率53.96%,电话机普及率35.48%,彩色电视机普及率46.57%,而1985年大陆城市、农村彩色电视机的普及率仅为17.2%和0.8%,洗衣机和电话机普及率更低。

1978年,台湾家用汽车的普及率为2.78%,1994年达到45.5%,2014年为58.7%,近六成的家庭置有家用汽车。[①] 大陆1994年公布《汽车工业产业政策》,初步认定个人购买汽车的可行性;2000年"十五计划"建议中,首次写入鼓励汽车进入家庭;2001年以后,家用汽车才逐渐开始普及。据公安部交管局数据,2014年大陆每千人中有114人拥有汽车,家庭普及率不足三分之一,[②] 仍处于台湾三十年前的水平。

五、海峡两岸经济力之综合评估和比较

海峡两岸经济力评估选取91个具有代表性的经济"子"指标,其中四个"一级指标",包括总量指标(34个)、人均指标(33个)、产业结构(2个)、生活水平(22个)。每个"一级指标"下设若干"二级指标",如总量指标包括生产总量(9个)、对外贸易(4个)、财政金融(6个)、交通运输(9个)、邮政通信(6个)。每个"二级指标"下设若干"三级指标",如生产总量包括GDP总量、农业生产总值、工业生产总值等。部分"三级指标"下包含"四级指标",例如人均消费支出包含各消费项目支出,但二者间不仅是"父""子"指标间的隔层关系,也存在相互影响关系。

---

① 数据来源:各年《"中华民国"统计年鉴》。
② 《我国机动车保有量达2.9亿辆》,新华网,2017年1月10日。

表 1-17 海峡两岸经济力之评估指标

一级指标	总量指标（34）	人均指标（33）	产业结构（2）	生活水平（22）
二级指标	生产总量（9） 对外贸易（4） 财政金融（6） 交通运输（9） 邮政通信（6）	人均生产数量（9） 人均外贸金额（4） 人均财政金融（5） 人均交通运输（9） 人均邮政通信（6）	第三产业比重（1） 第三产业就业比重（1）	个人收支（5） 贫富差距（1） 医疗保险（12） 家用电器及家用汽车（4）

在具体测算上，由于经济力构成指标属性不同、量纲不一、度量不同，首先必须将指标参数无量纲化，以分值为单位进行计算，设定 1978 年台湾各构成要素的指标分值为 1，依次计算两岸各指标的分值。以"二级指标"生产总量中的"三级指标"GDP 总量为例，设定 1978 年台湾 GDP 总量为 1，则 1978—2014 年两岸 GDP 总量分值为：

表 1-18 1978—2014 年两岸 GDP 标准化分值

	1978	1986	1990	1994	1999	2004	2008	2014
大陆	7.92	11.15	14.66	20.98	40.64	72.43	170.30	386.59
台湾	1.00	2.81	6.22	9.57	11.35	11.89	15.56	19.76

当 1978 年数值缺失时，为尽可能避免乘法合成模型中的计算误差，将其设定为 0.001，如 1978 年两岸移动电话用户数等。以此方法标准化处理所有经济力指标数值。

其次，针对不同的指标属性及指标之间的关系，采用不同的综合指标模型进行合成。以此方法，对所有标准化指标分值进行模型分类、分层汇总，计算出"二级指标"合成结果，结果如下：

表 1-19 1978—2014 年两岸经济力"二级指标"分值

		总量指标							
		1978	1986	1990	1994	1999	2004	2008	2014
生产总量	大陆	92.31	126.13	141.22	158.24	182.39	260.45	355.35	519.74
	台湾	1.00	1.35	2.06	2.70	3.02	3.30	3.78	5.07

续表

		总量指标							
对外贸易	大陆	0.66	11.31	15.73	58.22	73.21	111.79	192.69	276.42
	台湾	1.00	2.91	6.55	7.61	12.40	15.76	25.39	25.76
财政金融	大陆	2.61	3.68	6.61	15.10	42.32	127.35	365.42	803.71
	台湾	1.00	8.41	14.62	20.92	24.42	45.20	53.61	76.08
交通运输	大陆	35.82	55.12	74.47	91.88	110.30	173.00	273.44	435.57
	台湾	1.00	1.57	1.71	2.03	2.38	3.10	3.23	3.56
邮政通信	大陆	2.50	2.98	2.41	8.98	120.24	846.78	1592.6	3143.0
	台湾	0.60	1.27	1.71	3.25	30.23	57.49	63.83	74.96
		人均指标							
		1978	1986	1990	1994	1999	2004	2008	2014
人均生产数量	大陆	1.83	2.24	2.36	2.52	2.77	3.84	5.14	7.30
	台湾	1.00	1.25	1.86	2.39	2.57	2.86	3.11	4.11
人均外贸金额	大陆	0.01	0.31	0.40	1.52	1.79	2.31	3.59	4.67
	台湾	1.00	2.79	6.71	6.18	11.57	12.62	22.20	19.57
人均财政金融	大陆	0.05	0.07	0.14	0.32	0.87	2.63	7.51	15.98
	台湾	1.00	11.32	18.49	25.34	28.23	53.07	62.37	87.96
人均交通运输	大陆	0.53	0.88	1.22	1.49	1.71	2.72	4.19	6.73
	台湾	1.00	1.54	1.64	1.83	2.09	2.76	2.78	3.05
人均邮政通信	大陆	0.04	0.04	0.42	0.66	1.08	2.53	3.76	5.62
	台湾	0.67	1.25	1.85	2.26	2.81	2.80	2.59	2.73
		产业结构							
		1978	1986	1990	1994	1999	2004	2008	2014
第三产业占比	大陆	0.52	0.64	0.69	0.73	0.82	0.88	0.92	1.03
	台湾	1.00	1.01	1.17	1.26	1.37	1.47	1.43	1.36
第三产业就业占比	大陆	0.34	0.48	0.52	0.65	0.76	0.86	0.93	1.14
	台湾	1.00	1.16	1.30	1.40	1.53	1.62	1.63	1.66

续表

		生活水平							
		1978	1986	1990	1994	1999	2004	2008	2014
个人收支	大陆	0.13	0.18	0.25	0.33	0.69	1.22	2.54	5.35
	台湾	1.00	2.81	4.93	6.93	7.46	8.17	8.37	10.55
贫富差距	大陆	0.86	0.95	1.23	1.56	1.42	1.69	1.75	1.68
	台湾	1.00	1.04	1.11	1.14	1.17	1.21	1.22	1.20
医疗保险	大陆	0.20	0.24	0.42	0.51	0.63	0.70	1.11	2.71
	台湾	0.84	1.38	2.03	2.46	3.81	3.94	4.05	4.19
家用电器家用汽车	大陆	0.01	0.10	0.28	0.57	1.34	3.19	4.62	6.28
	台湾	1.00	3.40	6.26	9.24	10.84	11.51	11.58	11.63

再次，由于各项"二级指标"间分值差距较大，为避免单一分值过度抬高或拉低合成分值，须对"二级指标"分值进行归一化处理，再合成为经济力"一级指标"，然后代入综合国力评估模型计算，测算1978—2014年海峡两岸八个时间节点的经济力分值，结果如下：

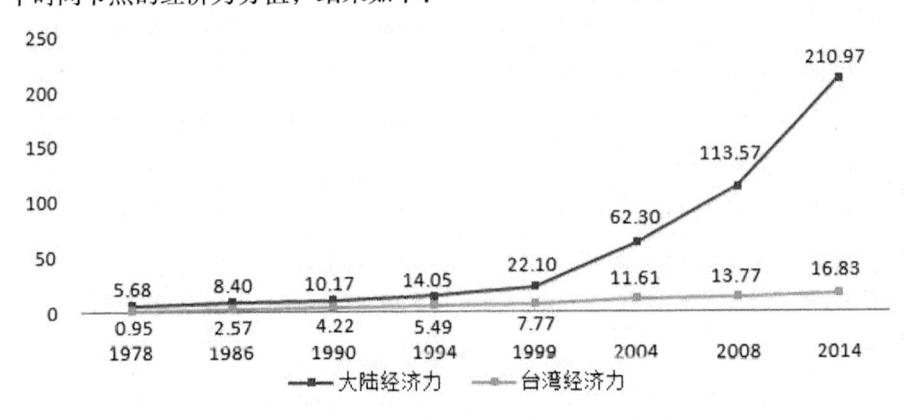

图1-18 1978—2014年两岸经济力变化

1978年大陆经济力分值为5.68，此后至1994年间以年均5.82%的中速增长。1999—2014年，大陆经济力年均增长率高达16.23%，2014年增至210.97。台湾1978年经济力分值为0.95，1978—1990年进入高速增长时期，年均增长率为13.23%。1990年代以后，台湾经济力增长开始显现疲软之势，2004—2014十年间年均增长率仅为3.78%。

在两岸比较方面，1978年至20世纪90年代初，两岸经济力分值差距逐渐缩小，1990年台湾经济力相当于大陆的41.49%。此后，随着大陆经济力的指数式增长，两岸经济力分值差距迅速扩大，2014年大陆经济力分值是台湾的12.53倍。

在"一级指标"分值比较方面，20世纪90年代以后，由于两岸在总量指标上的差值迅速扩大，对经济力的总体变化起到决定性影响，因此，总量指标的变化趋势和经济力整体趋势较为吻合。1999年以后，大陆总量指标分值以年均16.43%的高速增长，15年间两岸经济总量指标分值的差距从9倍扩大为28倍。然而，台湾的人均指标、产业结构、生活水平分值均优于大陆，但从1990年代以后，台湾在这些方面的优势逐渐流失，其中生活水平的变化最为明显，1994年台湾生活水平分值是大陆的6.68倍，2014年已缩小至1.72倍；人均指标差距也从1990年的6.74倍缩小至2014年的2.91倍。

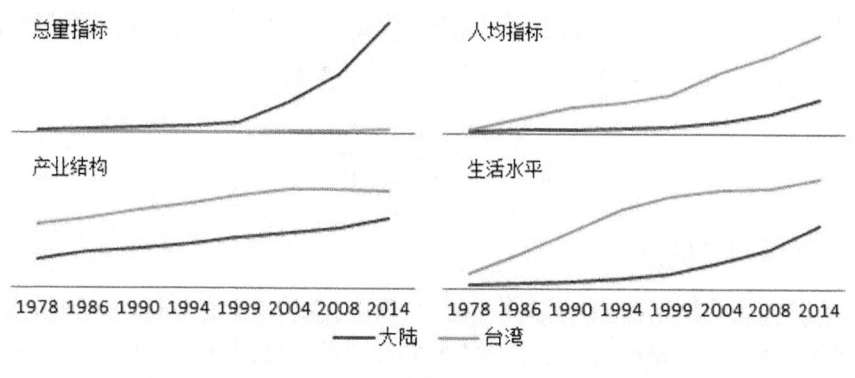

图1-19　1978—2014年两岸经济力构成要素变化

改革开放以来，大陆经济取得了长足发展，经济实力迅速增强，在世界经济舞台迅速崛起，创造了"新的经济奇迹"。从发展前景看，大陆仍处于工业化中期，生产力发展不平衡、产业结构和就业结构发展滞后、城市化水平低，但由于巨大的市场潜力，大陆经济仍有较大增长空间。同时期，台湾经济发展趋缓，衡量长期经济景气的指标均呈疲弱之势。随着工业化进程的推进，大陆在人均指标、产业结构和生活水平上全面超越台湾只是时间问题。

第二节　海峡两岸科技力之评估

科技在经济建设和社会进步中有重要作用，是综合实力的核心。两岸科技力的评估分为科技队伍、科技投资、科技水平、科技贡献力四个指标。其中，科技队伍包括科研机构、科研人员两个"子"指标；科技投资分为经费投入、经费构成及用途两方面；科技水平由论文发表、专利申请、高科技成果构成；科技贡献力主要考察高技术产品及高科技开发区的情况。

一、科技队伍

（一）科研机构

20世纪70年代，台湾科研机构大大增加，逐渐形成多层次、多部门的科学研究体系。其中最高层次的是"中央研究院"，[1]直接隶属于"总统府"，分为数理科学组、生命科学组、人文社会科学组，共31个研究所及研究中心（其中数理和生命科学组共19个），主要偏向基础研究。除"中研院"外，台湾各大专院校的研究机构也主要从事基础研究。

在应用研究和技术发展方面，台湾各部门均设有研究机构，如"内政部"的建筑研究所，"交通部"的"中央气象局"、运输研究所，"经济部"的台湾糖业公司研究所、台湾石油公司炼制研究所，"农业委员会"的各类试验所、改良场，及"原子能委员会"和"国家科学委员会"下设机构等，主要负责研究技术的引进、研发。在军事方面，"国防部"下设中山科学研究院、生产制造中心、海军造船发展中心等，从事军事科学技术的研发和应用。

---

[1]　"中央研究院"于1928年成立，在首任院长蔡元培任内，先后在南京、上海两地设立十个研究所。抗日战争爆发后，"中研院"西迁至昆明、桂林、重庆等地，抗战结束后陆续迁回南京、上海。1949年以后，"中研院"陆续迁至台湾，在台北南港营建院区。

此外，台湾民间团体、企业也设有许多科研机构，其中最具代表性的是工业技术研究院。该院成立于1973年，累计超过2万件专利，新创和培育240家公司，包括台积电、联电、台湾光罩、晶元光电、盟立自动化等上市、上柜公司。[1] 截至2012年，台湾与科技发展相关的法人机构共87个，"经济部"27个（其中工业技术研究院下设16个、资讯工业策进会下设8个研究所及中心），"国科会"5个（其中"国家实验研究院"有11个研究中心），"农委会"5个，"内政部""交通部""卫生署"各2个，"国家通讯传播委员会"1个，其他11个。[2]

表1-20 台湾研究发展执行机构分工示意图[3]

	推动机构	执行机构		
	政府机构	学术及研究机构	财团法人	公民营企业
基础研究	"中研院"科技顾问组	"中研院"各所		
应用研究	"国科会""教育部""卫生署"	大学校院各系所	"国家卫生研究院""国家实验研究院""国家同步辐射研究中心""工研院""资策会"生技中心 药技中心 动科所 等 公民营企业	公民营企业
技术发展	"环保署""经济部""农委会""交通部""原能会"	建研所"中科院"运研所 电信所 核研所 农试所		
商业化	"内政部""劳委会""工程会""文建会""国防部"			

大陆的科技体系主要分为政府系统（含中国科学院、各部委研发机构、国防科技系统、地方科技系统）、高等学校、大中型企业研发机构、民营科技组织、民间学术团体等六部分。2014年，县级以上政府部门属科研机构3677个，

---

[1] 资料来源：台北：工业技术研究院网，https://www.itri.org.tw/chi/index.aspx。
[2] 数据根据"中华民国科学技术白皮书"（2011—2014）自行统计整理。"行政院国家科学委员会"："中华民国科学技术白皮书"（2011—2014），台北："行政院国家科学委员会"，2010年，第5页。
[3] 台湾"行政院国家科学委员会"：《"中华民国"科学技术年鉴（2012年版）》，台北："行政院国家科学委员会"，2012年，第73页。

其中中央属机构720个（含中国科学院105个），高等院校办科研机构10632个，企业办科研机构57199个，高技术产业研发机构4763个，国家重点实验室258个。[①]

在英国《自然》杂志发布的2014年全球自然指数（科研论文指数）中，中国科学院以1307.74的自然指数在全球高校和科研院所中排名第一；在全球高校中，北京大学以291.57排名第17，大陆有23所高校进入全球前200名，台湾仅2所。[②]

（二）科研人员

科研人员的规模和质量对科技水平有着决定性作用。1978年，大陆和台湾分别拥有研发人员26.8万人和3.12万人；2014年分别增至535.15万人和30.79万人。但是台湾科研人数占人口总数比例始终高于大陆，尤其是1994年以后，台湾科研人数占比增长迅速，2014年是大陆的3.36倍。在科研人员全时当量方面，1990年大陆和台湾分别为82.17万人年和5.48万人年。2010年大陆研发人员全时当量达255万人年，居世界首位。[③] 2014年，大陆和台湾科研人员全时当量分别达到371.06万人年和14.3万人年，台湾几乎所有科研人员均持大学及以上学历，其中获得本科、硕士、博士的比例分别为27.7%、54.02%、18.28%；大陆的比例分别为16.7%、13.07%、5.93%，仍有超过一半的大陆科研人员不具备大学及以上学历。[④]

---

① 数据来源：国家统计局、科学技术部编：《中国科技统计年鉴2015》，北京：中国统计出版社，2015年。
② 《2015全球自然指数排名出炉：中科院登顶》，环球网，2015年6月19日。
③ 《2010年我国研发人员全时当量居世界首位》，新华网，2011年12月28日。
④ 数据根据本科、硕士、博士人员及研发人员全时当量计算，原始数据来源：2014年度《中国科技统计年鉴》，《"中华民国"统计年鉴》。

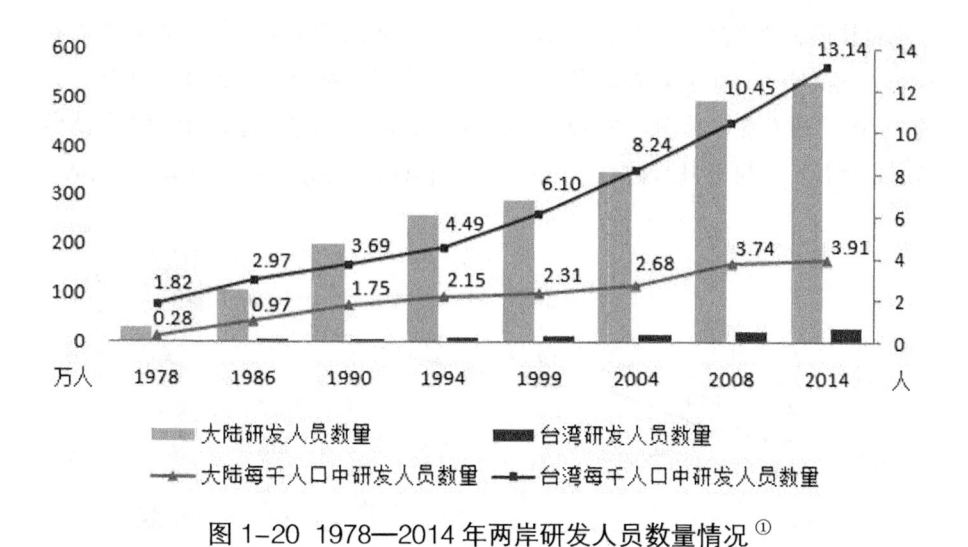

图 1-20 1978—2014 年两岸研发人员数量情况[①]

二、科技投资

（一）经费投入

科技经费投入为科学研究提供了基础性保障，是衡量科技力的重要物质指标。改革开放初期，大陆科技体制中科技与经济脱节的结构性缺陷逐渐暴露出来。1985 年，大陆开始推动科学研究的纵深配置，在经费管理上各部门科研经费由国家科学技术委员会统一按预算下达，削减科研事业费拨款，针对不同类型的研究机构实行经费分类管理，将平等竞争和激励创新机制引入科学研究，从制度层面规范经费使用。[②] 1978—1994 年，大陆研发支出占 GDP 比重从 1.46% 降至 0.5%，研发支出从 11.15 亿美元增至 80.67 亿美元。1995 年 5 月 6 日，国务院作出《关于加速科学技术进步的决定》，开始实施科教兴国战略。江泽民指出："科教兴国，是指全面落实科学技术是第一生产力的思想，坚持教育为本，把科技和教育摆在经济、社会发展的重要位置，增强国家的科技实力及向现实生产力转化的能力，提高全民族的科技文化素质，把经济建设转移到

---

① 数据来源：各年《中国统计年鉴》，《"中华民国"统计年鉴》。
② 李燕萍、吴绍棠、邹斐、张海雯：《改革开放以来我国科研经费管理政策的变迁、评介与走向——基于政策文本的内容分析》，北京：《科学学研究》，2009 年第 10 期。

依靠科技进步和提高劳动者素质的轨道上来,加速实现国家的繁荣强盛。"[1] 在科教兴国战略下,大陆科技研发支出占 GDP 比重不断提升,2014 年增至 GDP 的 2.05%,研发支出总额达 2199.81 亿美元。台湾研发支出占 GDP 比重始终维持稳定增长,2014 年比大陆高一个百分点,但研发支出总额仅占大陆的 7.24%。

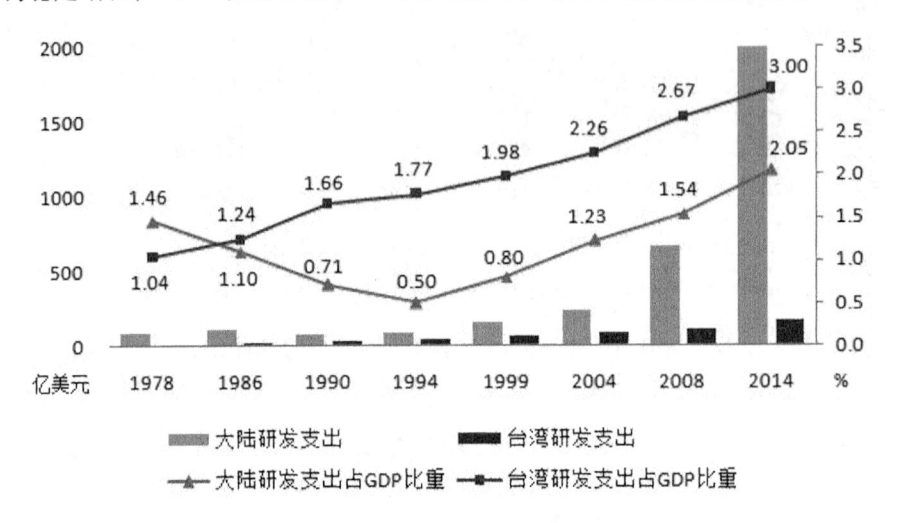

图 1-21 1978—2014 年两岸研发支出情况[2]

在人均研发经费方面,1978 年大陆和台湾分别为 33167.74 美元和 25551.99 美元。1986 年,大陆人均研发经费缩水至 10477.15 美元,不足 1978 年的三分之一,仅相当于台湾人均研发经费的一半。1990—2004 年,大陆人均研发经费占台湾比例始终在 15% 以下,1994 年低至 6.18%。2014 年,大陆人均研发支出猛增至 39611.71 美元,占台湾的 76.62%。从整体趋势来看,1978—2014 年,大陆人均研发支出呈 U 字形,2014 年才恢复至 1978 年的美元折算水平,但是从人民币支出来看,2014 年人均人民币支出 243215.89 元,较 1978 年增长 326.33%;台湾 2014 年人均新台币支出 1570120.77 元,较 1978 年增长 70.69%。

---

[1] 《江泽民文选》(第一卷),北京:人民出版社,2006 年,第 428 页。
[2] 数据来源:各年《中国科技统计年鉴》,Taiwan Statistical Data Book。

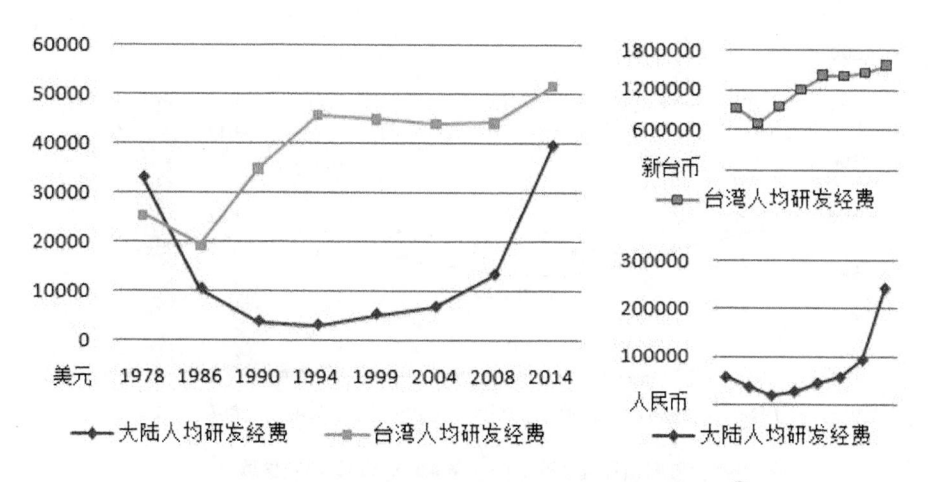

图 1-22 1978—2014 年两岸人均研发经费情况 [①]

1978 年以来，大陆财政科技拨款占财政拨款总额的比例远高于台湾，该比例 1983 年最高时达 5.61%，2000 年最低时也有 3.62%，比台湾 1978 年的峰值高近一个百分点。在财政科技拨款总额方面，1978 年大陆和台湾分别为 30.75 和 2.43 亿美元，台湾财政科技拨款总额仅相当于大陆的 7.9%；2014 年两岸财政科技拨款分别增至 1051.22 和 34.5 亿美元，台湾仅占大陆的 3.28%。以人民币结算，1978—2014 年，大陆财政科技拨款年均增长率 14.28%，与年均财政支出 14.6% 的增速基本持平。

---

① 数据根据科研经费及人口总数计算。原始数据来源：各年《中国科技统计年鉴》，*Taiwan Statistical Data Book*。

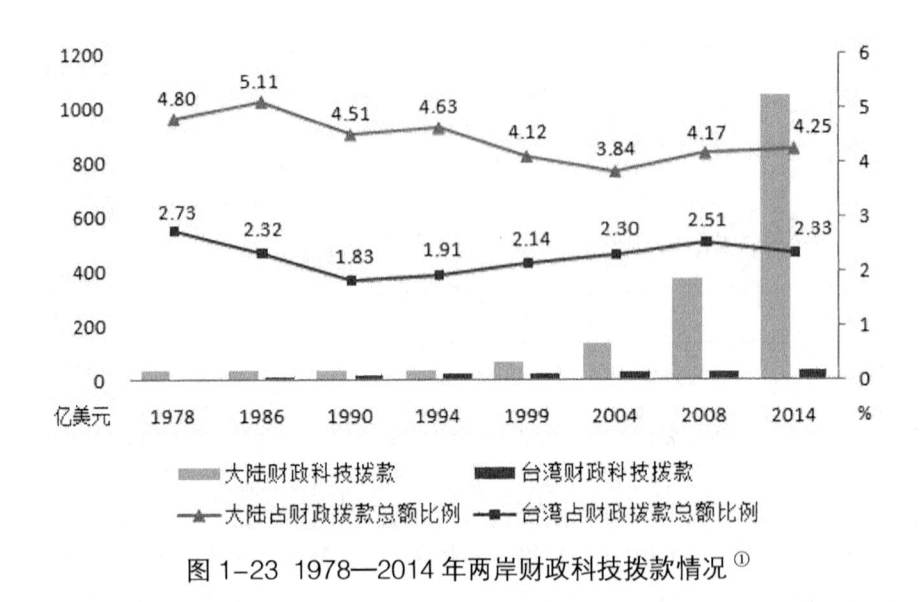

图 1-23 1978—2014 年两岸财政科技拨款情况[①]

（二）经费构成及用途

两岸研发经费构成主要分为"政府资金""企业资金""国外资金"。1978—2014 年，两岸"政府投入"研发资金比例逐渐减少，"企业投入"研发资金比例逐渐增多。但在相当长的一段时间内，台湾企业资金，尤其是民营企业资金占绝对优势；大陆则长期以政府资金和金融机构贷款为主，与技术创新的主体地位十分不相称，2000 年以后这种状况才逐渐改善。2014 年两岸"政府资金"和"企业资金"所占比例基本持平，研发经费构成结构逐渐趋同。台湾较早开始利用外资支持科技研发，但是资金规模较小，2014 年大陆和台湾外资分别为 74.19 和 1.55 亿美元，台湾仅占大陆的 2.09%。

表 1-21 1990—2014 年两岸研发经费构成情况[②]

	政府资金		企业资金		国外资金		其他	
	大陆	台湾	大陆	台湾	大陆	台湾	大陆	台湾
1990	41.66	45.80	39.54	52.80	—	0.20	18.80	1.20
1994	27.65	48.20	29.71	50.30	—	0.10	42.64	1.40

---

① 数据来源：各年《中国统计年鉴》，《"中华民国"统计年鉴》。
② 数据根据各来源资金金额及研发经费总额计算。原始数据来源：各年《中国科技统计年鉴》，《"中华民国"统计年鉴》。大陆其他经费来源主要指金融机构的贷款。

续表

	政府资金		企业资金		国外资金		其他	
	大陆	台湾	大陆	台湾	大陆	台湾	大陆	台湾
1999	32.38	37.86	34.94	59.95	—	0.06	32.68	2.13
2004	22.77	33.62	64.02	64.75	1.28	0.02	11.93	1.61
2008	20.85	28.25	69.82	70.41	1.24	0.04	8.09	1.30
2014	20.25	21.67	75.42	77.24	0.83	0.12	3.50	0.97

科技研发活动主要由三个阶段构成，即基础研究、应用研究和试验发展。基础研究和应用研究是知识和技术创新的基础，也是经济增长的前提。基础研究、应用研究、试验发展三方面需协调发展，从发达国家经验来看，试验发展在研发经费中所占比例最大，基础研究最小，海峡两岸经费支出结构也体现这一规律，但是大陆基础研究经费比重偏低，台湾地区基础研究经费比重则与发达国家比较接近。

表 1-22 1990—2014 年两岸研发经费内部支出比例[1]

	基础研究		应用研究		试验发展	
	大陆	台湾	大陆	台湾	大陆	台湾
1990	—	9.93	—	35.90	—	54.24
1994	6.60	14.94	36.20	35.21	57.20	49.83
1999	4.99	10.56	22.32	31.63	72.68	57.82
2004	5.96	11.25	20.37	25.33	73.67	63.41
2008	4.78	10.18	12.46	25.51	82.76	64.31
2014	4.71	8.98	10.75	22.96	84.54	68.06

研发经费执行部门分布是反映研发经费能否合理配置的重要指标，执行部门主要分为企业、研发机构和高等学校。发达国家科研经费最大的执行部门是企业，一般占经费的 50%—70%；第二大执行部门是研究机构，一般占经费的 10%—20%。这主要是由于发达国家工业化水平较高，推动经济增长的动力已

---

[1] 数据来源：大陆 1994 年数据来源于 1998 年度《中国科学技术指标》；1999—2014 数据来源于各年《中国科技统计年鉴》。大陆 2014 年及台湾各年数据根据各项支出金额及支出总额计算，原始数据来源：2014 年度《中国科技统计年鉴》、各年 Taiwan Statistical Data Book，1999 年前台湾企业数据包含公、私营企业。

从资本转变为科技，而企业作为经济活动的主体，与市场的结合相对紧密，有利于推动科技和经济的结合，促进科技成果转化。

表1-23 1990—2014年按执行部门分两岸研发经费支出[①]

	企业		研发机构		高等学校	
	大陆	台湾	大陆	台湾	大陆	台湾
1990	36.05	59.08	45.89	27.73	3.23	13.26
1994	46.20	57.47	53.08	27.42	5.25	15.09
1999	52.28	63.31	38.37	25.05	9.35	11.66
2004	66.82	64.68	21.95	23.22	10.22	11.53
2008	73.26	70.68	17.58	16.77	8.45	12.21
2014	77.30	77.15	14.80	12.56	6.90	9.95

1990年以后，台湾经费执行大致符合这样的规律，并不断得到优化。大陆科研经费使用主体则经历了从研发机构向企业过渡的阶段，2004年以后大陆执行部门使用研发经费结构与台湾达到同等水平。

三、科技水平

（一）论文发表

改革开放初期，大陆在《科学引文索引》（SCI）、《工程索引》（EI）论文系统中发表数量十分稀少，根据世界银行统计数据，1980年大陆科技人员发表论文数量占世界总量的0.33%，与美国相对差距119倍。1980年以后，大陆发表位次不断上升，1987年SCI论文数量排世界第24位，EI论文数排第10位。2007年，大陆发表EI论文78200篇，首次超过美国排在世界第一位；2008年后SCI论文数量始终排名世界第二。1990—2014年，大陆SCI、EI论文发表数量分别以年均17.02%和18.67%的高速增长，远远超过GDP的年均增长速度，表明科技创新逐渐成为大陆经济增长的内生动力。2014年，大陆SCI和EI论

[①] 数据来源：大陆1994年数据来源于1998年度《中国科学技术指标》；1999—2014数据来源于各年《中国科技统计年鉴》。大陆2014年及台湾各年数据根据各项支出金额及支出总额计算，原始数据来源：2014年度《中国科技统计年鉴》、各年 Taiwan Statistical Data Book，1999年前台湾企业数据包含公、私营企业。

文发表数量分别为263500、172900篇，其中SCI论文占世界总量的14.9%，化学和材料科学SCI论文发表累积量占世界份额均超过20%，[1]大陆已经成为世界科技知识的主要创新者和生产者。2005—2015年9月，大陆科技人员共发表国际论文158.11万篇，位列世界第二位；论文共被引用1287.6万次，排名世界第四；被引用次数处于世界前1%的高被引论文15011篇，占世界总数的11.9%，排名世界第四。[2]

台湾SCI和EI论文发表数量同样增长迅速，但论文总量远低于大陆。2014年，台湾SCI和EI论文发表量分别为27597和22706篇，分别占大陆的10.47%和13.13%。在英国《自然》(*Nature*)杂志发布的2014年全球自然指数（科研论文指数）中，大陆以6037.22排名第二，台湾以481.47排名第18。[3]

表1-24 1986—2014年两岸SCI、EI论文发表情况[4]

	SCI发表				EI发表			
	大陆		台湾		大陆		台湾	
	数量	排名	数量	排名	数量	排名	数量	排名
1986	—	24*	1277	36	—	10*	934*	19*
1990	6055	15	2719	27	2840	9	1499	13
1994	10411	15	5827	20	9371	4	3543	12
1999	24476	10	8944	19	14807	3	4690	10
2004	57377	5	14473	18	33495	2	10980	11
2008	116700	2	22293	16	89400	1	17483	10
2014	263500	2	27597	18	172900	1	22706	14

---

[1] 科学技术部创新发展司：《2014年中国科技论文统计分析》，《科技统计报告》，2016年第1期（总第573期），2016年1月12日，科学技术部网，http://www.most.gov.cn/。
[2] 中国科学技术信息研究所：《中国科技论文的整体表现》，国家自然科学基金委员会网，2016年2月23日。
[3] 《2015全球自然指数排名出炉：中科院登顶》，环球网，2015年6月19日。
[4] 大陆数据来源：各年《中国科技论文统计分析》（科学技术部）、中国主要科技指标数据库；台湾数据来源：各年《"中华民国"统计月报》、《"国家科学技术发展计划"》。其中带"*"号为1987年数值。

（二）专利申请

1986年，大陆专利申请量18509件，不到台湾申请量的七成，专利有效率仅16.34%，远低于台湾的31.06%。1999年以后，大陆专利申请及授权量增长迅速。世界知识产权组织（WIPO）发布的《2012年世界知识产权指标》报告显示，中国大陆国内外发明专利申请总数超过52万件，成为世界发明专利申请数量最多的国家。[①] 1999—2014年，大陆专利申请、授权量年均增长率分别为21.06%和18.65%，是同时期GDP年增长率的一倍以上，专利有效率也基本达到50%以上。1999—2014年，台湾专利申请、授权量年增长率仅为2.75%和6.62%，专利有效率徘徊在50%左右，2013年骤升至86.7%，2014年继续升至97.75%。

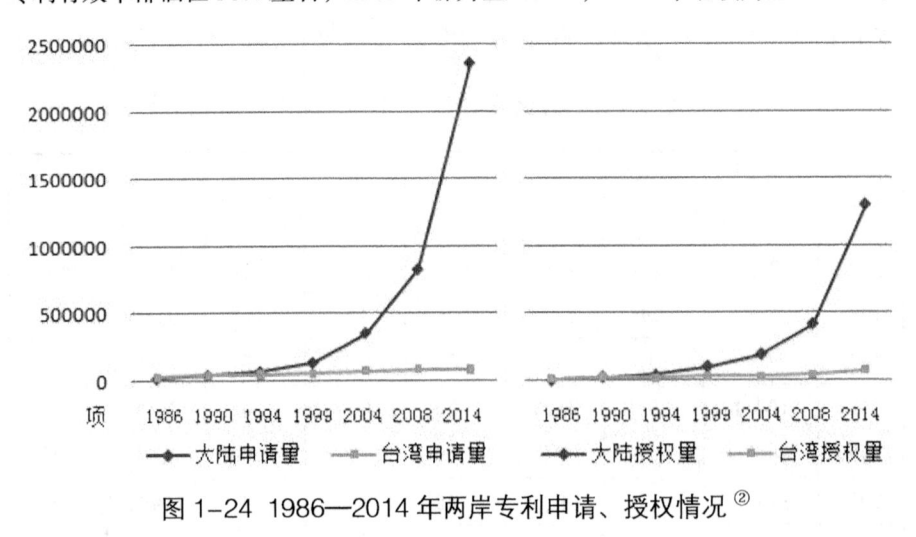

图1-24 1986—2014年两岸专利申请、授权情况[②]

获美国批准专利数量已经成为衡量专利水平的重要指标。1990年，大陆、台湾获批数量分别为775、733件，大陆略高于台湾，此后十年间被台湾赶超。2000年，台湾地区获美国批准专利数量4667件，世界排名第四位，仅次于美国、日本、德国，为大陆的两倍。2000年以后，中国大陆获批美国专利数量开始猛增，2004年超过台湾，达7824项；2014年进一步增至22040件，比台湾的11333件高出近一倍。除美国外，中国大陆获日本、德国、韩国、英国、法国、瑞士、瑞典等国外专利数量也十分可观，1990—2014年，中国大陆获美国专利批准量仅占国外专利总量的两成左右，2014年中国大陆获批国外专利总量

[①] 《关于"中国专利数量跃居世界首位"的冷思考》，国家知识产权局网，2013年3月27日。
[②] 数据来源：各年《中国统计年鉴》，《"中华民国"统计月报》。1986年专利申请、核准数量通过国内、国外申请、核准数量计算。

达 93285 件。

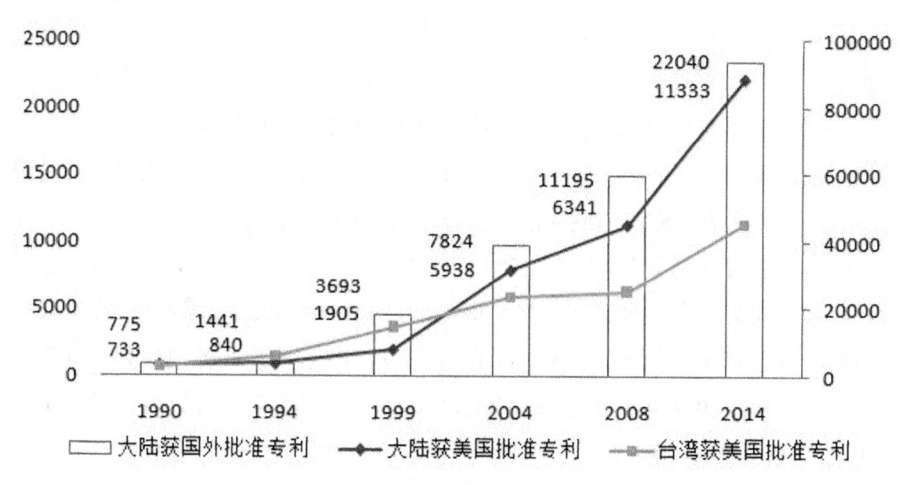

图 1-25 1990—2014 年两岸获美国批准专利情况[①]

（三）高科技成果

改革开放以后，大陆建立了较为完善的现代科学技术体系，突破了一大批重大工程科技难关，在很多尖端科技领域达到国际领先水平。在航天科技领域，大陆从 1965 年开始自行研制的长征系列运载火箭，目前已研制成功四大系列 12 个型号，在技术性能、可靠性、安全性和发射测控能力等方面均达到国际先进水平。2014 年 12 月 7 日，长征四号乙运载火箭将中巴地球资源卫星 04 星准确送入预定轨道，这是长征系列运载火箭的第 200 次发射。截至 2014 年底，长征系列运载火箭先后把载人飞船、月球探测器、北斗导航卫星等 250 余颗国内外航天器成功送入太空，发射成功率高达 96%。[②] 2003 年 10 月 15 日，"神舟五号"载人飞船发射成功，大陆成为继苏联和美国之后，第三个实现该项技术的国家。此后十年间的"神舟六号""七号""八号""九号"飞船相继实现航天员空间出舱、空间技术试验、载人空间交会对接等实验工作。2013 年 6 月 11 日，"神舟十号"发射成功并首次开展中国航天员太空授课活动，标志大陆载人飞船天地往返运输系统已建成，航天进入空间站时代。[③] 2004 年，大陆正式开展月球探测工程，至 2014 年已成功发射"嫦娥一号""二号""三号"人造卫

---

① 数据来源：各年《中国统计年鉴》，《"中华民国"统计年鉴》。
② 《中巴地球资源卫星 04 星发射成功》，新华社，2014 年 12 月 7 日。
③ 《解密神舟十号任务：中国航天将进入空间站时代》，新华网，2013 年 5 月 28 日。

99

星，成为继苏联、美国之后第三个实现月球软着陆的国家。

2002年，大陆开启自行设计、自主研发的"蛟龙号"深海载人潜水器计划。2009—2012年，"蛟龙号"相继取得1000米级、3000米级、5000米级、7000米级海试成功。2012年7月，"蛟龙号"创下7062米的中国载人深潜纪录，使其工作范围覆盖全球99%以上的海域，超过世界上同类作业型载人潜水器的最大下潜深度，标志大陆深海载人潜水器技术进入国际先进行列。[①]

在高性能计算机系统方面，1983年12月"银河—Ⅰ"巨型计算机研制成功，这是大陆第一台每秒运算1亿次以上的计算机，2000年"银河—Ⅳ"计算机实现每秒运算1万亿次。此外，大陆还研发了曙光系列、神威系列、深腾系列超级计算机。2013年，大陆自行研制的"天河二号"超级计算机每秒峰值达5.49亿亿次，持续计算速度每秒3.39亿亿次，成为世界上最快的超级计算机。[②]

在农业科技方面，大陆的杂交水稻技术在世界遥遥领先，"杂交水稻之父"袁隆平院士是世界上第一个提出这项技术的科学家，并从杂交稻拓展到超级稻到超级杂交稻。2014年10月10日，袁隆平领衔研制的超级杂交水稻第四期百亩加权平均亩产达1026.7公斤，[③] 再创世界纪录，为人类粮食安全做出了巨大贡献。

此外，大陆在核电、超导、信息技术、生物医药、新能源等领域的技术也达到世界先进水平。大陆还积极拓展国际科技合作，2014年底，中华人民共和国已同世界150多个国家政府和地区建立科技合作关系，促进了对外技术合作与技术出口的发展。

尽管如此，大陆许多电子产品的核心部件及核心技术依然要依靠国外，飞机、汽车等主要工业产品技术仍处于起步阶段，远落后于世界先进水平。整体而言，大陆仍处于中低级技术经济阶段。

1978年以后，台湾以新竹科学工业园为基点发展高科技产业，尤其在电子软件、精密机器和生物医学三个领域发展迅速、领先世界。1986年，电子、信息产品外销金额超过已十几年排名首位的纺织产品外销金额，成为台湾的支柱产业。为提高科技群聚效益，台湾积极开发南部科学园和中部科学园，形成"北

---

① 《蛟龙号：中国深度记录的创造者》，北京：《中国经济时报》，2016年6月13日。
② 《中国"天河二号"蝉联全球最快超级计算机》，环球网，2013年11月20日。
③ 《中国超级稻亩产突破1000公斤 袁隆平争取启动新攻关》，中国新闻网，2014年10月10日。

IC、中纳米、南光电"的高科技产业群,新竹园区以半导体和信息产业为主,中部园区以纳米为基础的光电、积体电路和精密机械产业为主,南部园区以光电产业为主,同时各园区推动生物医药专区,配合产业升级。[①]

台湾的电子科技水平处于世界领先地位,尤其在"IT产业"方面,目前只有台湾和美国能够生产电脑主板芯片"南桥北桥"和"中央处理器",著名的生产台企有华硕、宏碁、明基。此外,台湾积体电路制造股份有限公司(台积电)是全球最大晶圆专工半导体制造厂,2014年全球市场占有率高达50%以上。

在太空领域,台湾于20世纪80年代中期提出"五年卫星发展计划",中间历经"发射卫星计划""太空卫星计划""通信卫星发展计划",由于各种原因均未能完成,最终于1995年确定"太空科技发展长程计划"。1999年1月27日,台湾成功发射第一颗人造卫星——"中华卫星一号",并建立台湾自身太空技术,扶植岛内发展卫星零件的能力。2004年,台湾发射第一颗遥测卫星——"中华卫星二号"。2006年,台湾地区和美国合作发射"福尔摩沙卫星三号",用于建立全球大气即时观测网。此外,台湾还于1998年成功发射了第一枚探空火箭。但是台湾的太空科技水平仍然十分落后,与大陆差距明显。

四、科技贡献力

(一)高技术产品

高科技产业作为新时代核心产业,市场潜力大、能耗排放低、产品附加值极高,已成为全球推动新一代经济浪潮、引领发展制高点的战略性产业,并逐渐成为推动国际贸易快速增长的新引擎。1986年,台湾高技术产品进出口贸易总额359.69亿美元,占对外贸易总额的56.16%;大陆为43.2亿美元,只相当于台湾的12.01%,占大陆对外贸易总额的5.85%。1990年以后,大陆高技术产品外贸总额以年均26.03%的高速增长,尤其是1999—2004年,大陆总额从623亿美元增长至3267亿美元,年均增长率高达39.29%,并超越台湾。2014年,大陆高技术产品外贸总额达12119.27亿美元,是台湾的4.36倍。不过,台湾高技术产品占对外贸易总额的比重始终维持在四成以上,而大陆在顶峰时的2013年也只有29.9%。

---

① 资料来源:新竹:新竹科学园区网:http://www.sipa.gov.tw;台中:中部科学工业园区网:http://www.ctsp.gov.tw;台南:南部科学工业园区网:http://www.stsipa.gov.tw。

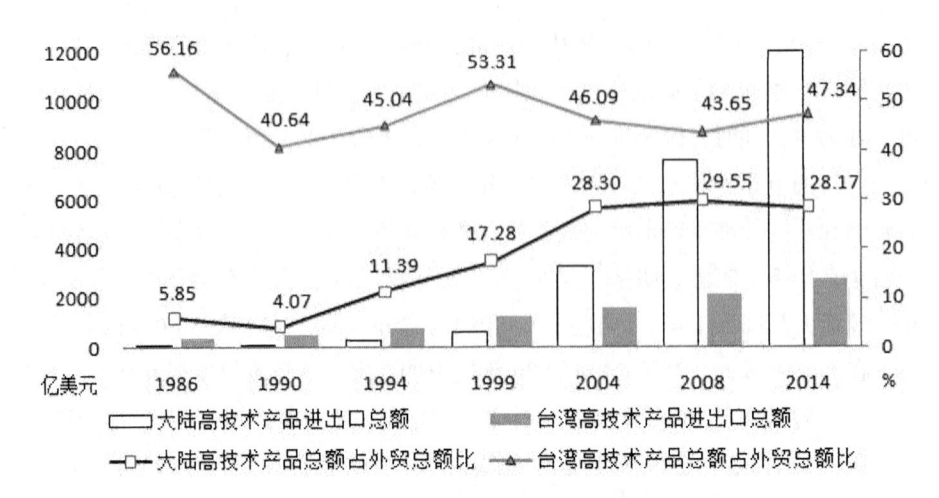

图 1-26 1986—2014 年两岸高技术产品外贸变化[1]

高技术产品出口额是衡量科技水平的重要经济指标。1986 年，台湾高技术产品出口额 198.46 亿美元，接近对外贸易出口总额的一半；大陆高技术产品出口额仅占台湾的 19.1%。20 世纪 90 年代以后，大陆高新技术产业发展迅速，高新技术产业对外开放不断扩大，国际化水平显著提高。1999—2004 年，大陆高技术产品出口额从 63.4 亿美元增长至 1654 亿美元，年均增长率高达 46.27%；2014 年，继续增至 6605.43 亿美元，在亚洲高科技产品出口中占 43.7%，在亚洲居首位。[2] 2014 年，在大陆高科技出口产品中，计算机与通信技术产品占 69.4%，电子技术位列第二；在进口产品中，电子技术居首位，占 48.8%，计算机与通信技术次之。[3] 2014 年，台湾高技术产品出口额 1116.06 亿美元，仅为大陆的 16.9%。

---

[1] 数据来源：各年《中国统计年鉴》，《"中华民国"统计年鉴》。
[2] 《中国成亚洲最大高科技出口国 中国制造加快攀登价值高地》，央广网，2015 年 12 月 14 日。
[3] 科学技术部创新发展司：《2014 年我国高技术产品贸易状况分析》，《科技统计报告》，2015 年第 5 期（总第 577 期），科技部网，2016 年 1 月 14 日。

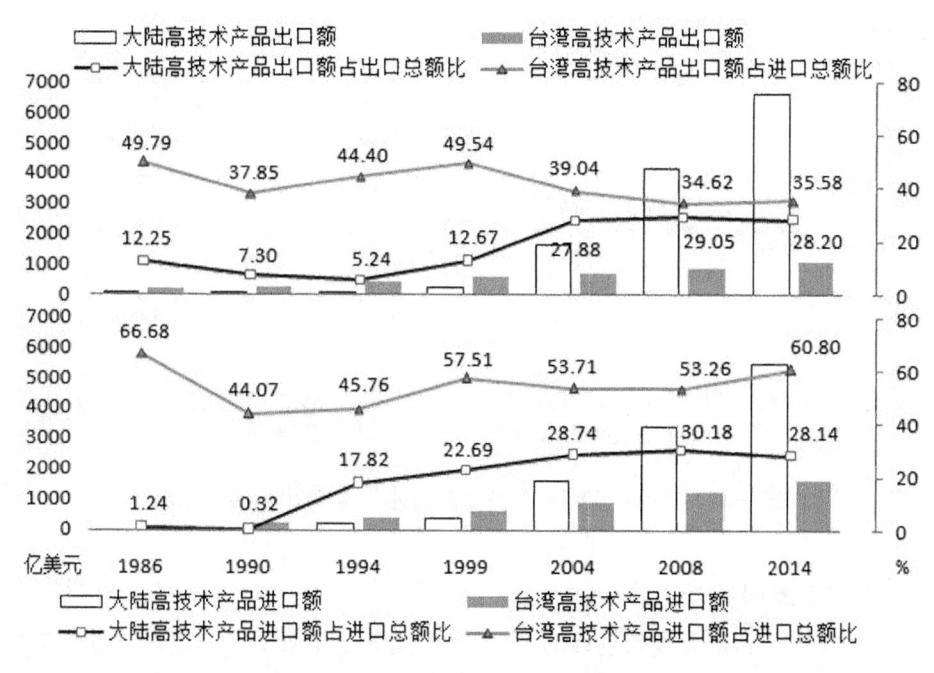

图 1-27 1986—2014 年两岸高技术产品进出口额变化[①]

在高技术产品进出口差额方面，1986—1990 年大陆和台湾均保持微小的贸易顺差。20 世纪 90 年代以后，由于进口关税的大幅削减，大陆高科技商品进口额超过出口额，开始出现贸易逆差。2004 年以后，大陆高技术产品出口优势不断扩大，2014 年进出口顺差达 1091.59 亿美元，高技术产品出口逐渐成为大陆促进经济发展的重要因素。台湾自 1999 年以后，始终处于高技术产品贸易逆差，并呈逐年扩大趋势。2014 年，台湾高技术产品贸易逆差增至 549.97 亿美元。

---

① 数据来源：各年《中国统计年鉴》，《"中华民国"统计年鉴》。

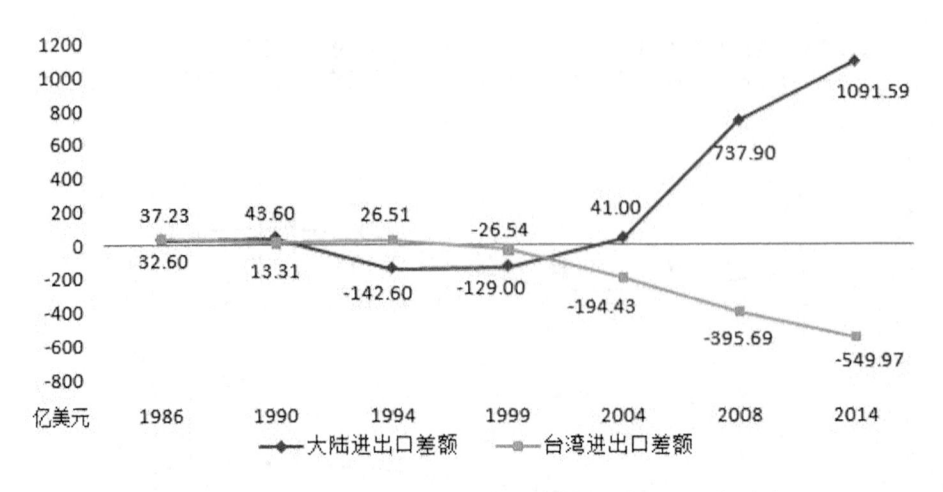

图 1-28 1986—2014 年两岸高技术产品进出口差额变化

（二）高科技开发区

1978 年，台湾在新竹创办第一个科学工业园，有计划地引进高科技产业，延揽优秀高级科技人员，从事高级技术产品的研发工作，并在园区内设立投资项目，对投资企业给予税收等方面的优待，提供高效率的办公服务。截至 2014 年底，台湾共建成新竹、中部、南部三大科学园区聚落，共 13 个基地。新竹科学园区包括新竹、竹南、龙潭、铜锣、宜兰和新竹生医园区，总面积 1347.74 公顷、开发经费 1025.77 亿新台币；中部科学园区包括台中、虎尾、后里、二林和高等研究园区，总面积 1707.92 公顷、开发经费 1257.25 亿新台币；南部科学园区包括台南和高雄园区，总面积 1613.14 公顷、开发经费 3151.8 亿新台币。[①] 2014 年，台湾科学工业园区产业营业额总计 765.5 亿美元，[②] 其中积体（集成）电路产业营业额占 68.88%，光电产业次之，占 24.21%。在三大科学园区聚落中，新竹科学园表现最为突出，其 2014 年营业额约占科学园营业总额的一半。

[①] 数据来源：台湾"科技部"统计资料库，2015 年 1 月，http://statistics.most.gov.tw/was2/。
[②] 数据来源：台湾"科技部"统计资料库，2015 年 2 月。原始数据单位为亿新台币。

表 1-25 2014 年底台湾科学工业园区入区登记商家数[①]

	总计	新竹	中部	南部
积体电路	215	196	6	13
光电	180	94	36	50
电脑及周边	59	47	10	2
通讯	55	45	1	9
精密机械	123	36	41	46
生物技术	132	57	23	52
其他	21	4	12	5
总计	785	479	129	177

1988 年，大陆批准设立第一个国家级科技园区——北京新技术产业开发试验区。随后，各大中城市先后建立了地方性科技园区，至 1990 年底已超过 40 个，1991 年国务院选取其中规模较大、科技水平较高的 26 个科技园作为国家级高新技术产业开发区。截至 2014 年 8 月，大陆共有 114 家国家级高新区，集聚了全国 50% 以上的高新技术企业，[②] 研发领域包括计算机与通信技术、生命科学技术、电子技术、计算机集成制造技术、航空航天技术、光电技术、生物技术、材料技术等。2014 年，大陆国家级高新区企业总收入 36930.7 亿美元，总产值 27677.03 亿美元，出口额 4351.44 亿美元。[③] 北京中关村科技园区最为突出，其总收入、总产值及出口额分别占高新区总值的 15.9%、5.47% 和 7.75%。此外，大陆各地方还建有大批省级、市级、乡级高新区，辐射网络十分庞大。

五、海峡两岸科技力之综合评估和比较

海峡两岸科技力评估选取 33 个具有代表性的科技"子"指标，其中四个"一级指标"，包括科技队伍（6 个）、科技投资（9 个）、科技水平（9 个）、科技贡献力（9 个）。

[①] 数据来源：台湾"科技部"统计资料库，2015 年 2 月。
[②] 《中国国家高新区已达 114 家》，新华网，2014 年 8 月 2 日。
[③] 数据来源：2014 年度《中国科技统计年鉴》。大陆总收入及总产值原始数据单位为万元。

表 1-26 海峡两岸科技力之评估指标

一级指标	科技队伍（6）	科技投资（9）	科技水平（9）	科技贡献力（9）
二级指标	科研机构（2）	经费投入（6）	论文发表（4）	高技术产品（7）
	科研人员（4）	经费构成及经费用途（3）	专利申请（4）	高科技开发区（2）
			高科技成果（1）	

经过对科技力原始数据的标准化处理，以及"三级指标"的模型合成，计算出"二级指标"分值，结果如下：

表 1-27 1978—2014 年两岸科技力"二级指标"分值

		\multicolumn{8}{c	}{科技队伍}
		1978	1986	1990	1994	1999	2004	2008	2014
科研机构 科研人员	大陆	1.15	4.22	7.87	9.88	10.88	12.82	18.10	19.22
	台湾	1.00	1.74	2.21	2.74	3.81	5.21	6.66	8.45
		\multicolumn{8}{c	}{科技投资}
		1978	1986	1990	1994	1999	2004	2008	2014
科技投入	大陆	3.80	2.37	1.21	1.11	2.02	2.82	6.60	20.30
	台湾	1.00	1.03	2.13	3.14	3.66	4.23	4.83	6.36
经费构成 及用途①	大陆	0.57	0.62	0.68	0.71	0.82	1.19	1.30	1.37
	台湾	0.87	0.95	1.00	0.96	1.10	1.16	1.26	1.38
		\multicolumn{8}{c	}{科技水平}
		1978	1986	1990	1994	1999	2004	2008	2014
论文发表	大陆	1.85	4.06	8.79	20.45	39.48	91.10	210.63	441.10
	台湾	1.00	2.25	4.21	9.42	13.57	25.99	40.72	51.67
专利申请	大陆	0.57	1.35	5.51	7.27	16.23	46.70	105.15	315.69
	台湾	1.95	3.00	5.57	5.68	7.78	8.94	11.89	15.43
高科技 成果	大陆	2.40	2.40	2.40	3.20	3.20	3.20	4.00	4.00
	台湾	2.00	2.00	2.00	2.40	2.40	2.40	2.40	2.40
		\multicolumn{8}{c	}{科技贡献力}

---

① 由于 1978 年和 1986 年数据缺失，该年分值根据 1990—2014 年分值通过方程拟合。

续表

		1978	1986	1990	1994	1999	2004	2008	2014
高技术产品	大陆	0.20	0.38	0.45	0.63	2.47	16.54	41.56	66.05
	台湾	1.40	1.98	2.54	4.19	6.13	7.12	8.85	11.16
高科技开发区	大陆	2.71	4.61	6.66	8.85	11.50	24.84	65.03	178.51
	台湾	1.00	2.09	4.77	7.96	7.74	8.69	8.70	10.70

经过对"二级指标"分值的归一化处理、模型合成，将合成的"一级指标"分值代入综合国力评估模型，测算出1978—2014年海峡两岸八个时间节点的科技力分值，结果如下：

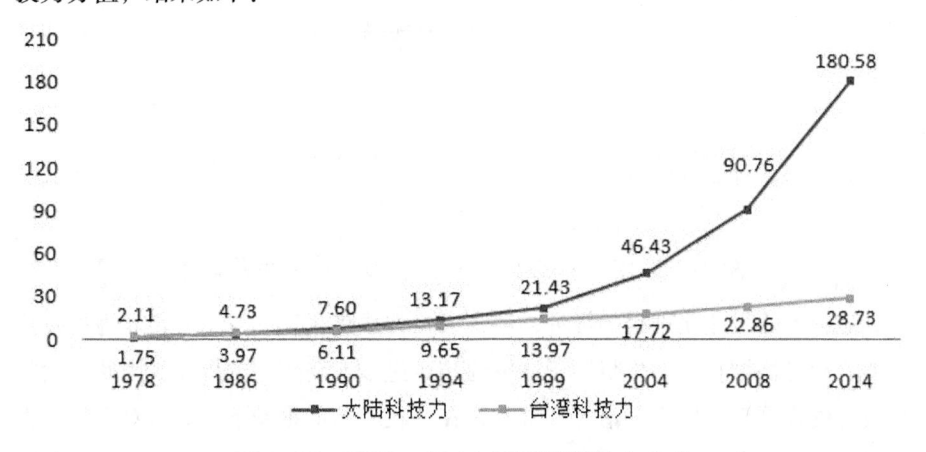

图1-29 1978—2014年两岸科技力变化

1978年大陆科技力分值为1.75，1978—1990年以年均13.02%的速度增长，1990年增至7.6。此后，大陆科技实力均以高速发展，2014年科技力分值达180.58。台湾1978年科技力分值为2.11，1978—1990年年均增长率为9.26%，1990年增至6.11。1990年代以后，台湾科技实力发展平稳，年均增长率降至6.66%。2014年，台湾科技力分值为28.73。

1978年以后，台湾的科技优势逐渐丧失，科技力分值在20世纪80年代末期被大陆超越，此后两岸科技力分值差距不断扩大。尤其是1999年以后，大陆科技力分值15年增长742.65%。2014年，大陆科技力分值是台湾的6倍之多。

大陆的科技优势在于，庞大的科研机构和科技队伍、高额的科技投资、国际领先的高新技术、多层次的全球科技合作以及"物美价廉"的科技转移优势。但是与台湾相比，大陆在2000年以前科技贡献力仍处于较低水平，投入应用和商业转化比例低，科技对生产力的贡献程度低，在一些科技领域特别是科技工艺方面远落后于台湾。然而，进入21世纪以后，台湾有特色的技术力量被迅速消化和超越，尤其是电子产业的巨大优势逐渐流失。反之，随着大陆互联网经济、计算机安全、物联网、移动支付等领域的迅猛发展，科技供应链正在迅速崛起，科技转化率也逐渐提升。2004年以后，大陆科技贡献力指数均高于台湾，且双方差距呈逐渐扩大趋势。

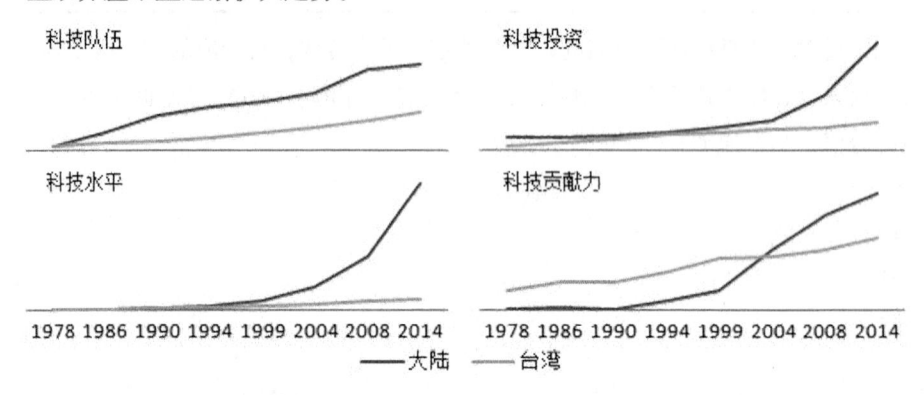

图 1-30 1978—2014 年两岸科技力构成要素变化

随着大陆工业化进程的推进，经济增长方式将从资本投入型转变为科技投入型，即经济增长的内生机制正在倒逼技术进步驱动作用的形成。因此，大陆科技力的发展存在巨大的潜力和资本，在科技实力的推动下，必将对经济实力形成新一轮的增长和变革，形成良性互动。而台湾经济高速增长时代一去不返，高度商品化的代工制造日益凸显科技产业缺乏创新的发展困境，在通往更高阶创新的道路上，台湾明显动力不足且出现停滞。

第三节 海峡两岸军事力之评估

1949年，大陆国防工业几乎一片空白。20世纪50年代初期，在苏联的帮助下，大陆逐渐建立起一套完整的工业体系，继而形成国防工业体系，大陆最初的武器装备几乎均以苏联武器为蓝本仿制及改进。1959年，中苏关系破裂，苏联撕毁所有援助合同、撤走苏联专家，大陆国防工业几近瘫痪。20世纪60年代，大陆开始自力更生地发展国防工业，"两弹一星"奠定了国防大国的重要地位。"文革"时期，由于政治环境的影响，大陆国防科技研究受到一定冲击，直到"文革"结束后，才逐步推进国防现代化。1979年爆发的对越自卫反击战，使大陆认识到国防和军事建设已经远落后于世界先进水平。改革开放以后，大陆的国防科技工业不断发展，武器装备现代化水平不断提高。20世纪90年代以后，大陆从海湾战争中惊醒，融入世界新军事革命的浪潮，并在台海危机、美军轰炸大陆驻南联盟大使馆等一系列事件刺激下，加快军事科技研发，提升军事力量，军事威慑力也逐步得到强化。

1949年国民党退台后，台湾地区常年处于备战状态，维持高额的军费支出和大规模的军事人员，并在美国全方位的协助下，建立起军事工业体系。不过，台湾地区的军事科技能力十分薄弱，仅能在美国协助下进行武器合作生产和研发，大部分武器装备均从欧美等发达国家购入。20世纪80年代以后，由于武器装备陈旧，零配件更换困难，台湾军队的现代作战能力受到严重制约。1991年，在海湾战争的刺激下，台湾意识到武器装备更新的紧迫性和必要性，尤其在20世纪90年代中期海峡两岸紧张局势之下，台湾大量购置先进武器装备，企图以军事实力威慑大陆。然而2000年以后，随着两岸军力的天平逐渐向大陆倾斜，台湾放缓在军事实力上的比拼。

两岸军事力评估分为防御意识、武装力量、武器装备、军事经济力和军事科技力五部分。防御意识包括防御政策与军事战略、兵种建设、防卫动员三个

"子"指标；武装力量考察武装力量构成、总兵力、联合国维和力量三个方面；武器装备含精确制导武器、坦克、舰艇、作战飞机等"子"指标；军事经济力包括军费开支、军备进出口贸易等。

一、防御意识

（一）防御政策与军事战略

大陆奉行防御性的国防政策，对外抵抗侵略、巩固国防，对内稳定社会大局、保卫人民和平劳动，同时推进国防和军队现代化，维护世界和平稳定。[①]从具体政策来看，大陆的国防政策既有一贯性，又有因国内外环境变化而形成的差异性。

改革开放初期，面对复杂严峻的周边安全形势，大陆军事战略仍把大规模、反侵略战争作为主要任务。1981年9月，邓小平指出，"我军是人民民主专政的坚强柱石，肩负着保卫社会主义祖国、保卫四化建设的光荣使命。因此，必须把我军建设成为一支强大的现代化、正规化的革命军队"，[②]为国防和军队建设提出了新任务和新方向。1985年5月，基于对战争与和平的新判断，适应十一届三中全会以后工作中心的转移，大陆国防政策和军事战略的指导思想发生战略性转变，提出"积极防御"的军事战略。由于周边环境相对稳定，大陆认识到爆发世界大战的危险已经减小，但在台湾和周边领土争端等问题上，仍存在局部战争的危机，于是调整军事战略方针，注重打赢高技术条件下的局部战争。20世纪90年代中期以后，大陆建军备战要求从"科技强军""科技大练兵"转变为"跨越式发展"，军队逐步实现从数量规模型转向质量效能型、人力密集型转向科技密集型的转变。"9·11事件"发生后，大陆积极推动和参与国际反恐合作，支持组织建立地区反恐常设机构，举行联合反恐军事演习。2003年伊拉克战争后，大陆认识到世界新军事变革主要特征包括武器装备智能化、军队编制体制精干化、指挥控制自动化、作战空间多维化和作战样式体系化，人类战争正从机械化进入到信息化阶段。[③]在新形势下，大陆以国家核心安全需求为导向，着眼于建设信息化军队、打赢信息化战争，全面深化国防和军队的改革，

[①] 国防部：《2010年中国的国防》白皮书，国防部网，2011年。
[②] 《邓小平文选》（第二卷），北京：人民出版社，1994年，第395页。
[③] 《熊光楷上将：世界新军事变革具有智能化等五特征》，中国新闻网，2003年4月17日。

努力构建具有中国特色的现代军事力量体系，提高军队应对多种安全威胁、完成多样化军事任务的能力。[1]

1949年以后，台湾的"国防政策"经历三个阶段，即"创机反攻""攻守一体""守势防卫"。"守势防卫"又分为"防卫固守、有效吓阻"以及"有效吓阻、防卫固守"两个阶段。2008年马英九上台后，台湾的"国防政策"即以"防卫固守、有效吓阻"为军事战略构想，主轴是建构可恃战力、展现防卫决心、维护趋于稳定、巩固精神战力、强化灾害防救、推动募兵制度和优化官兵照顾，战略目标包括预防战争、"国土防卫"、应变制变、防范冲突和区域稳定。[2]台湾将"中共侵犯""国土分裂""社会动乱""区域冲突"作为主要威胁，认为对"生存最直接、最严重之威胁"便是大陆的武力侵犯。[3]面对近年来大陆综合实力的成长，以及两岸军力的持续失衡，台湾谋求提升联合作战效能，发展"小而精、小而强、小而巧"的可恃战力。[4]虽然2008年以来，两岸关系逐渐缓和，但是台湾当局认为，大陆从未放弃武力解决台湾问题的方式，并在两岸关系发展过程中"结合心理战、舆论战和法律战对台进行统战，营造和平景象"，企图模糊台湾人"敌我意识、分化民心团结"。[5]在这样的定位下，台湾持续将提升军事力量作为战略重点，企图"以小搏大"。

（二）兵种建设

1978—2014年，随着国际和地区形势的变化，大陆军兵种建设的目标也做出相应改变。陆军按照机动作战、立体攻防的要求，从区域防卫型向全域机动型转变；海军按照近海防御、远海护卫的要求，从近海防御型向近海防御、远海护卫结合转变；空军按照空天一体、攻防兼备的要求，从国土防空型向攻防兼备型转变；火箭军按照精干有效、核常兼备的要求，加快推进信息化转型，依靠科技进步推动武器装备的自主创新。[6]同时，大陆十分注重海洋、太空、网络空间、核力量等重大安全领域力量的发展，加强思想政治、现代后勤、武器装备、军事人才、战略管理等军事力量的建设和发展，增强信息系统的体系

---

[1] 国防部：《中国的军事战略》白皮书，国防部网，2015年。
[2] 台湾"国防部"："2015年国防报告书"，台北："国防部"网，2015年，第65、67页。
[3] 台湾"国防部"："1992年国防报告书"，台北："国防部"网，1992年，第41页。
[4] 台湾"国防部"："2015年国防报告书"，台北："国防部"网，2015年，第58页。
[5] 台湾"国防部"："2015年国防报告书"，台北："国防部"网，2015年，第61页。
[6] 国防部：《中国的军事战略》白皮书，国防部网，2015年。

作战能力，保持常备不懈的战备状态，提高军事训练实战化水平，组织非战争军事行动准备等军事斗争准备，积极推进全方位、务实性的军事合作，保障国家的和平发展。

受战争形态、地区特性和科技发展影响，台湾较为注重海军和空军建设，增进海上和空中作战能力。陆军以"装甲化、自动化、电子化、立体化"为发展目标，加强海防和军种联合作战训练，以充分发挥统合作战能力。海军以发展近海立体化为目标，增进防空、反潜、水面、水雷战力，增强制海、反潜、反封锁作战能力。空军以建立战术空军为目标，强化制空导弹、防空预警和空中管制能力。[①]此外，台湾运用联合作战指挥机制，严密监控周边海、空域动态，持续强化部队应变处理能力。

（三）防卫动员

大陆坚持"平战结合""军民结合""寓军于民"的国防动员方针，建设具有中国特色的国防动员体制。1978年以后，随着党和国家工作重点的转移，尤其是1985年5月国防政策和军事战略指导思想的转变，大陆的国防动员体制逐渐从紧张备战的特殊发展时期进入恢复和调整时期，国防动员职权开始得到规范。1991年海湾战争爆发以后，随着战争形态从机械化向信息化转变，大陆认识到国防动员在国防建设及国家安全中的地位更加突出。1994年，国家国防动员委员会成立，负责组织、指导、协调整体工作，下设人民武装动员、国民经济动员、人民防空和交通战备等办公室，军区和县级以上政府也成立相应办事机构负责组织、指导、协调本区域工作，标志国防动员组织开始从分散走向集约、单一走向综合，是大陆国防动员体制建设的重大创新。此后，大陆颁布多部国防动员法律法规，拓展国防教育，进一步完善国防动员体制。

在国防教育方面，大陆以公务人员、青少年学生和民兵预备役人员为重点开展全民国防教育。对公务人员，大陆将国防教育内容纳入公务员理论学习计划、中央党校教学体系中，在全国党校开设国防教育课程，通过专题讲座、军营体验、短期训练等形式，强化公务员国防意识；对青少年学生，大陆将国防教育内容纳入学校教学课程，对其进行国防知识教育，并对高级中学和高等学校的学生进行基本军事训练；对民兵预备役人员，大陆主要结合政治教育、军

---

① 台湾"国防部"："1992年国防报告书"，台北："国防部"网，1992年，第60—61页。

事训练和组织整顿进行国防教育。此外，大陆还利用重大节日和纪念日等时机，举办各类国防教育活动，通过网络、报刊、电视等媒体开设国防教育栏目。

在兵役制度方面，大陆从1978年开始实行义务、志愿结合的兵役制度，义务兵服役期限逐渐调整为两年，期满后根据军队需要和本人意愿可改为志愿兵。志愿兵服役至少三年，一般不超过三十年，年龄不超过五十五岁。[①]

台湾从1949年开始对所有达到服役年龄的男子实行义务征兵，服役24个月，其中26%的时长进行政治教育（即党化教育）。[②] 2000年台湾出现第一次"政党轮替"，台当局对兵役制度实施一系列改革，2001年将义务兵役时间缩短至22个月；2004年实施征兵和募兵相结合的制度；2006年义务兵役期减至14个月，2008年再减至12个月；2013年起，1994年以后出生的男子仅须接受4个月常备兵役军事训练，1994年以前出生的男子仍须服12个月兵役；到2018年，停止"全兵征制"，完全实施募兵制，达到役龄的男子只需接受4个月的军事训练。

台湾为落实"全方位、全民参与、总体防卫、民众信赖"的全民"国防理念"，建立"全民防卫动员体系"，设立"行政院全民防卫动员准备业务会报"，由"行政院长"任召集人，"国防部长"任执行长，联合各部门分工合作，开展精神动员、人力动员、物资经济动员、财力动员、交通动员、卫生动员、科技动员、军事动员等，还在直辖市和县（市）设立地方"动员准备业务会报"，由县（市）长担任召集人。

2001年11月14日，台湾颁布"全民防卫动员准备法"，将动员阶段区分为准备阶段和实施阶段，准备阶段指平时实施动员准备时期，实施阶段指战事发生或将发生以及紧急危难时实施全台或局部动员时期。动员任务主要包括：1.动员准备阶段结合施政作为，完成人力、物力、财力、科技、军事等战力综合准备，以积蓄战时总体战力，并配合灾害防救法规定支援灾害防救；2.动员实施阶段统合运用民众力量，支援军事作战及紧急危难，并维持公务机关紧急应变及民众基本生活需要。[③]

为防止大陆"统战"，台湾"国防部"还推动普及"国防教育"，分为"学校教育""政府机关（构）在职教育""社会教育""国防文物保护、宣导及教

---

① 国防部：《中华人民共和国兵役法》，国防部网，2016年2月19日。
② 《缩短役期与精兵主义（一）》，"台湾研究基金会国防研究小组"："国防白皮书"，台北："财团法人台湾研究基金会"，1989年。
③ 台湾"国防部"："全民防卫动员准备法"（2014年6月4日修正），台北："法务部"全球资讯网"全国法规资料库"，http://law.moj.gov.tw/LawClass/LawAll.aspx?PCode=F0070013。

育"四大类,并以"国际情势""国防政策""全民国防""防卫动员""国防科技"为教育主轴,通过课程安排等各类宣传方式,融入台湾人的日常生活,提高其忧患意识,达到"全面普及""深化效果"的教育目的。台湾还利用"莒光园地"电视教学、《青年日报》社"一报三刊"、"汉声"电台和网络文宣等渠道,制作播出并刊载相关的教育专题、专论和新闻报道,提升军民团结意识、防御意识和官兵心理作战能力,形塑军队的精神战力。

二、武装力量

(一)武装力量构成

大陆武装力量由人民解放军、武装警察部队和民兵预备役部队组成。中国人民解放军最高军事机关为中央军事委员会,由陆军、海军、空军、火箭军和新的战略支援部队组成。军队组织根据行政区域、地理位置、战略战役方向、作战任务等设置军区,作为区域内部最高军事领导指挥机关,2016年2月1日起撤销军区,改为东部、南部、西部、北部、中部等五大战区。

大陆陆军兵种包括步兵、炮兵、装甲兵、防空兵、航空兵、通信兵、工程兵、防化兵、电子对抗兵和各种专业勤务部队,按担负的任务分为野战机动部队、海防部队、边防部队、警卫警备部队等。至2014年,野战机动作战部队由18个集团军和部分合成作战师(旅)组成,[①] 下辖12个步兵师、23个步兵旅、7个机械化步兵师、25个机械化步兵旅、1个装甲师、17个装甲旅、11个陆军航空旅(团)、22个炮兵旅、3个空降师、2个两栖师、3个两栖旅,[②] 是目前世界上规模最大的陆军。海军主要由潜艇部队、水面舰艇部队、航空兵、陆战队、岸防部队等兵种组成,分属北海、东海、南海三个舰队,舰队下辖舰队航空兵、基地、支队、水警区、航空兵师和陆战旅等部队。[③] 空军主要由航空兵、地面防空兵、空降兵、雷达兵、电子对抗等兵种组成,下辖基地、航空兵师(旅)、

[①] 肖石忠主编、军事科学院《世界军事年鉴》编辑部:《世界军事年鉴2012》,北京:解放军出版社,2013年,第95页。

[②] Office of the Secretary of Defense: *Annual Report To Congress: Military and Security Developments Involving the People's Republic of China 2014*, Washington DC: Website of United States Department of Defense, 2015, p. 78.

[③] 国防部:《中国武装力量的多样化运用》白皮书,国防部网,2013年。

地空导弹师（旅）、雷达旅等。① 第二炮兵是大陆战略威慑的核心力量，成立于1966年7月1日，由地地战略导弹部队及常规战役战术导弹部队组成，主要负责遏制他国对中国使用核武器并进行核反击和常规导弹精确打击的任务，由核导弹部队、常规导弹部队、工程部队、作战保障部队等组成，下辖导弹基地、训练基地、专业保障部队等。② 2015年12月31日，第二炮兵更名为中国人民解放军火箭军。

台湾军队分陆、海、空三个军种，"总统"为"三军总司令"，"国防部长"负责制定军事政策、指挥军队，"总参谋长"受"国防部长"领导。陆军兵种较为齐备，编有3个军团指挥部，下辖8个步兵旅、3个机械化步兵旅、4个装甲旅、3个陆军航空旅（团）、5个炮兵旅、3个两栖旅。③ 海军按照国际通行分为舰艇兵和陆战队，舰艇兵主要执行海上侦巡、外岛运补和护航等任务，并负责战时海面封锁、水面截击和三军联合作战；陆战队负责执行海军基地防卫和戍守指定外岛，以及战时作战。空军没有兵科的分别，通过补给、导弹、飞行、电战等专长进行区分。

(二) 总兵力④

1978年，大陆总兵力423.8万人。1985年，中央军委实行百万大裁军，以期使陆军在精兵、合成、高效方面取得重大进步。1987年，大陆总兵力裁至323.5万人，1990年319.9万人，⑤ 2005年进一步减至230万人，⑥ 维持至2015年。台湾在"动员戡乱"时期，总兵力均维持在60万人以上。

"解严"后，台湾逐渐放弃"反攻"大陆的目标，1990年总兵力减至50万人。2001年，台湾开始实行兵力"精实案"，第一阶段总兵力裁至38万人，2008年第二阶段总兵力裁至27.5万，2013年第三阶段裁至21.5万。⑦ 由于募兵困难，台湾兵力面临再次裁撤的窘境。由此可见，1978年至今，随着国际局

---

① 国防部：《中国武装力量的多样化运用》白皮书，国防部网，2013年。
② 国防部：《中国武装力量的多样化运用》白皮书，国防部网，2013年。
③ Office of the Secretary of Defense: *Annual Report To Congress: Military and Security Developments Involving the People's Republic of China 2014*, Washington DC: Website of United States Department of Defense, 2015, p. 78.
④ 出于严谨性，大陆兵力指中国人民解放军兵力。
⑤ 国防部：《中国的军备控制与裁军》白皮书，国防部网，1995年。
⑥ 《中国军队历次裁军数据一览》，人民网，2015年9月3日。
⑦ 台湾"国防部"：《2009年四年期"国防"总检讨》，台北："国防部"网，2009年，第10页。

势和两岸关系的缓和，两岸总兵力均受到大幅削减。1978—2008年，台湾总兵力基本维持在大陆总兵力的12%—16%，2014年该比例降至9.35%。

台湾受战争形态、地区特性和科技发展影响，较为注重海军和空军建设，将增进海上和空中作战能力作为提升军事能力的重点。在兵力结构上，1978年以来，台湾海、空军兵力始终维持在总兵力的三成以上，2014年为34.48%。大陆1978年海、空军兵力仅占总兵力的16.18%。20世纪80年代中后期，由于大规模裁军，大陆三军结构受较大波动，1990年海、空军兵力稳定在总兵力的24%左右。20世纪90年代中期以来，大陆不断增强海军和空军实力，2014年海、空军比例提升至27.13%。

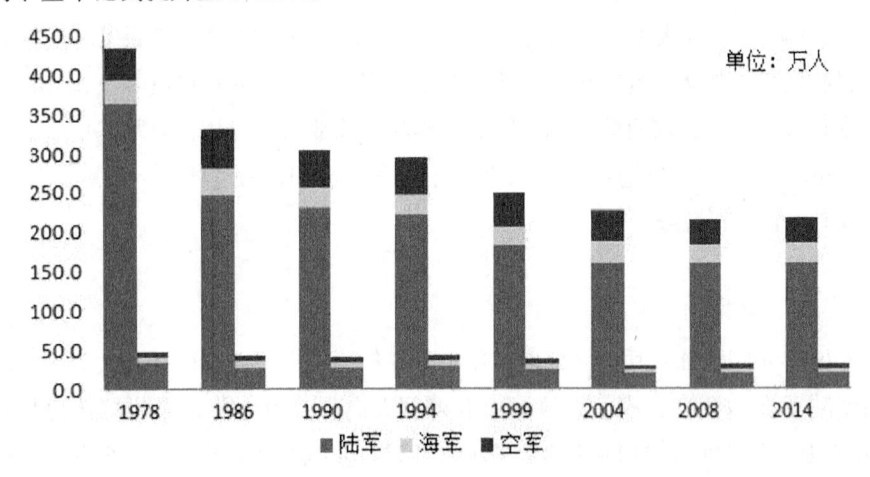

图1-31 1978—2014年两岸三军人数变化[①]

在预备役部队方面，1978—2014年，大陆预备役兵力总体呈下降趋势，1986年537.7万人，1990年降至120万人，2004年进一步削减至80万人，2014年仅51万人。台湾则呈上升趋势，1978年预备役兵力117万人，1986年145.57万人，1990年升至165.75万人，并维持至今。[②] 1978年，大陆预备役兵力是台湾的4.6倍；而2014年，台湾预备役兵力是大陆的3.2倍。

（三）联合国维和力量

20世纪90年代以后，大陆积极参与联合国维和行动，维护地区和平与安全。1990年4月，大陆首次参加联合国维和行动，派遣5名军事观察员赴中东

[①] 参考各年 The International Institute for Strategic Studies: *The Military Balance*。
[②] 数据来源：各年 The International Institute for Strategic Studies: *The Military Balance*。

停战监督组织。1992年4月,大陆首次派出成建制部队参加维和行动,在柬埔寨临时权力机构部署1个400人的工程兵大队。2013年底,大陆首次派遣成建制维和安全部队,向马里部署1个170人的警卫分队。2014年,大陆开始向南苏丹派遣700人的维和步兵营。

截至2014年底,大陆共部署69项维和行动,派出军事人员89568名,军事观察员1767名,警务人员12326名,文职人员16961名,联合国志愿者1826名,[1]新建、修复道路1.1万余公里和300多座桥梁,排除地雷及各类未爆炸物9400余枚;接诊病人14.9万多人次;运送各类物资器材110万吨,运输总里程1200万公里,相当于绕地球300圈。[2]

三、武器装备

两岸武器装备结合主要武器的数量和质量进行评估。由于武器装备种类众多、型号复杂,主要武器装备的数质量评估采用代级划分和赋值加乘的方式,最终代入模型进行分值计算。

(一)精确制导武器

精确制导武器发明于第二次世界大战末期,采用高精度制导系统,具有自主制导和多目标攻击能力,可实施远程打击,具有命中精度高、作战效能好、附带杀伤小的特点。20世纪70年代中期以后,在新技术革命,特别是自动控制、微电子和计算机、光电子、新材料和新型推进剂等高等技术突飞猛进的推动下,精确制导武器进入飞速发展阶段。[3] 20世纪90年代,海湾战争和科索沃战争进一步推动了精确制导武器的发展,其精确性、智能性和远程性都得到较大提升,使作战样式发生深刻变化,成为改变军事力量对比的杠杆。目前,精确制导武器总体上发展到第三代,部分品种发展到第四代,已成为现代战争克敌制胜的"法宝",使用比重明显增加,20世纪六七十年代越南战争为0.2%,1991年海湾战争为8%,1999年科索沃战争为35%,2001年阿富汗战争

---

[1] 外交部政策规划司:《中国外交2015》,北京:世界知识出版社,2015年,第233页。
[2] 《中国军队参加联合国维和行动25周年综述》,新华网,2015年4月19日。
[3] 胡生亮、贺静波、刘忠等编著:《精确制导技术》,北京:国防工业出版社,2015年,第3页。

为 60%，[1] 2003 年伊拉克战争达 68%。[2]

精确制导武器按作战任务分为战略导弹（通常携带核弹头，射程超过 1000 千米）和战术导弹（通常射程低于 1000 千米），按射程分为近程制导武器（低于 1000 千米）、中程制导武器（1000—3000 千米）、远程制导武器（3000—8000 千米）、洲际制导武器（超过 8000 千米）；按弹道特性分为弹道导弹（靠火箭发动机推力）和巡航导弹（靠空气喷气发动机推力和弹翼气动升力），按导弹发射点和目标相对位置分为地地、空空、地空、空地、空舰、岸舰、舰舰导弹等。

在战略导弹方面，大陆从 20 世纪 50 年代中期引进苏联 P–2 导弹，在其技术基础上自行研制，于 1960 年成功试射东风–1（DF–1）近程弹道导弹。1964 年 10 月 16 日，大陆第一颗原子弹试爆成功，时隔 2 年 8 个月，第一颗氢弹试爆成功，成为继美国、苏联后第三个拥有氢弹的国家，为战略导弹武器研制创造了基本条件。

1966 年 6 月 29 日，大陆成功试射自行设计和制造的第一枚中近程战略导弹东风–2（DF–2，CSS–1）并开始服役，7 月 1 日大陆正式成立战略导弹部队，10 月 27 日使用东风–2 携带原子弹弹头成功发射，标志大陆战略导弹研制进入新时代。至 1980 年代末期，大陆相继自行研制并成功试射东风–3（DF–3，CSS–2）中程弹道导弹、东风–4（DF–4，CSS–3）中远程弹道导弹、东风–5（DF–5，CSS–4）洲际弹道导弹和巨浪–1（JL–1，CSS–N–3）潜射弹道导弹，其中巨浪–1 使大陆成为世界上第 5 个拥有水下发射战略导弹能力的国家。[3] 1986 年，东风–1 至东风–5 系列均部署于第二炮兵。

1991 年，大陆成功试射东风–21（DF–21，CSS–5）中程弹道导弹，这是大陆首款固体燃料式弹道导弹，开启第二代战略导弹时代，具有里程碑意义。20 世纪 90 年代以后，大陆相继研制出东风–25（DF–25）中程弹道导弹、东风–31（DF–31，CSS–10）洲际弹道导弹、东风–41（DF–41，CSS–X–10）洲际弹道导弹、巨浪–2（JL–2，CSS–N–4）洲际潜射弹道导弹等第二代战略导弹，其中巨浪–2 最大射程可达 10000–12000 公里，使大陆首次具备安全的水下二次核反击能力。此外，大陆逐步提升核弹头的效能和性能，开发出第三代战略导弹。2014 年，大陆自行研制的东风–16（DF–16，CSS–11）中程弹道导弹开始服役，

---

[1]《熊光楷上将：世界新军事变革具有智能化等五特征》，中国新闻网，2003 年 4 月 17 日。

[2] 李业惠、杨卫丽、薛非：《从伊拉克战争看精确制导武器的发展》，北京：《导弹与航天运载技术》，2003 年第 5 期。

[3] 中国航天科工集团公司组织编写：《两弹一星元勋黄纬禄》，北京：中国宇航出版社，2012 年，第 80 页。

这是世界上首款具有集束式多弹头携带能力的弹道导弹。① 目前,大陆战略导弹水平已进入世界先进行列。

表 1-28 1978—2014 年大陆主要战略导弹装备情况②

	型号	年份	1978	1986	1990	1994	1999	2004	2008	2014
洲际弹道导弹	DF-5	1981	—	2	2	4	15-20	—	—	—
	DF-5A/B	1983	—	—	—	—	—	24	20	20
	DF-31	2006	—	—	—	—	—	—	6	12
	DF-31A	2007	—	—	—	—	—	—	—	24
中、远程弹道导弹	DF-3	1971	30—40	60	60	60+	38+	—	—	—
	DF-4	1980	—	4	6	10+	20+	20	20	10
	DF-3A	1988	—	—	—	—	—	32	2	6
	DF-21	1991	—	—	—	√	8	60	33	80
	DF-21C	2007	—	—	—	—	—	—	—	36
	DF-21D	2009	—	—	—	—	—	—	—	6
	DF-16	2014	—	—	—	—	—	—	—	12
近程弹道导弹	DF-2	1966	30—40	50	—	—	—	—	—	—
	DF-15	1989	—	—	√	√	150	24	225	144
	DF-11	1992	—	—	—	√				
	DF-11A	1990s	—	—	—	—	—	32	500	108

1949 年,中国大陆战术导弹几乎一片空白,在苏联支援下取得质的飞跃。中苏关系破裂后,中国大陆开始自行研制导弹,逐渐形成全方位导弹体系,包括"红旗""凯山""红缨""前卫"等系列地空导弹,"霹雳"等系列空空导弹,M 族等系列地地导弹,"鹰击""上游""海鹰"等系列反舰导弹,"红箭"等系列反坦克导弹,"红鸟"等系列巡航导弹。20 世纪 90 年代以后,中国大陆从俄罗斯等国引进许多世界一流导弹,如 S-300 系列地空导弹,"蜇蛇"(Adder)空空导弹,"宝石"(Yakhont)和"日炙"(Sunburn)反舰导弹等。俄罗斯前战略火箭兵参谋长维克托·叶辛估计,中国大陆已部署至少 800 套发射装置。③ 俄

---

① 《冲绳快递 东风-16 两种弹头震撼发射》,中华网,2016 年 9 月 19 日。
② 数据根据各年 The International Institute for Strategic Studies: *The Military Balance* 自行统计整理。
③ 《俄媒称中国战术导弹"以量取胜":几乎无法防御》,北京:《参考消息》,2016 年 10 月 27 日。

119

罗斯政治军事分析研究所副所长亚历山大·赫拉姆齐欣表示，中国大陆导弹工业是其军工业中发展最快、最成熟的部门，且早已摆脱对外国产品的仿制，其战术导弹库十分庞大，依靠庞大的数量，即使部分导弹被地方防空反导系统击毁，其他导弹也能命中目标。[①]

台湾没有装备战略导弹，但是战术导弹的数量和质量均有较高水平。1949年国民党退台后，台湾地区先后向美国采购"胜利女神"（又称奈基，Nike Hercules）防空导弹、"鹰"式（Hawk）防空导弹、"枞树"（Chaparral）地空导弹、"标准"（Standard）防空导弹、"响尾蛇"（Sidewinder）空空导弹、"小牛"（Bullpup）空地导弹、"陶"式（台称"拖"式，Tow）反装甲导弹等，为台湾争取台海军事优势、遏阻大陆对台军事行动发挥了重要作用。20世纪90年代以后，台湾扩大精确制导武器采购。1993年9月，台湾地区向美国购买"鱼叉"（Harpoon）导弹，安装在向美租借的"诺克斯"级（Knox）护卫舰上，射程涵盖海峡对岸海域。

据称，台湾地区目前共部署5000—7000枚导弹，导弹密度仅次于以色列，位列世界第二。[②]虽然台湾导弹武器种类丰富，绝大部分与美国保持同代，但受到武器购买限制，台湾无法获得最新型号的战术导弹，且大部分属于近程导弹，中远程打击力量薄弱。

表1-29 1978—2014年台湾主要战术导弹装备情况[③]

类别		型号	制造地	1978	1986	1990	1994	1999	2004	2008	2014
陆军	反坦克	陶式BGM-71	美	√	√	√	√	√	√	√	√
		昆吾	台	—	√	√	√	√	√	√	√
		标枪	美	—	—	—	—	—	√	√	√
		地狱火AGM-114	美	—	—	—	—	—	—	—	√
	防空	胜利女神	美	√	√	√	√	√	√	√	√
		枞树	美	√	√	√	√	√	√	√	√
		毒刺	美	—	—	—	—	√	√	√	√
	地地	青蜂	台	—	—	—	√	√	√	√	√
		天弓2B	台	—	—	—	—	√	√	√	√
	巡航	雄风2E	台	—	—	—	—	—	—	—	√

---

① 《俄媒称中国战术导弹"以量取胜"：几乎无法防御》，北京：《参考消息》，2016年10月27日。
② 《台湾地区导弹密度世界第二》，新华网，2010年4月9日。
③ 参考各年 The International Institute for Strategic Studies: *The Military Balance* 自行统计整理。

续表

类别		型号	制造地	1978	1986	1990	1994	1999	2004	2008	2014
空军	空空	蜻蜓	以	√	√	√	√	√	√	√	√
		响尾蛇 AIM-9	美	√	√	√	√	√	√	√	√
		魔术 1	法	√	—	—	—	—	—	—	—
		魔术 2	法	—	√	√	√	√	√	√	√
		麻雀 AIM-7	美	—	√	√	√	√	√	√	√
		天剑 1	台	—	—	—	√	√	√	√	√
		天剑 2	台	—	—	—	—	√	√	√	√
		米卡	法	—	—	—	—	√	√	√	√
		监狱 AIM-120	美	—	—	—	—	—	√	√	√
	空地	小牛 AGM-65	美	√	√	√	√	√	√	√	√
		鱼叉 AGM-84	美	—	—	—	√	√	√	√	√
		雄风 2	台	—	—	—	—	√	√	√	√
		天剑 2	台	—	—	—	—	—	√	√	√
	防空	霍克	美	√	√	√	√	√	√	√	√
		鹰式	美	√	√	√	√	√	√	√	√
		陆麻雀	美	—	√	√	√	√	√	√	√
		天弓 1	台	—	√	√	√	√	√	√	√
		天弓 2	台	—	—	—	—	√	√	√	√
		爱国者 2	美	—	—	—	—	√	√	√	√
		改进型捷羚	台	—	—	—	—	—	—	√	√
		爱国者 3	美	—	—	—	—	—	—	—	√

续表

类别		型号	制造地	1978	1986	1990	1994	1999	2004	2008	2014
海军	反舰	奥托马特	意	√	√	√	√	√	√	√	√
		鱼叉 RGM–84	美	—	√	√	√	√	√	√	√
		雄风 1	台	—	√	√	√	√	√	√	—
		雄风 2	台	—	—	—	—	√	√	√	√
		雄风 3	台	—	—	—	—	—	—	√	√
	舰空	海枞树	美	—	√	√	√	√	√	√	√
		加布里	以	—	√	√	√	√	√	√	√
		标准 1	美	√	√	√	√	√	√	√	√
		标准 2	美	—	—	—	—	—	—	√	√

（二）坦克

大陆的坦克工业起步于 20 世纪 50 年代。1958 年 12 月，中国大陆根据苏联 T–54A 中型坦克仿制出第一辆 59 式中型坦克，这是大陆的第一代主战坦克，也是大陆最主要的主战坦克。1963 年，大陆第一代轻型坦克 62 式投产并装备使用。随后，大陆相继研制出 63 式、69 式主战坦克和 63 式轻型坦克。1978 年，它们同苏联的 IS–2 重型坦克、T–34 中型坦克一起装备于陆军。1988 年，大陆开始装备第二代 80 式主战坦克，后被正式命名为 88 式。20 世纪 90 年代以后，大陆主战坦克发展迅速，1990 年二代半主战坦克 85–ⅡM 开始装备，1998 年第三代主战坦克 98 式开始服役。1999 年，大陆再研制出有"陆战王牌"之称的 99 式主战坦克，成为装甲师和机步师的主要突击力量。在德国《焦点》周刊发布的《世界最强坦克》中，99 式主战坦克位列第三位。[1] 2004 年，在 85–ⅡM 的基础上研制出的 96/88C 式主战坦克开始列装主力装甲部队，由于其效能极佳，迅速成为大陆最主要的主战坦克之一。2005 年，99A 式开始装备装甲部队，这是大陆首台真正意义上的信息化坦克，被称为大陆的"陆战之王"。[2] 此外，据美国国防部《中国军力报告》统计，中国大陆有近四成坦克部署在台湾海峡区域。

---

[1] 《德媒评选全球九大最强坦克 中国 99 式位居第三》，参考消息网，2015 年 5 月 4 日。
[2] 《99A 主战坦克：兵器人一个时代的跨越》，新华网，2015 年 9 月 9 日。

表 1-30　1978—2014 年大陆主要坦克装备情况 ①

	型号	年份	1978	1986	1990	1994	1999	2004	2008	2014
主战坦克	IS-2	1950	8000	—	—	—	—	—	—	—
	T-34	1950		700	700	700	—	—	—	—
	59 式	1959			6000	6000	6000	5000	5000	3050
	63 式	1963		6000	—	—	—	—	—	—
	69 式	1974			200	200	200	—	—	—
	79 式	1986	—	√	√	√	800	300	300	300
	80/88 式	1988	—	—	√	√	500	1000	1000	500
	85-IIM	1990	—	—	√	√	800	—	—	—
	98 式	1998	—	—	—	—	√	80	160	40
	99 式	1999	—	—	—	—	—	√		500
	96/88C 式	2004	—	—	—	—	—	1200	1200	2050
	99A 式	2009	—	—	—	—	—	—	—	100
轻型坦克	62 式	1963	√	1200	800	800	800	400	400	350
	63 式	1963	√	800	1200	1200	1200	600	600	50
	ZTD-05	2005	—	—	—	—	—	—	√	350

1978 年，台湾装甲部队中数量最多的是美国 M-41 轻型坦克，共 625 辆，另有 150 辆美国 M-47/48 中型坦克，这是台湾的第一代坦克，均从 20 世纪五六十年代开始服役。1990 年，台湾陆军战甲车发展中心和美国通用动力公司共同研发的 M48H 主战坦克正式公开，这是台湾的第二代主战坦克，也是台湾陆军首发命中率最高的坦克。随后，台湾地区从美国购入第二代 M-60A3 主战坦克，最多时有近 400 辆，强化了台陆军反登陆防卫作战能力。此外，台湾地区的 M-24 及 M-41 轻型坦克均从美国购入并加以改装。

---

① 数据根据各年 The International Institute for Strategic Studies: *The Military Balance* 自行统计整理。

表 1-31 1978—2014 年台湾主要坦克装备情况[1]

型号		年份	1978	1986	1990	1994	1999	2004	2008	2014
主战坦克	M–47/48	1950s	150	309	—	—	—	—	—	—
	M–48A5	1970s	—	—	309	309	100	100	100	100
	M–48H	1990	—	—	100	200	450	450	450	265
	M–60A3	1978	—	—	—	—	169	376	376	200
轻型坦克	M–24	1940s	—	—	275	230	230	230	230	230
	M–41	1951	625	795	675	675	675	675	675	625

（三）舰艇

20世纪70年代，中国大陆从苏联引进1艘031型G级常规动力弹道导弹潜艇，这是第一级弹道导弹潜艇，也是世界上唯一一级柴电动力弹道导弹潜艇，装备巨浪–1潜射弹道导弹。随后，大陆研制出第一种核潜艇091型汉级，装备鹰击–82（YJ-82）反舰导弹，至1990年共建造5艘。2007年，大陆第二代攻击型核潜艇093型商级开始服役，装备533mm鱼雷发射管，共建造2艘。在战略核潜艇方面，大陆从1978年研制第一代核动力弹道导弹潜艇092型夏级，1983年开始服役，装备巨浪–1潜射弹道导弹。2008年，大陆新增第二代弹道导弹核潜艇094型晋级，装备巨浪–2潜射弹道导弹。2012年，大陆首艘001型辽宁号航空母舰开始服役。

---

[1] 数据根据各年 The International Institute for Strategic Studies: *The Military Balance* 自行统计整理。

表 1-32 1978—2014 年大陆航母及核潜艇装备情况 [1]

型号		年份	1978	1986	1990	1994	1999	2004	2008	2014
航　母	001 辽宁	2012	—	—	—	—	—	—	—	1
战略型核潜艇	031 Golf	1970	1	1	1	1	1	1	1	—
	092 夏	1983	—	2	1	1	1	1	1	1
	094 晋	2006	—	—	—	—	—	—	2	3
	097 秦[2]	2012	—	—	—	—	—	—	—	1
攻击型核潜艇	091 汉	1974	1	3	4	5	5	5	4	3
	093 商	2007	—	—	—	—	—	—	2	2

1954 年，苏联将 5 艘 Whiskey W 级潜艇技术及建造权有偿转让给中国大陆，至 1962 年大陆共制造 21 艘，1990 年代以后全部退役。1963 年，中国大陆开始在苏联 R 级潜艇的基础上仿制柴电动力常规潜艇 033 型，成为 2008 年以前大陆最主要的潜艇，最多时达 90 艘。1971 年，大陆建成自行研制的第一代常规潜艇 035 型明级，20 世纪 90 年代以后逐渐对其性能加以改进和提升，2014 年共部署 20 艘。1983 年，33G1 武汉级潜艇服役，这是大陆第一艘发射飞航式导弹潜艇。1995—1996 年，中国大陆从俄罗斯进口 4 艘 Kilo K 级潜艇，提升了大陆近海浅水区域反舰和反潜作战能力，以应对当时紧张的台海关系。1999 年，大陆部署 1 艘 1994 年下水的第二代自产常规动力攻击潜艇 039 型宋级，2014 年共 16 艘在役。2006 年，大陆最新型自主设计的 039A 元级常规潜艇开始服役，这是大陆第三代潜艇，也是大陆海军排水量最大的常规潜艇。

1973 年，台湾地区从美国引进 2 艘建造于 1945 年的 Guppy II 茄比级潜艇，命名"海狮"和"海豹"号，至 2014 年已服役超过 70 年，成为世界上在役船龄最大的潜艇。[3] 1987 年，台湾地区新增 2 艘 1987 年从荷兰采购的第二代 Zwaardvis 剑龙级潜艇，命名"海龙""海虎"号。至 2014 年，台湾常规舰艇始终保持在 4 艘。

---

[1] 数据根据各年 The International Institute for Strategic Studies: *The Military Balance* 自行统计整理。

[2] *The Military Balance 2015* 第 239 页出现"秦"级核潜艇数据，但由于大陆官方尚未发布关于此型的具体信息，出于严谨性，不将其纳入对比范围。

[3] 《高雄国际海事展 海军"祖父级"潜艇首度开放参观》，台北：《今日新闻》，2016 年 9 月 17 日。

表 1-33　1978—2014 年两岸主要常规潜艇装备情况[①]

	型号	年份	1978	1986	1990	1994	1999	2004	2008	2014
大陆	03 Whiskey	1957	21	20	—	—	—	—	—	—
	033 Romeo	1960	50	90	84	33	41	35	8	—
	035 明	1974	2	2	3	9	15	19	19	20
	033G 武汉	1983		1	1	1	1			
	Sov Kilo	1995	—	—	—	—	1	4	12	12
	039 宋	1999	—	—	—	—	1	3	13	16
	039A 元	2006							2	12
台湾	Guppy Ⅱ	1945	2	2	2	2	2	2	2	2
	Zwaardvis	1987	—	—	2	2	2	2	2	2

　　在驱逐舰方面，1953 年，中国大陆从苏联购入 Gody 自豪级驱逐舰，20 世纪 70 年代将其改装成导弹驱逐舰，90 年代后逐渐退役。1972 年，大陆自行设计建造的第一型导弹驱逐舰 051 旅大 1 型开始服役，成为大陆最主要的驱逐舰，20 世纪 80 年代后大陆对其进行改进，最多时达 15 艘，90 年代后期逐渐退役，2014 年现役 7 艘。1994 年，大陆自行研制的第二代导弹驱逐舰 052 旅沪级开始服役，共建造 2 艘。20 世纪 90 年代中期，台海危机暴露了大陆舰艇缺乏区域防空能力的弱点，随即中国大陆从俄罗斯购入 2 艘 Sovremenny 现代Ⅱ级第三代驱逐舰，改建后命名 956 型杭州级导弹驱逐舰，2000 年前后成军。1999 年，被誉为"神州第一舰"的 051 B 导弹驱逐舰服役，这是当时大陆建造和使用过的吨位最大的水面作战舰艇。21 世纪以后，大陆在驱逐舰研制方面取得较大进步，052 B 型旅洋 1 级、052 C 型旅洋 2 级相继服役。2006 年，大陆自行研制的第三代导弹驱逐舰 051 C 型旅州级导弹驱逐舰开始服役，这是大陆自制的首艘具备区域防空能力的驱逐舰。2014 年，052 D 型旅洋 3 级导弹驱逐舰开始服役，该舰位列世界最先进导弹驱逐舰行列。

　　1978 年，台湾地区的 22 艘驱逐舰均由美国建造于二战末期，命名阳字号，装备较为陈旧，其中 8 艘 Gearing 基林级驱逐舰，8 艘 Sumner 萨姆纳级驱逐舰，4 艘 Fletcher 弗莱彻级驱逐舰，装备"加布里"空舰导弹和"枞树"地空导弹。

---

　① 数据根据各年 The International Institute for Strategic Studies: *The Military Balance* 自行统计整理。

21世纪以后,台湾阳字号驱逐舰全部退役。2005年,4艘从美国采购的Kidd基德级第三代导弹驱逐舰开始服役于台湾海军,该舰装备改进型雷达系统,以及反潜飞机、反舰导弹、扫雷直升机等装备,[1] 这也是台湾近年来唯一一级驱逐舰。

表1-34 1978—2014年两岸主要驱逐舰装备情况 [2]

	型号	年份	1978	1986	1990	1994	1999	2004	2008	2014
大陆	Sov Gody	1954	4	4	2	—	—	—	—	—
	051 旅大	1972	7	11	15	15	13	11	13	7
	052 旅沪	1994	—	—	—	1	2	2	2	2
	051 B[3]	1990s	—	—	1	2	3	6	3	1
	956 杭州	2000	—	—	—	—	—	2	4	4
	052 B 旅洋 1	2003	—	—	—	—	—	2	4	4
	052 C 旅洋 2	2004	—	—	—	—	—	—	2	2
	051 C 旅州	2006	—	—	—	—	—	—	2	2
	052 D 旅洋 3	2014	—	—	—	—	—	—	—	1
台湾	Fletcher	1942	4	4	4	2	3	—	—	—
	Sumner	1943	8	8	6	6	2	1	—	—
	Gearing	1945	8	14	14	14	11	10	—	—
	Kidd	1981	—	—	—	—	—	—	4	4

在护卫舰方面,20世纪50年代,中国大陆仿造苏联Riga级护卫舰建成6601型成都级护卫舰,此后20多年间一直作为大陆的主战舰艇。1966年,大陆自行设计建造的第一批057江南级护卫舰开始服役。1972年,大陆自行研制的第一批053K型江东级导弹护卫舰开始服役,随后053H型江湖级导弹护卫舰加入海军行列,并逐渐取代成都级成为最主要的护卫舰。1990年代中期以后,成都级、江南级、江东级护卫舰被第二代的053H2G/H3型江卫级和054型江凯级导弹护卫舰替代。

20世纪60年代,美国相继援售台湾地区13艘护卫舰,包括1艘Rudderow

---

[1] 许安结:《布什政府对台政策浅析》,北京:《美国研究》,2010年第2期。
[2] 数据根据各年 The International Institute for Strategic Studies: *The Military Balance* 自行统计整理。
[3] 一说大陆仅于20世纪90年代中期建造1艘051B型驱逐舰。

拉德罗级护卫舰、5艘Lawrence劳伦斯级护卫舰、7艘Crosley克罗斯利级护卫舰，1990年代末期以后逐渐退役。1993年，台湾仿美国Perry佩里级建造成功级第二代导弹护卫舰。1994年，台湾新增3艘从美国移交的Knox诺克斯级护卫舰。1996年以后，法国军售台湾6艘La Favette拉法叶级护卫舰。2014年，台湾共有20艘二代导弹护卫舰。

表1-35 1978—2014年两岸主要护卫舰装备情况[①]

	型号	年份	1978	1986	1990	1994	1999	2004	2008	2014
大陆	6601成都	1957	4	4	4	2	—	—	—	—
	65江南	1966	4	5	5	2	—	—	—	—
	053K江东	1972	2	2	2	1	—	—	—	—
	053H江湖	1975	6	20	26	29	31	30	30	16
	053H2G江卫Ⅰ	1991	—	—	—	3	4	4	4	4
	053H3江卫Ⅱ	1998	—	—	—	—	√	8	10	10
	054江凯	2005	—	—	—	—	—	—	6	18
台湾	Rudderow	1943	1	1	1	1	—	—	—	—
	Lawrence	1943	3	3	3	5	—	—	—	—
	Crosley	1950	6	6	6		1	—	—	—
	Knox	1969	—	—	—	3	8	8	8	6
	成功/Perry	1993	—	—	—	2	7	7	8	8
	La Favette	1996	—	—	—	—	6	6	6	6

（四）作战飞机

1956年，中国大陆仿照苏联米格-17F（MiG-17F）建造出第一种喷气式战斗机歼-5（J-5），这是大陆的第一代歼击机。1964年，大陆仿照米格-19（MiG-19）自主生产第二代[②]战斗机歼-6（J-6），也是大陆第一代超音速战斗机，后改进为歼-6Ⅳ等6个战斗机型，该系列曾是大陆装备数量最多、服役时间最长、实战性最强的自产喷气式超音速战斗机。1966年，大陆仿米格-21

---

① 数据根据各年 The International Institute for Strategic Studies: *The Military Balance* 自行统计整理。
② 关于战斗机的代级有欧美标准和苏俄标准，本书采用苏俄标准。

（MiG–21）建造歼–7（J–7）战斗机，后改进为歼–7Ⅱ隐身机、歼–GB等十余个战斗机型。1980年，大陆仿米格–21（MiG–21）建造的第三代战斗机歼–8（J–8）开始服役，该机型是1980年代至21世纪初的主力战机，目前已逐步退役。20世纪90年代，大陆购买俄罗斯苏–27SK（Su–27SK）专利组装成歼–11（J–11），这是大陆的第四代战斗机，衍生机型有歼–11B/BH/D等。2004年，大陆自主研制的歼–10（J–10）战斗机开始服役，其衍生机型包括四代半战机歼–10B（J–10B）。2014年，大陆在役的第四代战斗机有800多架。2011年，大陆第五代战斗机歼–20（J–20）首飞成功，这是大陆自主研制的新一代隐身战机，进一步提升了空军综合作战能力。①

此外，大陆空军于20世纪60年代开始装备强–5（Q–5）超音速强击机，该机型在歼–6基础上研制，至今仍是大陆主力机种。强–5改进型包括强–5C/D/E等15个机型，该系列近年来逐步退役。世界著名航空专业杂志《国际飞行》发布的《2013至2014年度世界空中力量发展报告》显示，大陆作战飞机总数约占全球总量的10%，排名世界第二，仅次于美国，其中三代战机增速世界第一。②

表1–36 1978—2014年大陆主要战斗机、攻击机装备情况③

型号	年份	1978	1986	1990	1994	1999	2004	2008	2014
J–5/MiG–17F	1956	√	450	450	450	—	—	—	—
J–6/MiG–19	1964	√	3500	3480	3480	1795	550	—	—
J–7/MiG–21	1966	√	250	550	550	766	1374	504	528
J–8/MiG–21	1980	—	30	70	120	304	232	432	168
Su–27SK	1985	—	—	—	—	24			
J–11/ Su–27SK	1998	—	—	—	—	52	78	116	138
Su–30 MKK	2001						76	73	73
J–10	2004						√	84	294
J–11B	2006	—	—	—	—	—	—	18	170

---

① 《国防部回应歼20最新进展：工作正在按计划推进》，环球网，2017年3月31日。
② 《全球空中力量发展报告：中国三代战机增速世界第一》，新华网，2014年1月11日。
③ 数据根据各年 The International Institute for Strategic Studies: *The Military Balance* 自行统计整理。

续表

型号	年份	1978	1986	1990	1994	1999	2004	2008	2014
Q–5	1968	—	500	550	600	440	30	150	120
Q–5C/D	1986	—	—	√	√	√	300		
Q–5E	1999	—	—	—	—	—	√		

  20世纪60年代，台湾地区从美国接收300余架二代战机，包括约100架F–100超佩刀战斗机和247架各型F–104星式战斗机。台湾是世界上使用最多F–104的地区，但其中近一半因机器故障致使飞机坠毁。20世纪60年代，台湾地区陆续从美国接收第三代F–5 A/B战斗机，70年代后在美国技术支持下改装F–5E/F战斗机，2014年仍有89架在役。1994年，台湾地区在美国技术协助下设计开发的第四代经国号（F–CK–1）战斗机开始服役，共22架，其中10架处于测试中。随后，台湾地区陆续向法国采购60架幻影（Mirage）2000–5，向美国采购150架F–16A/B。幻影2000–5和F–16位列当时世界最先进的第四代战斗机行列，具有明显攻击性，作战半径达数百公里。[①] 其后，经国号、幻影2000–5和F–16三种四代机型构成台湾争夺台海制空权的主力，2014年共有331架。

  台湾没有真正意义上的攻击机，仅有1984年开始服役美台合作研制的AT–3自强号高级教练攻击机，共生产60架，但是失事率高达20%以上，2004年22架在役，预计2017年退役。其衍生机型包括AT–3A雷鸣号攻击机，共生产2架，装备雄风–2反舰导弹。

表1–37 1978—2014年台湾主要战斗机装备情况[②]

型号	年份	1978	1986	1990	1994	1999	2004	2008	2014
F–100	1954	90	42	—	—	—	—	—	—
F–104	1958	44	80	128	94	—	—	—	—
F–5A/B	1964	165	8	8	8	7	—	—	—
F–5E	1973		225	220	215	213	90	89	89
F–5F	1970s	—	30	55	54	52			

---

  ① 董玉洪：《台湾军队透视》，北京：九洲图书出版社，2001年，第45页。
  ② 数据根据各年 The International Institute for Strategic Studies: *The Military Balance* 自行统计整理。

续表

型号	年份	1978	1986	1990	1994	1999	2004	2008	2014
Ching-kuo	1994	—	—	—	22	130	128	128	128
F–16A/B	1979	—	—	—	—	150	146	146	146
Mirage–2000	1982	—	—	—	—	60	57	57	57

此外，大陆还装备相当数量的轰炸机。20世纪50年代，大陆从苏联购入一批图–2（Tu–2）轻型轰炸机和图–4（Tu–4）中型轰炸机，均于80年代以后陆续退役。中国大陆还从苏联引进伊尔–28（IL–28）喷气轰炸机，1963年以后开始自行改制，代号轰–5（H–5），曾是大陆最主要的轰炸机型。1969年，大陆参照图–16（Tu–16）中型轰炸机研制的轰–6（H–6）轰炸机开始服役，1990年共150架在役，其中部分具有核动力。20世纪90年代初，大陆自行设计研制的歼轰–7中型超音速歼击轰炸机开始服役，其衍生机型歼轰–7A装备新型雷达和航电系统，作战效能大幅提升，该系列是大陆目前最主要的轰炸机。2012年，有"战神轰炸机"之称的轰–6K（H–6K）战略轰炸机开始服役，该机装备新型光学瞄准设备，担任轰炸、侦察、反舰、巡逻监视等任务，具有强大的精确打击能力，使中华人民共和国成为继美国、俄罗斯、英国之后第四个拥有战略轰炸机的国家。[1]

表1–38 1978—2014年大陆主要轰炸机装备情况[2]

型号	年份	1978	1986	1990	1994	1999	2004	2008	2014
Tu–2	1942	100	—	—	—	—	—	—	—
H–5/IL–28	1967	300	630	500	500	260	90	20	—
Tu–4	1948	80	—	—	—	—	—	—	—
H–6/Tu–16	1969		170	150	145	142	158	112	100
JH–7	1992	—	—	—	√	√	20	156	240
H–6K	2012	—	—	—	—	—	—	—	36

在侦察机方面，20世纪六七十年代，大陆相继改装歼–5战斗机为歼侦–5

---

[1] 《轰6K服役：中国成为第四个拥战略轰炸机国家》，环球网，2013年8月7日。
[2] 数据根据各年 The International Institute for Strategic Studies: *The Military Balance* 自行统计整理。

（JZ–5）侦察机，改装歼–6战斗机为歼侦–6（JZ–6）侦察机，改装轰–5轰炸机为轰侦–5（HZ–5）侦察机，这是大陆的第一代侦察机，其中歼侦–6在1996年台海危机期间曾发挥重要作用。歼侦–5于20世纪80年代后期退役，21世纪以后，歼侦–6和轰侦–5也相继退役。1986年，在歼–8基础上改装的歼侦–8（JZ–8）开始服役，2014年共48架在役，其中一半为JZ–8F。虽然大陆侦察机数量较多，但是性能却与世界先进侦察机有很大差距。2001年中美"南海撞机"事件发生之前，大陆南海舰队航空兵发现美国EP-3电子侦察机时，EP-3已抵近三亚外海。撞机发生后，EP-3迫降海南岛陵水海军机场，大陆对其拆卸研究，突破了一些技术难题。2000年以后，大陆陆续部署1998年首飞成功的运–8（Y–8）GX-2电子侦察机，主要负责海军电子情报搜集，极大提升了空军侦查能力。

1963年，台湾地区从美国接收8架RF–104G侦察机，该机具有高速与长程摄影能力，曾为台湾空军侦照主力。1997年以后，台湾购入8架RF–5E侦察机，取代RF–104G侦察机。此外，1985年，台湾改装ACH–1（TCH–1）中兴号攻击教练机，担任海峡侦察任务，该机至今仍在服役。[1] 台湾侦察机虽然数量与大陆相比有较大差距，但在2000年之前已装备较先进的RF–5E。

表1–39 1978—2014年两岸主要侦察机装备情况[2]

	型号	年份	1978	1986	1990	1994	1999	2004	2008	2014
大陆	JZ–5	1974	√	130	—	—	—	—	—	—
	JZ–6	1975	√	90	100	100	100	100	72	—
	HZ–5	1977	—	—	40	45	47	47	7	7
	JZ–8	1986	—	—	√	√	√	20	48	48
	Tu–154M	1990s	—	—	—	—	—	√	4	—
	Y–8 GX-2	2000s	—	—	—	—	—	—	9	16
台湾	RF–104G	1950s	8	8	3	6	—	—	—	—
	RF–5E	1970s	—	—	—	—	8	8	8	8
	ACH–1	—	—	√	√	√	16	√	√	√

[1]《ACH–1（TCH–1）中兴号攻击教练机》，台北：空军军事馆网，2017年3月16日。
[2] 数据根据各年The International Institute for Strategic Studies: *The Military Balance* 自行统计整理。

第一章 海峡两岸硬实力之评估

在预警机方面，20世纪70年代初，大陆曾以图–4为载机研制空警–1（KJ–1）预警机，但由于功能和实用性较弱未能服役。1996年，中国大陆将从英国采购的Skymaster军中霸王雷达安装在运–8运输机上，命名Y–8J，承担搜索、监视的职责，后逐渐被Y–8W取代，但是预警能力远落后于世界先进预警机水平。20世纪90年代后期，中国大陆曾尝试向以色列采购相控阵预警雷达及A–50I预警机，以色列迫于美国压力取消出售计划。2002年，大陆向俄罗斯采购改良版A–50E预警机的计划也宣告失败。此后，大陆专注于预警机的自行研发。2005年，大陆自行研制的空警–200（KJ–200）中型预警机开始服役，该机以运–9运输机为载机，搭载"平衡木"雷达，主要承担空中巡逻警戒任务，并对航空兵实施指挥。2007年，大陆自主研制出第二代预警机——空警–2000（KJ–2000）大型空中预警与指挥指控飞机，该机以伊尔–76（IL–76）运输机为载机，装备固态有源相控阵雷达，比美俄等国的预警机雷达领先一代，是当时世界最先进的预警机之一。

1995年和1999年，台湾地区分别从美国购入2架鹰眼（Hawkeye）E–2T空中预警机，该机是E–2B升级版，具有指挥空战能力，全面提升了台空防预警能力。2008年，美国批准将台湾地区的E–2T升级为E–2K，至2013年3月，4架E–2K全部完成升级运抵台湾。升级后的E–2T发动机和雷达系统得到提升，有助于提升预警反应时间，增加对地和对空搜索能力，发挥早期预警功能。[1]

表1–40 1978—2014年两岸主要预警机装备情况[2]

	型号	年份	1978	1986	1990	1994	1999	2004	2008	2014
大陆	Y–8J	1990s	—	—	—	—	√	4	6	4
	Y–8W	2000s	—	—	—	—	—	—	—	6
	KJ–200	2005	—	—	—	—	—	—	√	4
	KJ–2000	2007	—	—	—	—	—	—	4	
台湾	E–2T/K	1995	—	—	—	—	4	4	6	6

[1]《E–2K预警机返国 大幅强化台湾空防能力》，台北：奇摩网，2013年3月10日。
[2] 数据根据各年 The International Institute for Strategic Studies: *The Military Balance* 自行统计整理。

附 1 1978 年以来两岸武器装备情况

	战略导弹		陆军		海军		空军	
	大陆	台湾	大陆	台湾	大陆	台湾	大陆	台湾
1978	中远程弹道导弹 30—40 远程弹道导弹 30—40		坦克 10000 装甲输送车 3500 火炮 18000 迫击炮 20000	主战坦克 150 轻型坦克 625 装甲输送车 550 火炮 850 无后坐力炮 500	战略导弹核潜艇 1 战术型潜艇 73 攻击型核潜艇 1 驱逐舰 11 护卫舰 12 水雷战舰艇 30 两栖舰 44 作战飞机 700	潜艇 2 水面作战舰艇 22 驱逐舰 11 护卫舰 3 轻巡洋舰 3 沿海扫雷舰 14 两栖舰 28	作战飞机 5000	作战飞机 316
1986	洲际弹道导弹 2 远程弹道导弹 64 中程弹道导弹 50		坦克 11450 装甲输送车 2800 火炮 12800 多管火箭炮 4500 迫击炮 14000 高炮 15000	主战坦克 309 轻型坦克 1120	战略导弹核潜艇 1 战术型潜艇 112 攻击型核潜艇 3 驱逐舰 15 护卫舰 31 水雷战舰艇 33 两栖舰 65 作战飞机 600 武装直升机 62	潜艇 2 水面作战舰艇 26 驱逐舰 35 护卫舰 9 轻巡洋舰 4 沿海扫雷舰 8 两栖舰 28	作战飞机 5300 轰炸机 620 直升机 400	作战飞机 562

续表

第一章 海峡两岸硬实力之评估

年份		战略导弹	陆军		海军		空军	
		大陆	大陆	台湾	大陆	台湾	大陆	台湾
1990		洲际弹道导弹 2 中远程弹道导弹 66	主战坦克 7500—8000 轻型坦克 2000 装甲输送车 2800 牵引炮 14500 多管火箭炮 3800 高炮 15000	主战坦克 409 轻型坦克 950 步兵战车 225 装甲输送车 40 牵引炮 20 直升机 118	战略导弹核潜艇 1 战术型核潜艇 92 攻击型潜艇 4 驱逐舰 18 护卫舰 37 水雷战舰艇 52 两栖舰 58 作战飞机 824 武装直升机 61	潜艇 4 水面作战舰艇 34 驱逐舰 24 护卫舰 10 水雷战舰艇 8 两栖舰 26	作战飞机 5070 少量武装直升机 470 轰炸机 400	作战飞机 504 无武装直升机
1994		洲际弹道导弹 4 中远程弹道导弹 70+ 近程弹道导弹	主战坦克 7500—8000 轻型坦克 2000 装甲输送车 2800 牵引炮 14500 多管火箭炮 3800 高炮 15000	主战坦克 509+ 轻型坦克 905 步兵战车 225 装甲输送车 950 牵引炮 1060 自行火炮 205 无后坐力炮 500 高炮 400 直升机 87	战略导弹核潜艇 1 战术型核潜艇 48 攻击型潜艇 5 驱逐舰 18 护卫舰 37 水雷战舰艇 121 两栖舰 51 作战飞机 875 武装直升机 68	潜艇 4 水面作战舰艇 33 驱逐舰 22 护卫舰 11 水雷战舰艇 13 两栖舰 21	作战飞机 4970 少量武装直升机 470 轰炸机 400	作战飞机 459 无武装直升机

续表

	战略导弹		陆军		海军		空军	
	大陆		大陆	台湾	大陆	台湾	大陆	台湾
1999	洲际弹道导弹 15—20 中远程弹道导弹 66 近程弹道导弹 150		主战坦克 8300 轻型坦克 2000 步兵战车 3500 装甲输送车 5500 牵引火炮 14000 自行火炮 1200 多管火箭炮 2400 高炮 7700 直升机 143+	主战坦克 719 轻型坦克 905 步兵战车 225 装甲输送车 950 牵引火炮 1060 自行火炮 315 高炮 400 直升机 243	战略导弹核潜艇 1 战术型核潜艇 69 攻击型核潜艇 5 驱逐舰 18 护卫舰 35 水雷战舰艇 119 两栖舰 70 作战飞机 541 武装直升机 25	潜艇 4 水面作战舰艇 37 驱逐舰 16 护卫舰 21 水雷战舰艇 12 两栖舰 18	作战飞机 3520 少量轰炸机 武装直升机 320+ 地面攻击机 400 歼斗机 3000 侦察机 147 运输机 425 直升机 210 训练机 200 高炮 8000	作战飞机 598 无武装直升机 对地攻击机 562 歼斗机 8 侦察机 8 空中预警机 4 运输机 35 直升机 20 训练机 118
2004	洲际弹道导弹 24 中远程弹道导弹 112 近程弹道导弹 56		主战坦克 7580 轻型坦克 1000 步兵战车 1000 装甲输送车 3500 牵引火炮 14000 自行火炮 1200 多管火箭炮 2400 高炮 7700 直升机 375	主战坦克 926+ 轻型坦克 905 步兵战车 225 装甲输送车 950 牵引火炮 1040 自行火炮 405 多管火箭炮 300 高炮 400 直升机 101	战略导弹核潜艇 1 战术型潜艇 67 攻击型核潜艇 5 驱逐舰 21 护卫舰 42 两栖舰 50 作战飞机 436 武装直升机 51	潜艇 4 水面作战舰艇 32 驱逐舰 11 护卫舰 21 两栖舰 18 作战飞机 32 反潜直升机 20	作战飞机 2643 轰炸机 180 歼击机 1024 侦察机 290 运输机 513 直升机 90—100 训练机 200 高炮 16000	作战飞机 479 无武装直升机 对地攻击机 443 歼斗机 8 侦察机 8 空中预警机 4 运输机 34 直升机 35 训练机 78

第一章　海峡两岸硬实力之评估

续表

年份	战略导弹（大陆）	陆军（大陆）	陆军（台湾）	海军（大陆）	海军（台湾）	空军（大陆）	空军（台湾）
2008	洲际弹道导弹 26 中远程弹道导弹 55 近程弹道导弹 725	主战坦克 7660 轻型坦克 1000 步兵战车 1000 装甲输送车 3500 牵引炮 14000 自行火炮 1200 多管火箭炮 2400 高炮 7700 直升机 414	主战坦克 926+ 轻型坦克 905 步兵战车 225 装甲输送车 950 牵引炮 1060 自行火炮 405 多管火箭炮 300 高炮 400 直升机 101	战略导弹核潜艇 3 攻击型核潜艇 6 改进型核潜艇 62 驱逐舰 28 护卫舰 50 水雷战舰 69 两栖舰 83 作战飞机 290 武装直升机 78	潜艇 4 水面作战舰艇 26 驱逐舰 4 护卫舰 22 水雷战舰 12 两栖舰 19 作战飞机 32 反潜直升机 20	作战飞机 1653 轰炸机 82 战斗机 1136 地面攻击机 283 侦察机 136 空中预警机 4 运输机 296 训练机 522 高炮 16000	作战飞机 478 无武装直升机 战斗直升机 292 地面攻击机 150 侦察机 8 空中预警机 6 运输机 39 训练机 78 直升机 35
2014	洲际弹道导弹 56 中远程弹道导弹 150 近程弹道导弹 252	主战坦克 6540 轻型坦克 750 步兵战车 3850 装甲输送车 5020 牵引炮 6140 自行火炮 2886 多管火箭炮 1872 迫击炮 2586 无后坐力炮 3966 高炮 9164 直升机 150 多用途机 351 运输机 338	主战坦克 565 轻型坦克 625 步兵战车 225 装甲输送车 1058 牵引炮 1060 自行火炮 492 多管火箭炮 330 迫击炮 322+ 无后坐力炮 500+ 高炮 400 直升机 96 多用途机 38 运输机 84	战略导弹核潜艇 4 攻击型核潜艇 5 改进型核潜艇 66 航空母舰 1 驱逐舰 25 护卫舰 54 水雷战舰 53 两栖舰 88 作战飞机 332 武装直升机 103 轻型坦克 73 步兵战车 152 火炮 40+	潜艇 4 水面作战舰艇 26 驱逐舰 4 护卫舰 22 水雷战舰 14 两栖舰 13 作战飞机 32 反潜直升机 20	作战飞机 2539 轰炸机 106 战斗机 842 地面攻击机 573+ 侦察机 71 空中预警机 4+ 运输机 325+ 训练机 950 高炮 16000 步兵战车 180 装甲输送车 4 火炮 162+	作战飞机 485 直升机 19 战斗机 288 地面攻击机 128 空中预警机 6 运输机 34 训练机 98

注：1. 数据根据各年 The International Institute for Strategic Studies: *The Military Balance* 自行统计整理；

2. *The Military Balance* 中少数数据存在明显错误，如将 DF-4 归为洲际弹道导弹等，本表统计过程中做出更正；

3. 部分数据为约数，本书在分析比较时尽量规避由此造成的误差；

4. 部分武器装备没有统计数据，未在上表列出；

5. 主要武器装备综合其数、质量进行分析比较。

四、军事经济力

（一）军费开支

大陆军费主要用于人员生活费、训练维持费及装备费。人员生活费用于干部、士兵和聘用的非现役人员的工资、保险和福利等支出；训练维持费用于干部训练和院校教育，以及各项事业的建设和发展；装备费用于武器装备的研发试验和采购维修等。由于大陆统计军费预算时，未将有军事目的的项目、军工产业运营支出及技术引进等内容计算在内，与国际通行的统计内容有所偏差，所以在对比两岸军费开支情况时，本书将综合两岸官方统计资料和瑞典斯德哥尔摩国际和平研究所的统计数据进行比较。

1978年，为准备对越自卫反击战，大陆提高了军费开支。从官方统计资料来看，当年大陆军费97.58亿美元，占GDP的4.63%，财政支出的14.96%。1980年以后，为支援经济建设，大陆军费占GDP和财政支出比重大幅减少，且整体呈下降趋势，1986—1994年大陆军费仅增长5.7亿美元。1994—2014年，大陆军费连续20年以两位数的速度增加，年均增长率16.48%，人均军费也从5.33美元增至98.7美元。

1979年中美建交、台美"断交"后，台湾军费开支骤然上升。1978—1990年，台湾军费从16.9亿美元增至78.46亿美元，年均增长率13.65%；1990—2008年，除20世纪90年代中期因两岸紧张局势军费有小幅增长外，基本维持在80亿美元以下；2008—2014年，台湾再次增加军费开支，2014年增至95.96亿美元。

从军费的两岸比较来看，1978—1988年大陆总额高于台湾，但由于台湾经费猛增，两岸差距逐渐较小，1989年台湾军费超过大陆，1994年大陆军费仅占台湾的69.72%；1997年大陆军费才再次超越台湾，两岸差距逐渐从1997年的1.11倍扩大至2014年的14.07倍。另外，大陆较台湾的人均军费差距逐渐缩小，1994年差距最大时台湾人均军费是大陆的81.18倍，2014年已缩至4.15倍。此外，1978年以来，两岸军费占GDP和财政支出比重均呈下降趋势，但台湾始终远高于大陆。

表 1-41 1988—2014 年两岸军费开支情况[①]

	两岸官方统计资料							
	大陆				台湾			
单位	总额亿美元	人均美元	占GDP%	占财政支出%	总额亿美元	人均美元	占GDP%	占财政支出%
1978	97.58	10.14	4.63	14.96	16.90	98.43	6.19	24.91
1986	58.19	5.41	1.97	9.10	40.56	208.43	5.27	24.90
1990	60.73	5.31	1.56	9.41	78.46	384.61	4.77	18.30
1994	63.89	5.33	1.14	9.51	91.64	432.67	3.63	14.76
1999	130.00	10.34	1.20	8.16	91.26	369.17	2.73	13.98
2004	265.70	20.44	1.38	7.72	79.27	328.16	2.25	11.27
2008	602.60	45.38	1.39	6.68	79.78	388.67	2.28	11.19
2014	1350.09	98.70	1.32	5.46	95.96	409.37	1.81	11.01
	斯德哥尔摩国际和平研究所							
	大陆				台湾			
单位	总额亿美元	人均美元	占GDP%	占财政支出%	总额亿美元	人均美元	占GDP%	占财政支出%
1978	—	—	—	—				
1988	—	—	—	—	71.10	356.32	5.14	22.53
1990	100.85	8.82	2.49	13.97	87.01	426.51	5.22	18.41
1994	100.51	8.39	1.72	14.35	119.53	564.42	4.66	16.45
1999	210.27	16.72	1.92	12.86	95.69	433.14	3.15	13.82
2004	403.53	31.04	2.07	10.62	78.33	345.24	2.25	11.58
2008	864.12	65.07	1.89	8.38	89.60	388.95	2.15	10.90
2014	1996.51	145.96	1.91	6.49	102.40	436.99	1.93	10.55

斯德哥尔摩国际和平研究所对大陆军费的统计比官方资料高四至六成，对台湾的统计与官方资料差距较小。从两岸对比来看，1989—2014 年，台湾仅

[①] 两岸军费开支总额和占比数据来源：斯德哥尔摩国际和平研究所网、各年《中国统计年鉴》、《中国的国防》白皮书、《"中华民国"统计年鉴》。官方统计年鉴中军费开支总额原始数据单位为"亿元"和"百万新台币"，本书根据当年汇率转换为"百万美元"。人均支出根据总额及当年人口数计算而来。

1994年军费比大陆高，且差距仅19.02亿美元。1995年以后，台湾较大陆的差距同样呈扩大趋势，从1995年的1.1倍增至2014年的19.5倍。另外，台湾的人均军费优势也在逐渐丧失，1994年台湾人均经费是大陆的67.27倍，2014年仅为2.99倍，三十多年间大陆人均经费以年均15.35%的速度成长。

根据斯德哥尔摩国际和平研究所数据，除2006年，1989—2014年台湾军费占GDP比重均高于大陆；大陆基本维持在2%左右，台湾则从5%左右下降至2%左右。

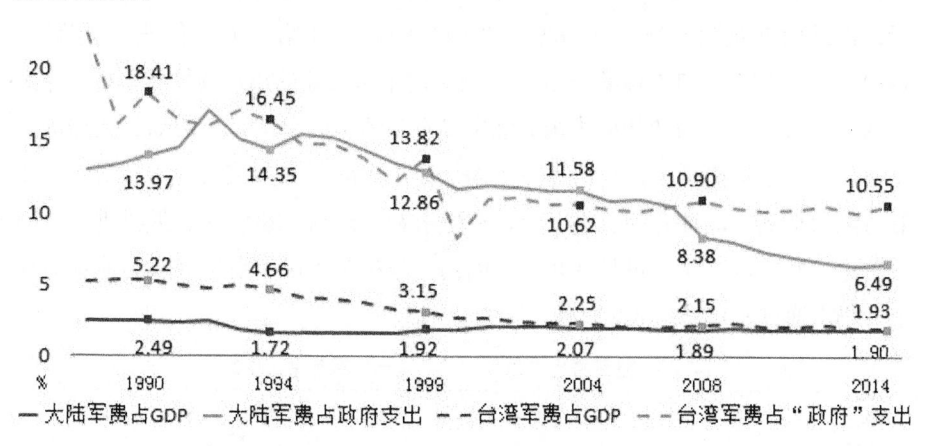

图1-32 1988—2014年各年度两岸军费占比变化[①]

（二）军备进出口贸易

改革开放以后，除政治原因外，由于性价比较高且没有附加条件，中国大陆出售的武器在亚非拉国家受到欢迎。1978—2014年，巴基斯坦从中国大陆进口武器金额占大陆军备出口总额的28.28%。伊拉克和伊朗次之，"两伊战争"时期，双方从中国大陆进口大批武器进行军事比拼，1984—1987年间两国购买金额占中国大陆军备出口总额的一半以上，使大陆军备出口额增长迅速；1978—1995年，朝鲜也是中国大陆军备的购买大国，但1996年以后中国大陆停止向朝鲜出售武器。1997—2008年，大陆军备出口额较低。2009年以后，随着大陆军工基础的发展，一批技术含量较高的武器受到更多国家的欢迎，军备出口获得更大提升。2009—2014年，大陆军备出口额91.55亿美元，占

---

① 数据来源：Stockholm International Peace Research Institute："SIPRI Military Expenditure Database"，Website of SIPRI。

1978—2014年出口总额的23.92%，比2003—2008年增长186.36%。截至2015年初，中华人民共和国向全球35个国家出口武器，已成为世界第三大武器装备出口国，其中战斗机、装甲车出口占军备出口份额的一半以上，巴基斯坦、孟加拉国及缅甸是主要进口国。

在军备进口方面，1978—1991年，大陆进口额较低，直到1991年底中俄继承中苏外交关系后，俄罗斯成为中国大陆第一大军备进口来源国，大陆进口额大幅提升。1992—2014年，中国大陆从俄罗斯进口武器装备318.3亿美元，占同时期进口总额的79.98%。法国是中国大陆第二大军备进口来源国，1978—2014年占进口份额的10.36%。德国对中国大陆的出口额虽然不高，却是1978—2014年唯一每年均向中国大陆出口军备的国家。2005年以后，大陆进口军备的花费迅速降低，出口额逐渐增高，标志大陆对国产武器信心日增，武器制造能力得到质的提升。从进口装备类型来看，1978—2014年，战机进口金额接近进口总额的一半，可见在较长时间内，战机是大陆军备发展较为薄弱的环节，仍需通过进口满足战略需要。

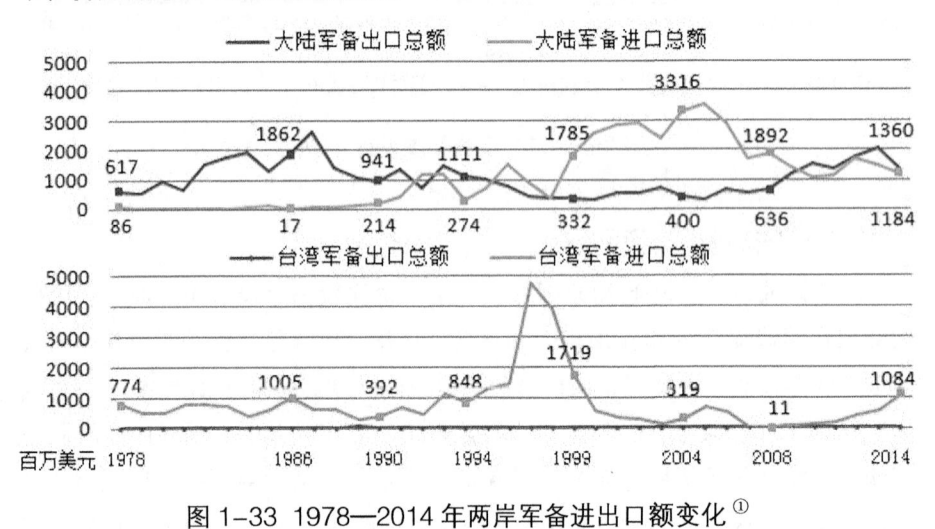

图1-33 1978—2014年两岸军备进出口额变化[①]

20世纪80年代中期以后，台湾为增强军事实力同大陆抗衡，投入大量经费更新武器装备，成为亚洲最大的军火买家。尤其是李登辉主政时期，台湾每年武器装备采购和研发经费在1200—1400亿新台币之间，占防卫预算比重最

[①] 数据来源：Stockholm International Peace Research Institute: "SIPRI Arms Transfers Database", Website of SIPRI。

高。①台湾地区的军备进口以美国对台军售为主,从1978年至2014年,美国对台军售总额228.34亿美元,占台湾地区军备进口总额的76.72%。中美建交后,美国在一段时期内根据保证未对台出售武器。1980年1月2日,美国对台出售价值2.8亿美元的武器,7月再次批准对台销售50门8英寸自行榴弹炮,除此之外没有大宗对台军售项目。1983年至1992年,美国对台军售金额较低,售台武器数量和性能基本维持在《八一七公报》②范围内,但通过对台湾地区军事技术转让等方式合作生产武器,增强台湾军事实力。随着冷战局势的结束及美国对华政策的转变,美国对台军售逐步升级。1993—1999年,美国售台武器实际金额109.76亿美元,较1986—1992年上涨380.56%,并于1992年9月批准向台湾地区出售150架美国武器装备中最先进的F-16战斗机,价值近60亿美元。2000年以后,美国对台军售金额才有所降低,尤其是2007—2010年,台湾军备进口金额触底。2012年以后,美国再次升级对台军售,2014年达10.81亿美元。此外,2000年以后随着大陆的崛起,其他国家向台湾地区出售军备的现象大大减少,2000—2014十五年间,除美国外,仅法国、德国、以色列、意大利四国向台湾地区出售武器,总额仅2.76亿美元。在台湾进口的军备中,战机花费最高,1978—2014年共支出131.78亿美元,占总额的44.28%;军舰次之,共支出78.25亿美元,占总额的26.29%,足见台湾对海、空军建设的重视。

在军备出口方面,1978—2014年台湾出口总额0.84亿美元,其中战机0.68亿美元,军舰0.16亿美元。1989年,台湾地区向土耳其出口0.29亿美元的战机是1978年以来最大一笔军备出口订单。

五、军事科技力

20世纪50年代初期,大陆军事科技工业一片空白,机械化水平十分落后,兵工厂只能生产少量机枪、步枪等轻武器。1950年9月,毛泽东明确指出:"中国必须建立强大的国防军,必须建立强大的经济力量,这是两件大事",③并提

---

① 董玉洪:《台湾军队透视》,北京:九洲图书出版社,2001年,第41页。
② 1982年的《八一七公报》对台湾问题做出明确说明,美国政府声明,"不寻求执行一项长期向台湾出售武器的政策",逐步减少对台武器出售。苏格:《美国对华政策与台湾问题》,北京:世界知识出版社,1998年,第525页。
③ 《毛泽东军事文选》(第六卷),北京:人民出版社,1981年,第103页。

出基础工业和农业、国防"三位一体"的国防建设和经济建设布局。鉴于工业基础过于薄弱的状况，中国大陆一方面购买苏联先进设备，一方面建立独立的国防体系。1960年代初，苏联援助断绝，大陆开始在几近封闭的状态下，集中力量发展重点领域，独立自主地研发武器装备。20世纪60年代，大陆"两弹一星"相继试验成功，创造了世界上研制时间最短的发展奇迹，也为中华人民共和国提供了重要战略威慑能力，成为奠定世界大国地位的重要支柱之一。此时，大陆已能够独立生产各式武器，初步建立了独立完整的现代化国防工业体系，但是军事科技水平仍然较弱，在武器研发上以仿制苏联武器为主。经过十年"文革"，大陆与世界先进军事科技水平的差距逐渐拉大。

改革开放以后，中华人民共和国军队和国防科研部门确立以现代化为中心的发展方向，立足自主研发，积极引进国外先进技术，使大陆武器装备发展迎来全新局面。20世纪80年代以后，大陆自主研发的东风–5A洲际弹道导弹、歼–8战斗机、强–5强击机、80式主战坦克、夏级战略核潜艇等相继服役，虽然这些装备与世界先进水平仍有一定差距，但显示大陆军事科技取得的跨越式发展。1988年巨浪–1潜射弹道导弹发射成功，中华人民共和国成为世界上第5个拥有水下发射战略导弹能力的国家。此外，中华人民共和国在引进国外先进技术的同时，也打开了武器装备军售的国外市场。1979年，中国大陆向埃及出售歼–6战斗机，开始把武器装备推向国际市场。20世纪80年代，大陆军备出口总额149.92亿美元，是进口总额的30余倍，解决了军工企业经费来源困难问题，为军事科技研发提供了重要的物质基础。

1989年"政治风波"以后，西方国家对中国大陆实行武器禁运，但中苏关系实现了正常化。20世纪90年代中期，中国大陆从俄罗斯引进较为先进的战斗机、导弹和潜艇等装备，解决了武器装备研发上的一些重要技术难题，加快了武器研发进程，并取得实质性突破。在20世纪90年代几场局部战争的刺激下，大陆将信息化作为军队建设方向，重点研发信息化武器装备，自主研发的东风–11A弹道导弹、98式主战坦克、宋级潜艇、051B驱逐舰、江卫Ⅱ护卫舰等相继服役，大陆军事科技与国际先进水平差距已大幅缩小。

20世纪90年代末期以来，大陆依靠不断增强的经济实力，扩大武器装备研制，使武器装备的现代化水平迅速提升，军事科技发展进入黄金期，在航空、航天、船舶、军用电子、工程物理等高科技领域取得一大批具有世界先进水平的成果，自行设计研发的东风–31A洲际弹道导弹、东风–16中程弹道导弹、

99A 式主战坦克、晋级战略核潜艇、商级攻击型核潜艇、元级常规潜艇、051 C 和 052 C 驱逐舰、江开护卫舰、歼–10 和歼–11B 战斗机、轰–6K 轰炸机、空警–2000 预警机等先进武器相继服役,并研制出第五代歼–20 战斗机等拥有世界最先进水平的武器装备。此外,大陆十分注重微电子技术、电子计算机、人工智能技术、航天技术、定向能技术、反导纤维技术、新型材料技术、生物工程技术、海洋工程技术、隐形技术等领域的研究和发展,以期取得现代军事科学技术的"制高点"。

台湾的军事科技工业起步于 20 世纪 60 年代。1965 年,台湾成立中山科学研究院及核能研究所,进行武器装备的自行研发和制造,1968 年又成立中正理工学院,培养军事科研人才。期间,台湾从维修装备开始,经历进口部件组装、有限的部件许可证生产、武器系统许可证生产,到研制部分陆军武器装备,最后在美国的全面技术支援下,合作生产一些重型装备,如 F–5 战斗机、小型登陆艇等。

1979 年中美建交后,台湾在国际上越来越孤立,对美军购受到限制。为摆脱困境,台湾提出"独立自主、自给自足"的军事发展战略,把一半以上的科研力量投入军事科技的研发,逐步建成独立的军事科技研发体系,并利用同美国技术转移与合作生产的方式,研制战斗机、导弹快艇,以及"雄风""天剑"等多种型号与功能的导弹,一定程度上改变了以往单纯依靠武器进口的状况。但是台湾研发生产的武器装备多为仿制和装配产品,自行研发的较少,如军事造船工业方面,台湾只能研制小型舰艇,较大舰艇几乎全部进口自西方国家。虽然台湾地区军用电子技术发展迅速,光电制导技术和跟踪测量技术较为先进,但核心技术仍依赖于美国及西方国家。而且由于自制武器质量低、性能差、成本高,台军进口武器的意愿更高,采购数量少,使台军工发展进一步受到限制。此外,1987 年台湾已具备制造核武器的设备和能力,但是由于国际社会的反对,台湾终止核武器计划,1988 年美国派代表团赴台拆除重水反应堆,台湾当局承诺不再发展核武器。[①]

20 世纪 90 年代后,台湾通过自行研发和技术转让,积极发展"二代武器",兼顾研制"三代武器"。1992 年台湾"国防"报告书提出,要专注发展几项特

---

① 姜廷玉主编:《台湾地区五十年军事史(1949—2006)》,北京:解放军出版社,2013 年,第 95 页。

殊武器系统，相对提升吓阻力量，进而巩固安全。[①]在此要求下，陆军优先研制防空导弹、反装甲武器，增强地面防空和反装甲能力，同时强化电子作战能力，研制炮兵射控系统。海军完成二代主战舰更新及岸防导弹部署，发展新型感应水雷，换装对海警戒雷，并自行设计和建造大型三代隐形导弹快艇。空军主要研发二代战斗机，如 IDF 型经国号战机，研制隐形、位移能力迅速及电子展功能强的三代战斗机。同时，美台技术转移与合作进一步扩大，涉及造舰、造机、建立预警系统、武器维修等众多领域。美国协助台湾空军提升 F–5E 战机性能，并将多架 F–5E 战机改装为专供侦察使用的 RF–5E 侦察机。1994 年 6 月，美国协助台湾地区建立"强网"计划自动化防空系统建成并执行战备任务，这是台湾第一套地下化空中作战管制中心。此外，美国还在台设立武器维修据点。1993 年 7 月，以生产军事雷达预警装置等产品为主的美国利顿公司，在台湾新竹科学园区成立台湾分公司，这是美国武器厂商在亚太设立的第一家分公司。1995 年 5 月，生产 F–16 战斗机的美国洛克希德公司在台湾设立 F–16 战机维修和零件制造厂，与台执行 F–16 厂级维修合作计划，包括技术转移、技术协助及顾问、技术训练与检定、产品采购及服务、投资与合作计划，以及市场协助等六大部分，这是该厂商在亚洲设立的第一个维修据点。[②]美国麦道公司和 DZI 公司也同台湾开展鱼叉导弹及炮弹技术转移合作案。

21 世纪以后，台湾在高科技先进攻击性武器研发方面取得一些突破。2001 年，台湾加大导弹研发力度，雄风–3 反舰导弹试射成功，射程 300 公里，但有效射程仅 130 公里。2010 年雄风–2E 开始服役，射程 1000 公里，有效射程 500 公里，但许多关键技术尚未突破。2004 年台湾开始实施"太空科技发展长程计划"第二期，着重于太空科技能力的应用和扩展，并建立卫星侦察预警网。同时，台湾将不具机敏性的科技成果专业化，促成军民通用科技发展。2013 至 2014 年度，台湾促成军民通用科技投资案 234 件，创造产值约 146 亿新台币。为了整合"国防科技"的研发、制造、维修，建立合作厂商，缩短周期，台湾积极推动供应链的产学合作，提升供应链厂商研发和制造能力，2014 年前后共建立合作厂商 579 次，金额达 101 多亿新台币。[③]

军事科技力的评估采用定性与定量相结合的方式，在定量评估方面，考察

---

① 台湾"国防部"："1992 年国防报告书"，台北，"国防部"网，1992 年，第 109 页。
② 董玉洪：《台湾军队透视》，北京：九洲图书出版社，2001 年，第 57–58 页。
③ 台湾"国防部"："2015 年国防报告书"，台北："国防部"网，2015 年，第 133 页。

主要武器装备的研发主体,将其分为"自行研制""仿制改进""国外合作""国外购入"四个等级,结合装备代级进行综合赋值评分。

在精确制导武器研制方面,中国大陆九成以上战略导弹均为自主研发,同时从俄罗斯、法国、意大利、以色列等国进口先进战术导弹,以此为基础仿制、改进或技术融合新型导弹,使大陆迅速建立起全方位、立体化的导弹防御体系。台湾部署的战术导弹大部分为岛外进口,仅雄风、天弓、天剑系列为自制导弹,并且是在美国的技术支持和援助下。

在主战坦克方研制方面,除早期的 IS–2、T–34 和 59 式,大陆的主战坦克均为自行研制。最新型的 99A 式主战坦克被称为"陆战之王",火力、防护、机动、信息力等均处于世界先进水平,其火力和防护等性能甚至足以超过美国的 M1A2 和德国的豹 2A6 坦克。台湾的主战坦克主要依靠进口,如 M–47/48、M–48A5、M–60A3 坦克。1980 年代,台湾地区与在美国帮助下研制出 M–48H 坦克,这是台湾陆军现役装备中性能最好的主战坦克之一。

表 1–42 1978—2014 年两岸主要主战坦克研制情况

	装备型号	国外购入	仿制改进	自行研制	国外合作	装备型号	国外购入	仿制改进	自行研制	国外合作
大陆	IS–2	√				80/88 式			√	
	T–34	√				85–IIM			√	
	59 式		√			98 式			√	
	63 式			√		99 式			√	
	69 式			√		96/88C 式			√	
	79 式			√		99A 式			√	
台湾	M–47/48	√				M–48H				√
	M–48A5	√				M–60A3	√			

在潜艇研制方面,中国大陆积极吸收苏联及后来俄罗斯的先进技术,主要依靠自主研发。其中 094 晋级作为最新服役的战略核潜艇,水下排水量 1.15 万吨,水下航速 26 节以上,最大潜深超过 300 公尺,自持力 70 天,装备可巨浪–2 潜射弹道导弹,射程超过 8000 公里,意味着大陆拥有第二次核打击能

力。① 大陆还在研制第四代常规潜艇，将采用磁流体喷水推进技术，此项技术能够极大增加潜艇水下生存与对抗反潜探测能力，在欧洲也仅处于初期应用范围，② 足见大陆紧跟国际潜艇设计潮流，潜艇设计和制造能力飞速提升。此外，大陆第三代攻击型核潜艇 095 型隋级已于 2015 年服役，第三代弹道导弹核潜艇 096 型唐级正在研制中。台湾潜艇则全部购自岛外，缺乏潜艇研制能力。

表 1-43 1978—2014 年两岸主要潜艇研制情况

	装备型号	国外购入	仿制改进	自行研制	国外合作	装备型号	国外购入	仿制改进	自行研制	国外合作
大陆	031 Golf	√				03 Whiskey	√	√		
	091 汉			√		033 Romeo		√		
	092 夏			√		035 明			√	
	093 商			√		033G 武汉			√	
	094 晋			√		Sov Kilo	√			
	095 隋			√		039 宋			√	
	096 唐			√		041 元			√	
台湾	Guppy II	√				Zwaardvis	√			

中国大陆驱逐舰研制情况与潜艇类似，同样依靠自主研发，吸收国外先进技术。1990 年代中期，台海危机暴露了大陆驱逐舰缺乏区域防空能力的弱点，随即中国大陆从俄罗斯购入 2 艘现代级驱逐舰，命名 956 型驱逐舰，并加快驱逐舰的自主研发，051C、052B、052C、052D 等驱逐舰相继研制成功。1987—2000 年 13 年间，大陆仅建造 5 艘驱逐舰；2001—2014 年 13 年间，大陆共建造 16 艘驱逐舰，建造速度令人瞩目。其中，052D 导弹驱逐舰排水量约 7000 吨，安装改进型四面主动相控阵雷达，是大陆水面舰艇发展中里程碑式成果，但在信息化水平、技术成熟度、系统整合能力等方面较世界先进水平仍有一定差距。仍在研制中的 055 型驱逐舰排水量超过万吨，在武器装备、舰载设备完善程度上均处于世界领先地位。台湾尚未具备独立研制驱逐舰的能力，仅能对国外购入的驱逐舰加以改装。2014 年 9 月，台湾公布海军 20 年造舰计划，新建包括 4

---

① 《北京军事问题学者：美舰探测中国潜艇活动规律》，新加坡：《联合早报》，2009 年 3 月 12 日。
② 《中国研发"喷水磁流体"动力的潜艇 震惊欧美》，环球军事网，2013 年 10 月 26 日。

艘 1 万吨驱逐舰、10 到 15 艘 300 吨级双船体巡防舰、两栖船坞运输舰，以及 4 至 8 艘 1200 吨至 3000 吨的柴油潜舰，以替换现有老旧的美制和法制舰艇。①

表 1-44 1978—2014 年两岸主要驱逐舰研制情况

	装备型号	国外购入	仿制改进	自行研制	国外合作	装备型号	国外购入	仿制改进	自行研制	国外合作
大陆	Sov Gody	√				052B 旅洋 1			√	
	051 旅大		√			052C 旅洋 2			√	
	052 旅沪			√		051C 旅州			√	
	051 B			√		052D 旅洋 3			√	
	956 杭州	√				055			√	
台湾	Fletcher	√				Gearing	√			
	Sumner	√				Kidd	√			

20 世纪 60 年代，大陆建成第一艘仿制苏联的 6601 型护卫舰，此后自行研制了江南级、江东级、江湖级、江卫级护卫舰，但是吨位较小、抗风浪能力弱。21 世纪以后，大陆逐渐重视海上力量的发展，新建造的江凯级护卫舰改进了前几级护卫舰的缺点，还具有更强的隐身性能，是大陆海军第一型远洋型多用途导弹护卫舰，其吨位、火力、探测能力已迈入世界先进水平。2014 年，大陆开始研制第四代 057 型导弹护卫舰。台湾护卫舰多从岛外购入，20 世纪 90 年代后以美国 Perry 级护卫舰为模本，修改建造了成功级护卫舰，目前尚未具备自主研发护卫舰的能力。

表 1-45 1978—2014 年两岸主要护卫舰研制情况

	装备型号	国外购入	仿制改进	自行研制	国外合作	装备型号	国外购入	仿制改进	自行研制	国外合作
大陆	6601 成都		√			053H3 江卫			√	
	65 江南			√		054 江凯			√	
	053K 江东			√		054A 江凯			√	
	053H 江湖			√		056 江岛			√	
	053H2G 江卫			√		057			√	

---

① 《海军 20 年造舰计画 每年 230 亿元》，台北：《中国时报》，2014 年 9 月 23 日。

续表

	装备型号	国外购入	仿制改进	自行研制	国外合作	装备型号	国外购入	仿制改进	自行研制	国外合作
台湾	Rudderow	√				Knox	√			
	Lawrence	√				成功/Perry			√	
	Crosley	√				La Fayette	√			

  2000 年以前，大陆战机研制主要处于仿制阶段，其中歼-5 至歼-8 仿制苏联米格系列战斗机，歼-11 仿制俄罗斯苏-27 战斗机，轰-6 仿制苏联图-16 轰炸机。1998 年，大陆以自身技术优势独立设计制造的歼-10 战斗机首飞成功，成为大陆战机研制里程碑式的突破。2011 年，大陆自行研制的第五代歼-20 隐形战斗机首飞成功，该机隐身性好、机动性强、稳定性突出、格斗能力强悍，被认为是东亚空军部署的最先进的战机。2012 年，歼-31 隐形战斗机首飞成功，美国《华尔街日报》认为，歼-31 的成功试飞使大陆"成为继美国后唯一研制两种隐形战斗机的国家——这一事态发展意义重大，可能对战术飞机出口市场以及美军产生深远影响"，除喷气发动机，中国大陆航空航天工业在很多方面已与俄罗斯一样先进，俄罗斯制造商很快将无法与大陆制造商竞争。[①] 台湾战机主要依靠进口，如美国的 F-100、F-104、F-5、F-16，法国的幻影-2000 等。20 世纪 70 年代以后，台湾地区在美国技术协助下陆续对 F-5E/F 战机提升性能并实施换装；80 年代，又在美国协助下设计开发了第四代的经国号战斗机，可见台湾独立研制战斗机的能力十分薄弱。

---

① 《中国隐形战机发展牵动美俄神经》，新华网，2012 年 11 月 4 日。

表 1-46 1978—2014 年两岸主要战机研制情况

	装备型号	国外购入	仿制改进	自行研制	国外合作	装备型号	国外购入	仿制改进	自行研制	国外合作
大陆	J-5/MiG-17F		√			J-20			√	
	J-6/MiG-19		√			J-31			√	
	J-7/MiG-21		√			Q-5			√	
	J-8/MiG-21		√			Q-5C/D	√			
	Su-27SK	√				Q-5E		√		
	J-11	√	√			Tu-2	√			
	Su-30 MKK	√				H-5/IL-28		√		
	J-10			√		Tu-4			√	
	J-11B		√			H-6/Tu-16		√		
	J-15			√		JH-7			√	
	J-16			√		H-6K				
台湾	F-100	√				F-5F		√		√
	F-104	√				Ching-kuo				√
	F-5A/B	√				F-16A/B	√			
	F-5E		√		√	Mirage-2000	√			

六、海峡两岸军事力之综合评估和比较

海峡两岸军事力评估选取 50 个具有代表性的军事"子"指标，其中五个"一级指标"，包括防御意识（3 个）、武装力量（5 个）、武器装备（17 个）、军事经济力（8 个）、军事科技力（17 个）。

表 1-47 海峡两岸军事力之评估指标

一级指标	防御意识（3）	武装力量（5）	武器装备（17）	军事经济力（8）	军事科技力（17）
二级指标	防御政策与军事战略（1） 兵种建设（1） 防卫动员（1）	力量构成（1） 总兵力（4）	制导武器（1） 坦克（2） 舰艇（6） 作战飞机（4） 其他（4）	军费开支（4） 军备外贸（4）	制导武器（1） 坦克（2） 舰艇（6） 作战飞机（4） 其他（4）

经过对军事力原始数据的标准化处理，以及"三级指标"的模型合成，计算出"二级指标"分值，结果如下：

表 1-48 1978—2014 年两岸军事力"二级指标"分值

		1978	1986	1990	1994	1999	2004	2008	2014
武装力量									
武装力量构成	大陆	0.73	1.14	0.99	1.02	1.06	1.16	1.01	1.09
	台湾	1.00	1.20	1.07	1.05	1.19	1.02	1.14	1.14
总兵力	大陆	2.59	2.85	1.63	1.65	1.54	1.36	1.28	1.14
	台湾	1.00	1.14	1.08	0.98	1.02	0.89	0.90	0.83
武器装备									
		1978	1986	1990	1994	1999	2004	2008	2014
精确制导武器	大陆	5.00	9.43	9.71	10.57	12.29	19.43	23.00	29.43
	台湾	1.36	1.36	1.57	2.21	2.36	2.64	2.71	1.36
坦克	大陆	53.33	63.00	54.00	54.00	64.00	74.27	75.87	82.80
	台湾	1.00	2.06	3.39	4.73	8.92	11.68	11.68	6.87
舰艇	大陆	5.92	11.67	11.04	10.21	10.92	12.21	20.04	24.08
	台湾	1.33	1.58	1.67	1.83	2.71	2.46	2.42	2.25
作战飞机	大陆	7.13	8.50	7.04	7.17	5.63	6.26	6.24	7.07
	台湾	0.50	0.59	0.46	0.55	1.46	1.27	1.40	1.40
其他	大陆	3.29	3.59	4.02	5.10	7.06	5.57	6.20	6.82
	台湾	1.00	1.05	1.07	1.33	1.23	1.23	1.26	1.21

续表

军事经济力		1978	1986	1990	1994	1999	2004	2008	2014
军费开支	大陆	3.19	2.12	2.19	2.23	4.61	9.07	19.87	45.35
	台湾	1.00	2.40	4.64	5.42	5.40	4.69	4.72	5.68
军备外贸	大陆	3.30	9.64	5.14	6.10	4.02	6.35	5.73	8.56
	台湾	1.00	1.30	0.54	1.10	2.22	0.41	0.01	1.40
军事科技力		1978	1986	1990	1994	1999	2004	2008	2014
精确制导武器	大陆	10.00	18.00	20.00	22.00	24.00	29.00	41.00	62.00
	台湾	2.00	2.00	2.00	4.00	4.00	4.00	6.00	6.00
坦克	大陆	5.00	7.00	15.00	15.00	39.00	51.00	63.00	63.00
	台湾	0.00	0.00	4.00	4.00	4.00	4.00	4.00	4.00
舰艇	大陆	12.00	14.00	16.00	24.00	36.00	48.00	78.00	99.00
	台湾	0.00	0.00	0.00	2.00	2.00	2.00	2.00	2.00
作战飞机	大陆	3.00	8.00	8.00	8.00	11.00	17.00	20.00	48.00
	台湾	2.00	2.00	2.00	5.00	5.00	5.00	5.00	5.00

军事科技力的评估综合综合研制等级和装备代级，将武器装备分为"国外购入""仿制改进""自行研制""国外合作"四个研制等级，其中"国外购入"赋值0，"仿制改进"赋值1，"国外合作"赋值1，"自主研发"赋值2；装备代级中第一代装备赋值1，第二代装备赋值2，以此类推。划分研制等级和装备代级后，采用加乘混合模型合成分值，即得上述结果。

经过对"二级指标"分值的归一化处理、模型合成，将合成的"一级指标"分值代入综合国力评估模型，测算出1978—2014年海峡两岸八个时间节点的军事力分值，结果如下：

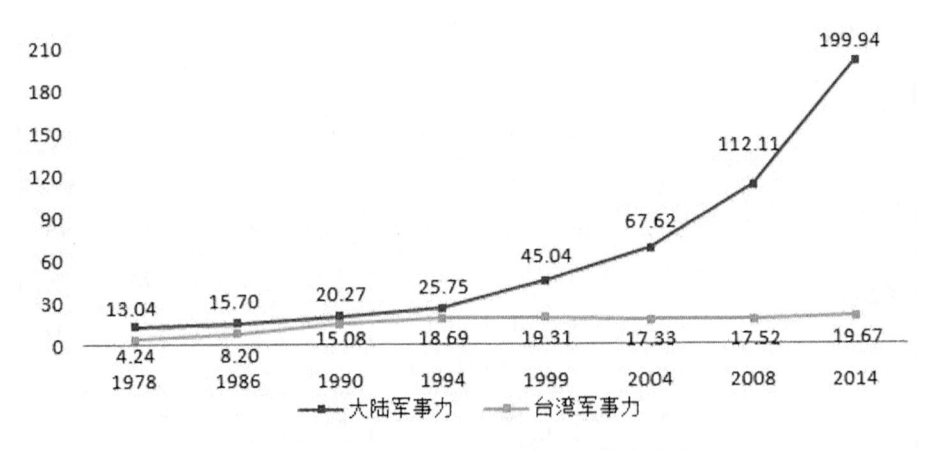

图 1-34 1978—2014 年两岸军事力变化

1978 年，大陆军事力分值为 13.04，1978—1994 年以年均 4.34% 的低速增长。1990 年代中期以后，大陆军事实力进入快速提升期，年均增幅高达 10.79%，2014 年大陆军事力分值增至 199.94。台湾 1978 年军事力分值为 4.24，1978—1994 年年均增幅高达 9.71%，1999 年军事力分值为 19.31。21 世纪第一个十年，台湾军事实力有所倒退，2014 年军事力分值恢复至 19.67。

20 世纪 90 年代以前，两岸军事力分值差距逐渐缩小，1990 年台湾军事力分值相当于大陆的 74.39%。1994 年以后，随着大陆军事实力的高速成长，2014 年两岸差距已达九倍之多。

在防御意识方面，台湾的防卫动员能力较强，防卫宣传和教育较深入，役男占总人口的比例远远超过大陆，拥有规模较大的军事预备力量，提升了台湾武装力量的评分。大陆经过几次大规模裁军，2014 年总兵力较 1978 年削减近一半，预备役部队力量不足台湾的三分之一，但是兵种结构得到了进一步优化和完善。在武器装备方面，1978 年台湾装备指数占大陆的 87.82%，1990 年迅速滑落至 31.88%，20 世纪 90 年代以后随着一批欧美先进武器的购入，1999 年台湾武器装备指数回升至大陆的 39.29%。21 世纪以后，大陆武器装备尤其是海空军装备力量不断更新，武器装备指数迅速增长，2014 年台湾武器装备指数仅占大陆的 10.63%。在军事经济力方面，1978—1999 年，由于台湾常年维持高额军费开支和军备进口额，台湾军事经济力指数均在大陆之上，1990 年是大陆的 3.9 倍，2000 年以后两岸军事经济力指数出现交叉。近年来随着大陆国防经费的提升和军备出口的增加，大陆相对于台湾的优势迅速扩大。此外，相较于台湾，大陆在军事科技力方面始终保持较大优势，2014年台湾军事科技力指数仅占大陆的5.23%。

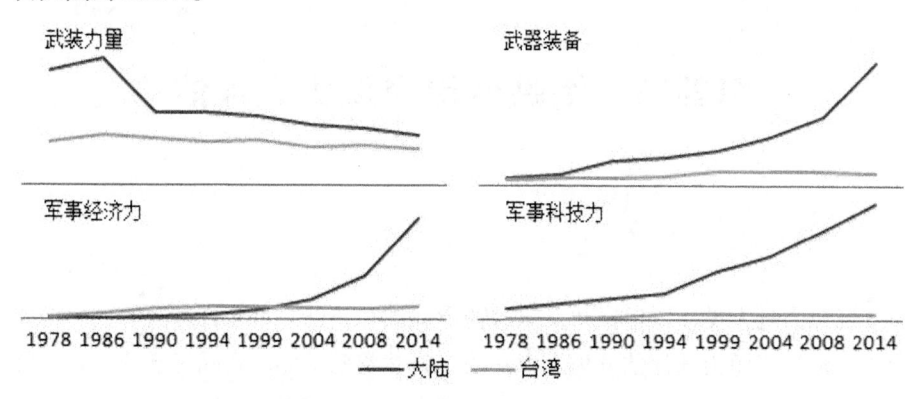

图 1-35 1978—2014 年两岸军事力构成要素变化

由此可见，两岸军事实力相差悬殊，早已呈现不可逆转趋势。在大陆经济和科技实力的坚实保障下，两岸军事力差距必将进一步扩大。台湾企图以"创新与不对称"思维推动建军备战，达到"以小搏大"的效果，只能是纸上谈兵。

第四节　海峡两岸资源力之评估

资源力是人类赖以生存和发展的物质基础和条件，是综合实力的重要构成要素。两岸资源力的评估分为人力资源、自然资源、环境状况三部分。人力资源通过人口数、质量综合评估；自然资源由土地、海洋和能源等"子"指标构成；环境状况包括大气环境、水环境、生活垃圾处理等。

一、人力资源

（一）人口数量

中国是世界第一人口大国。1978 年，中国大陆总人口 9.63 亿，自然增长率 12‰，1987 年高达 16.61‰，此后由于计划生育政策落实，自然增长率逐年下降，2010 年降至 4.79‰，2011 年开放二孩政策后略有回升。2014 年大陆人口自然增长率为 5.21‰，人口总数 13.68 亿。此外，1978—2014 年大陆人口占世界总人口[①]的比例从 22.48% 逐年降至 18.98%。在性别比方面，中国大陆始终维持在 104—107 之间，尚属正常范围，男性人数明显高于女性。但大陆出生人口性别比远远高于 107 正常值上限，且从 20 世纪 80 年代以来持续攀升，1982 年为 108.47，2004 年最高时达 121.18。2008—2014 年，出生人口性别比逐年下降，2014 年降至 115.88，虽然长期偏高的势头得到初步遏制，但整体水平依然偏高，使中华人民共和国成为世界上出生人口性别结构失衡最严重、持续时间最长、波及人数最多的国家。[②]

[①] 世界总人口数据来源：世界银行网，http://data.worldbank.org/。
[②] 《我国新生儿性别比六连降》，新华网，2015 年 2 月 4 日。

表 1-49 1978—2014 年两岸人口数变化（万人）①

	大陆				台湾			
	总人口	男	女	性别比	总人口	男	女	性别比
1978	96259	49567	46692	106.16	1717	896	818	109.54
1986	107507	54605	51116	106.83	1946	1009	937	107.68
1990	114333	58904	55429	106.27	2040	1054	986	106.89
1994	119850	61246	58604	104.51	2118	1091	1027	106.18
1999	125786	64692	61094	105.89	2209	1131	1078	104.95
2004	129988	66976	63012	106.29	2269	1154	1115	103.53
2008	132802	68357	64445	106.07	2304	1163	1141	101.89
2014	136782	70079	66703	105.06	2344	1170	1174	99.68

台湾人口总数约占大陆人口的 1.7%—1.8%，世界人口的 0.3%—0.4%。1978 年台湾总人口 0.17 亿，自然增长率 2‰，此后人口数量缓慢上升、自然增长率缓慢下降。1989 年，台湾人口突破 0.2 亿，1995 年增长率跌至 1‰ 以下。2014 年台湾人口 0.23 亿，自然增长率 0.4‰。在性别比方面，1978 年台湾为 109.54，高于大陆的 106.16，1978 年以后持续下降。2013 年，台湾男性 1168.5 万，女性 1168.9 万，是男女性别最为平衡时期，女性人口首次超过男性人口数量。1980 年，台湾出生人口性别比②为 106.2，2004 年最高时达 110.6，2014 年降至 106.9。

人口出生率和经济发展水平存在着长期稳定的关系，西欧、东亚等大部分发达经济体出生率均不足 10‰，1978 年以来海峡两岸的人口出生率也经历了从高到低的转变。1978 年，大陆和台湾粗出生率分别为 18.25‰ 和 14.1‰。1979—1981 年，大陆出生率上升、台湾出生率下降，并在 1982—1984 年间出现交叉，1984 年以后大陆出生率始终高于台湾。随着计划生育政策的落实和经济发展水平的提升，大陆人口出生率保持稳定下降，2010 年降至最低值 11.9‰，如今中华人民共和国已成为世界上少有的未富裕的低生育率国家。台湾近年来饱受低出生率的困扰，2004 年以后始终低于 10‰，2010 年低至 7.2‰。

---

① 数据来源：各年《中国统计年鉴》，*Taiwan Statistical Data Book*。
② 数据根据新生男婴、女婴数量计算。原始数据来源：台北：台湾"内政部户政司"全球资讯网。

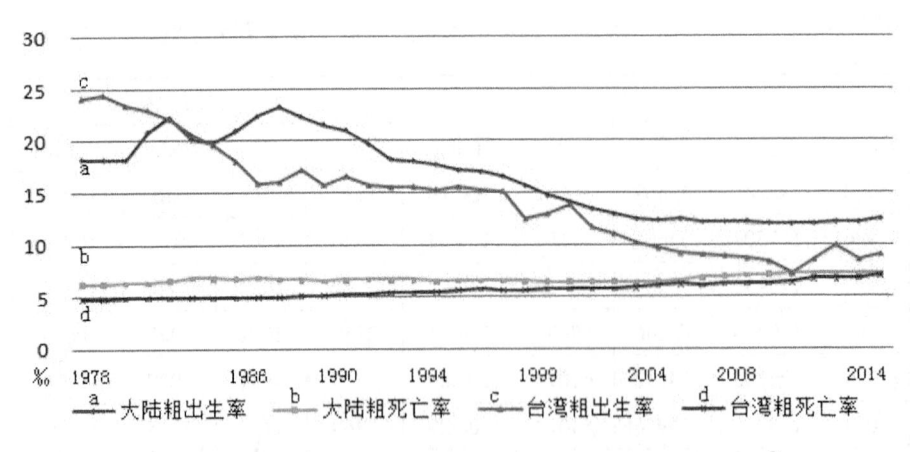

图 1-36 1978—2014 年两岸粗出生率及粗死亡率变化[1]

人口密度是衡量人口密集程度的指标，人口密度提高有利于节约通信、交通等领域的人均投资，但是过高的人口密度会给经济、社会、生态、环境等方面造成巨大压力，导致基础设施薄弱、服务水平低下、环境质量下降等弊端。1978 年，台湾人口密度为每平方公里 474.13 人，2014 年升至 646 人，30 多年来台湾人口密度均为大陆的 4 倍以上。台北市、嘉义市、新竹市、基隆市、台北市、桃园市、台中市、彰化县等县市人口密度高于每平方公里 1000 人，属于高度密集区，其中台北市人口密度接近每平方公里 10000 人，台北市永和区为全台人口密度最高地区，接近每平方公里 40000 人。[2]

大陆人口呈现多中心空间集聚格局，华北平原、长江三角洲、珠江三角洲、四川盆地、关中平原等五个中心是人口密集区，人口密度普遍在每平方公里 500 人以上，其中长江三角洲的宁沪杭甬 "Z" 字形核心区、广佛深为核心的珠江口两翼、京津石沿线、成渝附近及东南沿海的温台、厦漳泉、潮汕等地属高度密集区。[3]

（二）人口质量

人口年龄结构是考察人口质量的重要指标，它不仅关系到未来人口发展的

---

[1] 数据来源：各年《中国统计年鉴》，《"中华民国"统计年鉴》。
[2] 数据根据各地人口数及面积计算。原始数据来源：台北：台湾"内政部户政司"全球资讯网。
[3] 毛其智、龙瀛、吴康：《中国人口密度时空演变与城镇化空间格局初探——从 2000 年到 2010 年》，北京：《城市规划》，2015 年第 2 期。

速度和趋势，也对今后社会经济发展产生一定影响。人口年龄结构通常分为三组，即0—14岁的少年儿童组，15—64岁的中青年组，和65岁及以上的老年组。1978—2014年，两岸均面临少年儿童比例逐渐下降、中青年及老年人口逐渐上升的趋势，且台湾的人口结构形势比大陆更为严峻，少子化和老龄化趋势更加突出。1978—2014年，大陆0—14岁人口比重下降50.89%，15—64岁人口比重上升19.35%，65岁及以上人口比重上升106.12%，2014年三组人口比重分别为16.5%、73.4%和10.1%，易造成劳动力不足和经济活动人口老化等问题。同时段，台湾0—14岁和65岁及以上人口占比变化幅度更大，分别下降57.83%和上涨200%，2014年三组人口比重分别为13.98%、74.03%和11.99%。

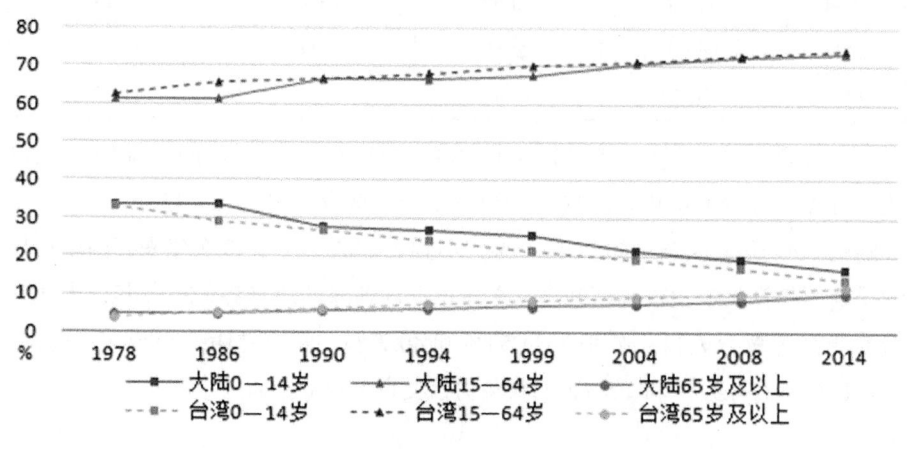

图1-37 1978—2014年两岸人口年龄结构变化[①]

由于人口基数庞大，大陆在劳动力人口上具有明显优势。1978年，大陆劳动力人口55.66千万人，占总人口的57.82%，2014年突破10亿，较1978年增长近一倍，占总人口比重也提升至73.45%。1978—2014年，虽然台湾劳动力人口从0.63千万人增长至1.15千万人，但是劳动力人口占大陆劳动力人口比重始终维持在1%左右，而且台湾劳动力人口占总人口比重远低于大陆。

---

① 数据来源：各年《中国统计年鉴》，《"中华民国"统计年鉴》。

表 1-50　1978—2014 年两岸劳动力人口情况[①]

	大陆		台湾	
	劳动力/千万人	占总人口比/%	劳动力/千万人	占总人口比/%
1978	55.66	57.82	0.63	36.87
1986	62.16	57.82	0.80	40.85
1990	76.31	66.74	0.84	41.27
1994	79.87	66.64	0.91	42.87
1999	85.16	67.70	0.97	43.78
2004	92.18	70.92	1.02	45.13
2008	96.68	72.80	1.09	47.09
2014	100.47	73.45	1.15	49.23

人口素质主要取决于人受教育的程度，台湾在受高等教育人口和文盲人口比重方面均有较大优势。1978 年，台湾受高等教育人口占总人口的 8.45%，是大陆的 80 余倍；文盲人口占 13.49%，不到大陆的一半。30 多年来，两岸均呈现受高等教育人口比重逐渐升高、文盲比重逐渐降低的趋势。2014 年，大陆和台湾受高等教育人口比分别为 11.53% 和 40.71%，两岸差距缩小至 4 倍以内；文盲比分别为 4.92% 和 1.5%，而台湾男性文盲率仅 0.3%。

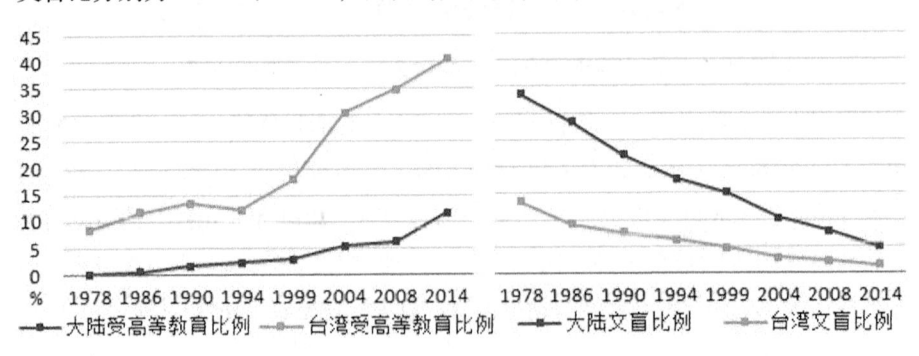

图 1-38　1978—2014 年两岸受高等教育及文盲人数占比情况[②]

---

① 数据来源：各年《中国统计年鉴》，《"中华民国"统计年鉴》。
② 受高等教育人口比例根据受高等教育人口数及总人口数量计算。原始数据来源：各年《中国统计年鉴》，*Taiwan Statistical Data Book*。

二、自然资源

自然资源是综合实力中相对稳定且影响深远的因素，通常指天然存在且有利用价值的自然物，包括土地、森林、水、矿藏、能源等。一个国家或地区拥有丰富的自然资源，就具备了持续强盛的基础；反之，其发展将会受到一定程度的制约。[①] 随着工业和科学技术的发展，生存与发展对于资源种类和需求激增，有限的资源却日益减少，资源力在综合实力中的地位和作用也更加突出。

（一）土地、海洋

把土地面积作为综合实力的构成要素，是国际学界比较一致的认识。一般来说，土地面积越大，综合实力越强，因为"地大"总是与"物博"紧密相连，广阔的土地和丰富的资源是生存和发展的重要基础。中华人民共和国总面积960万平方公里，仅次于俄罗斯和加拿大，岛屿5400多个，海岸线18000公里，同14个国家陆上接壤，8个国家海上相邻。其海港大致分为三大区域系统，即京杭运河港口、长江水系港口和珠江水系港口。

台湾管辖地区包括台湾岛及澎湖列岛、金门、马祖、东引、乌坵，以及东沙和南沙部分岛屿在内的87个岛屿，总面积3.6万平方公里。台湾海岸线总长1566.3公里，但是缺乏天然良港，目前主要港口有基隆港、台北港、台中港、高雄港、花莲港、苏澳港、安平港等七个国际商港。台湾拥有得天独厚的地理位置，位于南海航道边缘，地处东亚中心区域，距厦门100英里、菲律宾200英里、海南岛700英里、越南和南沙群岛900英里，以北连接到日本冲绳，距日本本岛700英里。[②] 冷战结束后，随着陆权与海权竞争态势下全球战略体系的形成，台湾的战略价值逐渐凸显，高雄港扼台湾海峡和巴士海峡交汇要冲，是美、亚、欧海运必经之道，也是台湾货物进出口的首要门户和集散中心。

耕地是社会稳定的基础，耕地面积的多寡决定了人口承载量及可持续发展能力。1978—2014年，中国大陆的耕地面积增长40.46%，2014年达13516万公顷，位列世界第三，仅次于美国和印度。台湾耕地面积不足大陆的1%，1978—2014年减少12万公顷，耕地面积比重也从25.5%下降至22.22%。在人

[①] 张世平：《中国海权》，北京：人民日报出版社，2009年，第154页。

[②] Joseph A. Bosco: "Taiwan and Strategic Security", *The Diplomat*, May 15, 2015, http://thediplomat.com/2015/05/taiwan—and—strategic—security/.

均耕地面积方面，两岸均在世界平均线以下，大陆维持在每人 1.2—1.5 亩之间，台湾人均耕地面积则从 1978 年的 0.8 亩降至 2014 年的 0.5 亩，低于联合国确定的人均耕地面积 0.8 亩的警戒线。1978—2014 年，大陆森林覆盖率总体呈上升趋势，但远低于台湾水平。

表 1-51 1978—2014 年两岸耕地、森林面积情况[①]

	耕地面积（万公顷/%）				森林面积（万公顷/%）			
	大陆		台湾		大陆		台湾	
	面积	比重	面积	比重	面积	覆盖率	面积	覆盖率
1978	9623	10.32	92	25.50	13400	14.37	187	51.80
1986	9623	10.32	89	24.63	11525	12.00	187	51.80
1990	9567	10.26	89	24.72	12465	12.98	187	51.80
1994	9491	10.18	87	24.22	12863	13.40	210	58.40
1999	13004	13.94	86	23.75	15894	16.55	210	58.40
2004	13004	13.94	84	23.22	17491	18.21	210	58.40
2008	12172	13.05	82	22.83	17491	18.21	210	58.40
2014	13516	14.49	80	22.22	20769	21.63	210	58.40

（二）能源

能源是推动经济发展的基本驱动力，是影响产业、民生甚至国家安全的关键因素。中国大陆矿产资源非常丰富，目前已发现的有 170 多个矿种，探明储量约 160 种，总量仅次于美国和俄罗斯，位居世界第三。截至 2014 年底，大陆已探明煤炭 15317 亿吨，石油 34.3 亿吨，天然气 49451.8 亿立方米，页岩气 254.6 亿立方米，铁矿 843.4 亿吨，金矿 9816 吨，铜矿 9689.6 万吨等。[②] 台湾矿产资源比较匮乏并且种类单一，已发现矿种 110 余种，具有实际开发价值的仅 20 多种。截至 2014 年，台湾的煤炭资源基本枯竭，仅存 1.03 亿吨，另有石油 23.4 万千升，天然气 47.5 亿立方米。金矿是台湾最重要的金属矿藏，储量约 580 万吨，铜矿 470 万吨，其他金属矿藏储量较少，铁矿仅 200 万吨。[③]

---

① 数据来源：各年《中国统计年鉴》，*Taiwan Statistical Data Book*。台湾森林覆盖率根据森林面积、土地面积计算。
② 国土资源部编：《2015 中国矿产资源报告》，北京：地质出版社，2015 年，第 3—4 页。
③ 数据来源：*Taiwan Statistical Data Book* 2015。

虽然大陆矿产资源蕴藏丰富，但能源消耗也远远超过台湾，而且大陆能源利用效率较低，单位能源所创造的 GDP 价值远低于台湾。1978 年，台湾能源总供给 3710 万吨标准煤，占大陆的 6.16%，2014 年增长至 18977 万吨标准煤，年均增长率 4.64%。2004—2014 十年间，台湾能源供给仅增长 1910 万吨标准煤。1978—1999 年，大陆能源总供给年均增长 3.02%，1999 年为 96138 万吨标准煤；1999 年以后，随着经济的飞速发展，大陆能源需求猛增，2014 年增至 426095 万吨标准煤，年均增长率高达 8.48%。

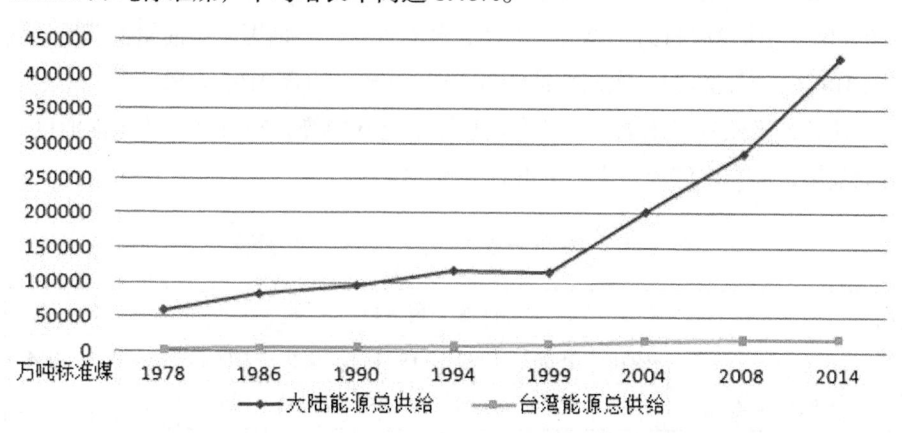

图 1-39　1978—2014 年两岸能源总供给变化[①]

从能源平衡来看，大陆基本能够达到供需平衡。1978—2004 年，由于大陆资源种类齐全、储量充裕，能源供应基本保持自给有余状态。与此同时，20 世纪 90 年代中期以来，随着工业化、城市化、电气化水平的不断提高，大陆对石油等优质能源的总体需求快速增长，能源供给开始走向部分依靠国外进口阶段，1978—2014 年大陆进口能源比例从 0.43% 上升至 17.23%。

煤炭始终是大陆能源供应的主力，原煤产量始终保持在 70% 以上。2000 年以前，大陆煤炭维持较低进口量，基本达到自给自足；2000 年后煤炭进口量增长较快，2014 年进口量占自产量的 12.03%。

改革开放以来，随着重化工业和城市化的发展，煤炭在能源供应变化中的主导地位逐渐被石油取代。1978 年，中国大陆原油产量突破 1 亿吨大关，从此跨入世界产油大国行列，并向多国出口石油换取外汇。随着经济发展，增长缓

[①] 数据来源：各年《中国统计年鉴》、*Taiwan Statistical Data Book*。台湾原始数据单位为千升油当量，为便于比较转换为万吨标准煤。

慢的石油产量已不能满足石油消费需求，1986年大陆开始减少石油出口，并于1988年恢复大量的石油进口。1993—1996年，大陆石油进口依存度维持在10%以内，随着石油供给缺口的不断扩大，1999年中国大陆石油进口依存度超过20%，2004年达45%，成为仅次于美国的石油消费大国。2014年，大陆进口石油3.08亿吨，对外依存度逼近六成。21世纪以后，大陆逐渐认识到石油的战略重要性，开始建立石油储备制度。2003年，大陆开始筹建石油储备基地，计划到2020年建成国家石油储备体系，保持120天净进口量的实际储备规模。①2009年，大陆建成舟山、镇海、大连、黄岛等4个一期国家石油储备基地。截至2014年11月20日，大陆原油储备1243万吨，约合9100万桶。②

此外，天然气、水电等能源产量总体呈上升趋势。2014年，水电能源已成为大陆第二大自产能源，生产量占总量的13.7%。

表1-52 1978—2014年两岸能源平衡表③

	大陆能源平衡指数							
		1978	1986	1990	1994	1999	2004	2008	2014
能源总供给		51.97	72.38	83.00	101.85	100.00	175.56	247.79	367.78
自产能源	总计	54.24	76.14	89.72	101.85	113.90	177.94	239.51	310.80
	原煤	38.13	55.13	66.57	75.98	84.17	136.48	183.94	227.51
	原油	12.85	16.14	17.05	17.93	19.70	21.71	23.47	26.11
	天然气	1.57	1.60	1.79	1.94	2.85	4.80	9.34	14.92
	一次电力及其他	1.68	3.35	4.31	6.01	7.18	14.95	22.75	42.58
进口能源	总计	0.23	0.64	1.13	3.75	8.21	22.07	31.73	63.36
	煤炭	—	—	0.17	0.10	0.14	1.56	3.38	27.37
	原油及石油产品	—	0.17	0.65	2.51	5.60	14.61	19.41	29.60
	液化天然气	—	—	—	—	—	—	0.04	0.39
能源总需求		49.33	69.80	85.21	105.96	121.36	198.81	276.80	367.62

① 金三林：《建立符合国情的国家石油储备体系》，国家统计局网，2007年10月10日。
② 《国家石油储备一期工程建成投用》，国家统计局网，2014年11月20日。
③ 由于两岸能源统计口径存在较大差异，能源平衡各项指标以无量纲化进行对比，两岸能源平衡均以1999年能源总供给为基准数，界定指数为100。原始数据来源：各年《中国统计年鉴》《国际统计年鉴》《中国能源统计年鉴》《"中华民国"统计年鉴》，Taiwan Statistical Data Book，台湾"经济部能源局"能源统计资料查询系统。

续表

台湾能源平衡指数		1978	1986	1990	1994	1999	2004	2008	2014
能源总供给		30.47	41.42	61.12	75.26	100.00	140.16	147.08	155.85
自产能源	总计	5.75	3.28	2.43	1.68	2.22	2.87	3.18	3.06
	原煤	2.10	1.29	0.33	0.20	0.06	—	—	—
	原油	0.26	0.12	0.19	0.07	0.05	0.05	0.02	0.01
	天然气	2.07	1.26	1.24	0.85	0.80	0.75	0.34	0.36
	电力	0.36	0.62	0.87	1.17	1.54	1.92	2.12	2.75
进口能源	总计	24.73	38.14	58.69	73.57	97.78	137.29	143.90	152.78
	煤及煤产品	1.06	7.47	13.76	19.23	28.67	42.26	44.39	45.50
	原油及石油产品	20.92	21.88	33.97	40.60	51.82	73.35	74.46	75.61
	液化天然气	—	—	0.90	3.07	5.53	9.59	12.55	18.69
能源总需求		22.56	33.96	54.28	69.76	90.11	117.95	126.10	155.84

　　台湾由于能源匮乏，能源自产量较低，主要依靠进口。1978—1994年，台湾自产能源比重从18.86%迅速跌至2.24%，进口能源比重则从81.15%猛增至97.75%。21世纪以后，这种状况进一步恶化，2014年台湾自产能源比重降为1.96%，进口能源比重则升至98.04%，能源供给高度依赖进口且缺乏完善的能源备援系统，使台湾面临严峻的能源安全形势。

　　台湾原煤、原油等资源几近枯竭，21世纪以后原煤全面停产，煤炭资源基本依靠进口。澳洲是台湾地区最大的煤炭进口地，2014年进口量占煤炭进口总量的80.07%。[1] 原油及石油产品是台湾进口量最多的能源，1978年后台湾进口石油依存度始终维持在99%以上，2014年高达99.98%，其中约三分之一的石油从沙特阿拉伯进口，约五分之一从科威特进口。[2] 20世纪90年代以后，电力逐渐成为台湾最主要的自产能源，2014年电力产量占自产能源总量的89.87%。但是随着台湾"反核运动"兴盛，核能电力建设受到严重破坏，进一步恶化了台湾的能源安全形势。

---

[1] 台湾"经济部能源局"：《台湾能源安全指标》，台北：台湾"经济部能源局"能源统计资料查询系统。

[2] 台湾"经济部能源局"：《台湾能源安全指标》，台北：台湾"经济部能源局"能源统计资料查询系统。

三、环境状况

环境状况关系到人们健康、安全的生活环境,也影响着经济和社会的永续发展。与人类社会、生活联系最为密切的环境状况包括大气环境、水环境、噪声环境、工业污染环境等。

(一)大气环境

大陆大气环境污染以煤烟型污染为主,主要污染物是二氧化硫及总悬浮颗粒物(TSP)。1989年,大陆二氧化硫排放量为1564万吨,2006年增至2588.8万吨,随着节能减排及新能源的开发和利用,2014年大陆二氧化硫排放量降至1974.4万吨。[1] 近十余年来,颗粒物污染逐渐成为首要污染物,对大气环境造成了恶劣的影响。1999年,大陆338个城市中,33.1%的城市满足空气质量二级标准。[2] 2006年1月,大陆公示113个环境保护重点城市,对其进行空气质量检测,当年没有一个环保重点城市的空气质量达到一级标准,达到二级的只有44.2%,2012年达到二级的下降至23.9%。2014年,大陆113个城市中,只有18个城市全年达标日数超过300天(即占全年的82.19%)。

台湾空气质量在20世纪80年代较差,随着对大气质量的治理,已普遍优于大陆。1986年,台湾空气污染指标(PSI)测定达到良好及普通的日数占86.24%,1990年跌至历史最低值83.67%。1991—1992年,台湾加大对空气污染状况的治理和改善,两年间PSI测定低于100的日数从83.76%增加至88.68%,2014年增至98.69%。

---

[1] 数据来源:各年《中国环境状况公报》。
[2] 环境保护部:《1999年中国环境状况公报》,环境保护部网,2000年6月。

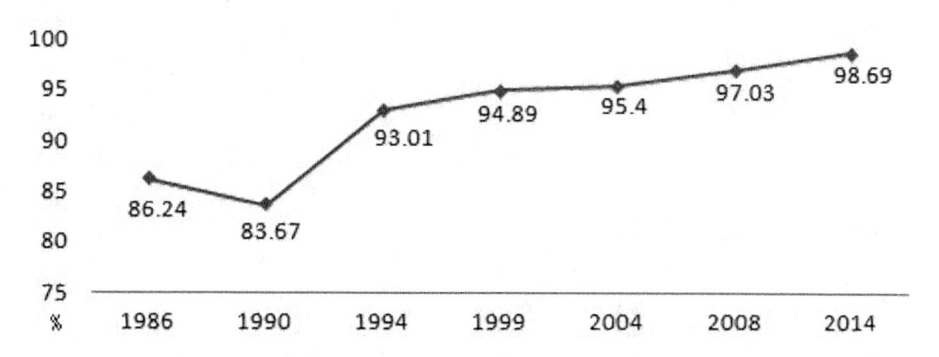

图 1-40 1986—2014 年台湾空气污染指标（PSI）测定日数低于 100 百分比[①]

在二氧化碳排放方面，2000 年以前大陆排放总量增长缓慢，1990 年以前均维持在 20 亿吨以下，1999 年为 29.09 亿吨。2000 年以后尤其是近十年，中国大陆二氧化碳排放量逐渐超过美国，成为世界第一，2014 年排放总量超过 100 亿吨。1978 年，大陆化石燃料二氧化碳排放量为 3.99 亿吨，2002 年、2008 年分别超过 10 亿及 20 亿吨，2014 年增至 28.07 亿吨，年均增长 5.57%。

2014 年台湾二氧化碳排放总量 2.83 亿吨，较 1990 年仅增长一倍。在化石燃料二氧化碳排放方面，1978 年台湾排放量 0.19 亿吨，占大陆的 4.87%，GDP 总量却占大陆的 12.63%。1994 年，台湾 GDP 升至大陆的 45.61%，化石燃料二氧化碳排放量仅为大陆的 5.36%。2014 年，台湾化石燃料二氧化碳排放量为 0.72 亿吨，年均增长 3.77%。但是台湾的人均二氧化碳排放量始终高于大陆，尤其是化石燃料二氧化碳排放量。2001 年，台湾人均二氧化碳排放量是大陆的 3.74 倍。

---

① 台湾空气污染指标分为五个等级，0—50 为良好，51—100 为普通，101—200 为不良，201—300 为非常不良，≥301 为有害。数据根据良好、普通及总测定日数计算。原始数据来源：各年 *Taiwan Statistical Data Book*。

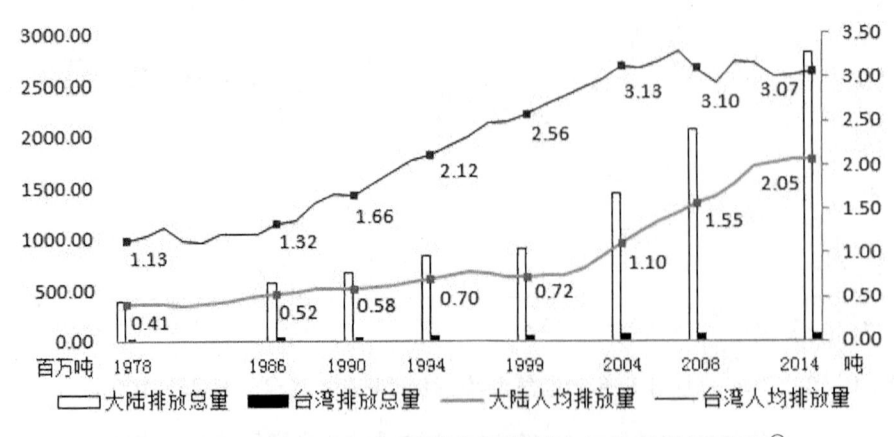

图 1-41 1978—2014 年两岸化石燃料二氧化碳排放情况 [1]

多年来，大陆始终遵循《联合国气候变化框架公约》的倡议，承担"共同但有区别的责任和各自的能力及其社会和经济条件，尽可能开展最广泛的合作，并参与有效和适当的国际应对行动"。[2] 2010 年大陆制定《中国应对气候变化国家方案》，在控制温室气体排放、增强适应气候变化能力、加强科学研究与技术开发等方面提出具体的目标和任务，切实履行《气候公约》和《京都议定书》的义务，推动气候变化区域的国际合作。[3] 1984—2014 年，大陆年均能源消费弹性系数 0.62，2006 年以后均维持在 0.8 以下，2014 年降至 0.3。

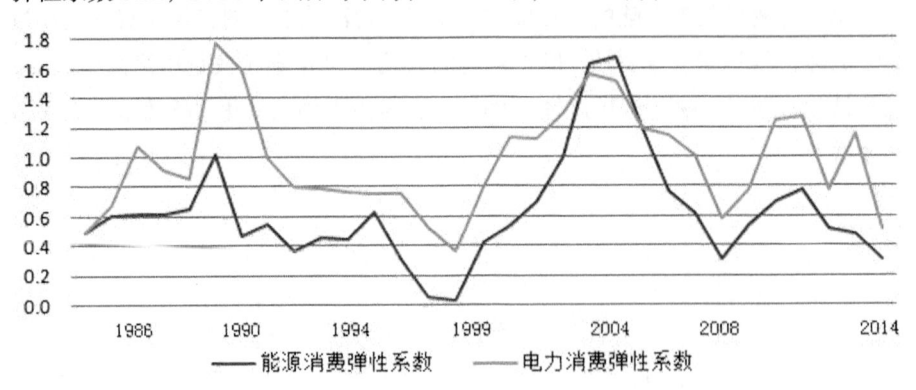

图 1-42 1984—2014 年大陆能源消费弹性系数变化 [4]

[1] 数据来源：美国能源部二氧化碳信息分析中心（Carbon Dioxide Information Analysis Center, CDIAC），橡树岭：CDIAC 网，http://cdiac.ornl.gov/trends/emis/meth_reg.html。
[2] 联合国：《联合国气候变化框架公约》，1992 年，http://unfccc.int/resource/docs/convkp/convchin.pdf。
[3] 《中国应对气候变化国家方案》（全文），国家发展改革委员会网，2007 年 6 月 4 日。
[4] 数据来源：各年《中国统计年鉴》。

（二）其他

在淡水资源保护方面，大陆和台湾都有不同程度的进步。2001—2014年，大陆劣V类（污染最严重）水质比例从29%降至9%，长江、黄河、珠江、松花江、淮河、海河、辽河等七大流域和浙闽片河流、西北诸河、西南诸河总体水质明显好转。[①] 同时期台湾严重污染水质从13.2%降至4.5%，重点治理的淡水河、南崁溪、老街溪、浊水溪、新虎尾溪、北港溪、急水溪、盐水溪、二仁溪、阿公店溪及爱河等河流水质明显得到改善。[②]

此外，台湾十分注重对生活垃圾的分类、处理，无害化处理率从1989年的60.17%提升至2014年的99.99%，垃圾回收率也从1998年的5.97%上升为2014年的9.78%。1999年，大陆生活垃圾无害化处理率为61.8%，仅相当于台湾1989年的水平，2014年提升至91.8%，但是真正能够达到无害化处理标准的比重还非常低，显示大陆垃圾处理能力明显不足。

四、海峡两岸资源力之综合评估和比较

海峡两岸资源力评估选取32个具有代表性的资源"子"指标，其中三个"一级指标"，包括人力资源（11个）、自然资源（16个）、环境状况（5个），其中自然资源包括土地海洋（8个）和能源（8个）。

表1-53 海峡两岸资源力之评估指标

一级指标	人力资源（11）	自然资源（16）	环境状况（5）
二级指标	人口数量（4）	土地海洋（8）	大气环境（3）
	人口质量（7）	能源（8）	其他环境（2）

经过对资源力原始数据的标准化处理，以及"三级指标"的模型合成，计算出"二级指标"分值，结果如下：

[①] 环境保护部：《2014年中国环境状况公报》，环境保护部网，2000年5月。
[②] 台湾"行政院环境保护署"编印："环境白皮书"（2015年版）台北："行政院环境保护署"，2015年，12月。

表 1-54 1978—2014 年两岸资源力"二级指标"分值

		人力资源							
		1978	1986	1990	1994	1999	2004	2008	2014
人口数量	大陆	56.06	62.61	66.59	69.80	73.26	75.71	77.35	79.66
	台湾	1.00	1.10	1.19	1.24	1.31	1.35	1.38	1.41
人口质量	大陆	0.53	0.73	0.90	1.00	1.07	1.28	1.38	1.65
	台湾	1.00	1.16	1.24	1.28	1.44	1.70	1.82	1.99
		自然资源							
		1978	1986	1990	1994	1999	2004	2008	2014
土地海洋	大陆	100.40	87.09	89.55	89.55	125.15	131.94	125.36	149.27
	台湾	1.00	0.94	0.92	0.98	0.95	0.93	0.91	0.89
能源	大陆	14.28	16.56	18.56	20.31	26.61	41.58	55.25	79.53
	台湾	1.00	0.56	0.42	0.29	0.26	0.20	0.16	0.15
		环境状况							
		1978	1986	1990	1994	1999	2004	2008	2014
大气环境	大陆	9.66	9.09	8.52	7.95	7.39	6.41	3.62	1.81
	台湾	10.00	9.80	9.51	10.57	10.78	10.84	11.03	11.21
其他环境	大陆	4.25	4.05	3.86	4.86	5.67	7.39	11.33	18.89
	台湾	10.00	9.44	8.50	11.33	12.88	17.00	24.29	37.78

经过对"二级指标"分值的归一化处理、模型合成，将合成的"一级指标"分值代入综合国力评估模型，测算出 1978—2014 年海峡两岸八个时间节点的资源力分值，结果如下：

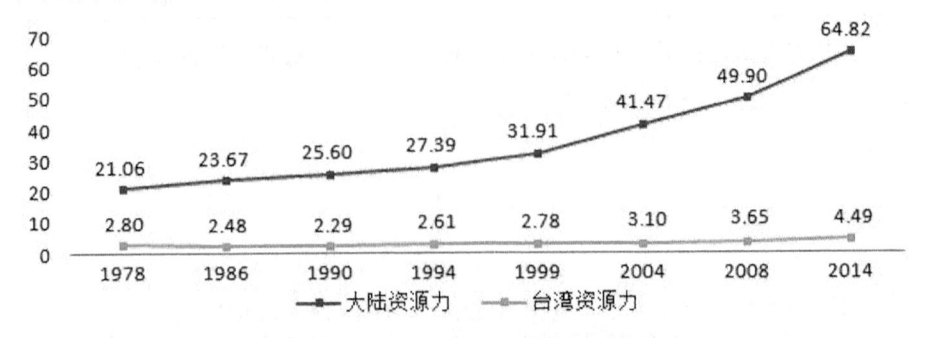

图 1-43 1978—2014 年两岸资源力变化

1978年，大陆资源力分值为21.06，改革开放近40年间，大陆资源力平稳增长，2014年资源力分值达64.82。台湾1978年资源力分值为2.8，20世纪80年代由于台湾能源资源急剧萎缩，资源力一度出现倒退，90年代以后才有所改善。2014年，台湾资源力分值为4.49。

由于资源力具有一定的稳定性，两岸资源力分值相较于其他三种硬实力变动幅度较小，但是两岸资源力差距同样呈扩大趋势。1978年大陆资源力分值是台湾的7.52倍，2014年已扩大至14.44倍。

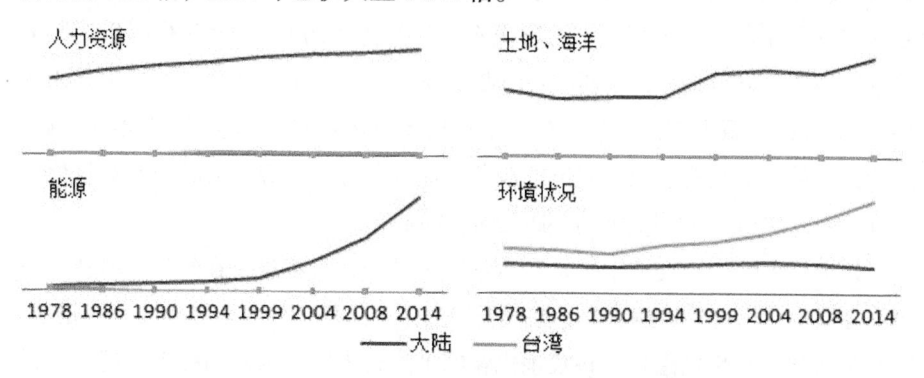

图1-44 1978—2014年两岸资源力构成要素变化

大陆在人力资源和土地、海洋方面的巨大优势是不言而喻的，1978年以后在能源方面的优势也逐渐凸显，尤其是20世纪90年代以后，随着台湾能源的枯竭，能源储备已远低于世界平均水平。2000年以后，台湾能源指数占大陆比例降至1%以下，2014年低至0.06%。不过，台湾的环境状况始终优于大陆。台湾"解严"后，环境保护运动蓬勃发展，通过政府、舆论界、学术界、民间团体和公民的努力，工业化发展遗留下的环境问题得到较大改善。2014年，台湾环境状况指数较1990年提高128.96%。和所有工业化国家一样，中国大陆的环境污染问题也是与工业化相伴而生的，由于工业化进程尚未完成，环境治理之路仍然任重道远。2014年，大陆环境状况指数仅占台湾的20.58%。

小结

改革开放以来，大陆硬实力取得了长足进步，两岸硬实力差距逐渐拉大。在经济力上，1978年台湾正处经济腾飞的黄金阶段，大陆则刚刚走出"文革"阴影，经济制度和发展水平相当落后。多年间，中华人民共和国彰显巨大的经济潜能，创造世人瞩目的经济成就，逐渐从经济大国向经济强国转变。台湾经济则出现停滞甚至衰退，陷入难以摆脱的经济困境，两岸经济实力差距从最接近时的2.41倍迅速扩大至2014年的12.53倍。在科技力上，由于台湾科技起步较早，在相当长的一段时间内保持着科技优势，直到20世纪80年代末期才被大陆赶超，2014年大陆科技实力是台湾的6.29倍，在科技队伍、科技投资、高科技水平、高技术产品贸易等方面有着台湾无法比拟的巨大优势。在军事力上，大陆高度重视军队素质建设，推动军队从数量规模型向质量效能型转变，同时专注武器装备的自主研发，努力增强军事科技力。20世纪90年代末以后，大陆军事经济力显著提升，武器装备不断更新和升级，2014年两岸军事力差距达10.16倍。在资源力上，大陆长久以来均保持较大优势。20世纪90年代以后，随着人口质量的提升、土地状况的改善、能源资源的保障，大陆资源力呈稳定上升趋势，2014年两岸资源力差距增至14.44倍。

如今，大陆的硬实力水平是台湾难以企及的，台湾过去在经济、科技、军事等方面的所谓优势迅速流失，连其引以为傲的人均指标也正被大陆一一超越。随着工业化、军事信息化和科技现代化的推进，大陆在人均指标上超越台湾只是时间问题，两岸硬实力差距也必将进一步扩大。

第二章　海峡两岸软实力之评估

软实力是衡量一个国家或地区国际影响力的重要指标，是国际地位的核心成分，将软实力纳入综合实力的评估并对其构成要素进行整合、分析，正成为世界各国和地区战略思考的重要着眼点。改革开放以后，大陆软实力全面而迅速地提升，实现了从无意识到有意识的积极发展，尤其是21世纪以来，中国大陆对世界的吸引力和影响力逐步扩大，正在成长为全球软实力的多元中心。20世纪90年代末期以后，台湾不断强调其在软实力方面的优势，甚至将其作为两岸政策制定的重要依据。然而，两岸软实力对比究竟孰强孰弱，不能仅依靠感性认知，还需通过科学、严谨的方法进行研究和分析。

软实力是一种普遍存在于竞争主体之中的精神性力量，主要由政治力、文教力和对外关系能力三部分构成。由于软实力的精神性，海峡两岸软实力对比必须结合定性与定量的研究方法进行综合评估。

第一节　海峡两岸政治力之评估

政治力主要指一个国家或地区的整体战略、政治体制、公权素质和民众凝聚力等综合能力。首先，政府要能根据现有的力量和国际环境，选择合适的战略目标，使综合实力得以最大限度地提升。其次，政府需善于合理规划、综合统筹各种资源，以取得各项建设的成就。其中，公权素质主要反应在宏观控制能力和政治动员力上；民众凝聚力由国家或地区对民众的吸引力，民众对国家或地区的认同力，以及民众之间的亲和力组成，吸引力可由认同力及亲和力呈现，因此对民众凝聚力的评估重点考察民众认同力及民众亲和力的强弱。

一、整体战略

1973年，时任美国国防大学战略研究所所长、国会防务问题高级专家约翰·柯林斯在其著作《大战略》一书中写道："孙子十三篇可与历代名著包括2200年后克劳塞维茨的著作媲美。今天没有一个人对战略的相互关系、应考虑的问题和所受的限制比他有更深刻的认识。他的大部分观点在我们当前环境中仍然具有和当时同样重大的意义。"[①] 正因如此，孙子被视为战略学的鼻祖，战略学也被广泛运用于军事领域。

19世纪以后，随着生产力的提高、市场经济的发展和国际交往的频繁，战争问题已不单单是军事力量的比拼，政治、经济、科技、心理等非军事因素对战争的影响越来越大，"大战略"概念应运而生。1929年，英国战略理论家利德尔·哈特在《历史上的决定性战争》中指出："大战略的任务是协调和指导国家的全部力量以便达到战争的政治目的，即国家政策所确定的目标。大战略既

[①] [美]约翰·柯林斯：《大战略》，北京：中国人民解放军战士出版社，1978年，第8页。

要算计又要发展国家的经济力量和人力,以便维持作战部队。对精神力量也应如此,因为培养、加强(国民)取胜和忍耐的意志,同掌握有形的实力一样重要……大战略还要估计和运用财政压力、商业压力以及并非最不重要的道义压力来削弱敌人的意志。"他认为大战略"不仅把各种手段结合起来,而且协调其运用,以免有损于未来稳定而繁荣的和平状态"。[①]二战中,大战略思想被美国人重新定义为国家战略,并将其运用于战争协调中,对世界国际形势的发展产生了重要影响。随着世界和平浪潮的驱动,国家战略理论的应用已不仅局限于军事领域,尤其在经济全球化浪潮的影响下,国家战略已成为统筹、指导全局发展的重要方略。

20世纪70年代初,台湾学界开始关注和研究国家战略理论。80年代初,国家战略的概念被引入大陆,80年代末期开始在军队中被明确提出,但直到近年来这一概念才作为重要的战略理念被官方强调,这也标志着大陆对国家战略从无意识运用到有意识提倡的转变。在进行国家战略的两岸比较时,本书将大陆和台湾放在一个中国框架下研究,分别对其对内和对外整体战略进行评估。

1978年以后,对内改革和对外开放成为大陆处理国内关系及国际关系的新路径,也是大陆实质性地开创和平发展道路的本质特征。与此同时,建构科学完备的国家战略体系,必须使改革与开放协调发展。十一届三中全会以后,大陆将工作重心转移到经济建设上,发展外向型经济,重建国家基本制度,研创中国特色社会主义理论体系。邓小平还提出中国社会主义现代化建设"三步走"的战略设计,第一步:从1981年开始用十年时间使国民生产总值翻一番,解决人民生活的温饱问题;第二步:再用10年时间再翻一番,使人民生活达到小康水平;第三步:到二十一世纪,再用30到50年时间,接近中等发达国家水平,基本实现现代化。[②]在外交上,大陆进行全面调整,确立独立自主的和平外交政策,与美国等国家建立外交关系,加强同周边国家和地区的经贸往来,融入经济全球化,同时积极参与和恢复国际组织席位加强同国际经济组织的关系。

1992年以来,大陆继续坚持以经济建设为中心,将计划经济体制逐步转变为社会主义市场经济体制,完善国内经济布局,促进社会和谐,同时进一步探索和完善中国特色社会主义理论体系。在外交上,树立和平发展的理念,确立"大国是关键,周边是首要,发展中国家是基础,多边是重要舞台"的总体战略

[①] 吴春秋:《论大战略和世界战争史》,北京:解放军出版社,2002年,第10页。
[②] 参见《邓小平文选》(第三卷),北京:人民出版社,1993年,第56页。

布局，加速经济全球化和地区一体化，全面融入国际社会，谋求互利共赢，同时积极提供全球公共物品，树立良好的国际形象。中共中央明确提出，要坚持统筹国内国际两个大局，妥善处理国内发展与对外开放的关系，妥善处理发挥自身优势与利用外部条件的关系，妥善处理立足自身国情办好自己事情与遵循国际规则履行国际责任的关系，妥善处理中国自身发展与世界共同发展的关系，将统筹国内国际两个大局，贯穿于改革发展稳定的各领域和社会主义现代化建设的全过程，体现在重点领域的工作之中。[1]

随着中国大陆综合实力的增长，"中国威胁论"甚嚣尘上，对此大陆提出"和平崛起"的发展战略。2003年11月3日，中央党校原常务副校长、中国改革开放论坛理事长郑必坚在"博鳌亚洲论坛"年会上发表《中国和平崛起新道路和亚洲的未来》的演讲，认为中国的和平崛起最重要的战略方针有三条：一是毫不动摇地锐意推进以社会主义市场经济和社会主义民主政治为基本内涵的经济和政治体制改革，以形成实现和平崛起的制度保证；二是大胆借鉴吸收人类文明成果而又坚持弘扬中华文明，以形成实现和平崛起的精神支柱；三是周到细致地统筹兼顾各种利益关系，包括统筹城乡发展、统筹区域发展、统筹经济社会发展、统筹人与自然和谐发展、统筹国内发展和对外开放，以形成现实和平崛起的社会环境。[2]

2012年11月8日，中共十八大报告提出"两个一百年"的奋斗目标，要在中国共产党成立一百年时（即2021年）全面建成小康社会，在新中国成立一百年时（即2049年）建成富强民主文明和谐的社会主义现代化国家。[3] 11月29日，习近平提出实现中华民族伟大复兴的中国梦，并坚信"两个一百年"的目标一定能实现，到2049年中华民族伟大复兴的中国梦一定能实现。中国梦的实现必须同国内国际形势的发展紧密结合，构建科学完备的战略体系。2013年10月24日，习近平在周边外交工作座谈会上进一步指出，我国周边外交的战略目标，就是服从和服务于实现"两个一百年"奋斗目标、实现中华民族伟大复兴，全面发展同周边国家的关系，巩固睦邻友好，深化互利合作，维护和用好我国发展的重要战略机遇期，维护国家主权、安全、发展利益，努力使周边

---

[1] 《坚持统筹国内国际两个大局》，北京：《光明日报》，2015年11月27日。
[2] 郑必坚：《中国和平崛起新道路和亚洲的未来》，香港：《文汇报》，2004年3月21日。
[3] 胡锦涛：《坚定不移沿着中国特色社会主义道路前进 为全面建成小康社会而奋斗——在中国共产党第十八次全国代表大会上的报告》，北京：《人民日报》，2012年11月9日。

同我国政治关系更加友好、经济纽带更加牢固、安全合作更加深化、人文联系更加紧密。①

从 1978 年以来所取得的巨大成就来看，大陆的整体战略是较为成功的，并且为将来数十年的发展建立了具有前瞻性的全面布局，尤其在经济体制改革方面，为大陆的全方位发展提供了坚实的保障。

台湾缺乏具有前瞻性及长远性的整体战略，且其政策始终和大陆密切相关。20 世纪 70 年代末期，蒋经国把台湾的战略轴心从"反攻大陆"转移到"革新保台"，实现了其政权从"中国主体"到"台湾主体"的战略转移，因此先前围绕"中国主体"所构建的公权体制难以为继，台湾逐步推进政治改革，解除"戒严"，开放"党禁""报禁"，终结"万年国会"，开放"中央民意代表选举"。同时，蒋经国主张建设台湾主体经济，积极发展外向型经济，拓展同其他国家的实质关系，以提升台湾的生命力和创造力。

李登辉上台之初，面对政治权力结构的重组等不稳定因素，他将完成台湾民主改革与稳定两岸关系作为战略主轴，并通过建立"亚太营运中心"突破全球经济中两岸关系的困境，重新建构全球化洗礼下的台湾经济产业，以此强化其政治上的领导权。"亚太营运中心"的推动计划分为三个阶段，1995—1997 年改善经济体制，1997—2000 年调整经济结构，2000 年以后巩固中心地位，但是"亚太营运中心"的实施必然促使和推动两岸直接"三通"，李登辉对此十分忌讳。20 世纪 90 年代中期以后，随着两岸情势的变化，李登辉改变对外战略，在两岸关系上采取"戒急用忍"，与其他国家建立"务实外交"、推动"南向政策"。

2000 年台湾进入"政党轮替"时代以后，更无整体战略可言，对建设和发展缺乏整体性和长远性的规划。2014 年 1 月 22 日，台湾整合"行政院"中的"经济建设委员会""研究发展考核委员会"以及"公共工程委员会"部分单位成立"国家发展委员会"，作为运筹台湾发展策略的重要机关，以期前瞻规划整体发展战略，开拓台湾发展新格局。② 目前该机构的效能尚未能够显现。

---

① 《习近平在周边外交工作座谈会上发表重要讲话》，新华网，2013 年 10 月 25 日。
② 《"国家发展委员会"揭牌成立》，台北："国家发展委员会"网，2014 年 1 月 22 日。

二、政治体制及公权素质

（一）政治体制

政治体制是政治制度的具体表现形式，也是政治制度得以运行和发挥功效的体制安排，主要包括政党和国家领导制度、组织制度和工作制度等，涉及政治制度运行的组成体系、功能结构、工作机制和程序安排。

1954年9月15日，《中华人民共和国宪法》通过，明确了人民代表大会制度是根本政治制度，基层民主制度是基本政治制度，同时配合以中共领导的多党合作与政治协商制度、民族区域自治制度等，共同构成大陆的政治体制。

改革开放以后，在"文革"中被破坏的政治体制逐步得到恢复，邓小平根据国内外发展的现实状况，提出建设有中国特色社会主义。1979年初，邓小平指出："过去搞民主革命，要适合中国情况，走毛泽东同志开辟的农村包围城市的道路。现在搞建设，也要适合中国国情，走出一条中国式的现代化道路。"[①] 1982年9月，邓小平在中共十二大明确提出："要注意学习和借鉴外国经验……把马克思主义的普遍真理同我国的具体实际结合起来，走自己的道路，建设有中国特色的社会主义，这就是我们总结长期历史经验得出的基本结论。"[②] 此后，该提法在1993年、1999年和2004年的宪法修正案中不断得到发展和完善，形成中国特色社会主义理念。2012年11月，中共十八大通过中国特色社会主义的"道路""理论""制度"全面阐释了中国特色社会主义的内涵。[③]

---

① 《邓小平文选》（第二卷），北京：人民出版社，1994年，第164页。
② 《邓小平文选》（第三卷），北京：人民出版社，1993年，第3页。
③ 中共十八大报告提出，中国特色社会主义包括"道路""理论""制度"三个方面。中国特色社会主义道路，就是在中国共产党领导下，立足基本国情，以经济建设为中心，坚持四项基本原则，坚持改革开放，解放和发展社会生产力，建设社会主义市场经济、社会主义民主政治、社会主义先进文化、社会主义和谐社会、社会主义生态文明，促进人的全面发展，逐步实现全体人民共同富裕，建设富强民主文明和谐的社会主义现代化国家。中国特色社会主义理论体系，就是包括邓小平理论、"三个代表"重要思想、科学发展观在内的科学理论体系，是对马克思列宁主义、毛泽东思想的坚持和发展。中国特色社会主义制度，就是人民代表的大会制度的根本政治制度，中国共产党领导的多党合作和政治协商制度、民族区域自治制度以及基层群众自治制度等基本政治制度，中国特色社会主义法律体系，公有制为主体、多种所有制经济共同发展的基本经济制度，以及建立在这些制度基础上的经济体制、政治体制、文化体制、社会体制等各项具体制度。中国特色社会主义道路是实现途径，中国特色社会主义理论体系是行动指南，中国特色社会主义制度是根本保障，三者统一于中国特色社会主义伟大实践，这是党领导人民在建设社会主义长期实践中形成的最鲜明特色。资料来源：《胡锦涛在中国共产党第十八次全国代表大会上的报告》，新华社，2012年11月17日。

在具体做法上,改革开放以后大陆提出党政分开、权力下放、精简机构的政治体制改革总任务,在处理党政关系、中央与地方关系、提高机关工作效率等方面进行实践探索并取得较为显著的成效。20世纪90年代以后,受到"八九风波"和东欧剧变的冲击,大陆侧重于对政治秩序和政治体制的整顿,集中进行政府机构的改革,将依法治国作为主要目标和任务。2002年中共十六大以后,大陆的政治体制改革向民主执政的纵深发展,转变政府职能,深化行政管理体制改革。但与此同时,大陆的政治体制仍有许多弊端,如权力过于集中、机构臃肿、官僚主义及贪腐等。①

台湾的政治体制经历了不同制度的根本性改变。"戒严"时期,台湾实行威权政治,以"中华民国法统"构建国民党的政治行政机构,该"法统"由"中华民国宪法"和"动员戡乱时期临时条款"构成。"宪法"规定台湾"中央政治行政体制"由"国民大会""总统"及"五院"等机构组成,"临时条款"则赋予国民党颁布"戒严令"及相关法律法规的权力。形式上台湾属于"宪政社会",但真正发挥作用的是"临时条款"和"戒严令","行政首脑"高度集权,缺乏分权与制衡,使"宪法"形同虚设。国民党当局相继颁布各类戒严法规,实行党禁、报禁,限制台湾人的言论、集会、结社、游行、出版、迁移等自由。情治系统监控社会、整肃异己,全台笼罩在"白色恐怖"的氛围下,政治事件频发。

1987年7月15日,台湾解除"戒严",由此揭开台湾地区政治民主化转型的序幕。1988年蒋经国去世,台湾威权体制解体。1990年台湾终止"动员戡乱时期",废除《动员戡乱时期临时条款》,开启"宪政改革",以"宪法增修条文"的形式实现改革,进行省市长民选和"总统直选"。通过"修宪",台湾实现了"国民大会"虚级化,"总统"重心化,"行政院"幕僚化,"立法院"实权化,"司法院"中立化,"考试院"边缘化,以及"监察院"准司法化。至此,台湾确立了"双首长制","五权体制"实质演变为"总统"及"行政院"与"立法院"、"司法院"的"三权体制","五院"间的关系由"合作"趋向"制衡"。② 通过"宪政"改革,台湾地区政治民主化的基础得到进一步巩固,但是其政治体制仍存在较大问题,如"立法院"权力膨胀但缺乏制衡机制,"三权"权责模糊且缺乏责任政治等。

---

① 黄朔风:《综合国力新论》,北京:中国社会科学出版社,1999年,第208页。
② 王英津:《台湾"宪政"改革以来的政治体制变迁刍议》,北京:《新视野》,2012年第2期。

根据约瑟夫·奈的软实力理论，政治体制应有其"吸引其他国家追随"的能力。成功的政治体制会使其在国际上树立样板效应，吸引其他国家和地区自愿效仿其政治制度。本书参考阎学通对政治制度的评估方法，[①]选取两岸相似政治体制的国家或地区数量进行量化分析。大陆实行中国共产党领导的多党合作与政治协商制度。改革开放以后，大陆不断扩大民主党派的参政议政和民主监督，充分发挥其政治协商作用。1987年以前，台湾实行"威权体制"。1990年台湾开启"宪政改革"后，政治体制演变为"准总统制"下的政党政治。随着东欧剧变、苏联解体，实行单一执政党制度的国家和地区数量开始减少。2014年，与大陆和台湾相似的国家和地区数量分别为7个和115个。

表2-1 1978—2014年与两岸相似政治体制国家和地区数量变化[②]

	大陆	台湾
1978	59	59
1986	56	56
1990	49	76
1994	12	113
1999	11	120
2004	10	119
2008	9	119
2014	7	115

值得注意的是，20世纪90年代以后台湾地区模仿美国政治体制进行改革，是美国模式的追随者。美国是当前西方世界民主制度较完备的国家，美国宪法制度从1787年通过起，已实行200多年的历史。美国人以此为傲，并通过强大的硬实力将其在全世界推广，甚至不惜通过暴力手段强迫他国或地区接受这一政治制度，使其在全球扩散。这种政治制度虽然不乏其优越性和独特性，但是

---

① 阎学通认为，国际吸引力来源于国家模式吸引力和文化吸引力。国家模式包括政治、经济和社会等多个层面，其中最重要的是政治制度，因此以国家政治制度吸引力代表国家模式的吸引力。国家政治制度的吸引力以其在世界范围内的普遍程度为标志，以西方民主制度为标准，2007年世界上与美国政治制度相似的国家为146个，与中国政治制度相似的国家为23个，意味着中国政治模式的国际普遍程度约为美国的15.8%。资料来源：阎学通、徐进：《中美软实力比较》，北京：《现代国际关系》，2008年第1期。

② 数据为作者自行统计，所有数量含大陆和台湾。

从制度建立之初就存在诸多弊端,并在当代愈演愈烈,如制衡制度运行缺陷降低行政效率,政党恶斗导致决策困难、甚至形成"否决政体",利益集团侵蚀国家权力、左右选举和决策等等。这些问题在民主制度尚未完善的台湾地区,则表现得更为明显,民主沦为政党攫取政治资源和挑唆民粹斗争的工具,"蓝绿"恶斗严重降低行政效率;民意肆意干预司法行政,却缺乏制衡力量;政党为赢得选举,一味迎合民意抛出选举性议题,缺乏可操作性以及对经济社会发展的整体性和长远性规划等等,这也是台湾自"宪政改革"以来社会经济发展停滞不前、甚至出现倒退的重要原因之一。

中国特色社会主义作为新兴政治体制,其建立过程仅30余年。当前,中国大陆仍处于社会主义初级阶段,但是改革开放以来的巨大成果,以及对重大事件及问题的处理成效,已经充分彰显其能够保证政治和社会稳定、推动社会经济发展、集中力量办大事[①]的制度优越性。此外,大陆的政治协商制度虽然有待完善和改进,但是提供了协调不同社会阶层和阶级利益的机制。21世纪以后,"中国模式"的讨论在全球兴起,尤其是中国大陆的发展经验及经济模式为发展中国家提供了借鉴,而这种发展模式正是建立在中国大陆特有的政治体制之上,反映出国际社会对中国特色社会主义的普遍关注和一定认可。印度前总理辛格曾表示,中国模式显示出自由的金融体系与鼓励基础投资的政策相结合的巨大优势,印度应根据自己的需要和环境来借鉴中国经验。[②]在民主建设方面,中国大陆采取不同于西方流于"形式"和"程序"的民主模式,更为注重"内容"和"结果"的探索。邓小平认为,评估政治制度质量关键看三项"内容"和"结果",即国家政局是否稳定,能否增进人民团结、改善人民生活,生产力能否得到持续发展。[③]

中国崛起不仅引发全球对中国政治制度的关注,也使西方世界进一步反思民主制度的弊端。2012年10月,西班牙前首相费利佩·冈萨雷斯(Felipe

---

[①] 2008年,大陆连续遭受罕见雨雪冰冻灾害和汶川特大地震,政府动员社会各方面力量,特别是调动大批解放军和武警官兵投入到救灾之中,处理方式之高效令各国惊叹。随后,北京奥运会和残奥会相继成功举办,其"有特色、高水平"创造了奥运历史之最,被国际奥委会主席罗格评价为"真正无与伦比"的奥运会,国际残奥会主席克雷文称其为"最伟大的一届残奥会"。资料来源:《国际奥委会主席罗格致辞》,新华网,2008年8月24日;《国际奥委会主席罗格致辞》,新华网,2008年8月24日。

[②] 维提塔拉马南:《中印竞赛》,印度:《加尔各答电讯报》,2005年6月9日,转引自《印度储备银行前行长撰文称 中国模式值得借鉴》,北京:《环球时报》,2005年6月10日。

[③] 《邓小平文选》(第三卷),北京:人民出版社,1993年,第213页。

González Márquez）访华后在西班牙《国家报》撰文指出，每一次访问中国，不论时隔多久，反映世界新局势的历史现象都会令人感到惊讶……中国以异乎寻常的速度崛起，而欧洲人在挣扎着不要沉没，却找不到出路。一边是似乎无法阻止的上升，一边是重要性的不断下降，我们不知道如何阻止这一进程，更不用说逆转了。① 2014 年 3 月，西方自由主义最具影响力的杂志《经济学人》罕见地刊登封面长文《民主出了什么问题？》，坦诚西方民主在全球发展停滞，甚至可能开始逆转：1980—2000 年民主只是遭遇一些小挫折，2000 年后民主的挫折越来越多，造成这种现象的主要原因即 2008 年的国际金融危机和中国的崛起。②

当前，中国特色社会主义作为新兴的政治体制，其影响力不及已发展 200 多年的西方传统模式。中国大陆虽无意将这一发展模式强加于他国，但其优越性和发展经验已经受到诸多发展中国家的赞赏和借鉴，其"吸引其他国家追随"的能力正在逐步形成。

（二）行政体制

政府体制是衡量政治力的又一要素。政府角色及其管理方式是现代国家治理体系建构的核心问题，而政府体制的演变决定现代国家治理体系的成长进程。政府是国家治理中最为重要的主体，政府治理效率直接决定国家治理的绩效，有效的政府必然是职责权限相对有限的政府。在现代国家治理体系中，控制政府职责权限的基本方式，即建构政府与市场、社会各归其位，既相互制约又相互支撑的分工体系，通过充分发挥市场、社会的作用来缓解政府治理的压力，保证政府在市场和社会失灵的领域发挥关键性作用。③ 由于海峡两岸的特殊情况，该部分的考察和评估以"行政体制"为中心。

改革开放以后，中华人民共和国国家治理的中心任务从阶级斗争转变为经济建设，将"四个现代化"和"经济工作"确立为"中国最大的政治"，④ 其指导思想也从意识形态回归到发展建设，政府治理逐渐制度化、理性化、规范化，

---

① 费利佩·冈萨雷斯：《欧盟与中国：必要的对话》，西班牙：《国家报》，2013 年 11 月 3 日，转引自詹得雄：《冷眼向洋看世界：西方民主的反思》，沈阳：辽宁人民出版社，2013 年，第 6 页。
② "What's Gone Wrong with Democracy", *The Economist*, February 27, 2014.
③ 何显明：《政府转型与现代国家治理体系的建构——60 年来政府体制演变的内在逻辑》，杭州：《浙江社会科学》，2013 年第 6 期。
④ 《邓小平文选》（第二卷），北京：人民出版社，1994 年，第 234 页。

建构现代国家治理体系成为大陆政治和行政体制改革的总目标。在政府职能上，大陆根据市场化改革的方向调整行政体制：1982年经济体制改革思路确立为"计划经济为主，市场调节为辅"，而在行政体制上进行机构精简；1992年经济体制改革目标确立为建设社会主义市场经济体制，行政体制改革的主题调整为职能转变；2003年中国加入WTO后，政府加快改革行政审批制度；2006年，随着市场体系的逐渐成熟，行政体制改革的总体目标再调整为建设服务型政府，强化公共服务和社会管理职能；2012年中共十八大基于深化行政体制改革的总体性要求，提出"深入推进政企分开、政资分开、政事分开、政社分开，建设职能科学、结构优化、廉洁高效、人民满意的服务型政府"，并继续深化行政审批制度改革，简政放权。[1]

20世纪80年代以后，台湾财政赤字所造成的资源窘迫现象愈发严重，行政部门从以往全包式福利体制转变为工作福利体制，因此其角色从统筹转变为辅助，权力逐渐流向市场及地方。20世纪90年代以后，在全球化浪潮的影响下，台湾的行政部门在科技创新、自由化经济、公民意识高涨等外部环境挑战下，致力于行政体制的革新，提升行政效能，强化绩效课责，扩大公民参与，促进行政透明，以增强行政竞争力。在提升行政效能方面，台湾推动"行政院"所属机构进行组织调整，改善行政管理制度和行政效率。在强化绩效课责方面，台湾建立行政"绩效评估制度"，强化结果导向策略管理，并管制和追踪重要专案的实施。在扩大民众参与方面，台湾进行民众参与机制研究，通过网络、各类活动等增强与公民的互动。在促进行政透明方面，台湾完善"政府公报制度"，通过推动电子化达到行政信息公开。[2]

另外，行政体制的效能也可通过其宏观调控能力衡量，宏观调控能力又可通过财政收入占GDP的比重，及中央财政收入占财政总收入的比重加以量化。1978年，台湾财政收入占GDP比重高达50.39%，之后总体呈下降趋势，2014年降至26.33%，较1978年降低近一半。大陆历年财政收入占GDP比重均低于台湾，20世纪90年代中期以前比重逐渐下降，1994年低至10.77%，随后才逐渐增长至2014年的22.07%。不过自20世纪90年代中期以后，随着大陆GDP的跨越式增长，较低的财政收入比重足以支持政府消费，而台湾由于

---

[1] 胡锦涛：《坚定不移沿着中国特色社会主义道路前进 为全面建成小康社会而奋斗——在中国共产党第十八次全国代表大会上的报告》，北京：《人民日报》，2012年11月9日。

[2] 宋余侠、黄子华：《优质公共治理与提升政府效能》，台北：《研考》，2009年第5期。

经济不景气，财政常常入不敷出。在"中央财政"收入占财政总收入的比重方面，1978—1986 年是两岸比重上升最快时期。20 世纪 90 年代初，大陆方面中央财政收入占财政总收入比重超过台湾，并常年维持在 50% 以上，2014 年降至 45.95%，台湾比大陆低五个百分点。

表 2-2 1978—2014 年两岸宏观调控能力指标变化[①]

	财政收入占 GDP 比重		"中央财政"收入占财政总收入比重	
	大陆	台湾	大陆	台湾
1978	31.02	50.39	15.52	27.03
1986	20.58	37.25	36.68	41.35
1990	15.64	39.52	33.79	38.80
1994	10.77	38.16	55.70	41.47
1999	12.69	34.77	51.11	39.66
2004	16.42	32.22	54.94	41.18
2008	19.33	28.26	53.29	42.37
2014	22.07	26.33	45.95	40.76

（三）政治动员力

政治动员力也是衡量政治力的要素之一，它指一国或地区使用非强制性手段所能动员起来的内部政治支持，政治动员力分为对社会上层和社会下层两个方面的动员，对社会上层的动员力可通过议会中执政党议员所占比重进行量化，对社会下层动员力可通过执政党党员所占成年人比重进行量化。[②]

从议事机构中执政党成员[③]比重来看，大陆始终保持在六至七成，台湾则变化较大。2000 年"政党轮替"以前，台湾从威权体制转变为民主体制，国民党"立法委员"在"立法院"中所占比例从 1978 年的 86.5% 下降至 1999 年的 38.7%，在"立法院"一党独大的优势明显减弱，民进党"立法委员"人数直逼国民党，使国民党的政治主张难以出台。2000 年民进党作为"立法院"中少数

---

① 数据根据财政总收入、中央财政收入及 GDP 计算。原始数据来源：各年《中国统计年鉴》，《"中华民国"统计年鉴》，Taiwan Statistical Data Book。
② 阎学通、徐进：《中美软实力比较》，北京：《现代国际关系》，2008 年第 1 期。
③ 大陆实行人民代表大会制度，人大代表职能相当于议会制度中议员的职能。

派上台,"立法委员"比重仅为39.6%。2008年以后国民党重新执政,但由于执政不力,2008—2014年国民党籍"立法委员"比重从71.7%下降至56.6%。

从执政党员占成年人比重来看,20世纪90年代中期以前,台湾的国民党党员所占比重远远超过大陆的共产党党员所占比重。2004年民进党"执政"时期,全台民进党党员约41万人,仅占成年人比例的2.2%。2008年国民党上台后,虽然官方数据公布党员人数超过100万人,但其中许多党员长期"失联"。根据国民党中央组织发展委员会统计,2009年国民党党主席选举合格党员人数为50万人,2013年为38万人,2014年底为35万人,许多党员因退党、停缴或拒缴党费被中断党权。[①] 若据此计算,台湾2008年及2014年"执政党"党员占成年人比例仅为2.6%和1.7%。

表2-3 1978—2014年两岸政治动员力指标变化[②]

	议事机构中执政党成员比重		执政党党员占成年人比重	
	大陆	台湾	大陆	台湾
1978	72.8	86.5	5.5	15.6
1986	62.5	84.7	6.2	17.4

---

① 《社论:你我命运岂能由蓝绿50万人操控》,台北:《中国时报》,2015年01月25日。

② 大陆议事机构成员指全国人民代表大会代表,表中各年分别为第五届、第六届、第七届、第八届、第九届、第十届、第十一届、第十二届中国共产党代表人数,第十二届中共党员代表人数未公布,第五至十一届数据来源:《图解人大:历届全国人民代表大会代表构成》,人民网,2015年2月27日。

台湾议员指"立法委员","立法委员"人数不含辞职委员人数,1978年为第一届第二次增额国民党"立委"人数,1986年为第一届第四次增额国民党"立委"人数,1990年为第一届第六次增额国民党"立委"人数,1994年为第二届国民党"立委"人数,1999年为第四届国民党"立委"人数,2004年为第五届民进党"立委"人数,2008年为第七届国民党"立委"人数,2014年为第八届国民党"立委"人数,数据来源:台北:台湾"立法院"全球资讯网,http://www.ly.gov.tw/。

大陆执政党员1978—2008年数据来源:中共中央组织部发布数据,转引自曾凡光编著:《走向伟大复兴:中国革命 建设 改革历史表解(1840—2012)》,广州:广东人民出版社,2014年,第254页。其中1978年执政党党员人数为1977年8月十一大党员人数。2014年数据来源:中共中央组织部《2014年中国共产党党内统计公报》,中共中央组织部网,http://news.12371.cn/dzybmbdj/zzb/。

台湾执政党党员人数分别来源于:王振寰:《台湾的政治转型与反对运动》,台北:《台湾社会研究季刊》,1989年第1期;萧阿勤:《重构台湾:当代民族主义的文化政治》,台北:联经出版社,2012年;《KMT/国民党呼唤失联党员 盼旧娘家》,台北:"中央社",2011年6月10日;中国国民党全球资讯网,http://www.kmt.org.tw/;范永红:《马英九传》,北京:中国国际广播音像出版社,2006年。

续表

	议事机构中执政党成员比重		执政党党员占成年人比重	
	大陆	台湾	大陆	台湾
1990	66.8	72.3	5.9	17.5
1994	68.4	62.7	6.2	12.5
1999	71.5	54.7	6.7	6.9
2004	73.0	39.6	6.8	2.2
2008	70.3	71.7	7.1	2.6
2014	—	56.6	7.7	1.7

三、民众凝聚力

民众凝聚力由三部分构成，即国家或地区对其民众的吸引力，民众对该国家或地区的认同力，及民众之间的亲和力，三者相辅相成，其中吸引力通常对认同力及亲和力发挥主导作用，同时吸引力又可以通过认同力及亲和力加以观察和分析。

（一）民众认同力

认同是自我在与他者的比较中所形成的一种自我认知和自我界定，是自我持有观念和他者持有观念的互动建构，由内在和外在的结构建构而成。[1] 民众对国家或地区的认同力是该国或地区民众对区别于他国或地区的自我身份的明确认知和界定，随着全球化的深入，认同力也是基于国际社会承认之上的国家或地区形象与特征的自我设定。[2] 认同力涉及该国家或地区内部及外部两方面，从内部来看，认同力是对民众吸引力的重要表现，从外部来看，认同力关乎其国际角色与定位。

大陆民众在自我身份的认知和界定上较少存在争议，但是对国家发展道路的认同曾有争议和犹疑。1949 年以后，大陆在社会主义建设的道路上探索民众

---

[1] ［美］亚历山大·温特著、秦亚青译：《国际政治的社会理论》，上海：上海人民出版社，2001 年，第 282 页。

[2] 孙溯源：《集体认同与国际政治——一种文化视角》，北京：《现代国际关系》，2003 年第 1 期。

对国家的认同力，期间历尽波折。改革开放以后，邓小平提出走自己的道路，建设有中国特色的社会主义，中国大陆在经济飞速发展的同时，才逐渐形成适合国情的新理论和新思想，以全新而独特的社会制度屹立于世界。但与此同时，在全球化、工业化及城市化进程中，作为一个开放的社会，中国大陆对民众的吸引力受到多元文化及意识形态的冲击，尤其是经历过"文革"中对传统中华文明的批判，以及改革开放后对文化自觉与道德建设忽视。20世纪90年代中期以后，大陆在不断扩大经济发展优势的同时，重启对批判传统中华文明的反思，重新塑造民众对国家的认同力。随着经济实力和普通民众生活水平的提高，传统文化逐步显现出积极的整合价值，大陆民众对其自信心也得到恢复和重建。进入21世纪，尤其是2008年金融危机以后，大陆崛起步伐加快，带来积极的全球效应，民众的自尊心和自信心得到进一步提升，国家认同力也在逐渐彰显。

台湾是世界上为数不多在自我身份认同上存在争议的地区，特殊的历史经历造就了台湾多元的"国族"认同。清代末期，大批汉人移民到台湾，在现居地经过几代人的繁衍，逐渐形成的归属感与眷恋之情，被认为是"台湾认同"（或称"台湾乡土认同""台湾地方认同"）。[①] 此后，台湾经历了日本殖民时期、国民党威权统治时期、民主化及"去中国化"时期，对台湾民众的认同造成了不同程度的影响。长期以来，台湾民众在"日本人""中国人"与"台湾人"，尤其是后两者之间挣扎与徘徊。1987年台湾"解严"以后，随着李登辉对"中华民国在台湾"的塑造以及"台独"的纵容，"台湾人"的在地认同意识逐渐膨胀，造成认同问题的异化。根据台湾政治大学选举研究中心的民调（见图3.1.1），1992年台湾民众认同自己是中国人的占25.5%，认同是"台湾人"的占17.6%，认同既是中国人又是"台湾人"的占46.4%，无反应的占10.5%。1994—1995年是台湾民众认同发生急剧变化的重要年份，"台湾人"认同比例从20.2%上升至25%，中国人认同比例则从26.2%下降至20.7%，认同自己是"台湾人"的民众比例首次超过认同中国人的民众比例。2014年，台湾民众认同自己是"台湾人"的比例急速攀升至60.6%，认同自己是中国人的仅剩3.5%，两者都是的降至32.5%，无反应的3.5%。

---

① 刘国深:《试论百年来"台湾认同"的异化问题》，厦门:《台湾研究集刊》，1995年Z1期。

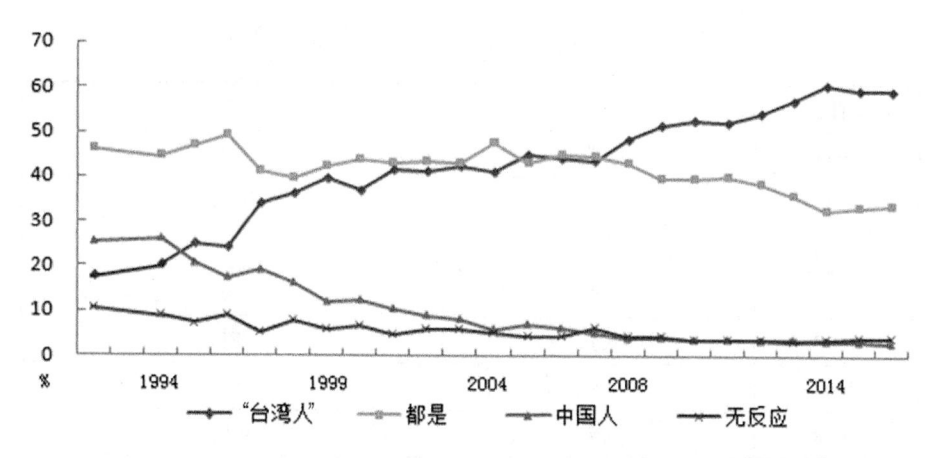

图 2-1 1992—2016 年台湾民众"台湾人"、中国人认同变化[①]

台湾民众对"台湾人"与"都是"及"中国人"身份认同的离散程度，可用于评估台湾民众认同力的强弱。由于这三项身份认同的比例均呈稳定上升或下降趋势，所以通过其计算的离散程度数值越趋向于零，台湾民众持相异认同观点的比例越相当，身份认同的差异越大，民众认同力越弱；数值越趋离于零，则台湾民众持相异认同观点的比例差距越大，身份认同的差异越小，民众认同力越强。

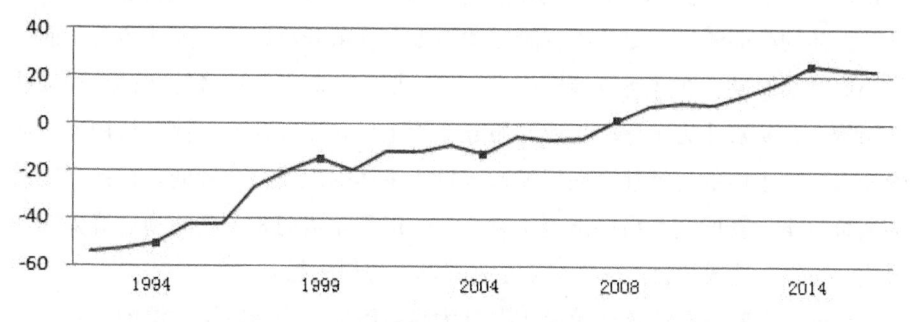

图 2-2 1992—2016 年台湾民众认同离散程度变化

民众认同力的数值评估采用量级的方式，综合以上不同时期两岸民众认同变化，分为"强""较强""中""较弱""弱"五个等级，并对每个等级赋值评价，最后代入模型计算。

---

① 数据来源：台湾政治大学选举研究中心：《台湾民众台湾人/中国人认同趋势分布（1992 年 6 月—2016 年 6 月）》（PP089731）。

189

表 2-4 1978—2014 年两岸民众认同力变化

时间	大陆	台湾
1978	较强	较强
1986	较强	较强
1990	较强	中
1994	较强	较弱
1999	较强	弱
2004	较强	弱
2008	强	较弱
2014	强	较弱

（二）民众亲和力

民众亲和力实质是民众之间因关系和谐、亲密而形成的一种力，[1]这种亲和力存在于一切社会利益群体之中，包括政党关系、阶层关系、宗教关系等。民众间较强的亲和力有助于凝聚力的提升，反之则会造成凝聚力涣散，社会矛盾尖锐，甚至社会撕裂。因此，民众亲和力可通过社会矛盾的强弱反证。

大陆的社会矛盾主要集中在阶层关系上。改革开放以后，大陆步入全面建设小康社会时期，在经济发展模式上，从计划经济向市场经济转变；在经济社会结构上，从农业为主导向工业与服务业为主导转变；在人口社会结构上，从农业人口为主体的传统社会向以城市人口为主体的现代社会转变。在社会转型的大背景下，新旧利益格局出现交替，与一定利益格局相关联的利益群体逐渐分化、重组，造成社会矛盾错综复杂，局部呈现激化趋势。[2]

当前，大陆利益群体的阶层主要分为富裕阶层、小康阶层、温饱阶层、贫困阶层等，由于不同阶层收入过于悬殊，出现了社会的不公正和不公平现象，甚至存在两极分化的危险。1994 年以来，大陆基尼系数居高不下，各年几乎均超过收入分配差距 0.4 的"警戒线"，2008 年最高时达 0.491，此后虽有所回落，仍位列收入差距悬殊较高的行列。

---

[1] 陈载舸、陈剑安、殷丽萍主编：《中华民族凝聚力学概论》，广州：广东人民出版社，2013 年，第 95 页。

[2] 孔庆榕、张磊：《中华民族凝聚力学》，北京：中国社会科学出版社，2008 年，第 140 页。

在经济社会发生巨大转变的同时，大陆官方在建立和管理市场过程中，由于缺乏完善的监督机制，容易掺杂部门和个人利益，使一些市场建设规则和管理办法异化为谋利的工具，[1]形成"权力经济"，造就非法利益群体，危害国家的形象和利益，也伤害民众间的信任和感情，引发社会矛盾，不利于凝聚力的提升。1994 年，大陆监察机构共立案侦查各类腐败案件 60312 件，较 1978 年增长 150% 倍以上。中共十七大把"坚持标本兼治、综合治理、惩防并举、注重预防的方针，建立健全惩治和预防腐败体系"写入党章后，大陆坚持反腐倡廉道路，取得了积极成效。2008 年 6 月，为推进惩治和预防腐败体系建设，中共中央引发《建立健全惩治和预防腐败体系 2008—2012 年工作规划》，为建立健全惩治和预防体系提供了思想和实践基础。[2]中共十八大以后，大陆反腐倡廉、落实"八项规定"、加强制度建设的力度空前。2003—2011 年近 10 年间，落马的省部级官员共 72 人；[3]截至 2017 年 5 月，十八大以后不到五年间，共有 170 多名省部级以上高级官员和将军落马，[4]将"打虎"覆盖 31 个省（区、市），展现"无禁区、全覆盖、零容忍"的态度，政府公信力得到增强。2014 年 8 月，中国青年报社会调查中心通过民意中国网和手机腾讯网，对 49969 人进行的一项在线调查结果显示，93% 的受访者表示正在关注中央近期的"打老虎"行动，其中表示"非常关注"的比例高达 85%；60.5% 的受访者肯定中央强力反腐增加了自己对国家发展信心。[5]

---

[1] 高铁生：《转型经济与市场秩序》，北京：《光明日报》，2003 年 8 月 5 日。
[2] 何勇：《坚持反腐倡廉方针加快推进惩治和预防腐败体系建设》，北京：《人民日报》，2009 年 10 月 23 日。
[3] 《十八大后不到 2 年　反腐成绩达过去 10 年 70%》，北京：《新京报》，2014 年 10 月 21 日。
[4] 汪玉凯：《十八大以来反腐败斗争的时代紧迫性与历史必然性》，中国共产党新闻网，2017 年 5 月 23 日。
[5] 《万人民调显示：95.2% 受访者望中央继续强力反腐》，新华网，2014 年 8 月 12 日。

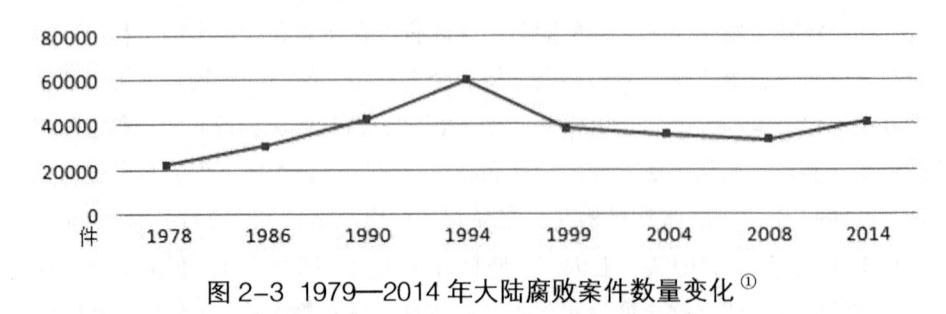

图 2-3 1979—2014 年大陆腐败案件数量变化[1]

由于大陆民众间主要矛盾是阶层矛盾，这种阶层矛盾主要表现为贫富差距和官员贪腐，因此，大陆的民众亲和力通过 1978—2014 年基尼系数变化和官员腐败案件数量进行量级评估，等级划分及赋值方式同民众认同力评估。

台湾的主要社会矛盾比大陆复杂得多，也更为突出。台湾民众身份认同的异化造成族群对立、统"独"对立、政党对立和阶层对立，社会被人为地切割与撕裂。台湾的族群问题在 1978 年以后主要表现为"本省人"与"外省人"[2]对政治资源的争夺，这种族群对立在李登辉与陈水扁时代尤为明显，并且与国族认同相互纠缠，形成支持"本省人"即认同台湾、支持"外省人"即出卖台湾的粗暴逻辑判断。在这样的政治氛围下，社会撕裂严重加剧，不同立场的民众之间亲和力十分薄弱。

---

[1] 1994、1999、2004、2008、2014 年数据来源：历年《最高人民检察院工作报告》，最高人民检察院网，http://www.spp.gov.cn/gzbg/index.shtml。1978、1986、1990 年数据根据历届人大《最高人民检察院工作报告》估算，原始数据：1979—1982 年腐败案件总数为 98225 件，1983—1987 年为 15500 件，1988—1992 年为 214318 件。

[2] "本省人"包括闽南人和客家人，"外省人"主要指 20 世纪 40 年代末期大陆跟随国民党退台的 200 多万党政军公教人员及其家属。

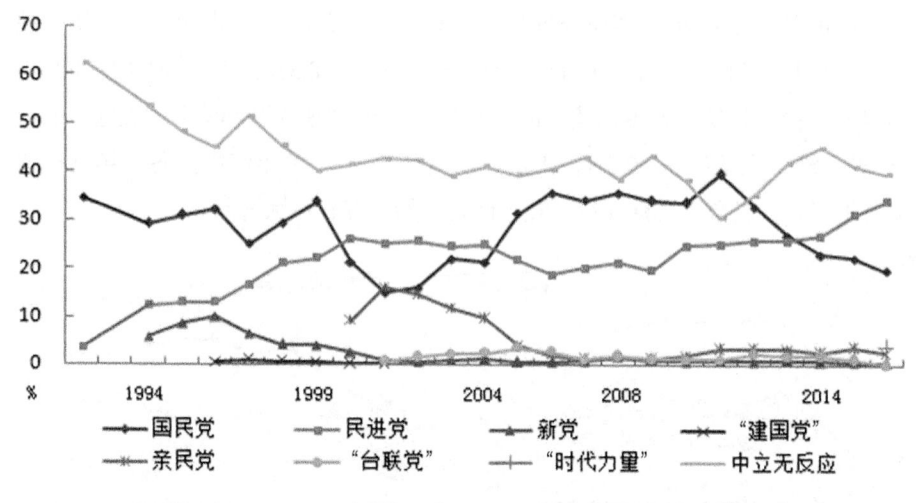

图 2-4 1992—2016 年台湾民众政党偏好变化[①]

政党对立具体表现为"蓝""绿"[②]对立，这是台湾社会的一个对抗性矛盾，也是社会分裂的根源之一。"蓝""绿"在统"独"、认同等问题上存在巨大分歧，影响着双方在政治、经济、社会、两岸等议题上的认知，形成政治上二元对立的格局。同时，台湾社会缺乏对事务判断的基本价值标准，仅以"蓝""绿"立场来衡量，又形成整个社会二元对立的格局。1992—2014 年，政党对台湾民众影响逐渐扩大，在政大选研中心"台湾民众政党偏好"的民调中，选择"中立无反应"的民众比例整体呈下降趋势，1992 年最高时为 62.3%，2011 年最低时仅为 30.4%；1994 年，支持"泛蓝"的台湾民众占 34.6%，支持"泛绿"的占 12.1%；2014 年，支持"泛蓝"的台湾民众占 26.4%，支持"泛绿"的占 28.6%。由此可见，台湾民众在政党偏好方面的分歧进一步扩大，政党对立对社会的影响逐渐提升。而历次不同民调均显示，超过一半的台湾受访者认为，政党恶斗是台湾最大的危机。

20 世纪 90 年代中期以后，台湾的族群对立和政党对立在政客的挑动下进一步延伸至国族认同，统"独"争议逐步占据"朝野"政治论述的中心。为赢得选举，民进党通过操弄统"独"议题激发族群对立，转移台湾民众对其他竞选主张及政策内容的关注，使之成为选举利器。根据台湾政治大学选举研究

---

① 数据来源：台湾政治大学选举研究中心：《台湾民众政党偏好趋势分布（1992 年 6 月—2016 年 6 月）》(RS9197Q1)。

② "蓝"指"泛蓝"阵营，其政治和权力结构以国民党为主体，包含新党、亲民党等。"绿"指"泛绿"阵营，其政治和权力结构以民进党为主体，包括"建国党""台联党""时代力量"等。

中心的民调，1994年台湾民众选择尽快统一及偏向统一的占20%，尽快"独立"和偏向"独立"的占11.1%，维持现状的占48.3%，无反应的占20.5%；2014年选择尽快统一及偏向统一的占9.2%，尽快"独立"和偏向"独立"的占23.9%，维持现状的占59.5%，无反应的占7.3%。二十年间虽然各立场支持比例变化较大，但台湾民众在统"独"问题上始终存在巨大分歧。

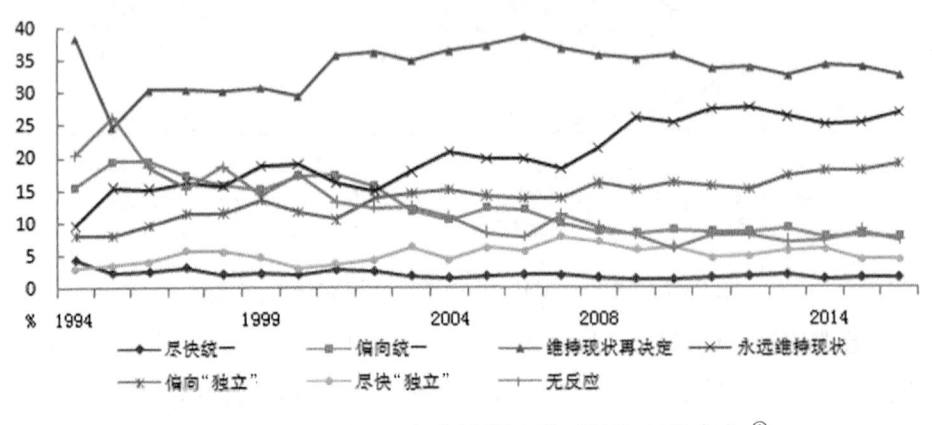

图 2-5 1994—2016年台湾民众统"独"立场变化[①]

近年来，随着台湾贫富差距的扩大，台湾阶层对立愈发突显。根据台湾"财政部"财税中心统计，将全台546万多个综合所得申报户分为20等份，2008年位于顶端的5%的平均所得为450多万新台币，位于最低所得的5%的平均所得只有6.8万新台币，两者相差66倍。[②] 1998年最富有的5%和最贫困的5%的平均所得相差32倍，仅11年间翻了一番。民进党为选举大打贫富差距牌，炒作阶级矛盾，渲染仇富情绪，拉拢劳工阶层，企图使台湾社会进一步分化对立。在族群、统"独"、政党、阶层等各种矛盾和对立之下，台湾社会撕裂十分严重，不同立场的民众之间时常发生纷争，甚至影响到正常的人际关系和社会关系，严重破坏了民众之间的亲和力，也十分不利于社会的安定、和谐与民众凝聚力的提升。

由此可见，台湾民众亲和力主要受政党矛盾和统"独"矛盾的影响。因此，台湾民众亲和力的评估选取台湾民众"泛蓝""泛绿"阵营偏好以及统"独"立场两个指标，对其进行离散程度的分析。由于这四种政治偏好具有一定的稳定

---

① 数据来源：台湾政治大学选举研究中心：《台湾民众统"独"立场趋势分布（1994年6月—2016年6月）》（PP0697A3）。

② 《马政府执政下的贫穷图像》，台北：民主进步党网，2011年10月1日。

性，指标离散数值越趋向于零，不同政治意见分化越严重，台湾民众政治分歧越大，民众亲和力越弱；指标离散数值越趋离于零，单一政治意见的持有率越高，台湾民众政治分歧越小，民众亲和力越强。台湾民众亲和力同样采取量级的方式进行评估，等级划分及赋值同民众认同力。

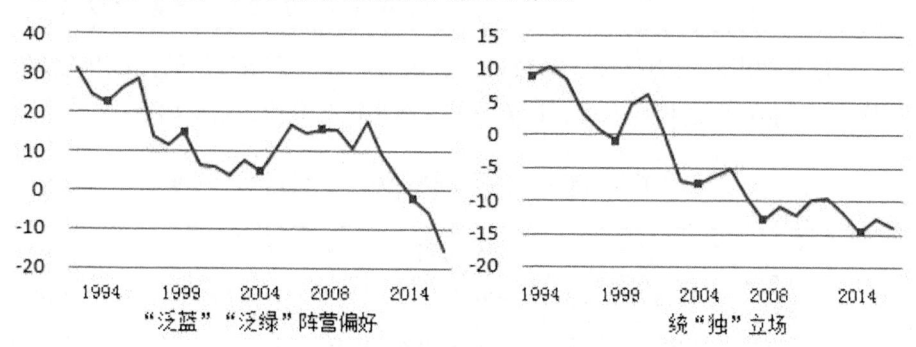

图 2-6 1994—2016 年台湾民众"蓝绿"阵营偏好及统"独"立场离散程度变化

表 2-5 1978—2014 年两岸民众亲和力变化

	大陆	台湾
1978	强	较强
1986	强	较强
1990	较强	较强
1994	中	中
1999	较强	较弱
2004	较强	较弱
2008	较强	较弱
2014	较强	较弱

四、海峡两岸政治力之综合评估和比较

海峡两岸政治力评估选取 13 个具有代表性的政治"子"指标，其中四个"一级指标"，包括整体战略（1 个）、政治体制（1 个）、公权素质（5 个）、民众凝聚力（6 个），每项指标均以定性和定量相结合的方法进行评估。

表 2-6 海峡两岸政治力之评估指标

一级指标	整体战略（1）	政治体制（1）	公权素质（5）	民众凝聚力（6）
二级指标	整体战略（1）	政治体制（1）	行政体制（3） 政治动员力（2）	民众认同力（2） 民众亲和力（4）

经过对两岸政治力指标的量级评分、赋值计算，原始数据的标准化处理，以及"三级指标"的模型合成，计算出"二级指标"分值，结果如下：

表 2-7 1978—2014 年两岸政治力"二级指标"分值

		1978	1986	1990	1994	1999	2004	2008	2014
\multicolumn{10}{c}{整体战略}
整体战略	大陆	0.15	0.15	0.15	0.20	0.20	0.20	0.20	0.20
	台湾	0.10	0.10	0.05	0.05	0.05	0.05	0.05	0.05
\multicolumn{10}{c}{政治体制}
政治体制	大陆	0.13	0.13	0.12	0.10	0.10	0.10	0.10	0.10
	台湾	0.13	0.13	0.14	0.16	0.16	0.16	0.16	0.16
\multicolumn{10}{c}{公权素质}
行政体制	大陆	0.59	0.74	0.62	0.66	0.69	0.81	0.87	0.86
	台湾	1.00	1.06	1.06	1.08	1.01	0.99	0.94	0.89
政治动员力	大陆	0.54	0.54	0.54	0.56	0.60	0.61	0.61	0.63
	台湾	1.00	1.05	0.97	0.76	0.53	0.25	0.37	0.27
\multicolumn{10}{c}{民众凝聚力}
民众认同力	大陆	0.12	0.12	0.12	0.12	0.12	0.12	0.15	0.15
	台湾	0.12	0.12	0.09	0.06	0.03	0.03	0.06	0.06
民众亲和力	大陆	0.15	0.15	0.12	0.09	0.12	0.12	0.12	0.12
	台湾	0.12	0.12	0.12	0.09	0.06	0.06	0.06	0.06

经过对"二级指标"分值的归一化处理、模型合成，将合成的"一级指标"分值代入综合国力评估模型，测算出 1978—2014 年海峡两岸八个时间节点的政

治力指数，结果如下：

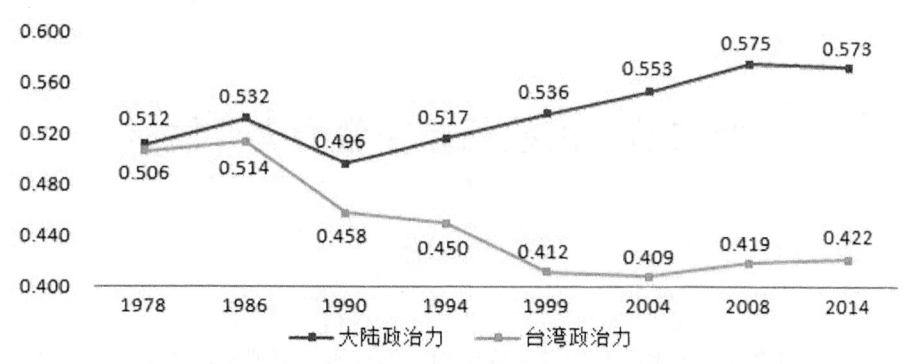

图 2-7 1978—2014 年两岸政治力变化

1978—1990 年，两岸政治力分值均经历了先升后降的变化，不同的是，1990 年以后大陆政治力指数总体呈上升趋势，台湾则降幅明显，2008 年以后才略微回升。

台湾公权素质分值优于大陆，但是这一优势正在逐渐丧失，2008 年两岸公权素质分值差距仅为 0.01。1978—1994 年，两岸民众凝聚力分值均呈下降趋势；1994 年以后，大陆民众凝聚力分值得到提升，台湾分值则低至历史最低点 0.042，2008 年以后才有所回升。2014 年大陆和台湾民众凝聚力分值分别为 0.134 和 0.06，台湾民众凝聚力不及大陆的一半。

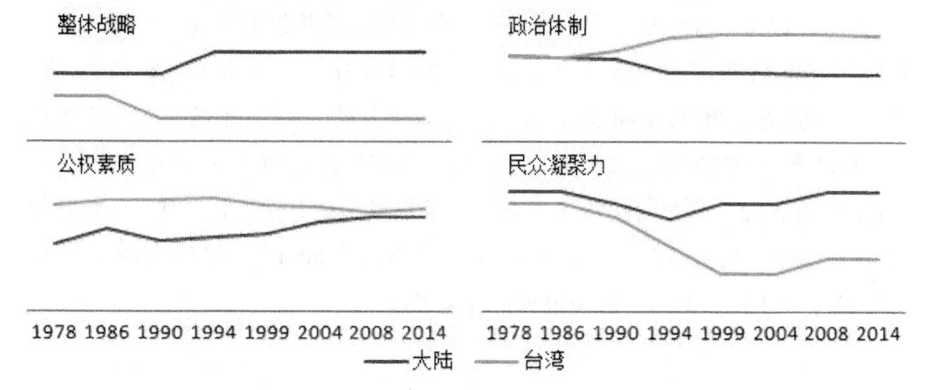

图 2-8 1978—2014 年两岸政治力构成要素变化

第二节 海峡两岸文教力之评估

文化和教育是人类社会发展进程中创造的物质和精神财富的总和，也是一个国家或地区软实力的核心，软实力的吸引力、渗透力和影响力都需要通过文化、教育得以展现。两岸文化力的评估包括文教队伍、文教投资、教育普及率和广电影视出版四部分。其中文教队伍含学生、师生、海外教育三个"子"要素；广电影视出版由报纸、期刊、图书，广播、电视、电影，公共图书馆以及艺文活动四个"子"要素构成。

一、文教队伍

（一）学校

1978年以来，受到出生率的影响，大陆各级学校总数逐渐减少，1978年为128万所，2014年降至51.4万所。其中，2014年初、中级学校降幅最大，较1978年分别减少78.79%和52.11%。高等学校数量从1978年的598所逐年递增至2014年的2529所，增幅达322.91%。台湾学校总数则从1978年的4641所逐年增加至2014年的11078所，各级学校数量均呈上升趋势，其中学前教育学校数量增幅最为明显，达662.74%，2014年增至6468所；高等学校次之，从102所增至161所；初、中级学校数量增幅平缓。

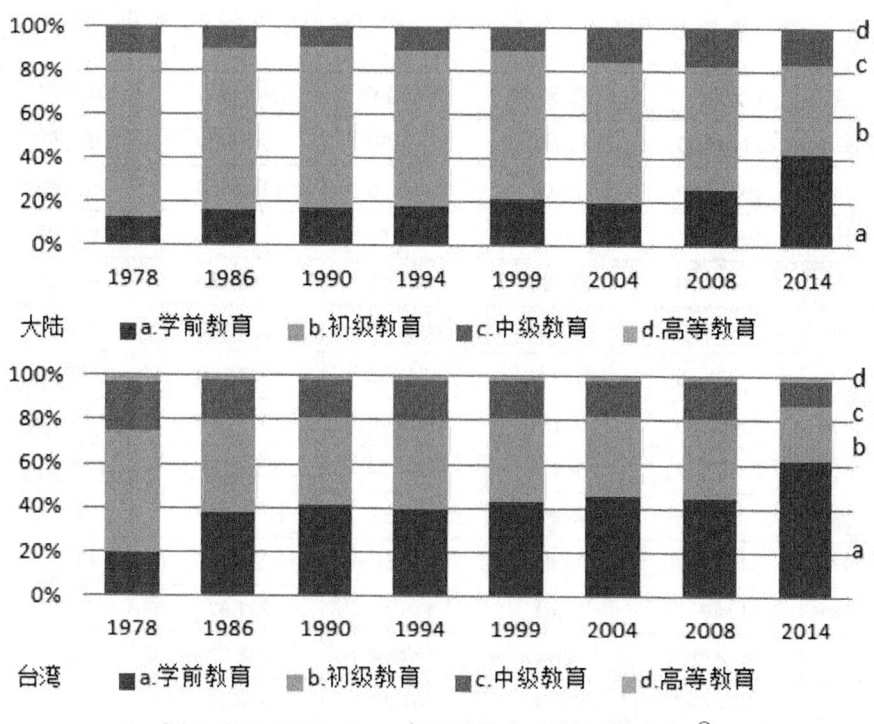

图 2-9　1978—2014 年两岸各级学校结构变化[①]

大陆学校结构逐渐得到优化，学前、初级、中级教育学校比重从 1978 年的 1.3∶7.4∶1.3 优化为 4.1∶3.9∶1.5，高等学校比例也从 0.05% 逐年上升至 0.49%，但是高等学校比重仍然较低。台湾学校结构优于大陆，尤其是高等学校比重方面，1978 年达 2.2%，2014 年降至 1.45%，仍比大陆高近一个百分点。

（二）师生

在学生规模上，大陆各级学生总数大致保持在 2 亿以上，台湾约占大陆的 2%。两岸高等教育学生数量均成长迅速，但人数差距从 1978 年的 2.77 倍增至 2014 年的 19.01 倍，其中大陆 1999—2004 年高等教育学生增长率达 222.57%。但是大陆高等教育学生比重仍然很低，2014 年仅占学生总数的 10.27%，远低于同年台湾的 28.33%。

---

① 数据来源：各年《中国统计年鉴》，*Taiwan Statistical Data Book*。

表 2-8 1978—2014 年两岸各级学校学生人数（万）[1]

大陆	总数	高等教育	中级教育	初级教育	学前教育
1978	22137.60	85.60	6548.30	14624.00	787.70
1986	20325.20	188.00	5065.60	13183.00	1629.00
1990	19530.40	206.30	5105.40	12241.40	1972.20
1994	21447.10	279.90	5707.10	12822.60	2630.30
1999	24327.60	413.40	8002.70	13548.00	2326.30
2004	23971.10	1333.50	8747.90	11246.20	2089.40
2008	23680.80	2021.00	10148.40	10331.50	2475.00
2014	24807.79	2547.70	8601.54	9567.49	4050.71
台湾	总数	高等教育	中级教育	初级教育	学前教育
1978	459.78	30.86	155.50	230.56	13.33
1986	494.23	33.62	176.34	231.32	23.27
1990	527.99	42.44	187.19	237.77	24.07
1994	531.69	57.54	204.87	210.47	23.60
1999	521.58	80.05	192.35	190.56	23.72
2004	538.51	127.02	167.70	191.30	24.09
2008	524.31	132.60	170.73	175.41	19.18
2014	472.94	134.00	162.21	125.27	44.45

在师生结构方面，20 世纪 80 年代以前，由于台湾教育经费不足，包括台北市在内的各中、小学必须实行五六十人的大班教育，这与台湾当时的社会经济状况严重不符。80 年代以后这种状况逐渐得到改善，但师生结构总体上仍不如大陆。1978—2014 年，两岸初、中级教育每位教师负担学生数量均呈下降趋势，台湾的优化程度更为明显，分别下降 62.86% 和 37.5%。在高等教育方面，大陆高等教育学生人数的增长速度明显高于高等教育教师增长速度，每位老师负担学生数从 1978 年的 4 人增至 2014 年的 18 人。

---

[1] 数据来源：各年《中国统计年鉴》，*Taiwan Statistical Data Book*。

表2-9 1978—2014年两岸各级学校每位教师负担学生数[①]

	高等教育		中级教育		初级教育	
	大陆	台湾	大陆	台湾	大陆	台湾
1978	4	20	20	24	28	35
1986	5	16	17	22	24	32
1990	5	17	15	22	22	29
1994	7	17	15	21	23	25
1999	10	20	17	18	23	20
2004	16	27	19	17	20	18
2008	17	26	17	17	18	17
2014	18	27	14	15	17	13

吸引海外留学生人数是衡量软实力尤其是文化吸引力的重要指标。20世纪90年代以前，海外留学生赴台湾求学的意愿更高，1978年海外赴大陆留学生总数432人，仅占海外赴台湾留学生总数的11.2%。1990年，海外赴大陆留学生数超过赴台湾留学生数，此后以年均17.93%的增长率增加。2014年，海外赴大陆留学生数增至377054人，大陆成为世界第三大留学生输入地，仅次于美国和英国，海外留学生人数达台湾的10倍。

此外，台湾较早开展学生赴海外留学项目。1978年，大陆和台湾赴海外留学生数分别为860人和4756人，台湾是大陆的5.53倍。1999年以后，大陆出国留学人员迅速增加，2014年增至459800人，年均增长率21.84%。2014年，台湾赴海外留学生34423人，仅为大陆的7.49%。

---

① 数据来源：各年《中国统计年鉴》，*Taiwan Statistical Data Book*。

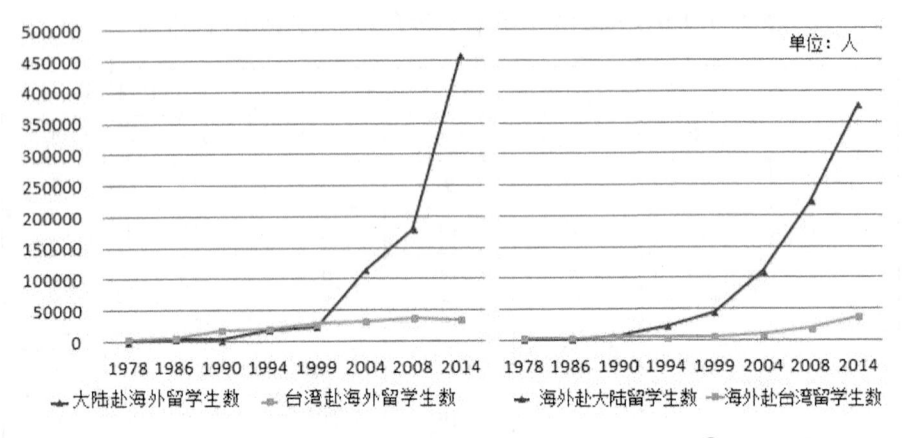

图 2-10 1978—2014 年两岸留学生人数变化[1]

（三）海外教育

随着国际影响力的提升，中国大陆教育开始走出国门，在世界各国创立孔子学院，向国外学生开展汉语教学和中外教育、文化等方面的国际化合作，主要包括开展汉语教学，培训汉语教师及提供汉语教学资源，开展汉语考试和汉语教师资格认证，提供中国教育、文化等信息咨询，开展中外语言文化交流活动，[2]是具备全球性和实质性的汉语学校。2004 年 11 月 24 日，第一所孔子学院在韩国首尔正式运作。2008 年底，孔子学院总部/国家汉办在全球 78 个国家和地区建立了 249 所孔子学院和 56 个孔子课堂。[3]至 2014 年底，全球 126 个国家和地区共开办 475 所孔子学院和 851 个孔子课堂，向全球派出上万名教师和志愿者。[4]在人类文化交流史及中国大学国际化历史上，孔子学院的国际教育合作规模均达到空前状态，孔子学院的创立和发展标志着中国大学迎来国际化历史新阶段。

---

[1] "大陆赴海外留学生数"不含赴港澳台学生人数，数据来源：各年《中国统计年鉴》；"台湾赴海外留学生数"不含赴大陆及港澳学生人数，数据来源：台湾"教育部国际及两岸教育司"相关统计表，台湾"教育部国际及两岸教育司"网；"海外赴大陆留学生数"不含港澳台学生人数，数据来源：各年《中国教育统计年鉴》；"海外赴台湾留学生数"不含大陆及港澳学生人数，数据来源：各年《"中华民国"教育统计》。

[2] 《关于孔子学院/课堂》，孔子学院/课堂网，http://www.hanban.edu.cn/index.html。

[3] 《孔子学院成中国"最妙出口产品"》，环球网"第三届孔子学院大会"网，http://www.huanqiu.com/zhuanti/kongzixueyuan/。

[4] 《全球 126 个国家和地区已建立 475 所孔子学院》，中新网，2015 年 6 月 22 日。

面对大陆孔子学院在全球影响力的扩大,2008年马英九竞选台湾地区领导人期间,多次提出要在海外建立台湾书院。2011年10月14日,"台湾驻美国纽约台北经济文化代表处"同时在纽约、洛杉矶、休斯敦三地设立台湾书院,以期推广"深具台湾特色的中华文化",[1] 拓展台湾软实力。此外,20世纪90年代,台湾地区相继在马来西亚、印度尼西亚、越南三国成立五所台湾学校,包括吉隆坡台湾学校、雅加达台湾学校、槟吉(槟城)台湾学校、泗水台湾学校及胡志明市台湾学校。台湾学校分为幼儿园、小学部、初中部和高中部,采用台湾的学制和教材,主要由台湾老师教授课程。虽然学校招收少数当地学生,但主要提供台商子弟返台转学和升学的衔接课程,所以国际影响力较弱。2002年,台湾推动"海外教育服务役专案",持有教师证的"役男"[2] 通过特长甄选前往海外台湾学校服役,截至2014年已先后派遣184名"役男"前往从事辅助教学及校务行政等工作。[3]

二、文教投资

20世纪80年代以后,随着台湾教育经费占GDP比重的逐年提升,两岸教育经费差距从1978年的3.67倍缩小为1999年的1.05倍,差距最小时大陆仅比台湾多9亿美元,当年大陆和台湾教育经费占GDP比重分别为2.51%和6.61%。1994年以后,大陆教育经费占GDP比重呈上升趋势,台湾则逐年下降。2014年,大陆教育经费5343亿美元,占GDP的4.15%,是台湾的19.36倍;台湾教育经费的GDP比重则降至5.21%。

---

[1] 《台湾书院在美国开幕》,纽约:美国之音网,2011年10月15日。

[2] 台湾的"役男"指"年满十八岁之翌年一月一日起至届满三十六岁之年十二月三十一日止,尚未履行兵役义务之役龄男子"。资料来源:《役男出境处理办法》,台北:台湾"法务部""全国法规资料库",2014年8月4日,http://law.moj.gov.tw/LawClass/LawAll.aspx?PCode=D0040006。

[3] 台湾"教育部国际及两岸教育司":《"役"起去海外——教育服务役的另一种选择》,台北:"教育部"网,2015年4月2日。

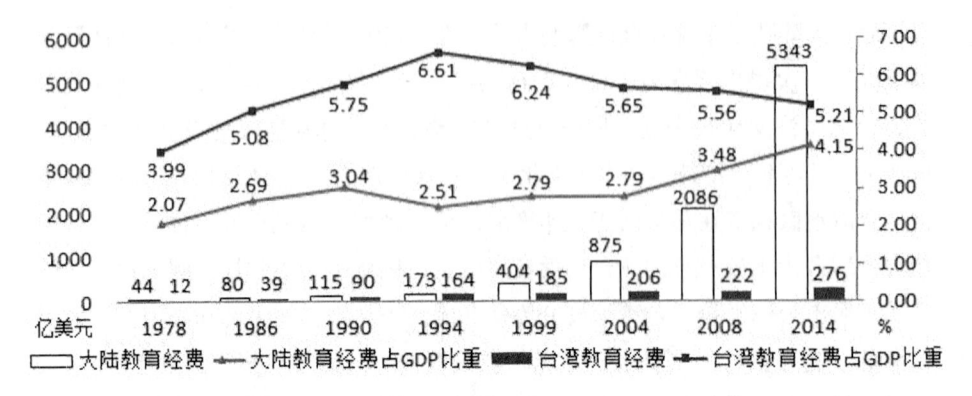

图 2-11 1978—2014 年两岸教育经费变化[1]

但是，台湾的人均教育经费远高于大陆。1978 年大陆和台湾分别为 4.53 美元和 70 美元，1994 年大陆人均仅增加不足 10 美元，台湾则增至 774.38 美元，是大陆的 53.74 倍。2000 年以后，随着大陆教育经费投入的明显提升，两岸人均教育经费差距逐渐缩小，2014 年大陆和台湾人均教育经费分别为 390.63 美元和 1177.54 美元，差距缩小至 3.01 倍。

改革开放以前，受"文革"影响，大陆公共财政教育经费投入严重不足，1978 年仅占政府财政支出的 6.69%。1985 年，《中共中央关于体制改革的决定》中要求，"中央和地方政府的教育拨款的增长要高于财政经常性收入的增长，并使按在校学生人数平均的教育费用逐步增长"，[2]此后大陆经费支出比例才得到较大幅度的提升。20 世纪 80 年代以前，由于台湾军费庞大，为募集资金，"中央预算"须占各级政府预算的 60% 以上，使公共财政教育投资和经费普遍不足，1978 年占政府财政支出的 15.01%，但仍远高于大陆。20 世纪 80 年代以后，台湾财政教育经费占比得到稳步提升。1994 年，大陆和台湾财政教育经费占比分别为 16.91% 和 18.58%，台湾总经费比大陆高 19 亿美元。1994 年以后，大陆公共财政教育经费以年均 18.97% 的高速增长至 2014 年的 3677 亿美元，是当年台湾教育经费的 20 倍，但是台湾财政教育经费占比仍比大陆高五个百分点。

---

① 数据来源：各年《中国统计年鉴》，*Taiwan Statistical Data Book*。
② 《中共中央关于教育体制改革的决定》，教育部网，1985 年 5 月 27 日。

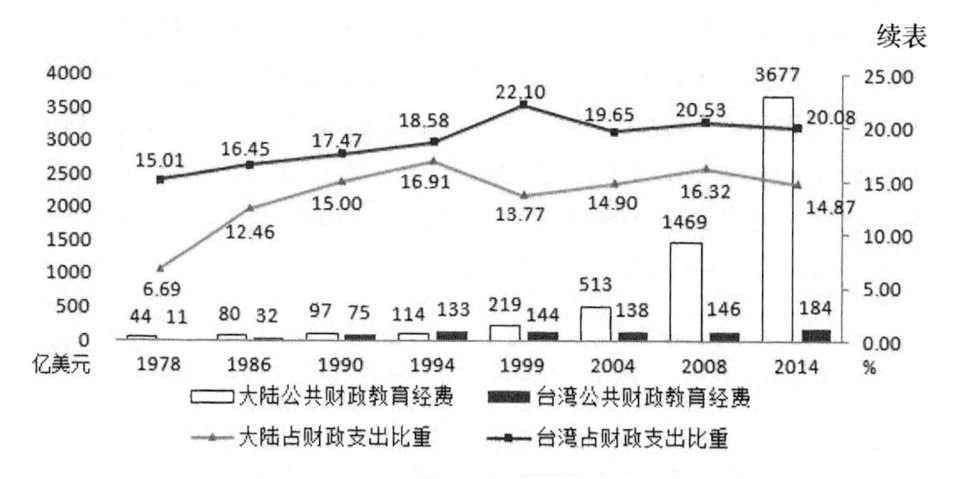

图 2-12 1978—2014 年两岸公共财政教育经费支出变化[1]

三、教育普及率

教育普及率，尤其是义务教育普及率，是衡量教育水平的重要指标。1949年以后，大陆的教育环境不断受到破坏，尤其是"文革"期间，教育发展几乎全面停滞，直接造成长期以来教育普及率普遍低于台湾。改革开放以后，大陆全面启动教育体制改革，教育环境得以改善，两岸教育普及率的差距开始缩小。

1978 年，大陆小学入学率为 94%；1986 年《中华人民共和国义务教育法》颁布，首次把免费义务教育以法律形式确立，当年大陆小学入学率为 96.4%；1999 年突破 99%，2014 年升至 99.81%。[2] 1968 年，台湾开始实行"九年国民义务教育"，1978 年以后，小学入学率始终在 99% 以上，2014 年为 99.95%。

受"文革"影响，[3]1978 年大陆小学升学率为 87.7%，1986 年恢复至正常水平 69.5%，2008 年增至 99.7%。台湾 1978 年小学升学率为 93.6%，1986 年以后均维持在 99% 以上，2014 年为 99.95%。

20 世纪 70 年代以后，台湾扩充高等教育规模，高等院校呈现急剧增长势头。1978 年台湾高校毛入学率为 15.65%，到 1980 年高等院校在学人数占台湾

---

[1] 数据来源：各年《中国统计年鉴》，Taiwan Statistical Data Book。
[2] 数据来源：各年《中国教育统计年鉴》。
[3] 改革开放后，大陆很多在"文革"期间教育中断的人开始重新深造。

人口总数的 1.8% 以上。[1] 1994—2004 十年间，台湾地区高校毛入学率翻了一番，2014 年为 83.79%，已经达到许多发达国家高校毛入学率的水平。1977 年大陆恢复高校统一考试招生制度，虽然 1978 年大陆高校毛入学率仅为 1.55%，但是 1978—1982 年间，招收研究生数相当于"文革"前 17 年综合的 1.7 倍，为教育事业迅速发展打下了坚实基础。[2]2014 年，大陆高校毛入学率为 37.5%，不足台湾的一半，不过已经高于世界平均水平。

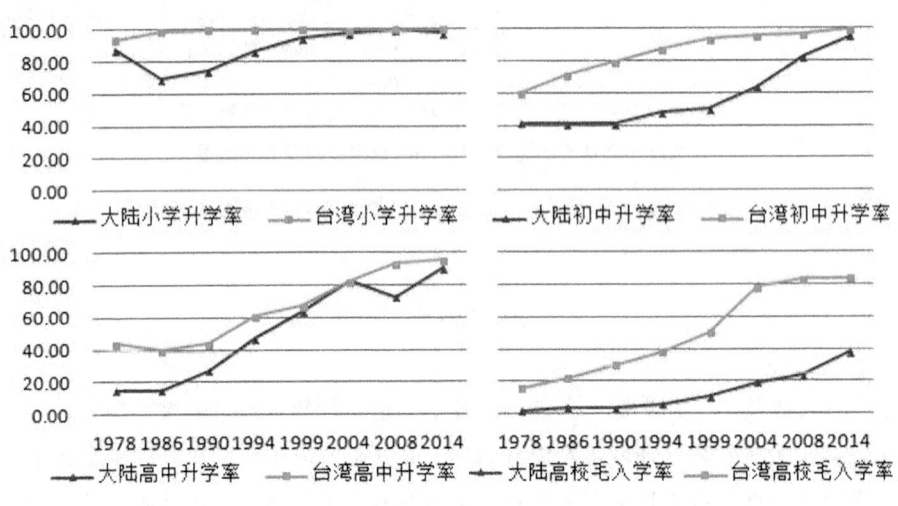

图 2-13 1978—2014 年两岸升学率变化[3]

四、广电影视出版

（一）报纸、期刊、图书

"戒严"时期，台湾实行"限证""限张""限印"等"报禁"政策，1951 年后全台只有 31 家报纸登记发行。1988 年 1 月 1 日台湾解除"报禁"，报纸家数呈井喷式增长，1990 年全台有 209 种报纸、100 家发行商，1999—2004 年报纸从 384 种增至 2524 种，2014 年为 2514 种。[4] 台湾解除"报禁"后，报纸发

---

[1] 茅家琦主编：《台湾 30 年》，郑州：河南人民出版社，1988 年，第 319 页。
[2] 胡敬超：《邓小平的哲学思想与文化建设》，见李官生、陈瑞平、刘建斌主编：《邓小平理论与新世纪的发展》，长沙：湖南人民出版社，2000 年，第 33 页。
[3] 数据来源：各年《中国教育统计年鉴》，《中国统计年鉴》，《"中华民国"教育统计》，Taiwan Statistical Data Book。
[4] 数据来源：台湾"文化部"文化统计，http://stat.moc.gov.tw/HS_UserCatalogView.aspx。

行量也从1981年的每天350万份，平均每4.8人一份，增至1990年的450万份。2000年以后，受到网络的冲击，台湾报业陷入困境，对发行量一直讳莫如深，2008年以后《苹果日报》将发行量自行公布于报头，唯一由第三方公开稽核发行量的报纸是《自由时报》。2008年，《自由时报》有费日发行量600591份，《苹果日报》510702份；2014年12月，《自由时报》跌至596171份，《苹果日报》则下降四成。① 在人均报纸持有量上，1986年台湾每百户报纸份数为75.54份，1999年跌至51.68份，2014年仅剩15.15份。②

1978年，大陆报纸发行量127.8亿份。随着改革开放的深入和经济建设的发展，大陆报业呈现繁荣的局面。1994年国家新闻出版总署为保证报业的稳定发展，颁发《关于书报刊音像出版单位成立集团问题的通知》，推动报业集团的组建，促进了报业的稳定发展。21世纪以后，虽然受到网络等新媒体的冲击，部分报纸处境艰难，但整体具有较强生命力，报纸发行量呈增长趋势。2005年，大陆报纸发行量突破400亿份，2014年增至463.9亿份，人均报纸份数也从1978年的13.28份增长至2014年的33.92份。③

台湾是世界上人均期刊种数最多的地区之一。1978年台湾期刊有1485种，1995年突破5000种，2008年达6600种，之后一直保持在7000种左右，其中阅读量较高且占有一定市场份额的有600—1000种，其中78%的期刊集中在台北市，人文社科类和财经企管类期刊占主导地位。④ 近年来，台湾将数字化、国际化、企业化、集团化作为出版业发展的战略思维，不仅出版和应用在华文世界首屈一指，其品质和创意在亚洲地区也处于领先地位。另外，台湾的图书出版业也十分发达，20世纪六七十年代台湾每年图书出版量均保持在八、九千种左右，1986年突破一万种，1999年增至30561种，2005年以后始终维持在四万种以上。⑤

大陆的期刊在"文革"期间同样遭到极大破坏，1969年仅有20种杂志，

---

① 数据来源："财团法人中华民国发行公信会"：《2014年有费报纸发行量稽核报告统计表》，转引自台北市媒体服务代理商协会："2015年台湾媒体白皮书"，http://www.maataipei.org/upload/1432174866.pdf。
② 数据来源：各年《"中华民国"统计年鉴》。
③ 报纸发行量数据来源：各年《中国统计年鉴》。人均报纸发行量根据报纸发行量及人口数量计算。
④ 数据来源：台湾"文化部"文化统计，http://stat.moc.gov.tw/HS_UserCatalogView.aspx。
⑤ 台湾"文化部"：《2013出版年鉴》，2013年，第300页，台北：台湾出版资讯网，http://tpi.culture.tw/content—56—PStatusCtr—publishContent/10725。

改革开放以后期刊出版事业迅速恢复和繁荣，1978 年有 930 种期刊，总印数 7.6 亿册；1986 年猛增至 5248 种，总印数 24 亿册，发展速度空前加快。1990 年代以后，经过严格管理和治理整顿后，大陆杂志趋于稳定发展，质量得到普遍提高，发展速度趋于正常化。2014 年，大陆期刊共 9966 种，总印数 30.9 亿册。①此外，大陆的人均期刊印册也从 1978 年的 0.8 册增至 2014 年的 2.26 册。在图书出版方面，1978 年大陆共出版图书 14987 种，1995 年突破 10 万种，2014 年增至 448431 种，年均增长率 9.9%。

（二）广播、电视、电影

台湾"戒严"时期广播电台共 33 家，20 世纪 90 年代末期才开始建立新的广播电台，1999 年增至 143 家，2004 年以后始终维持在 170 家左右。在电视台方面，台湾共有 5 家，分别是 1962 年成立的台湾电视公司，1968 年成立的中国电视公司，1971 年成立的中华电视公司，1994 年成立的民间全民电视公司，以及 1996 年成立的公共广播电视。

大陆进入市场经济以后，提出"四级办电视"②的政策，并将经营机制引入广播电台和电视台行业，使其数量激增，同质化竞争严重。20 世纪 90 年代中期以后，随着广播电视行业的产业化和集团化改革，虽然广播电台和电视台数量大幅减少，但增强了竞争力和市场收益。与此同时，广播和电视的覆盖率并未受到影响，2014 年大陆广播节目综合人口覆盖率为 97.99%，电视节目综合人口覆盖率为 98.6%。

表 2-10　1978—2014 年两岸广播电台、电视台变化③

	广播电台		电视台	
	大陆	台湾	大陆	台湾
1978	100	33	269	3
1986	278	33	292	3

---

① 数据来源：各年《中国统计年鉴》。
② "四级办电视"即中央、省、地、县四级办电视，部分经济较发达的城镇实行"五级办电视"。
③ 数据来源：各年《中国统计年鉴》，《"中华民国"统计年鉴》。大陆 1978 年数据来源于国家统计局：《1978 年全国年度统计公报》，国家统计局网，1979 年 6 月 27 日。"*"为 2007 年数据。

续表

	广播电台		电视台	
	大陆	台湾	大陆	台湾
1990	635	33	509	3
1994	1107	33	766	3
1999	296	143	357	5
2004	282	172	314	5
2008	*263	177	*287	5
2014	—	171	—	5

电影作为文化形态是构筑文化想象的重要侧面，在全球化的今天，电影作为重要的文化载体，能够有效地在世界范围内传播生活方式、道德标准和价值体系，对观众产生潜移默化的影响，从而发挥软实力作用。相较于其他影片形式，故事片具有较强的文化传播力。在故事片生产方面，台湾起步较早，1978年共生产 95 部，是大陆的两倍左右。20 世纪 80 年代以后，大陆故事片生产量逐步增长并超越台湾。1999 年以后，大陆持续提升的经济实力为故事片生产提供了强大的物质基础，大陆故事片生产量以年均 12.99% 的增长率成长，2014年增至 618 部。与此同时，台湾故事片生产量则逐渐下滑，1999 年仅生产 16部，2014 年回升至 41 部。虽然大陆生产故事片数量远高于台湾，但是国际影展获奖电影数量却同台湾旗鼓相当。

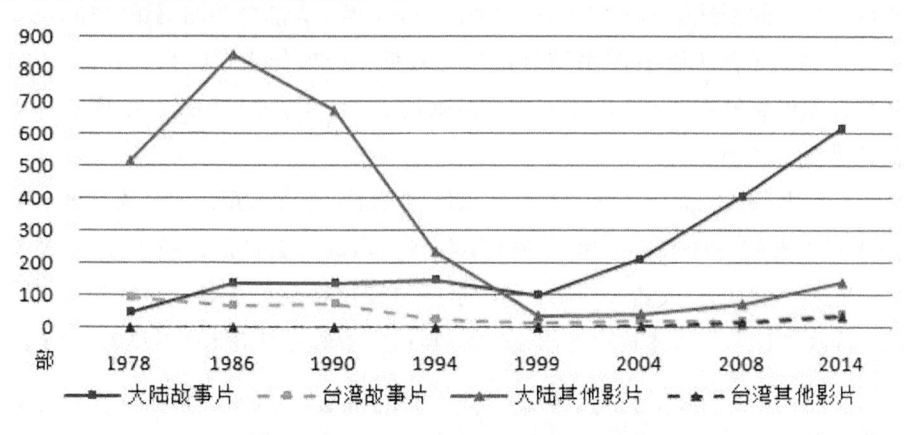

图 2-14　1978—2014 年两岸生产电影情况[①]

---

① 大陆数据来源：各年《中国统计年鉴》，其他电影包括科教、纪录、动画和特种影片。台湾数据来源：各年《"中华民国"电影年鉴》，其他电影包括短片和纪录片。

在其他影片形式上，1994年以前，为传播科学知识、提高人们的科学素养，大陆科教、纪录片产量均占其他类影片的90%以上。随着人们教育水平、生活品质和精神需求的提升，科教、纪录片产量大幅减少，主导地位逐渐被故事片所取代。

随着大陆民众文化消费需求的提升，电影院、荧幕数量增长较快，电影行业持续繁荣。2014年，中国大陆电影票房收入48.27亿美元，占全球票房份额的13%，仅次于美国。[①]但是大陆的电影贸易处于严重的贸易逆差，1992年以前，大陆电影海外销售收入几乎为零，1998年才开始出口到以亚洲为主的20多个国家和地区，2010年出口额最高时为5.2亿美元。2014年，大陆进口影片票房21.5亿美元，海外票房及销售总收入1.73亿美元，不到进口票房的十分之一。[②]台湾电影较早推向海外市场，但同样处于巨大的贸易逆差中。1994年，台湾电影出口额最高时为0.72亿美元，之后受金融危机和电影产量下降等因素影响，出口额跌至2004年的0.25亿美元，2014年回升至0.53亿美元。[③]

（三）公共图书馆

改革开放以后，大陆图书馆事业逐渐恢复，不断增长的经济实力对公共服务形成强有力的支撑，各级政府对公共图书馆投入逐渐增大，使其逐渐走出经费不足、人员匮乏、设施陈旧的状态。尤其是20世纪90年代以后，随着各级政府推进公共文化服务，公共图书馆的发展日益得到保障，众多新建图书馆成为城市建设的新地标和城市名片。1978—2014年，大陆公共图书馆增加近1.5倍，但是每十万人拥有图书馆数量仍然较低，1978年为0.13座，20世纪80年代后始终维持在0.21—0.23座；台湾则从1978年的每十万人0.85座上升至2014年的2.27座。

在藏书册数方面，台湾虽然所藏总量与大陆有较大差距，但是人均藏书量始终高于大陆，且增长迅速，2014年台湾人均藏书2.04册，较1986年增长558.06%；同时期，大陆人均藏书量仅从0.24册增长至0.58册。2014年，大陆将"全民阅读"写入《政府工作报告》，拟提出《全民阅读促进条例》，为全民

[①]《2014中国电影总票房296亿 成世界第二大电影市场》，新华网，2015年2月4日。原始数据单位为人民币。

[②] 数据来源：中国电影家协会产业研究中心：《2014—2015年中国电影产业研究报告》，北京：中国电影出版社，2015年，第31、33页。原始数据单位为人民币。

[③] 数据来源：台湾"文化部"文化统计，http://stat.moc.gov.tw/HS_UserCatalogView.aspx。

阅读提供场所、举办活动，保障人们阅读的权利。

表 2-11 1978—2014 年两岸公共图书馆情况[①]

	公共图书馆/个		藏书册数/万		借阅人次/万	
	大陆	台湾	大陆	台湾	大陆	台湾
1978	1256	146*	—	—	—	—
1986	2406	201	26133	598	11722	1304
1990	2527	324	29064	882	12435	1265
1994	2596	358	32332	1314	11852	1398
1999	2767	421	39539	1583	16290	1594
2004	2720	510	46152	2416	18527	1061
2008	2820	544	55064	3330	23129	1225
2014	3117	533	79092	4783	46734	1817

（四）艺文活动

2000 年以前，大陆艺术表演团体几乎均为国有剧团，其中一半以上的艺文活动为各类农村慰问演出，城市艺文资源匮乏。2004 年后其他民间团体逐渐兴起并迅速占领市场，尤其是 2008 年以后，各类艺文活动大大丰富了城市人的精神文化生活，与此同时农村慰问演出仍保持较高的活动频率。2014 年，其他团体演出场次占表演活动总数的八成，艺文活动总数及人均活动数量成倍增长，但是 1994—2014 年大陆每万人活动数仍不及台湾的一半。另外，台湾每人出席艺文活动次数也远高于大陆，2014 年台湾人均出席 11.23 次艺文活动，是大陆的 16.76 倍。

表 2-12 1986—2014 年两岸艺文活动情况[②]

	活动数/万		每万人活动数		出席人次/亿		每人出席次数	
	大陆	台湾	大陆	台湾	大陆	台湾	大陆	台湾
1986	63.00	—	5.86	—	6.09	—	0.57	—

---

① 数据来源：各年《中国统计年鉴》，《"中华民国"统计年鉴》。"*"为 1980 年数据。
② 数据来源：各年《中国统计年鉴》，《"中华民国"统计年鉴》。

续表

	活动数/万		每万人活动数		出席人次/亿		每人出席次数	
	大陆	台湾	大陆	台湾	大陆	台湾	大陆	台湾
1990	49.10	0.69	4.29	3.39	5.10	0.30	0.45	1.47
1994	40.08	1.52	3.34	7.17	4.09	0.52	0.34	2.45
1999	42.30	1.64	3.36	7.40	4.69	0.57	0.37	2.56
2004	42.50	2.47	3.27	10.89	3.87	0.96	0.30	4.22
2008	90.50	5.07	6.81	22.01	6.32	1.37	0.48	5.96
2014	173.91	6.47	12.71	27.60	9.10	2.63	0.67	11.23

五、海峡两岸文教力之综合评估和比较

海峡两岸文教力评估选取40个具有代表性的文教"子"指标，其中四个"一级指标"，包括文教队伍（10个）、文教投资（5个）、教育普及率（4个）、广电影视出版（21个），并对指标采取定性和定量相结合的方法进行评估。

表2-13 海峡两岸文教力之评估指标

一级指标	文教队伍（10）	文教投资（5）	教育普及率（4）	广电影视出版（21）
二级指标	学校（3）	文教投资（5）	教育普及率（4）	报纸期刊图书（6）
	师生（6）			广播电视电影（7）
	海外教育（1）			公共图书馆（4）
				艺文活动（4）

经过对两岸文教力原始数据的标准化处理，以及"三级指标"的模型合成，计算出"二级指标"分值，结果如下：

表2-14 1978—2014年两岸文教力"二级指标"分值

文教队伍			1978	1986	1990	1994	1999	2004	2008	2014
学校	大陆	1.41	1.76	2.05	2.13	2.18	3.20	3.97	4.23
	台湾	1.00	1.00	1.05	1.08	1.11	1.21	1.25	1.16

续表

文教队伍								
师生	大陆	0.80	1.62	1.92	3.01	3.59	6.74	9.09	12.04
	台湾	1.00	1.14	1.46	1.63	1.95	2.34	2.63	3.09
海外教育	大陆	0.00	0.00	0.00	0.00	0.00	1.00	6.00	11.00
	台湾	0.00	0.00	0.00	0.00	0.00	0.00	0.00	0.20
文教投资								
		1978	1986	1990	1994	1999	2004	2008	2014
文教投资	大陆	1.43	2.42	3.04	3.63	6.76	13.30	31.10	68.97
	台湾	1.00	2.61	5.37	8.90	9.48	9.42	9.89	11.75
教育普及率								
		1978	1986	1990	1994	1999	2004	2008	2014
教育普及率	大陆	0.38	0.45	0.52	0.73	0.95	1.26	1.38	1.69
	台湾	1.00	1.12	1.28	1.52	1.70	2.00	2.10	2.14
广电影视出版								
		1978	1986	1990	1994	1999	2004	2008	2014
报纸期刊图书	大陆	1.23	3.34	4.17	5.13	6.24	7.65	8.79	10.59
	台湾	1.00	1.29	1.65	1.88	2.12	1.84	1.86	1.93
广播电视电影	大陆	2.14	5.13	6.95	9.04	5.97	7.99	10.12	11.93
	台湾	1.00	0.99	1.10	0.82	0.99	1.06	1.09	1.35
公共图书馆	大陆	15.61	21.33	22.91	23.58	28.63	31.29	36.17	53.34
	台湾	1.00	1.27	1.68	2.05	2.41	2.58	3.08	3.94
艺文活动	大陆	12.25	12.76	10.00	7.90	8.48	7.60	14.02	22.98
	台湾	0.50	1.00	2.15	4.12	4.37	6.90	11.75	18.21

经过对"二级指标"分值的归一化处理、模型合成，将合成的"一级指标"分值代入综合国力评估模型，测算出1978—2014年海峡两岸八个时间节点的文教力分值，结果如下：

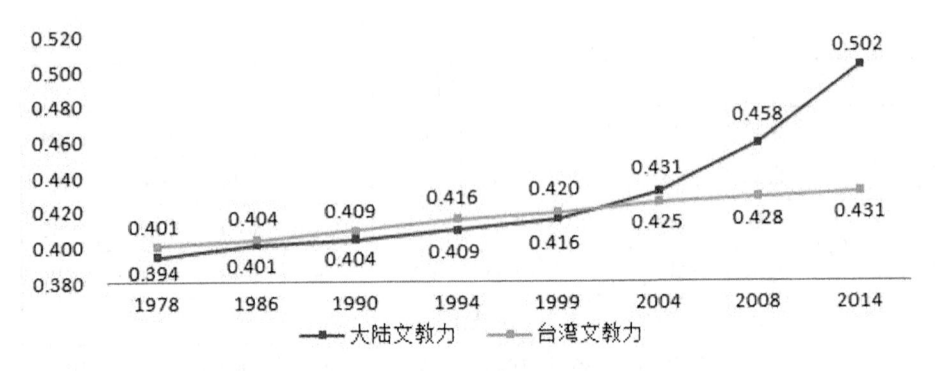

图 2-15 1978—2014 年两岸文教力变化

1978 年大陆文教力分值为 0.394，至 1999 年稳步增长至 0.416。2000 年以后，随着大陆硬实力的提升，文教力增长迅速，2014 年文教力分值达 0.502。台湾 1978 年文教力分值为 0.401，近 40 年间保持平稳增长态势，2014 年增至 0.431。在两岸比较上，改革开放以后，台湾文教力分值长期保持微小优势，21 世纪以后两岸分值出现交叉，大陆文教实力优势逐渐显现。

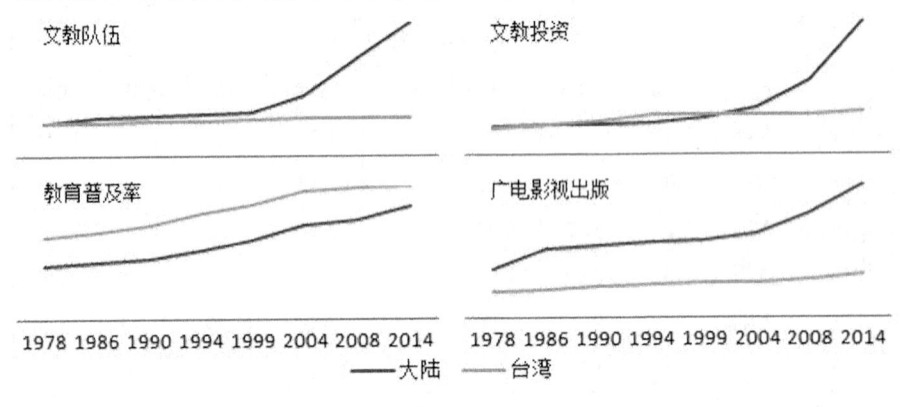

图 2-16 1978—2014 年两岸文教力构成要素变化

大陆在文教队伍和文教投资方面的进步最为明显，尤其是 21 世纪以后，大陆文教环境大为改善，学校及师生的数量、规模和层次都有较大幅度提升，海外教育影响力逐渐扩大，教育投资总额、比例和人均水平也不断增加，与台湾缓慢的增长趋势对比鲜明。但是在教育普及率尤其是高等教育毛入学率上，大陆与台湾仍有一定差距。

经过多年的发展，大陆建成世界上最大的教育体系，保障了亿万群众受教育的权利，基本实现九年义务教育的普及，完全实现免费义务教育，高等教育进入大众化阶段,形成公办学校和民办学校共同发展的格局。中国大陆国民素质得到很大提升,实现了从人口大国向人力资源大国的转变。[①] 在文化领域,2009 年 7 月,国务院常务会议通过《文化产业振兴规划》,这是 1949 年以来第一次对文化产业发展作出的规划,标志着文化产业已经上升为国家战略产业。[②] 2010 年中共十七届五中全会通过的"十二五"规划中,首次专门用一个章节的篇幅对文化改革发展作出部署,明确提出要基本建成公共文化服务体系,推动文化产业成为国民经济支柱性产业的战略目标,[③] 体现文化建设的地位和作用越来越突显。文化体制改革进一步释放了文化生产力,文化事业和产业都取得巨大发展,公共文化服务体系框架基本建立,文化产业整体实力快速提升。

相形之下,台湾教育、文化发展却十分缓慢。尤其是 20 世纪 90 年代中期以后,台湾当局将政策重心投放于见效快的选举性议题,忽视教育、文化的长期性建设,致使台湾文教实力优势逐渐丧失。

[①] 高书国、杨晓明主编:《中国人口文化素质报告:从战略追赶到局部跨越》,长春:东北师范大学出版社,2013 年,第 45 页。
[②] 浦树柔、唐春辉:《高层决策纲举目张》,北京:《瞭望》,2009 年第 43 期。
[③] 《国民经济和社会发展第十二个五年规划纲要(全文)》,中央政府门户网站,2011 年 3 月 16 日。

第三节　海峡两岸对外关系能力之评估

对外关系能力是综合实力在对外关系领域的体现和运用，包括对外政策、对外活动、对外援助、国际影响力等方面。其中，对外活动与援助包括邦交国、在外设馆、国际组织及国际活动、对外援助四个"子"要素；国际影响力包括同盟关系、国际规则制定能力、全球治理能力三个"子"要素。

一、对外政策

1978年十一届三中全会以后，根据国际形势新特点和国内工作重心转移，邓小平认为，"和平与发展"已经成为时代主题，要树立反对霸权主义和强权政治，维护世界和平的国策；要在和平共处五项原则基础上，同任何国家发展友好合作关系，奉行不结盟政策；重视和第三世界国家发展关系；积极开展与周边国家的睦邻友好关系。① 这标志着中国大陆对外战略发生重大且具有实质意义的调整，被誉为1949年以来最深刻、最成熟的历史性调整。瑞士日内瓦大学著名教授、中国问题研究专家哈里什·卡普尔评价："中国外交风格的转变是最为显著的。过去在中国官方文件、报刊评论等方面习用的过于革命的、给人以好战形象的词汇，已经被温和的、务实的、不事张扬的语言所代替；而在早期中国外交行事方式中通常居主导地位的威吓性和教训性的调子也不复存在，取代它们的是谦虚、谨慎和思想开放。"② 1982年，中共首次在党章中明确规定："在互相尊重主权和领土完整、互不侵犯、互不干涉内政、和平互利、和平共处

---

① 《邓小平文选》（第三卷），北京：人民出版社，1993年，第87页。
② [瑞]哈里什·卡普尔：《觉醒中的巨人》，北京：国际文化出版社，1987年，第1页。

第二章　海峡两岸软实力之评估

五项原则的基础上，发展我国同世界各国的关系。"[①] 1985 年，邓小平对时代特征和主题作出新的判断，认为"现在世界上真正大的问题，带全球性的战略问题，一个是和平问题，一个是经济问题或者说发展问题"，[②] 和平的国际环境是发展的前提，发展又能保障和平的延续。

在此基础上，中国大陆的对外政策做出了一系列战略性调整，提出超越意识形态的全方位外交，不以社会制度而以国家利益观察问题，淡化敌友观念，拓展和深化国家交往对象，发展"周边是首要，大国是关键，发展中国家是基础，多边是舞台"的立体外交模式；主张独立自主的不结盟政策，强调互相尊重、平等互利、不结盟、不对抗，努力维护独立和主权，并尊重别国的独立和主权；采取实事求是的务实外交风格，及"冷静观察、稳住阵脚、沉着应付、韬光养晦、善于守拙、决不当头、有所作为"的方针，加强同世界各地区的合作，促进共同发展和进步。21 世纪以后，随着综合实力的不断增强，中国大陆进入独立自主、和平外交的新时期，提出构建持久和平、共同繁荣的和谐世界，向国际社会表明走和平发展道路的决心，降低一些国家对中国大陆实力增强的误解，同时承担一定的国际责任，积极推动建设持久和平、共同繁荣的和谐世界。2010 年，中国大陆成为世界第二大经济体，将对外政策和实现中华民族伟大复兴的"中国梦"相结合，同世界各国发展友好合作，履行应尽的国际责任和义务，实现合作共赢。2011 年 9 月，国务院新闻办公室发表《中国的和平发展》白皮书，强调中国将坚定不移沿着和平发展道路走下去，这已经上升为中国的国家意志，转化为国家发展规划的大政方针，落实在中国发展进程的广泛实践中。[③] 总体而言，大陆的对外政策具有一贯性，能够根据国内国际形势作出合理的调整和安排，促进了中国大陆对外关系能力的提升。

台湾的对外政策不仅取决于国际环境的变化，更取决于两岸关系的变化。20 世纪 70 年代，中华人民共和国恢复联合国合法席位以及中美关系正常化对台湾对外关系造成巨大震动，1970—1978 年，台湾地区"邦交国"数量从 66 个降至 23 个。为摆脱国际孤立的困境，台湾当局调整对外政策，实行"弹性外交"，在国际社会对大陆的"势不两立"立场作出局部调整，在对外关系上强调

[①]《中国共产党章程》，载中央文献研究室编：《十二大以来重要文献选编》（上），北京：人民出版社，1996 年，第 66 页。
[②]《邓小平文选》（第三卷），北京：人民出版社，1993 年，第 105 页。
[③]《国务院新闻办发表〈中国的和平发展〉白皮书（全文）》，中央政府门户网站，2011 年 9 月 6 日。

区分不同关系层次和采取不同处理方式,"在策略上推进主动外交","在力量运用上推展总体外交","在开展对外关系幅度上推动多角外交",并提出对外工作可因时、因地、因事制宜,特别是同大陆交锋时,要本着"不退让、不规避"的原则,积极参与国际活动。[①] 政策调整后,台湾当局从原先坚持"一个中国,一个政府"转变为"一个中国,两个政府",并在国际社会要求与大陆保持"对等地位"。此外,台湾在处理对外关系时明确区分官方与非官方关系,对于同大陆建立官方外交关系的国家,台湾仍积极与其发展民间关系,互设非官方机构,将台湾作为政治实体办理签证等手续,以突破其在官方关系上的困境。调整后的对外政策,核心即"一个中国,两个对等政治实体"。

20世纪90年代初,国际秩序处于重组阶段,台湾当局企图制造重返国际社会的舆论氛围,突破"外交困境"。与此同时,随着"宪政改革"的深入、"本土化"实力的扩张以及"台独"政党的诉求,台湾当局深化"一个中国,两个对等政治实体"的核心,推行"务实外交"。为实现在国际上的"双重承认",台湾当局利用"金钱外交"收买非洲、拉丁美洲等贫穷、落后的小国,并通过武器采购等手段提升与欧美发达国家的实质关系。1993年,台湾当局将台湾定位为"东南亚国家",推出"亚太战略",企图以"南向政策"密切同东南亚国家的关系,竭力谋求"台湾问题国际化"。20世纪90年代中期以后,随着两岸关系的紧张及中美关系的恢复,台湾"务实外交"受到制约,李登辉当局提出"以战止战",企图通过对外活动与大陆进行较量,推动台湾"参与联合国",大搞"元首外交""过境外交",其对外政策的核心即奉行"两个中国"的"台独外交"。然而,世界上绝大多数国家支持一个中国政策,台湾"参与联合国"不断受挫,"元首外交"四处碰壁,"南向政策"难以为继。陈水扁上台后,延续李登辉时期的"台独外交",强调以全面参与国际事务的"新国际主义"为主轴,刻画台湾作为"国际秩序忠诚维护者"的角色。[②] 陈水扁还企图通过"入联公投"得到国际社会的承认,实现其"一中一台"的图谋。台湾当局为推行"台独外交"投入了大量的金钱,1993年台湾"外交"预算占"政府"总预算的1.11%,2008年增至1.82%,增长63.96%。但是,"台独外交"既没有为台湾带来"国际尊严",又使其丧失良好的国际环境,错失发展的良机。

---

① "中央日报",1980年9月20日,转引自范希周:《1979年以来台湾"总体外交"政策分析》,厦门:《台湾研究集刊》,1987年第4期。
② 刘相平:《陈水扁"外交策略"解析》,福州:《领导文萃》,2002年第9期。

第二章 海峡两岸软实力之评估

2008年，马英九就职后提出"外交休兵"和"活路外交"，认为台湾应把处理两岸关系的"和解精神"以及改善两岸关系的成果和经验延伸至对外关系，为台湾在国际间找到一条新的出路。[①] 在此基础上，台湾恢复和提升台美关系，建立台日"特别伙伴关系"，务实处理同"邦交国"的关系，避免"金钱外交"的得不偿失。此外，马英九当局停止台湾加入联合国的活动，务实地加入国际组织活动，在国际上减少两岸冲突，"让双方在国际社会都有尊严"，减少"无谓的恶性竞争以及资源虚耗"。[②] "活路外交"结束了两岸在对外事务中的"零和游戏"，有利于巩固国际间对一个中国的共识，减少了国际社会插手台湾问题的机会，促进了两岸对外关系的展开以及两岸关系的和平发展。

维护、实现及拓展国家和地区利益是制定对外政策的出发点，利益能否实现是评估对外政策效果的根本准则。[③] 国家和地区利益的基本次序是民族生存、政治承认、经济收益、主导地位、世界贡献，因此，这五种利益实现的效果可作为对外政策评估的主要依据。[④] 两岸利益的评估采用量级的方式，对每种等级进行赋值评价，据此进行两岸对外政策的评估。民族生存是最基本的利益，两岸在实现效果上不存在争议；政治承认以邦交国数量为等级划分依据；经济收益综合对外贸易总额及外汇储备划分等级；主导地位依据国际规则制定能力进行划分；世界贡献以全球治理能力为等级划分依据。在等级划分基础上，两岸对外政策评估将结合对外政策的定性评价，对其进行赋值和加乘，最后代入模型计算。

表2-15 1978—2014年两岸利益实现效果[⑤]

	民族生存		政治承认		经济收益		主导地位		世界贡献	
	大陆	台湾	大陆	台湾	大陆	台湾	大陆	台湾	大陆	台湾
1978	强	强	较强	弱	较弱	较弱	较弱	弱	较弱	较弱
1986	强	强	强	弱	较弱	较强	较弱	弱	较弱	较弱

---

① 《马"总统"访视外交部并阐述"活路外交"的理念与策略》，台北：台湾"行政院"大陆委员会网，2008年8月4日。
② 《"总统"接受墨西哥〈太阳报〉系集团董事长瓦斯盖兹（Mario Vázquez Raña）专访》，台北：台湾"总统府"网，2008年9月3日。
③ 阎学通：《以国家利益评估对外政策效果》，北京：《国际政治科学》，2016年第1期。
④ 阎学通：《中国国家利益分析》，天津：天津人民出版社，1997年，第67页。
⑤ 国际规则制定能力及全球治理能力分析详见后文。

续表

	民族生存		政治承认		经济收益		主导地位		世界贡献	
	大陆	台湾	大陆	台湾	大陆	台湾	大陆	台湾	大陆	台湾
1990	强	强	强	弱	中	较强	较弱	弱	中	较弱
1994	强	强	强	弱	中	较强	中	弱	中	较弱
1999	强	强	强	弱	较强	较强	中	弱	中	较弱
2004	强	强	强	弱	较强	中	中	弱	较强	较弱
2008	强	强	强	弱	强	中	较强	弱	较强	较弱
2014	强	强	强	弱	强	中	较强	弱	较强	较弱

二、对外活动与援助

(一)邦交国

20世纪70年代以来,中华人民共和国的国际地位不断提高,世界各国及国际组织逐渐承认中华人民共和国对中国的代表权。1970—1978年,中华人民共和国邦交国数量从56个增至116个,20世纪90年代中期经济腾飞以后,邦交国数量稳定增加,2014年达172个,中华人民共和国已同世界上九成的国家建立外交关系。

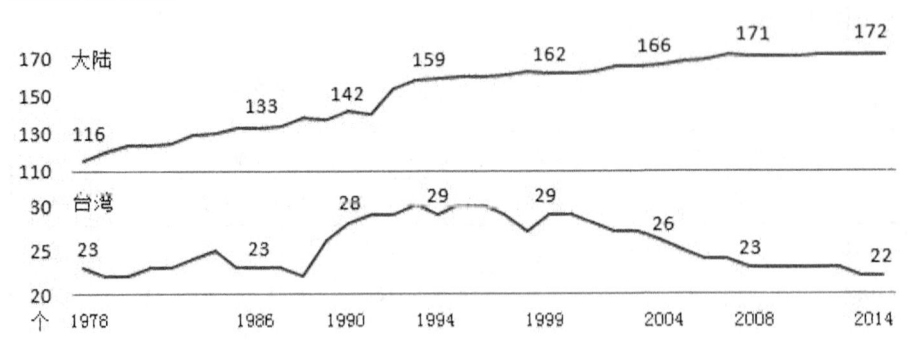

图2-17 1978—2014年中华人民共和国邦交国与台湾"邦交国"数量变化[1]

1970—1978年,台湾"邦交国"数量从66个降至23个,"国际空间"迅

---

[1] 数据来源:大陆数据来源于外交部政策研究室主编的1987—1995各年《中国外交概览》及1996—2015各年《中国外交》,其中1978—1985年数据由作者根据《中国外交概览1987》自行整理。台湾数据来源于各年《"中华民国""外交"统计年报》。

速萎缩。20世纪80年代末至90年代初，随着冷战的结束，以及大陆政治风波所带来的国际困境，台湾有意凭借"亚洲四小龙"的经济优势，在全球国际秩序的结构重组中有所作为，尤其在李登辉"务实外交"的倡导下，台湾积极彰显其"国际存在"。李登辉指出："为证明台湾存在的事实，就必须与其他国家建立关系，最好的方式当然是建立正式的外交关系，如果有困难，建立以经济为主的实质关系也无妨，倘若连建立经济关系都有困难，则可退而求其次，建立文化或其他的交流关系。"[1]在台湾当局的金钱攻势下，台湾"邦交国"数量从1988年的22个增至1999年的29个，1993—1996年间最多时达30个，但其中充满与巴哈马、几内亚、莱索托、中非等国"建交""断交""复交"的反复过程，尤其是与利比里亚的关系十分波折，双方1989年"复交"，1993年"断交"，1998年再次"复交"。此外，1997年底台湾与南非"断交"后，再无具有一定影响力的"邦交国"。陈水扁上台后，以更激进的"台独"方式在国际上与大陆冲撞，将"去中国化"延展至国际社会。然而陈水扁的"台独"行径却使台湾成为"麻烦制造者"，2008年台湾"邦交国"数量跌至23个，马其顿、利比里亚、多米尼克、格林纳达、塞内加尔、乍得、哥斯达黎加、马拉维等国先后与其"断交"，台湾"国际空间"大幅缩减。2008年马英九上台后，得益于"外交休兵"，大陆多次拒绝台湾"邦交国"的建交请求，使其"邦交国"数量基本稳定。维基解密曾公布美国国务院电文，显示巴拿马曾在2009年希望与大陆建交，但遭到拒绝，类似想倒戈的台湾"友邦"，至少有5国以上。[2]唯在2013年11月15日，冈比亚因经济问题与台湾"断交"，此后冈比亚多次要求与中国大陆建交，中国大陆直至2016年国民党"败选"、台湾地区新当选的领导人、民进党籍的蔡英文就任前夕才同意其建交请求。

（二）在外设馆

1978年，大陆在外国设立总领事馆仅6处，2014年增至94处，翻了四番。由于"邦交国"数量的减少，2014年台湾"总领事馆"数量仅剩2处。依照台湾当局"驻外使领馆组织条例""驻外代表机构组织规程"等文件规定，台湾在"无邦交国"设立代表处和办事处，负责处理对外事宜。代表处地位相当于"大

---

[1] 陈孔立：《马英九的"活路外交"与谁"精神一致"？》，爱思想网，2009年1月21日。
[2] 郭正亮：《两岸政治对话才能处理台"外交"危机》，厦门：《海峡导报》，2013年11月19日。

使馆",办事处地位相当于"总领事馆"或"领事馆"。李登辉时期,台湾驻外代表处数量一度增至 62 处,2000 年以后由于"国际空间"的萎缩,台湾部分驻外代表处被迫撤离,只能降格设立办事处代之。2014 年台湾驻外代表处数量减至 56 处。

表 2-16 1978—2014 年两岸在外国设馆情况[①]

	大陆			台湾			
	总领事馆	领事馆	领事办公室	"总领事馆"	"领事馆"	代表处	办事处
1978	6	1	—	—	—	—	—
1986	26	1	—	5	2	38	20
1990	32	2	—	4	1	46	28
1994	45	3	3	7	0	59	32
1999	56	3	3	3	0	62	35
2004	59	4	3	3	0	59	33
2008	74	6	3	3	0	59	35
2014	94	5	4	2	0	56	37

(三)国际组织及国际活动

1978 年以后,世界上重要的国际组织相继把台湾视为中国的一部分,而非中国的唯一代表,很多具有影响力的国际组织席位逐渐被大陆所取代。1979 年 11 月 26 日,国际奥委会恢复中华人民共和国奥委会权利,将台湾名称从"中华奥委会"改为"中华台北奥委会",保持其国际奥委会权利。1980 年,国际货币基金组织、世界银行相继恢复中华人民共和国代表权,取消台湾当局资格。1986 年 3 月,亚洲开发银行接纳中华人民共和国为正式成员,台湾会员名改为"中国台北"。1990 年 1 月,台湾以"台澎金马单独关税区"名义申请加入关贸总协定,1992 年 9 月获得观察员身份。1991 年 11 月,台湾以"Chinese Taipei"名义与大陆、香港一起加入亚太经合作组织。1993—1999 年,台湾当局连续七年通过"邦交国"向联合国提案参与联合国,均未获联合国大会总务委员会通

[①] 数据来源:大陆数据来源于外交部政策研究室主编的 1987—1995 各年《中国外交概览》及 1996—2015 各年《中国外交》,其中 1978—1985 年数据由作者根据《中国外交概览 1987》自行整理。台湾数据来源于各年《"中华民国""外交"统计年报》。

过。陈水扁上台后继续推动台湾参与各种国际组织。2001年1月，台湾以"台澎金马单独关税区"名义加入世界贸易组织。2000—2007年，台湾多次申请参与联合国和世界卫生大会，均未获准。马英九上台后，两岸关系逐渐改善，台湾参与国际组织的空间得到扩展。2008—2015年，台湾当局相继派前"副总统"出席亚太经合组织会议。2009年5月28日，台湾以"中华台北"名义作为观察员出席世界卫生大会。2013年9月24日，在大陆的建议下，"中华台北"以"国际民航组织理事会主席客人"身份出席国际民航组织大会，被认为是"继取得世界卫生组织观察员身份之后，四十二年来第二度得以叩关隶属联合国组织大会"。[1]

根据统计，1991年台湾地区加入国际组织779个，2002年为1110个。2003年，为拓展"国际空间"，台湾地区加入的国际组织猛增至2114个，2014年为2222个。不过台湾地区加入的国际组织大部分为经济性民间国际组织，政府间组织参与度非常低，1978年台湾地区加入10个政府间组织，1986—1990年始终维持在6个。1990年以后，台湾地区加入政府间经济性国际组织6个、标准性国际组织2个、政治性国际组织仅1个，2014年在35个政府间国际组织或其下属机构拥有会籍，以观察员等身份参与22个政府间国际组织或其下属机构。[2]与此同时，近50年来30个亚洲国家加入经济性国际组织平均25.8个、标准性国际组织平均15.41个、政治性国际组织平均12.67个，[3]可见台湾国际社会参与程度普遍低于亚洲平均水平，而通过一阶差分计算，台湾历年来以各种身份加入国际组织的数目几乎没有增加。

---

[1] 《睽违42年 台湾获邀出席ICAO》，台北：《联合报》，2013年9月14日。
[2] 台湾"外交部"：《"中华民国"103年"外交"统计年报》，台北："外交部"，2015年，第19—20页。
[3] 薛健吾、林千文：《全球化了台湾的什么？国际化与台湾的政治经济变迁》，台北：《台湾政治学刊》(18卷2期)，2014年12月。

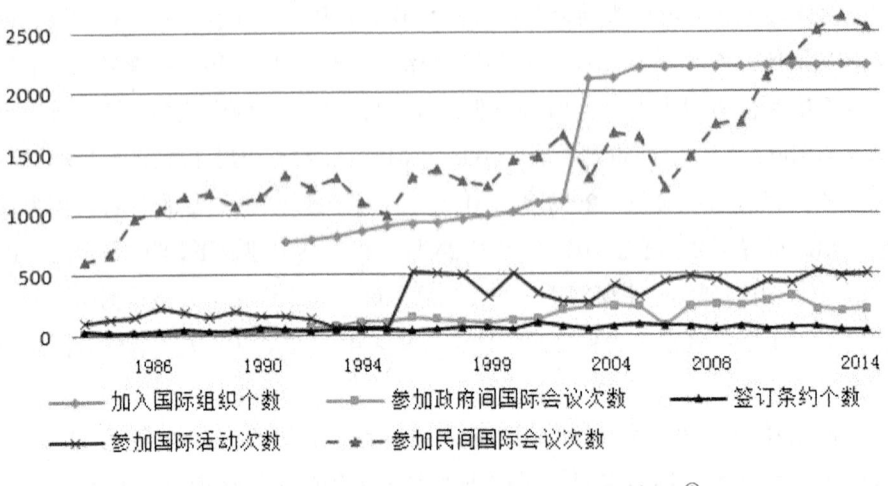

图 2-18　1983—2014 年台湾国际活动情况[①]

在国际活动参与方面，台湾出席频率有两次飞跃，一是 1996 年参加国际活动从 64 次猛增至 525 次，一是 2008 年以后参加民间国际会议从 1738 次增长至 2625 次。不同的是，第一次飞跃由台湾"金元外交"所主导，造成了海峡两岸甚至东亚区域关系的紧张，使台湾错失发展机遇；第二次飞跃是在两岸关系和平发展的背景下，台湾更有尊严地融入国际社会，参与多方事务的协商。

1971 年，中华人民共和国恢复联合国代表权并担任安全理事会常任理事国后，逐步开始有选择、有质量地加入国际组织。1977 年，中国大陆加入政府间国际组织 21 个，非政府组织 71 个；1989 年分别增至 37 个和 677 个；1999 年较 1989 年均翻了一倍。2014 年，中国大陆已参与 130 多个政府间国际组织和 1400 多个非政府组织，[②] 多边外交活动步入空前活跃的发展阶段，中国大陆正日益成为国际多边体系重要参与者、建设者和贡献者。

（四）对外援助

中华人民共和国虽然是发展中国家，但是始终坚持向经济困难地区提供力所能及的援助，承担相应的国际义务。改革开放以后，中国大陆改变过去单纯提供援助的方式，转为发展多种形式的互利合作，并进一步加强对最不发达国

---

① 数据来源：各年《"中华民国""外交"统计年报》。
② 人民日报社国际部编：《大国之声　人民日报国际评论"钟声"2014》，北京：人民日报出版社，2015 年，第 401 页。

家的援助。20世纪90年代，大陆重点推动援助资金来源和方式多样化，并更重视支持受援国的能力建设，扩大援外技术培训规模。2006年8月21日，胡锦涛在中央外事工作会议中指出，要"随着国家实力增长适当增加对外援助，尤其要支持发展中国家加快发展、改善人民生活。"[①] 由此，大陆将对外援助纳入提升软实力工作的整体框架。

截至2009年底，中国大陆累计对外提供援助金额达2562.9亿元，其中无偿援助1062亿元，无息贷款765.4亿元，优惠贷款735.5亿元。[②] 2010年以后，大陆每年对外援助金额均在200亿元以上，其中无偿援助占三分之一。[③]

中国大陆在开展对外援助的同时，与部分国际组织和国家在能力建设、培训和基础设施建设等方面开展合作。1981—2009年，中国大陆与联合国开发计划署合作，通过在华实施发展中国家间技术合作项目，为其他发展中国家培训技术人员6000多名。[④] 2010—2012年，大陆在61个国家和地区完成技术合作项目170个，代训人力资源人员49148名，向54个国家派遣3600名医护人员，向30多个国家提供紧急人道主义援助约15亿元，免除9个受援国债务14.2亿元。[⑤]

20世纪50至80年代，台湾地区曾接受国际组织和美国等国家的捐赠和贷款援助，很多重要工程均在外援下完成，如高速公路、自来水系统、铁路电气化等。1951—1968年，台湾地区接受美国援助金额共计14.82亿美元。[⑥] 20世纪50年代以后，随着科技的发展，台湾相继派技术人员赴海外执行援助计划，70年代以来，随着国际地位的改变，台湾地区援外工作参与的广度和深度均受到政治现实和国际环境的制约。1994—2014年，台湾对外技术服务人员从394人下降至159人，代训各国技术人员数量及国际灾难人道救济金额与大陆相比仍有较大差距。

---

① 《中央外事工作会议举行 胡锦涛作重要讲话》，新华网，2006年8月23日。
② 国务院新闻办公室：《中国的对外援助》（白皮书），新华网，2011年4月21日。
③ 数据来源：国务院新闻办公室：《中国的对外援助（2014）》（白皮书），国务院新闻办公室网，2014年7月10日；《商务部整治援外项目廉政问题》，北京：《京华时报》，2014年6月12日。
④ 国务院新闻办公室：《中国的对外援助》（白皮书），新华网，2011年4月21日。
⑤ 国务院新闻办公室：《中国的对外援助（2014）》（白皮书），国务院新闻办公室网，2014年7月10日。
⑥ 台湾"外交部"："进步伙伴 永续发展 援外政策白皮书"，台北：台湾"外交部"网，2009年5月。

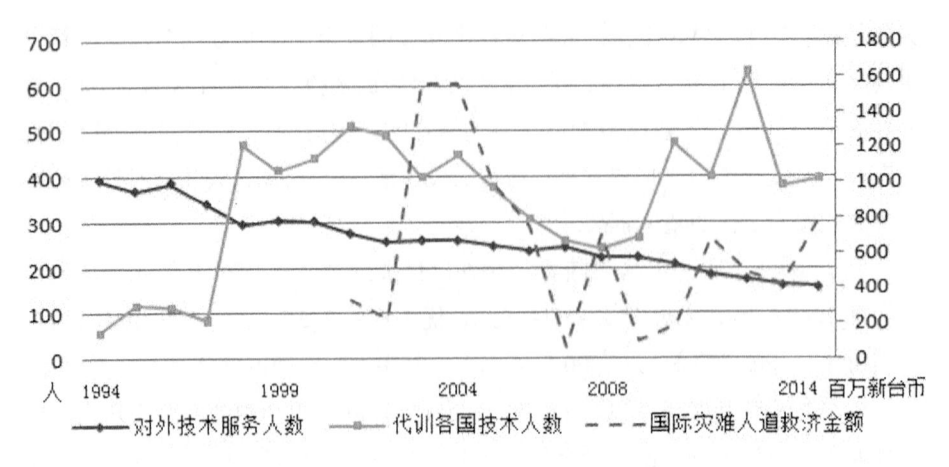

图 2-19 1994—2014 年台湾对外援助情况[1]

三、国际影响力

国际影响力与国家和地区在国际权力结构中的位置息息相关，这种位置包含其追求和行使权力的意志以及在国际关系中的行为能力。[2] 本书在进行国际影响力的量化分析时，从同盟关系、国际规则制定能力及全球治理能力三个方面展开。

（一）同盟关系

改革开放以后，基于美苏争霸和国际形势的判断，大陆希望争取一个长期的国际和平环境，不愿意成为任何一个超级大国的附庸，所以并没有真正意义上的盟友。1982 年，邓小平在十二大会议上指出："中国人民珍惜同其他国家和人民的友谊和合作，更加珍惜自己经过长期奋斗而得来的独立自主权利。任何外国不要指望中国做他们的附庸，不要指望中国会吞下损害我国利益的苦果"，[3] 大陆的不结盟政策初露端倪。1996 年，中国大陆在政府工作报告中首次明确提出："中国决不依附于任何一个超级大国，也决不同它们任何一方结盟或建立战

---

[1] 数据来源：各年《"中华民国""外交"统计年报》。
[2] 朱锋：《中国外交向"新国际主义"转型——中国国际影响力的探索》，北京：《中国与世界观察》，2007 年第 1 期。
[3] 《邓小平文选》（第三卷），北京：人民出版社，1993 年，第 344 页。

略关系"，①大陆的不结盟政策得以确立。

冷战结束后，中国大陆顺应世界多极格局的趋势，继续主张不结盟政策，倡导与世界各国广泛建立友好伙伴关系，以新安全观处理国际关系，而非结盟对抗。伙伴关系指双方在重大问题上不存在分歧，建立伙伴关系是中国大陆加强国际合作的显著体现，也是国家间关系发展的新形式，双方不受条约和义务的约束，彼此间具有相当的信任度，合作关系较为密切。1993年，中国大陆和巴西就建立战略伙伴关系达成共识，巴西成为第一个同中国大陆建立战略伙伴关系的发展中国家。② 2014年11月，习近平在中央外事工作会议上提出，"要在坚持不结盟原则的前提下广交朋友，形成遍布全球的伙伴关系网络"。③

截至2016年底，中国大陆已与世界上近90个国家和组织（即欧盟、东盟、非盟等）在平等、合作、互利、依存的基础上建立"伙伴关系"，包括与俄罗斯建立全面战略协作伙伴关系，与巴基斯坦建立全天候战略合作伙伴关系，与越南等6国建立全面战略合作伙伴关系，与印度等6国建立战略合作伙伴关系，与德国建立全方位战略伙伴关系，与英国等30个国家和组织建立全面战略伙伴关系，与加拿大等17个国家和组织建立战略伙伴关系，与瑞士建立创新战略伙伴关系，与比利时建立全方位友好合作伙伴关系，与新加坡建立全方位合作伙伴关系，与罗马尼亚等3国建立全面友好合作伙伴关系，与埃塞俄比亚等8国建立全面合作伙伴关系，与斐济等5国建立合作伙伴关系等。④ 其中，与中国大陆建立战略伙伴关系的国家有62个；与中国大陆涉及安全合作的伙伴关系20多个，⑤一半以上位于亚洲或大陆周边；与中国大陆含联盟性质条款的伙伴关

---

① 《1986年国务院政府工作报告》，中央人民政府网，2006年2月16日。
② 《结伴不结盟 中国"伙伴"遍全球》，新华网，2014年12月23日。
③ 《习近平出席中央外事工作会议并发表重要讲话》，新华网，2014年11月29日。
④ 部分参考：陈晓晨：《中国对外"伙伴关系"大盘点（2016年春季版）》。2016年春季以后"伙伴关系"国家由作者自行整理。不同的名称划分不同的伙伴关系，也表明双方不同的合作领域与合作程度。"全面"或"全方位"指双方合作领域广泛；"战略"指双方合作领域高端，具有政治、安全或特殊战略联系；"友好"指政治关系良好。
⑤ 与中国大陆涉及安全合作的伙伴关系指双边条约中具有加强军事交流与合作的条款，这些国家包括俄罗斯、乌克兰、白俄罗斯、阿富汗、阿联酋、巴基斯坦、东帝汶、哈萨克斯坦、柬埔寨、卡塔尔、老挝、蒙古、孟加拉国、缅甸、泰国、土库曼斯坦、乌兹别克斯坦、新加坡、伊朗、印度、约旦、新西兰、阿尔及利亚、埃及、莫桑比克、沙特阿拉伯、苏丹等。该内容由作者根据外交部网站大陆与各国的声明公报自行整理，http://www.fmprc.gov.cn/web/ziliao_674904/1179_674909/。

系约 10 个，[①] 上海合作组织成员国吉尔吉斯斯坦、塔吉克斯坦虽未与中国大陆建立伙伴关系，双边条约中也存在此类条款，这些国家可被视为中国大陆的"准盟友"，也是伙伴中可依赖的国际支持者，但若想转化为"同盟"关系也并非易事。

此外，中国大陆与美国曾于 1997—2001 年建立建设性的战略伙伴关系，2011—2013 年建立建设性合作伙伴关系。2013 年，双方开始构建新型大国关系，习近平将其概括为不冲突、不对抗，相互尊重，合作共赢。在与大陆建立伙伴关系的国家中，有近 20 个是美国盟友，[②] 中国大陆与这些国家的关系明显呈现去安全化特征，合作重点集中在经济、科技、文化等领域。大陆与这些国家的伙伴关系相对较为脆弱，容易受到同盟体系的遏制，一方面由于美国对中国大陆具有遏制意图，另一方面中国大陆与同盟成员国在领土等问题上的矛盾将导致伙伴关系受同盟体系的遏制，具有伙伴关系的其他同盟成员国开始介入，影响到与中国大陆的伙伴关系。

台湾地区最重要的"盟友"是美国。政治上，美台建立实质关系，互设"美国在台协会"和"北美事务协调委员会"，官员互访层级不断提升。经济上，1961—2001 年美国始终是台湾地区最大出口市场，目前仍是台湾第二大贸易伙伴。法律上，1979 年美国签署"与台湾关系法"取代 1954 年与台湾订立的"中美共同防御条约"，并通过《外交关系授权法案》将其凌驾于中美《八一七公报》之上。该法规定美国将继续保持与台湾各级机构的接触，双方派驻代表享有外交豁免权；"任何以非和平方式决定台湾将来命运的努力"，都会引起美国严重关切；美国将继续向台湾地区提供"旨在使台湾保持自卫所必需的防御武器和防务设施"，[③] 为解决台湾问题设置了新障碍。军事上，美国为台湾地区提供防御性武器，并维持"抵抗任何诉诸武力、或使用其他方式高压手段，而危

---

① 包含联盟性质条款指双边条约中出现"双方将不参加任何有损于对方主权、安全和领土完整的联盟或集团，不采取任何此类行动，包括不同第三国缔结此类条约或双方将不允许第三国利用本国领土损害另一方的国家主权、安全和领土完整"的条款，包括巴基斯坦、哈萨克斯坦、蒙古、土库曼斯坦、乌兹别克斯坦、阿富汗、俄罗斯、乌克兰等。参考：凌胜利：《中国为什么不结盟？》，北京：《外交评论》，2013 年第 3 期。

② 美国同盟体系由美洲国家间互助条约（22 国）、北大西洋合作公约（29 国）、美澳新联合防卫公约（3 国）、美菲条约（2 国）、美日安保条约（2 国）、美韩条约（2 国）、东南亚安保条约（7 国）组成。

③ 苏格：《美国对华政策与台湾问题》，北京：世界知识出版社，1998 年，第 473—474 页。

及台湾人民安全及社会经济制度的行动"①的能力，为台湾"安全"保驾护航。科技上，美国长期为台湾提供技术支援、开展技术合作，在台设立科技代工点及分公司，加速对台科技转移。文化上，美国通过官方意识形态和民间人员文化交流，深刻影响台湾文化的发展途径，促进美国生活方式和流行文化在台湾地区的传播。

日本和台湾地区虽然没有订立相关的安全条约，但出于历史和现实原因，日本与台湾地区的关系十分密切，具有"准同盟关系"。历史上，日本曾对台实行殖民统治五十年，在犯下残酷暴行的同时，客观上促进了台湾近代化发展。在台湾亲日和"台独"势力的渲染下，台湾政界和民间始终存在着日本情结，并直接反映在其"友日"的对外政策上。政治上，1972年中日邦交正常化以后，日本国会活跃着一股亲台势力，敦促日本政府推行更为亲密的日台关系，被称为"台湾帮"，包括"日华议员恳谈会""日本台湾友好议员联盟""青年议员日台经济文化交流促进会""日本台湾友好议员恳谈会""日本台湾安保经济研究会"等。其中"日华议员恳谈会"影响最大，成员最多时达300人，约占国会议员总数的40%。与之对应的是，2016年5月6日，台湾"立法院"亦成立"台日交流联谊会"，"立法院长"苏嘉全亲自担任会长，实属罕见。经济上，一直以来，日本都是台湾地区排名前三位的重要贸易伙伴，1975—2014年日台共签订30多项协议及备忘录，涵盖投资、期货、运输、邮政、电信等各方面。安全上，1997年8月17日，日本官房长官梶山静六针对《日美防卫合作指针》中所谓"周边事态"明确表示，"'周边事态'包括台湾"，表明在台湾海峡出现紧急事态时，日本自卫队将以"提供情报""后勤支援"的形式参加军事行动，②一旦美军出动台湾海峡，自卫队将自动参战。此外，日台在文化、科技、能源、环境等方面的交流与合作也十分密切。

（二）国际规则制定能力

国际规则是世界各国在国际事务互动中制定并共同遵循的行为规范，既限定了各国采取"适当行为策略的范围"，又影响着国家之间合作收益的分配。③

---

① "与台湾关系法"，台北："美国在台协会"网，1979年1月1日。
② [日]本泽二郎著、吴寄南译：《日本政界的"台湾帮"》，上海：上海译文出版社，2000年，第221页。
③ 赵龙跃：《中国参与国际规则制定的问题与对策》，北京：《人民论坛·学术前沿》，2012年第16期。

因此，国际规则制定能力关系到国家利益和国家地位，是世界各国政治、经济、外交等综合能力博弈的结果。国际规则制定能力主要体现于一个国家或地区在国际组织中所处的位置，既体现于在现存国际组织中的位置，也体现于对新国际组织的倡导和建设中。

20世纪70年代以后，中国大陆逐步恢复在国际组织中的"中国代表权"，从接受、遵守、维护国际规则，到推动国际规则的创新和变革，再到力所能及地制定新规则，中国大陆着眼本国利益和人类共同利益，逐步承担越来越多的国际责任，推动国际秩序朝着更加公正合理的方向发展。

一国在国际组织中的位置是考察国际规则制定能力的重要指标，尤其是在联合国、世界银行、国际货币基金组织中的位置。1971年，中华人民共和国在联合国恢复合法席位的同时，成为联合国安全理事会五大常任理事国之一，对非程序性决议案拥有一票否决权。中华人民共和国作为负责任的大国，1978—2014年共使用过8次否决权，这与其"韬光养晦、有所作为"的外交战略是分不开的。1997年和1999年中国大陆对危地马拉和马其顿提案的否决均因其与台湾的关系，2007年以后大陆开始发挥其在联合国的大国作用，对干涉别国内政的提案进行否决。2011年10月4日，中国大陆否决叙利亚问题的提案，被认为使"西方干预主义"受到限制，是中国大陆干预"西方干预主义"的开始。[1] 此后大陆连续在叙利亚问题上使用否决权，表明其有能力维护世界和平与安全，展现中国大陆在外交上逐渐走向成熟和自信。

表2-17 1978—2014年中国大陆行使联合国安理会否决权情况[2]

提案时间	提案国	提案名称	否决原因
1997.1.10	美等	关于向危地马拉派遣联合国军事观察员的决议草案	危与台湾维持"外交"关系并每年联署台"参与"联合国提案
1999.2.25	马其顿	关于同意联合国驻马其顿防御性部署部队延期半年的决议草案	1999.2.8.马政府在未与大陆断交的同时，批准与台"建交公报"
2007.1.12	美英	有关缅甸问题的决议草案	该草案干涉缅内政，缅未对国际和地区和平与安全构成威胁

---

[1] 汪嘉波：《干预"西方干预主义"的开始》，北京：《国际先驱导报》，转引自新华网，2011年10月18日。

[2] 内容由作者自行整理。

续表

提案时间	提案国	提案名称	否决原因
2008.7.11	美英	关于津巴布韦问题决议草案	该草案干涉内政，制裁津将干扰谈判进程，导致局势恶化
2011.10.4	英法	关于叙利亚问题决议草案	该草案干涉叙内政
2012.2.4	英法	关于叙利亚问题决议草案	反对使用武力解决叙问题
2012.7.19	英等	关于叙利亚问题决议草案	该草案内容不平衡，旨在单方施压
2014.5.22	美法	关于叙利亚问题决议草案	反对将叙问题提交国际法庭

联合国会费比额也是衡量一国综合实力及在联合国影响力的重要因素。联合国会费比额根据支付能力编制，同时给予人均国民收入较低的国家和地区适当宽减。1971年中华人民共和国恢复联合国席位时，出于政治原因考量，中国大陆按原先台湾当局4%的比额缴纳会费，1974年增加到5.5%，根据会费编制原则，这远远超过中国大陆应分担会费额度。在中国大陆强烈要求下，1980年比额降至1.62%，1995年达历史最低点0.72%。随着中国大陆经济实力的提升，会费比额也逐渐回升，尤其是2004年以后，中国大陆承担的会费比额每三年大涨一次，2014年达5.148%，2016年进一步增至7.921%，仅次于美国的22%和日本的9.68%。[①] 此外，中国大陆在联合国的维和行动日渐深入，在联合国秘书长选举问题上的作用愈加重要，在联合国机构中任职人员数量和位置也逐渐提升。

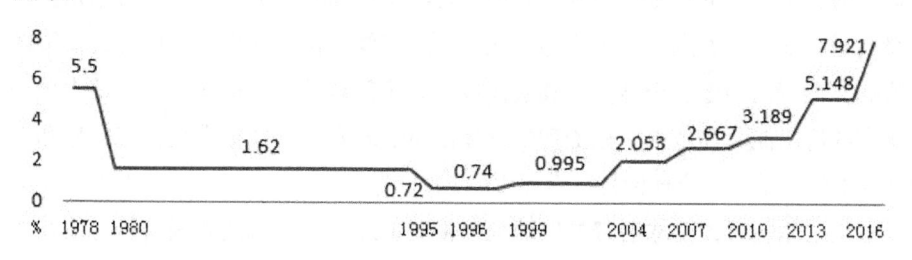

图 2-20 1978—2016 年中国大陆在联合国会费比额变化[②]

世界银行和国际货币基金组织的投票权代表会员国在该组织的发言权。

[①]《第70届联大批准总额为54亿美元的联合国2016—2017年双年度预算案》，纽约：联合国网，2015年12月24日。

[②] 数据来源：各年《联合国会员国应缴纳会费》，纽约：联合国网，http://www.un.org/zh/index.html。

1980年，中华人民共和国加入世界银行，投票权为2.77%。2010年，世界银行修改投票权分配，中华人民共和国投票权提升至4.42%，成为仅次于美国（15.85%）和日本（6.84%）的第三大股东国。[1] 国际货币基金组织投票权根据各国GDP、贸易开放程度和外汇储备计算，中国大陆在该组织行使代表权后投票权份额为3.81%，排在第六位。2010年国际货币基金组织进行改革，改革落实后，大陆份额升至6.19%，仅次于美国和日本。中国大陆在世界银行和国际货币基金组织投票权的提升，不仅表明中国大陆经济实力的提升，更意味着中国大陆需承担更多的国际责任，扮演更为重要的国际角色。另外，美国在世界银行和国际货币基金组织均维持15%以上的份额，拥有事实"否决权"。

改革开放以来，中华人民共和国除了提升在重要国际组织中的位置外，还积极倡导和建设新国际组织和多边参与。近年来，中华人民共和国积极推动金砖国家开发银行、"一带一路"、亚洲基础设施投资银行、中国—东盟命运共同体和"2+7合作框架"等多边安排，在国际事务中的话语权进一步增强。

由于台湾地区在世界重要国际组织中均未能成为正式成员，其角色和作用受到很大的限制，在国际秩序中只能扮演参与者的角色，几乎没有国际规则制定能力。

（三）全球治理能力

20世纪70年代以来，全球政治和经济发生了深刻变革，尤其是冷战结束后，随着全球化的扩张，各国家和地区之间交往和联系愈加紧密，带来众多跨境问题，如粮食安全问题、恐怖主义问题、气候变化和环境污染问题、传染性疾病和流行病问题、全球金融和宏观经济稳定问题等。[2] 这些问题均超出单一国家的解决能力和范围，使治理外延超出单一政府管理，促发更具包容性和有效性的治理手段，全球治理应运而生。

从主体上看，全球治理是以国家为主要治理者、以包括非国家行为体在内

---

[1] International Bank for Reconstruction and Development, *IBRD 2010 Voting Power Realignment*, Website of World Bank, April 25, 2010.

[2] 参考中国国际经济交流中心、联合国开发计划署：《重构全球治理——有效性、包容性及中国的全球角色》，2012年12月17日，http://www.gh.undp.org/content/dam/china/docs/UNDP—CH—GG—Report—CH.pdf。

的国际成员的广泛参与为基础的治理,[①] 大国在其中必然发挥主要作用;从内容上看,全球治理是管理"各种的和私人的个人和机构管理其共同事务的诸多方式的总称。它是使相互冲突的不同利益得以调和并采取联合行动的持续过程。这既包括了有权迫使人们服从的正式机构和规章制度,也包括由各种人们同意或以为符合其利益的非正式制度安排"。[②] 全球治理能力的评估主要基于国际活动、国际贸易、国际援助、重大国际问题处理等方面的综合考量,前三个方面前文已作分析,此处不再赘述。

改革开放以后,中国大陆逐渐建立全方位、多层次、多领域的对外交往格局,正以前所未有的广度、深度和速度融入国际世界。21世纪以前,中国大陆致力于自身建设和发展,在全球治理领域乏善可陈。2001年加入世界贸易组织后,大陆逐渐成为全球经济体系中的重要一环。目前,中国大陆不仅是全球第二大经济体,也是包括日本、韩国、印度、台湾等在内的120多个国家和地区的最大贸易伙伴。[③] 伴随着中国大陆综合实力的提升、全球化的深入以及跨国问题的增加,大陆的国际责任愈加重大,国家安全和国家利益同世界的联系日益紧密,受到威胁的可能性也日益加深,这些均促使大陆更深入地参与全球治理,以实际行动践行"中国责任"。

首先,中国大陆树立有担当的全球治理观,坚持走和平发展道路。中国大陆始终将独立自主的和平外交政策作为基本外交政策,坚持"互信、互利、平等、协作"的新安全观,将"和谐世界"的全球建设作为全球应对方法,维护世界和平与安全。其次,中国大陆积极参与全球气候治理。中国大陆积极履行对《京都议定书》的减排承诺,制定《中国应对气候变化国家方案》,为节能减排提出具体措施。2004年以后,中国大陆能源消费弹性系数下降幅度较大,2014年降至0.3,较历史最高值下降82.04%。再次,中国大陆积极参与全球经济治理。1998年东南亚经济危机中,中国大陆维持人民币稳定,帮助东南亚国家渡过难关;2008年全球金融危机中,中国大陆积极应对,通过减少贸易顺差、

[①] 阎学通、章百家、秦亚青、叶卫平、潘维:《国际规则制定权与中国的位置》,北京:《世界知识》,2002年第6期。

[②] Commission on Global Governance, *Our Global Neighborhood*, Oxford: Oxford University Press, 1995, p.2. 转引自:张亚中:《全球治理:主体与权力的解析》,台北:《问题与研究》,2001年第4期。

[③] 《中国已成为120多个国家和地区第一大贸易伙伴》,全国人大网,2014年3月8日。

维持人民币稳定缓解世界经济危机,平衡世界贸易、保持国际金融稳定,有效维持了国际经济秩序,并积极推动二十国集团、金砖五国等多边安排在经济方面发挥更大作用。最后,中国大陆在全球能源资源、恐怖主义、流行病等问题上取得了卓著成效。尽管取得了这些进步,中国大陆在全球治理中的角色仍有较大提升空间,国际地位和国际参与尚有待提高。

相对于大陆在全球治理方面的积极参与和全面融入,台湾地区只能通过"二轨外交"的方式参与全球治理,尤其是非政府间国际组织等非官方渠道,进行多方政策对话、协商与合作。近年来,台湾受岛内经济发展、政治制度和社会分歧的限缩,参与全球治理的广度和深度进一步受到制约,全球治理能力十分薄弱。

四、海峡两岸对外关系能力之综合评估和比较

海峡两岸对外关系能力评估选取29个具有代表性的对外关系"子"指标,其中四个"一级指标",包括对外政策(5个)、对外活动(11个)、对外援助(3个)、国际影响力(10个)。

表2-18 海峡两岸对外关系能力之评估指标

一级指标	对外政策(5)	对外活动(11)	对外援助(3)	国际影响力(10)
二级指标	对外政策(5)	"邦交国"(1) 设馆(7) 国际组织及活动(3)	对外援助(3)	同盟关系(1) 国际规则制定(2) 全球治理(4)

经过对对外关系能力指标的量级评分、赋值计算,原始数据的标准化处理,以及"三级指标"的模型合成,计算出"二级指标"分值,结果如下:

表2-19 1978—2014年两岸对外关系能力"二级指标"分值

		对外政策							
		1978	1986	1990	1994	1999	2004	2008	2014
对外政策	大陆	0.120	0.136	0.144	0.160	0.168	0.168	0.184	0.184
	台湾	0.100	0.104	0.104	0.104	0.104	0.096	0.096	0.096

续表

		对外活动							
		1978	1986	1990	1994	1999	2004	2008	2014
"邦交国"	大陆	5.27	6.05	6.45	7.23	7.36	7.55	7.77	7.82
	台湾	1.00	1.05	1.27	1.32	1.32	1.18	1.05	1.00
设馆	大陆	0.14	0.72	0.94	1.45	2.05	2.58	3.49	4.38
	台湾	1.00	1.55	1.84	2.40	2.59	2.56	2.72	2.69
国际组织国际活动	大陆	1.17	2.32	2.90	3.74	5.14	6.16	7.06	7.64
	台湾	1.00	0.99	1.12	1.30	1.60	1.88	1.87	1.94

		对外援助							
		1978	1986	1990	1994	1999	2004	2008	2014
对外援助	大陆	0.07	0.07	0.07	0.075	0.075	0.08	0.085	0.09
	台湾	0.02	0.02	0.02	0.03	0.04	0.04	0.03	0.04

		国际影响力							
		1978	1986	1990	1994	1999	2004	2008	2014
国际影响力	大陆	0.07	0.08	0.08	0.105	0.105	0.11	0.12	0.12
	台湾	0.04	0.04	0.04	0.04	0.04	0.03	0.03	0.03

经过对"二级指标"分值的归一化处理、模型合成，将合成的"一级指标"分值代入综合国力评估模型，测算出1978—2014年海峡两岸八个时间节点的对外关系能力分值，结果如下：

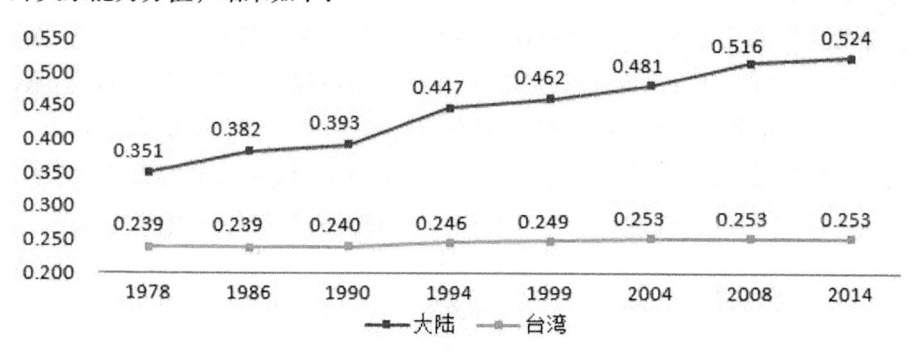

图2-21 1978—2014年两岸对外关系能力变化

由于台湾特殊的国际地位，其对外关系能力始终较弱。与之相反，改革开放三十多年来，随着综合实力的提升，大陆从一个积贫积弱，正逐步具有重大世界影响力，对外关系能力得到全方位提高，在国际事务中发挥重要作用。1978—2014年，大陆对外关系能力提升49.37%。中共十八大以后，大陆在保持对外关系连续性和稳定性的基础上，在理念、实践及制度设计方面均实现显著创新，为未来对外关系能力的持续增强奠定基础。

台湾的对外关系能力始终较低，一方面由于其特殊的国际地位，只能以"二轨外交"的方式参与国际社会；另一方面，20世纪90年代以后，台湾经济发展停滞，硬实力提升缓慢，使其对外关系能力缺乏坚实的物质保障，难以在国际社会有所作为。1978年以来，台湾仅对外活动和对外援助指数有所提升。在对外活动上，台湾的历史经验表明，隔离、对抗的两岸关系只能限制台湾的"国际空间"，而对话、交流的两岸关系有助于改善和拓展台湾的"国际空间"。

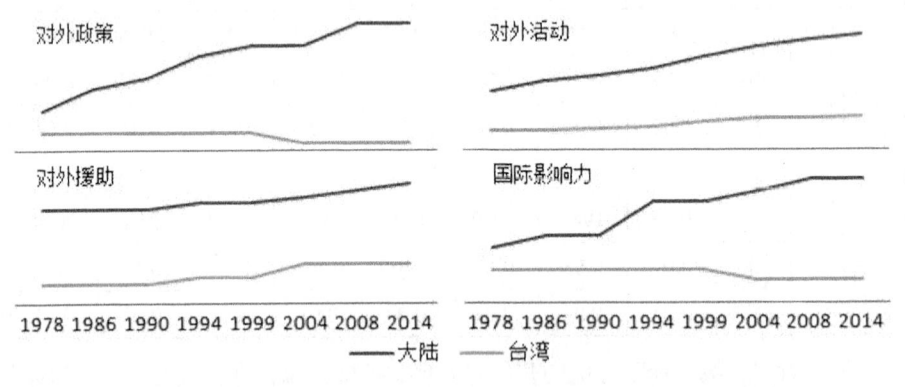

图2-22 1978—2014年两岸对外关系能力构成要素变化

近年来，中国大陆参与国际事务的广度和深度都在不断变化，建立了覆盖全球的伙伴关系网络，从以往重视发展与各国经济关系到政治、经济、安全、文化关系并重；从以往重视双边贸易到多边经济治理，不断深化与各国关系，积极融入国际事务，通过多边途径发挥外交影响力。随着国际影响力日益提升，大陆更加强调"有所作为"，在道义上逐渐形成新力量，外交软实力愈加显现，并通过外交软实力逐步推动有序地改变不公平和不合理的国际政治经济秩序。

小结

多年来，大陆正逐步彰显其巨大的软实力。在政治力上，大陆整体战略、公权素质、民众凝聚力等政治力指标稳步提升，逐步拉大与台湾的政治力指数差距。在文教力上，大陆面临"文革"后贫瘠的文教环境，逐步开展教育、文化体制的改革，加大文教投资，注重文教队伍数量和质量的建设，不断提高公共文化服务水平，为文教领域的发展奠定基础。2000年以后，经过20多年的追赶，大陆文教力超过台湾。在对外关系能力上，大陆在国际机制和国际组织中的地位明显上升，国际秩序主导权和国际规则制定能力显著增加，对国际社会和平与发展所尽的责任也不断提升。如今，大陆已成为国际舞台上一支不可或缺的力量，在国际事务中发挥日益重要的作用。与此同时，台湾的对外关系能力停滞不前，与大陆难以比拟。

近年来，台湾地区领导人毫不掩饰对台湾软实力的自信，认为在两岸软实力对比中，台湾占有较大优势。但是从软实力评估结果来看，台湾在对外关系能力上与大陆不可同日而语；在政治力上其总体水平与大陆尚有较大差距；在文教力上，台湾虽然保存一定的人均优势，但是总体水平早已在十几年前被大陆超越。因此，台湾当局必须清醒地认识，台湾的软实力优势早已逐渐流失，在两岸关系上所能运用的筹码已越来越少。

第三章　两岸综合实力消长对两岸关系的影响

　　综合实力消长对两岸政策的提出及两岸关系发展起着基础性作用。1978年，大陆实行改革开放政策，经济、社会等各项事业开始有序恢复和重建，邓小平立足两岸综合实力现实情况，提出"和平统一，一国两制"的构想，两岸关系步入缓和时期。台湾则进入经济高速成长的黄金时期，发展水平的优势愈加明显。蒋经国提出"三民主义统一中国"政策，试图利用经济发展、民主自由等价值争取两岸统一的话语权。

　　1987年，台湾当局开放台湾民众赴大陆探亲，揭开了两岸互动与交流的序幕，两岸关系进入开放交流与反"独"启动时期。1995年，江泽民提出对台"八项主张"，成为大陆运用综合实力处理台湾问题的集中体现。1990年代中期以后，随着大陆综合实力的全面提升，李登辉深感时间不在台湾一边，于是迫不及待地抛出"两国论"，挑衅和破坏一个中国原则，使两岸关系一度陷入紧张与动荡之中。

　　2000年民进党上台执政以后，两岸关系步入反对和遏制"台独"时期。面对两岸综合实力的严重失衡，陈水扁提出"一边一国"论，限制两岸交往，以避免过度依赖大陆而造成"以大吃小"的结果。胡锦涛采取"软的更软，硬的更硬"的对台政策，一面推动两岸关系和平发展，一面遏制"台独"分裂势力，成为两岸关系和平发展最坚定的捍卫者和推动者。

　　2008年马英九上台后，海峡两岸在"九二共识"的政治基础之上，推动两岸关系步入和平发展时期。习近平提出以"共圆中国梦"促进两岸关系的全面融合，双方经贸和人员往来迅速扩大。马英九虽然奉行"一中"原则，但是坚持"三不政策"，迟迟不敢开启两岸政治对话，担心因被"矮化"而丧失

"国格"。

1987年以前，由于海峡两岸缺乏实质性接触，两岸关系尚未具备外溢的条件，所以这一时期的两岸政策仅以综合实力视角进行考察，论证综合实力对两岸政策的基础性作用，为后文探讨两岸综合实力的具体影响奠定基础。1987年海峡两岸开放交流以后，两岸开始进行事务性协商，双方经贸和人员往来逐渐扩大，互动和交流愈加密切，使两岸关系具备外溢的基本条件。因此，1987年以后的两岸政策通过综合实力视角展开考察，并以新功能主义理论加以检视，进而佐证综合实力对两岸关系发展的影响。

第一节　1978年以来两岸综合实力评估

海峡两岸综合实力评估采用定性和定量相结合的研究方法，选取288个指标、上万个数据对1978—2014年海峡两岸综合实力进行评估，其中206个硬实力指标，82个软实力指标（指标体系见图3-1）。

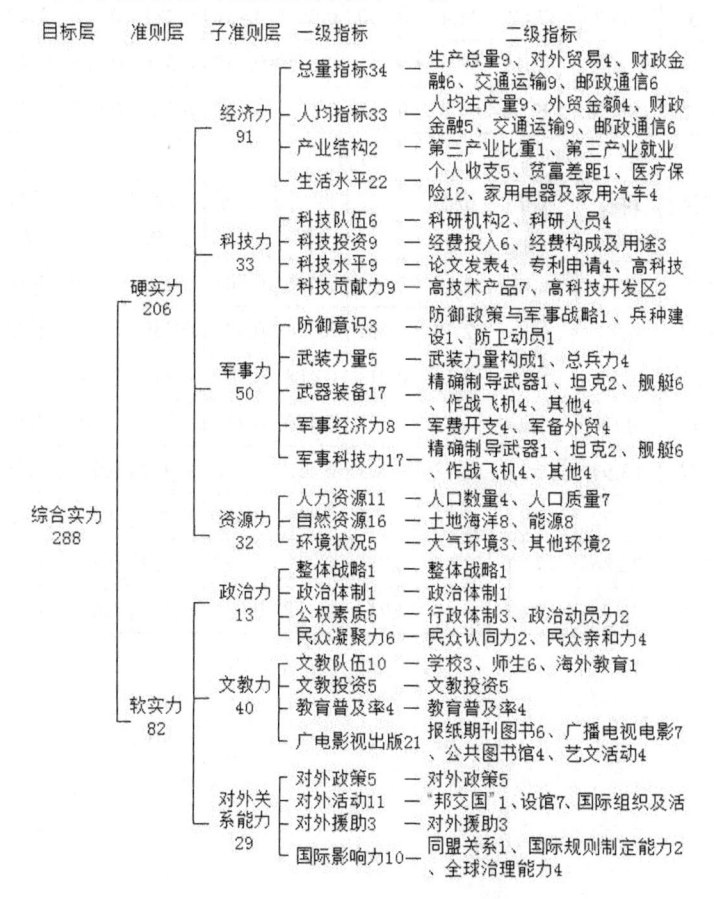

```
目标层    准则层    子准则层    一级指标           二级指标
                            ┌ 总量指标34 ── 生产总量9、对外贸易4、财政金
                            │                融6、交通运输9、邮政通信6
                 ┌ 经济力 ──┤ 人均指标33 ── 人均生产量9、外贸金额4、财政
                 │   91     │                金融5、交通运输9、邮政通信6
                 │          ├ 产业结构2 ── 第三产业比重1、第三产业就业
                 │          └ 生活水平22 ── 个人收支5、贫富差距1、医疗保
                 │                          险12、家用电器及家用汽车4
                 │          ┌ 科技队伍6 ── 科研机构2、科研人员4
                 │ 科技力  ├ 科技投资9 ── 经费投入6、经费构成及用途3
                 │   33     ├ 科技水平9 ── 论文发表4、专利申请4、高科技
         ┌ 硬实力┤          └ 科技贡献力9── 高技术产品7、高科技开发区2
         │  206  │          ┌ 防御意识3 ── 防御政策与军事战略1、兵种建
         │       │          │              设1、防卫动员1
         │       │          ├ 武装力量5 ── 武装力量构成1、总兵力4
         │       │ 军事力  ├ 武器装备17── 精确制导武器1、坦克2、舰艇6
         │       │   50     │              、作战飞机4、其他4
         │       │          ├ 军事经济力8── 军费开支4、军备外贸4
综合实力 ┤       │          └ 军事科技力17─ 精确制导武器1、坦克2、舰艇6
   288   │       │                          、作战飞机4、其他4
         │       │          ┌ 人力资源11── 人口数量4、人口质量7
         │       │ 资源力  ├ 自然资源16── 土地海洋8、能源8
         │       └   32     └ 环境状况5 ── 大气环境3、其他环境2
         │                  ┌ 整体战略1 ── 整体战略1
         │                  ├ 政治体制1 ── 政治体制1
         │       ┌ 政治力  ├ 公权素质5 ── 行政体制3、政治动员力2
         │       │   13     └ 民众凝聚力6── 民众认同力2、民众亲和力4
         │       │          ┌ 文教队伍10── 学校3、师生6、海外教育1
         │       │ 文教力  ├ 文教投资5 ── 文教投资5
         └ 软实力┤   40     ├ 教育普及率4── 教育普及率4
            82   │          └ 广电影视出版21─报纸期刊图书6、广播电视电影7
                 │                          、公共图书馆4、艺文活动4
                 │          ┌ 对外政策5 ── 对外政策5
                 │ 对外关  ├ 对外活动11── "邦交国"1、设馆7、国际组织及活
                 │ 系能力  ├ 对外援助3 ── 对外援助3
                 └   29     └ 国际影响力10─ 同盟关系1、国际规则制定能力2
                                            、全球治理能力4
```

图3-1　海峡两岸综合实力指标体系

结果如下：

表 3-1 1978—2014 年两岸综合实力变化 [①]

大陆											
时间	经济力	科技力	军事力	资源力	α	政治力	文教力	对外关系	β	协同力	综合实力
1978	5.68	1.75	13.04	21.06	0.690	0.512	0.394	0.351	0.600	1.49	7.37
1986	8.40	3.97	15.70	23.67	0.690	0.532	0.401	0.382	0.610	1.49	9.12
1990	10.17	7.60	20.27	25.60	0.691	0.496	0.404	0.393	0.600	1.49	10.57
1994	14.05	13.17	25.75	27.39	0.692	0.517	0.409	0.447	0.610	1.49	13.31
1999	22.10	21.43	45.04	31.91	0.695	0.536	0.416	0.462	0.610	1.49	18.30
2004	62.30	46.43	67.62	41.47	0.700	0.553	0.431	0.481	0.610	1.49	30.83
2008	113.57	90.76	112.11	49.90	0.716	0.575	0.458	0.516	0.620	1.49	50.67
2014	210.97	180.58	199.94	64.82	0.748	0.573	0.502	0.524	0.620	1.49	94.34
台湾											
时间	经济力	科技力	军事力	资源力	α	政治力	文教力	对外关系	β	协同力	综合实力
1978	0.95	2.11	4.24	2.80	0.693	0.506	0.401	0.239	0.610	1.48	2.75
1986	2.57	4.73	8.20	2.48	0.701	0.514	0.404	0.239	0.600	1.48	4.37
1990	4.22	6.11	15.08	2.29	0.714	0.458	0.409	0.240	0.600	1.44	5.68
1994	5.49	9.65	18.69	2.61	0.727	0.450	0.416	0.246	0.600	1.44	7.23
1999	7.77	13.97	19.31	2.78	0.732	0.412	0.420	0.249	0.600	1.43	8.47
2004	11.61	17.72	17.33	3.10	0.737	0.409	0.425	0.253	0.590	1.42	9.80
2008	13.77	22.86	17.52	3.65	0.746	0.419	0.428	0.253	0.590	1.43	11.55
2014	16.83	28.73	19.67	4.49	0.760	0.422	0.431	0.253	0.600	1.43	14.02

[①] α、β、协同力系数稳定性较强，系数值参考黄硕风各年分值及两岸各自发展情况评定。

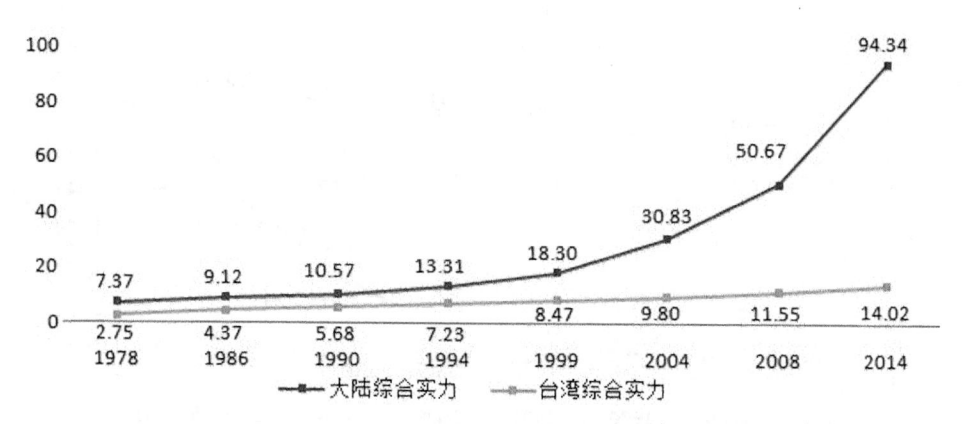

图 3-2 1978—2014 年两岸综合实力变化

1978 年大陆综合实力分值为 7.37，此后至 1994 年间以年均 3.76% 的速度增长。1999—2014 年，大陆综合实力年均增长率高达 11.55%，2014 年增至 94.34。台湾 1978 年综合实力分值为 2.75，1978—1994 年成长较快，年均增长率为 6.23%。1999 年以后，台湾综合实力增长疲软之势开始显现，年均增长率降至 3.42%。

在两岸综合实力比较方面，1978 年至 1990 年代中，两岸综合实力分值差距逐渐缩小，1994 年台湾综合实力相当于大陆的 54.31%。此后，随着大陆综合实力的跨越式增长，两岸综合实力分值差距迅速扩大，2014 年大陆综合实力分值是台湾的 6.73 倍。

在两岸硬实力比较方面，1978 年大陆硬实力分值是台湾的 3.84 倍；此后，两岸硬实力差距逐渐缩小，1994 年台湾硬实力分值占大陆比例攀升至 47.13%。1994 年以后，随着大陆硬实力的全面提升，两岸综合实力差距迅速扩大，2014 年大陆硬实力分值是台湾的 9.29 倍。

在两岸软实力比较方面，1978 年两岸软实力分值相当。随着改革开放的深入，在硬实力的保障和推动下，大陆软实力逐步显现，尤其是 1990 年代以后，大陆软实力稳步提升。与此同时，台湾软实力稳中有降，使得两岸软实力分值差距从 1978 年的 1.1 倍扩大至 2014 年的 1.45 倍。

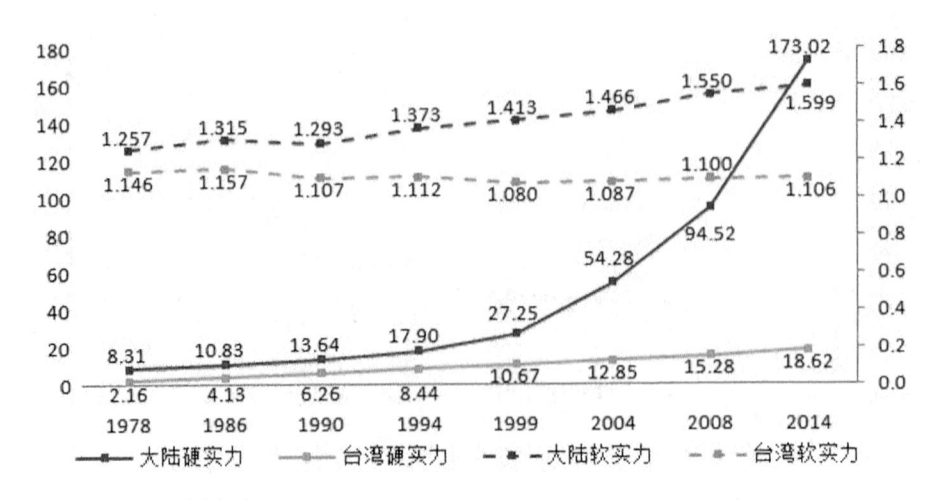

图 3-3 1978—2014 年两岸硬实力和软实力变化

近年来,随着大陆硬实力的提升,"中国威胁论"和"中国崩溃论"不绝于耳。在全球化时代,若想有效地增强综合实力,仅仅依靠硬实力是不够的,还必须提升政治力、文化力、对外关系能力等软实力,"以德服人",并使二者达到相辅相成之势。两岸关系中综合实力的运用也遵循这样的规律,大陆必须在清楚认知两岸硬实力和软实力发展轨迹的基础上,夯实硬实力,努力建设和充分发挥对台工作软实力的作用,使两种实力相得益彰,促使海峡两岸走向全面融合。

第二节 缓和时期（1978—1987）

1949 年，中华人民共和国成立、国民党败退台湾，造成了中国政治格局的改变和海峡两岸的隔绝。改革开放以后，随着国内国际环境的变化，大陆积极推动和平解决台湾问题。1979 年 1 月 1 日，大陆发表《告台湾同胞书》，[①] 停止对金门等岛屿的炮击，提出结束两岸军事对峙状态，并希望实现"三通四流"，[②] 创造稳定的两岸环境。面对大陆和平统一的诉求，1981 年 4 月，国民党"十二大"提出"三民主义统一中国"的路线。1983 年 6 月 4 日，邓小平延续对台政策，提出"邓六条"，即"和平统一，一国两制"，大大推动了两岸关系和平发展的进程。

一、缓和时期两岸综合实力对比

1978 年，大陆结束"文革"动乱不久，刚刚作出改革开放的重大决策，各项事业亟待整顿和恢复，虽然综合实力处于领先地位，但两岸差距较小、各有优势。当年，大陆和台湾综合实力指数分别为 22.36 和 7.99，大陆综合实力是台湾的 2.8 倍。到 1986 年，改革开放刚刚起步，台湾正处于各项事业飞速发展时期，大陆和台湾综合实力指数分别增至 26.86 和 12.24，两岸差距开始缩小，台湾综合实力指数占大陆比重从 1978 年的 35.73% 提升至 45.57%。

[①] 1979 年元旦，全国人大常委会发表《告台湾同胞书》，指出"一定要考虑现实情况，完成祖国统一大业，在解决统一问题时尊重台湾现状和台湾各界人士的意见，采取合情合理的政策和办法，不使台湾人民蒙受损失"，两岸坚持一个中国是共同的立场和合作的基础，双方应结束军事对峙状态，为交往和接触创造条件，同时也提出希望尽快实现通航、通邮、通商和旅游探亲。《告台湾同胞书》标志着大陆对台政策从"解放台湾"到"和平统一"的重大转变。《告台湾同胞书》，北京：《人民日报》，1979 年 1 月 1 日。

[②] "三通"指通航、通邮、通商，"四流"指学术、科技、文化、体育等领域的交流。

在"子准则层"比较上，1978年，两岸科技力、政治力、文教力十分接近，台湾的科技力和文教力指数分别是大陆的1.21倍和1.02倍，政治力指数约占大陆的98.94%。大陆的经济力、军事力和资源力具有一定优势，其指数分别是台湾的5.97倍、3.07倍和7.52倍。1986年，两岸硬实力对比较1978年变化明显，大陆经济力和军事力优势分别缩小至3.27倍和1.91倍，资源力优势扩大至9.55倍；台湾的科技力优势缩小至1.19倍。与此同时，两岸软实力对比变化不大，仅大陆对外关系能力优势有所提升。

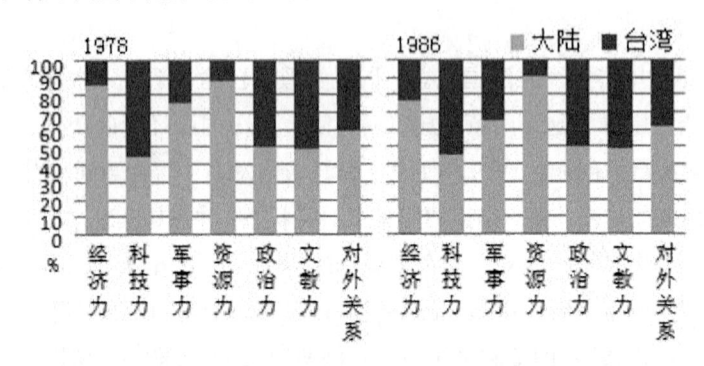

图3-4 1978与1986年两岸综合实力"子准则层"百分比

两岸综合实力"一级指标"的比较更能反映实力的变化趋势。1978年，台湾在29项"一级指标"中共8项指标领先大陆，其中6项硬实力指标，2项软实力指标；1项指标与大陆持平，即政治体制；10项指标分值接近大陆，包括4项硬实力指标，6项软实力指标。1986年，台湾军事经济力和文教投资指数超过大陆，科技水平指数被大陆反超。

在经济力方面，1978年大陆总量指标指数是台湾的29.1倍，但是人均指标、产业结构、生活水平指标仅分别为台湾的52.53%、43.35%和31.34%。1986年，大陆总量指标优势下降至12.84倍，人均指标和生活水平指数占台湾的比重分别下降至19.55%、和17.03%，仅产业结构指数攀升至台湾的51.54%。在科技力方面，1978年大陆科技队伍、科技投资两项指标领先台湾，分别是其1.15倍和3.09倍，科技水平和科技贡献力分别占台湾的82.26%和9.73%。1986年，大陆科技水平指数超过台湾，科技队伍优势增至2.42倍，但是科技投资优势缩小至1.85倍。在军事力方面，1978年台湾防御意识、武器装备、军事经济力指标接近大陆，武装力量和军事科技力仅为大陆的38.67%和10%。1986年，台湾军事经济力指数实现对大陆的反超，达大陆的3.34倍。在资源力方面，大陆在人力资源、土地海洋、能源方面具有巨大优势，但是环境状况指数为台湾的 64.07%。此外，两岸政治力和文教力各项指标较为接近，台湾在公权素质和教育普及率上具有一定优势，但是台湾的对外关系能力各项指标全面落后。1986 年，台湾文教投资指数超过大陆，其他软实力指标百分比变化微弱。

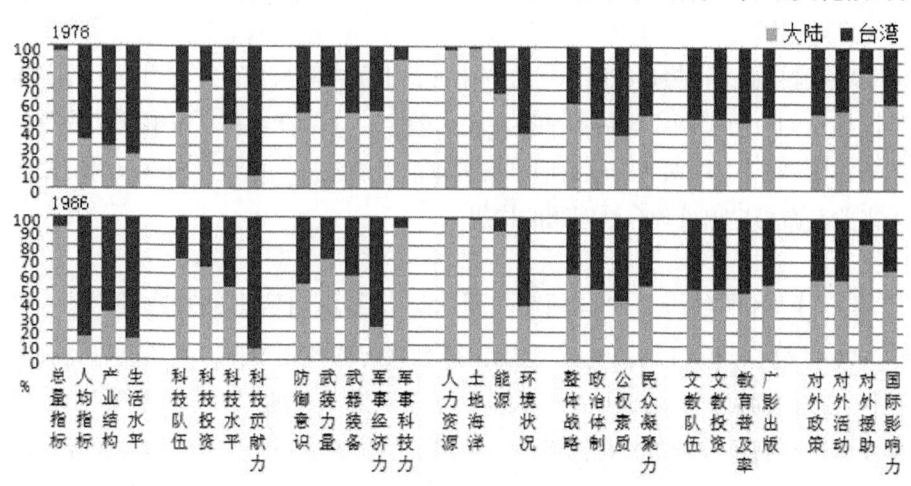

图 3-5 1978 与 1986 年两岸综合实力"一级指标"百分比

在具体的硬实力指标比较上，1978 年大陆人均 GDP 仅为台湾的 14.08%，进出口贸易总额不足台湾的九成，外汇储备仅占台湾的 11.44%；人民生活水平低下，人均可支配收入不到台湾的五分之一，职工平均工资和人均国民储蓄仅占台湾的 16.78% 和 2.31%，医疗与保险事业改革尚未起步，家用电器及汽车普及率指数仅为台湾的 1.15%。此外，大陆军力优势尚未凸显，海军以防御海上攻击为主要任务，军事进攻能力较弱。虽然军队规模庞大，但军队建设受到严重破坏，现代化和正规化水平远低于台湾。到 1986 年，大陆 GDP 总量优势从 7.92 倍缩小至 3.97 倍，多项硬实力指标与台湾差距逐渐缩小。

在软实力指标比较上，1978 年大陆宏观调控能力指数为台湾的六成，政治动员力指数为台湾的一半。由于"文革"期间文化、教育首当其冲地受到彻底破坏，大陆文盲比重比台湾高 20 个百分点，高等教育受众比例仅为 0.1%，远低于台湾的 8.45%；教育经费投入少，人均教育经费不到台湾的一成；教育国际化水平低，留学生指数仅为台湾的 14.49%；其他各项文艺事业仍处于恢复和起步阶段，与台湾发展水平差距较大。到 1986 年，虽然大陆在文化、教育等领域的改革成效显著，但是与台湾的差距仍然十分明显。此外，台湾对外关系能力十分薄弱，难以与大陆比拟，但由于1949年以后国民党当局长期占据国际上的"中国代表权"，台湾的国际地位十分微妙。

二、邓小平"和平统一、一国两制"的提出与检视

"一国两制"构想是在国际形势变化下，中国大陆根据两岸实力对比的实际情况提出的。由于两岸发展水平存在较大差距，大陆在经济、军事、文教等领域不占优势，"一国两制"政策明显偏重政治力的施展，通过对两岸政治定位及未来关系布局提出处理台湾问题的构想。

（一）"和平统一、一国两制"是大陆提升综合实力的基本要求

20世纪60年代以后，世界范围内蓬勃兴起新科技革命，推动世界经济以更快速度向前发展。与此同时，大陆经历了长达十年的"文化大革命"，各项事业建设受到重大挫折，国民经济几乎到了崩溃的边缘，综合实力与国际先进水平差距明显拉大，经济和社会发展严重滞后，面临巨大的国际竞争压力。邓小平指出："我们派了不少人出去看看，使更多的人知道世界是什么面貌。关起门来，故步自封，夜郎自大，是发达不起来的。"[1] 改革开放以后，邓小平提出"和平与发展"的概念，指出和平与发展已经成为时代的主题，这是中国大陆对国际形势发展的基本判断，也是基于国内发展需求和综合实力认识的战略选择，为经济发展和现代化建设创造良好的环境。1980年1月16日，邓小平在考虑综合实力发展问题时指出，要综合、全面地衡量一个国家的国家实力、看待中国国家实力的发展，"国防建设，没有一定的经济基础不行。科学技术主要是为经济建设服务的"。所以，"归根到底，都要求我们的经济建设搞好"。[2]

1949年以后，两岸一直处于军事对峙的动荡状态，一定程度上限制了各自的经济社会发展。台湾问题若能和平解决，不仅有利于大陆的社会主义现代化建设，而且有利于世界的和平与发展。为争取和平稳定的发展环境，大陆发表《告台湾同胞书》。1981年9月30日，全国人民代表大会常务委员会委员长叶

---

[1] 《邓小平文选》（第二卷），北京：人民出版社，1994年，第132页。
[2] 《邓小平文选》（第二卷），北京：人民出版社，1994年，第240页。

剑英提出和平统一的方针政策,即"叶九条"[①]。1982年1月11日,邓小平指出,"叶九条"实际上就是"一个国家、两种制度",在国家实现统一的大前提下,国家主体实行社会主义制度,台湾实行资本主义制度。

随后,大陆陆续规划出中国社会主义现代化建设"三步走"的战略设计,为现代化建设制定了长时段的宏伟目标,计划在21世纪用30年到50年的时间接近中等发达国家水平,基本实现现代化。因此,邓小平多次表示,"中国要真正发达起来,接近而不是说超过发达国家,那还需要三十年到五十年的时间。如果说在20世纪内我们需要实行开放政策,那么在21世纪的前五十年内中国要接近发达国家的水平,也不能离开这个政策,离开了这个政策不行",保持台湾的繁荣稳定是符合大陆切身利益的,大陆"到本世纪末和下一世纪前五十年也需要一个稳定的台湾"。[②]

因此,"和平统一、一国两制"构想的提出是大陆对自身综合实力认知下的战略选择,因应了和平发展的需求,有利于为大陆综合实力的提升创造和平稳定的环境。

(二)"和平统一、一国两制"是两岸综合实力对比的必然选择

20世纪80年代,大陆的各项事业虽然取得了一定的发展,但是两岸经济、社会发展仍然十分不平衡,大陆在两岸统一问题上缺少过硬的筹码。对此,邓小平有深刻的认识,他表示,"我们建国三十七年来,有些失误,耽误了,但根据大陆的现行政策,发展速度不会慢,差距正在缩小",[③]并一再强调,两岸统一不会降低台湾人民的生活水平,"不使台湾人民蒙受损失"。邓小平深知,海峡两岸统一的实现,必须依靠大陆综合实力的提升,他曾多次指出,"四个现代化搞好了,经济发展了,我们实现统一的力量就不同了。"[④] "要统一,首先要自己取得比较可喜的发展,国家力量比较强大,人民生活有较大的改善。这样加

[①] "叶九条"阐明了对台基本政策,包括主张国共对等谈判,实现第三次合作;台湾可作为特别行政区,享有高度自治权,保留军队;中央政府不干预台湾的地方事务;台湾现行社会、经济制度、生活方式、对外经济文化关系不变;台湾民众可参与国家管理等。《建议举行两党对等谈判实现第三次合作》,北京:《人民日报》,1981年10月1日。

[②] 邓小平:《中国是信守诺言的》,中央文献研究室编:《一国两制重要文献选编》,北京:中央文献出版社,1997年,第63页。

[③] 《邓小平谈中美关系和中国统一》,北京:《人民日报》,1986年11月13日。

[④] 《邓小平文选》(第二卷),北京:人民出版社,1994年,第240页。

上国际和平环境，统一就比较容易了。"①

基于对两岸综合实力对比的认识，大陆深知资本主义制度在台湾已经扎根成型，不仅为台湾带来了经济起飞和发展，还具有较高的社会认同度，将社会主义制度强加于台湾是不现实的，也难以被各方接受。因此，大陆突破了以往"解放台湾"，实现"一国一制"的统一模式，存意识形态和社会制度的差异，提出"一国两制"构想，保持台湾的制度不变，生活方式不变，与外国的民间关系不变。这是充分尊重历史和现实，照顾各方利益的重要举措，有助于台湾经济社会的进一步发展。1987年5月17日，邓小平会见李远哲、李政道时指出："台湾现在尽管在经济上比大陆好，但差距在缩小。差距缩小在下个世纪五十年代会表现得更明显。那时，中国将达到中等发达国家的水平，大陆的实力将大大超过台湾……祖国统一后，所有中华民族的子孙就不仅是站起来了，而且飞起来了。"②

（三）"和平统一、一国两制"有助于两岸综合实力的提升

"和平统一、一国两制"为台湾问题的解决提供了合情合理的途径，既没有要求将台湾意识形态与大陆同化，也没有将缩小两岸意识形态差距作为统一前提，充分尊重台湾的社会、经济制度和生活方式，有利于两岸的繁荣稳定以及台湾社会经济的持续发展。

"和平统一、一国两制"吸引大批台商赴大陆投资，带动了两岸经济成长。1981年，叶剑英在"叶九条"中提出，"欢迎台湾工商界人士回祖国大陆投资，兴办各种经济事业，保证其合法权益和利润。"③在"和平统一、一国两制"的冲击下，台湾当局逐步调整其两岸政策，实施两岸关系有限度的开放。1985年，台湾当局表示不干预两岸间接贸易，两岸经贸交流蓬勃兴起，台商在大陆投资发展迅速，投资领域日益广泛，投资地域日趋广阔，投资经营形态逐渐多样，投资主体从中小企业向大企业扩展，投资类型从劳动密集型向资本和技术密集型发展，扩大了台湾的出口，也刺激了大陆市场经济的发展。

"和平统一、一国两制"涵盖惠台政策，有利于台湾经济发展。台湾由于资源短缺，许多重要的工、农业原料主要依靠进口。1981年10月7日，外贸部

---

① 《邓小平会见尼加拉瓜总统萨阿书德拉的谈话》，北京：《人民日报》，1986年9月15日。
② 《邓小平会见李远哲、李政道教授时的谈话》，北京：《人民日报》，1987年5月17日。
③ 《建议举行两党对等谈判实现第三次合作》，北京：《人民日报》，1981年10月1日。

就两岸通商表示,"本着互通有无和调剂余缺的精神进行物资交流。对台湾需要的祖国大陆产品、如:煤炭、石油、中药材等,我们愿以优惠价格安排供应。对台湾能够供应大陆而我又有需要的产品,我将以积极的态度洽购。"[①] 1986年3月,国民党第十二届三中全会决定,扩大开放大陆农业、工业原料入台,为台湾的资源紧缺拓宽了出路。此外,大陆制定一系列配套措施,吸引台商赴大陆投资。1984年4月,国务院发布《台胞经济特区投资三项优惠办法》,1986年12月,国务院又颁布《台胞到大陆经济特区投资优惠办法》,规定台商到大陆投资,5年免征所得税和土地使用费,其他税收减半,允许产品30%内销。

(四)两岸综合实力的实际状况使"一国两制"在台湾遭到质疑

台湾方面质疑其地位遭到"矮化"。"一国两制"是一个中国原则下的制度安排。1979年12月6日,邓小平在会见日本首相大平正芳时称,台湾"作为中国的一个地方政府,拥有充分的自治权。"[②] "叶九条"中明确指出:"国家实现统一后,台湾可作为特别行政区,享有高度的自治权,保留军队。中央政府不干预台湾地方事务。"[③] 台湾方面认为,"一国两制""不过是统战的手段而已",[④] 大陆此举将"中华民国""矮化"为中华人民共和国的一个省或特别行政区,完全无视"中华民国"三十多年来经营台湾所取得的成就,是对"中华民国"的"侮辱",不符合两岸政治现状。国民党当局声称,"一国两制"是他们"'阶级斗争的另一种形式',说穿了就是'诱降'的策略运用",[⑤] "不是为实现和平,而只是为了建成作战目的的手段",[⑥] "是企图最后以共产方式赤化全中国的一种手段"。[⑦]

台湾方面疑虑大陆官方的治理能力。台湾方面认为,国民党迁台后,台湾

---

① 《外贸部就两岸通商提出的四点建议》,北京:《人民日报》,1981年10月7日。
② 《邓小平会见日本首相大平正芳时的谈话》,中共中央文献研究室:《邓小平关于建设有中国特色社会主义的论述专题摘编》,北京:中央文献出版社,1995年,第306页。
③ 《建议举行两党对等谈判实现第三次合作》,北京:《人民日报》,1981年10月1日。
④ 《邓小平接见日本朝日新闻社社长渡边诚毅时的谈话》,香港:《大公报》,1979年10月21日。
⑤ 中共中央统一战线工作部研究所、中共中央统一战线工作部三局编:《一个国家 两种制度:台湾当局的有关文件资料和言论》,北京:中国文史出版社,1988年,第7页。
⑥ 中共中央统一战线工作部研究所、中共中央统一战线工作部三局编:《一个国家 两种制度:台湾当局的有关文件资料和言论》,北京:中国文史出版社,1988年,第11页。
⑦ 中共中央统一战线工作部研究所、中共中央统一战线工作部三局编:《一个国家 两种制度:台湾当局的有关文件资料和言论》,北京:中国文史出版社,1988年,第7页。

民众虽然生活在集权之下，却能够安居乐业，生活水平逐年提升，"台湾高度的经济成长与民生富足，与大陆的经济衰败与贫穷落后，恰是极端的对比"①。实行"一国两制"之后，台湾民众"将生活在大陆政权的管制之下"。而1949年以后，大陆开展"大跃进""人民公社化""文化大革命"等运动，对社会造成了较大伤害，两岸在人均经济指标、人民生活水平、科教文卫事业等方面均有较大差距。台湾疑虑一旦实行"一国两制"，台湾的经济发展水平和人民生活水平都会被降低。此外，"叶九条"中提到"台湾地方财政遇有困难时，可由中央政府酌情补助"，②事实上，大陆中央财政常年处于入不敷出的困难状态，1978年大陆公共财政预算收入658.29亿美元，仅为台湾的4.87倍，1986年两岸财政预算收入缩小至2.19倍；1978年大陆财政收入占GDP比重和中央财政收入占财政总收入比重分别为31.02%和15.52%，远低于台湾的50.39%和27.03%；在人均财政支出方面，1978年大陆和台湾分别为67.77美元、806.58美元，台湾是大陆的11.9倍之多。

台湾方面疑虑开放两岸通商将导致资源外流。大陆领导人曾多次表示，"台湾拥有相当大的技术力量和对外贸易经验，大陆拥有丰富资源和广阔市场，经济正在快速发展，如果大陆和台湾进行交流合作，取长补短，必将促进海峡两岸的繁荣，有利于双方经济的发展。"③台湾方面疑虑"一国两制"实为调动台湾较为先进的社会生产力，将台湾科技、资金和人才优势转移到大陆，为建设社会主义生产力服务，从而巩固社会主义生产关系。④

台湾方面疑虑两岸政治制度将实现"统一"。国民党迁台后逐步开放县市长和县市议员选举，1969年台湾再开放增额"立法委员"直接选举。1986年，台湾解除"戒严"，开放党禁、报禁，首次有民进党代表参加"立法委员"选举，由此揭开政治民主化转型序幕，具有较强的政治优越感。台湾当局认为，"一国两制"的提出未曾与其协商，也未征得台湾民众的同意，是"不民主"的制度安排。关于"台湾当局和各界代表人士，可担任全国性政治机构的领导职务，参与国家管理"，⑤台湾方面认为此项与当时台湾的民主机制相去甚远。

---

① 《论三民主义统一中国》，台北：《鹅湖月刊》，1981年5月。
② 《建议举行两党对等谈判实现第三次合作》，北京：《人民日报》，1981年10月1日。
③ 《杨尚昆在洛杉矶世界事务委员会晚宴上的讲话》，北京：《人民日报》，1987年5月28日。
④ 中共中央统一战线工作部研究所、中共中央统一战线工作部三局编：《一个国家 两种制度：台湾当局的有关文件资料和言论》，北京：中国文史出版社，1988年，第158页。
⑤ 《建议举行两党对等谈判实现第三次合作》，北京：《人民日报》，1981年10月1日。

台湾方面认为"一国两制"具体内容对其吸引力有限。在"一国两制"构想下，台湾可以保留军队、司法终审权，"现行社会、经济制度不变，生活方式不变，同外国的经济、文化关系不变。私人财产、房屋、土地、企业所有权、合法继承权和外国投资不受侵犯"。[①]台湾方面则认为，这些权力台湾早已拥有，无需"一国两制""赐予"，且两岸通过"一国两制"统一后，台湾将丧失其所谓的"主体性"，得不偿失。[②]

台湾对"一国两制"的质疑主要源于两岸综合实力的现实情况，然而时间是检视"一国两制"的最佳方式。首先，台湾认为以其综合实力水平，屈居大陆一省或特别行政区是"侮辱性的政治安排"。无论从历史还是现实来看，中华人民共和国政府都是中国的唯一合法政府，尤其是1971年中华人民共和国恢复联合国合法席位后，这一表述逐渐为世界上大多数国家所接受，成为国际共识。其次，两岸经济实力的差距使台湾疑虑大陆官方的治理能力和台湾资源的外流。事实上，改革开放以后，大陆各项事业发展迅速，表明台当局对大陆发展形势和两岸关系存在严重误判。再次，两岸政治民主化的差异使台湾疑虑未来政治制度走向。大陆多次强调，两岸统一后，台湾"可以有自己的独立性，可以实行同大陆不同的制度"，"党、政、军等系统，都由台湾自己来管"，[③]大陆给予台湾巨大的政治空间。20世纪90年代中期以后，随着"台独"的叫嚣和民进党的强势，台湾的自由、民主遭到严重破坏，"一国两制"才是制衡"台独"势力、促进民进党转型、维护台湾民主的有效途径。最后，台湾方面认为"一国两制"吸引力有限，这主要由大陆的发展状况和实力水平所限，未能给予台湾太多实质性的优惠政策。20世纪90年代以来，台湾经济发展显现疲软之势，大陆则后来居上，成为世界瞩目的经济体。随着综合实力的提升，大陆频繁出台各类惠台政策，为台湾经济发展提供了巨大动能，"一国两制"对台湾的吸引力正在逐步彰显。一旦离开大陆这个经济和社会发展腹地，台湾或将成为真正的"亚细亚孤儿"。

由此可见，在两岸关系缓和时期，"和平统一、一国两制"的对台政策是基于两岸综合实力的实际状况所提出的，也正是由于两岸实力的差距，大陆明显

[①]《建议举行两党对等谈判实现第三次合作》，北京：《人民日报》，1981年10月1日。
[②] 中共中央统一战线工作部研究所、中共中央统一战线工作部三局编：《一个国家 两种制度：台湾当局的有关文件资料和言论》，北京：中国文史出版社，1988年，第178页。
[③]《邓小平会见美国新泽西州西东大学教授杨力宇时的谈话》，中央文献研究室：《邓小平关于建设有中国特色社会主义的论述专题摘编》，北京：中央文献出版社，1993年，第17页。

侧重政治力的施展,较难提出对台湾有吸引力的具体措施,"一国两制"在台湾受到污名和质疑,大陆也无力予以反制和澄清。但是随着时间的推进和大陆综合实力的提升,台湾方面必将认识到,"一国两制"是实现两岸统一的最佳方式,它将为台湾带来巨大的实惠和利益。

三、蒋经国"三民主义统一中国"大陆政策的提出与检视

面对大陆和平解决台湾问题的呼吁,蒋经国提出通过三十多年台湾的治理经验,"以三民主义来统一中国,是使中国成为自由、和平、强大的现代化国家惟一可行的道路"。[①] 1981年4月,国民党第十二届全国代表大会制定了"贯彻以三民主义统一中国案",提出"以三民主义统一中国"的号召,主张"统一中国唯一的道路是在全中国实行三民主义"[②],这项号召与主张随即转化为台湾当局大陆政策的核心。"三民主义统一中国"是台湾面对大陆和平统一呼吁下的反制口号,试图利用经济发展、民主自由等价值争取两岸统一的话语权。

(一)"三民主义统一中国"的提出基于台湾综合实力的片面优势

20世纪80年代,台湾当局经过三十多年的耕耘取得了相当的成就,蒋经国以此为"三民主义"体制下的主要政绩,认为"三民主义在'复兴'基地的建设已经成功","中国的真正统一,便是'光复'大陆,实行三民主义"。[③] 他甚至宣称:"综观近代思想潮流,惟有三民主义博大精深,今后的世界也必将是三民主义光辉照耀的世界。"[④]

蒋经国对"三民主义"的自信主要源于20世纪60年代以后台湾经济的高速成长。1970—1978年,台湾年均GDP增长率为9.1%,1978年GDP增长率高达13.4%,同时段工业生产总值和出口贸易额年均增长率分别为16.4%和20.6%;[⑤]1983年台湾对外贸易总额达454.1亿美元,位居世界第17位,是美国第六大贸易伙伴;1986年台湾外汇储备达463.1亿美元,此后常年占据世界第

---

① 台北:《自立晚报》,1980年6月9日。
② 台北:"中央日报",1994年7月6日。
③ 《蒋"总统"经国先生言论著述汇编》(第12辑),台北:黎明文化事业股份有限公司,1981年,第199页。
④ 台北:"中央日报",1981年3月31日。
⑤ 复旦大学日本研究中心编:《郑励志文集》,上海:复旦大学出版社,2010年,第26页。

二位。1986年以后，随着世界经济结构的调整，台湾逐渐成为"亚洲四小龙"中引进外资最多的地区。20世纪80年代以后，台湾人均经济水平和人民生活水平迅速提升，逐渐步入较发达地区行列。台湾经济的高速发展固然离不开美国的经济、技术援助，资本主义世界经济高涨的历史背景，也离不开台湾当局有效的治理措施。20世纪50年代以后，台湾当局相继开展土地改革等运动，并适时调整工、农业发展的方针政策，为台湾的经济腾飞奠定了基础，也为蒋经国当局对"三民主义"的推崇提供了现实依据。

20世纪80年代以后，随着台湾经济实力的提升，科技得到较快发展。台湾当局将工业发展政策调整为"加速经济升级，积极发展策略性工业"，重点发展市场潜力大、附加价值高、环保程度高的技术密集工业。同时，台湾建立科学园区，扩大吸引外资，鼓励高科技产业的投资，并借公共投资加速产业发展，将产业形态升级转型至高科技产业阶段，重点生产高附加值的科技产品，将产业生产体系纳入全球经贸分工。此外，台湾经济实力的提升还促进了文化、教育的普及，台湾当局先后实施九年"国民教育"、加强职业教育、发展高等教育、重视社会教育，使在学人口占人口总数的四分之一以上，人力素质得到较大提升。

在此基础上，国民党声称"民族主义的目的，就是为民所有；民权主义的目的，就是为民所治；民生主义的目的，就是为民所享"，因此，"要建立民有、民治、民享的'三民主义'宪政"[1]，并以此向外大肆吹嘘、宣传，以抗拒"一国两制"。

（二）台湾某些实力优势成为两岸和平统一的主要障碍

随着经济腾飞，至20世纪80年代初，台湾在经济发展水平、人民生活水平、科教文卫事业等方面取得了较大的进步，相对于大陆均有较大优势，但台湾当局却利用这种优势为两岸的统一制造障碍、增添难度。1982年6月11日，台湾"行政院长"孙运璇在招待台美"中国大陆问题"研讨会与会人士茶会上表示，"只要在大陆上的政治、经济、社会、文化等各方面与自由中国的差距不断缩小，中国和平统一的条件就自然会渐趋成熟，到那个时候，统一的障碍自然就会减少了。"[2]

---

[1] 台北："中央日报"，1982年6月11日。
[2] 台北："中央日报"，1982年6月11日。

台湾当局认为造成两岸经济、社会、文化等领域差距的根源是两岸政治制度的差异。台湾当局认为必须建立一个两岸人民都能接受的"合理制度",该制度必须能够实现两岸的"自由、民主、均富",通过过去三十多年两岸发展的现实情况,台湾当局认为只有"三民主义"才是最适合中国的政治制度,"三民主义统一中国"是两岸统一的最佳模式。

(三)"三民主义统一中国"不符合两岸综合实力的现实情况

第一,台湾当局忽视两岸发展的历史和现实,"三民主义统一中国"缺乏"现实感"。1983年12月25日,大陆经济工作领导人陈云指出:"国民党在大陆推行三民主义几十年,结果并不理想。我们搞社会主义,只搞了三十多年,不仅解决了十亿人口的吃饭、穿衣问题,而且使人民的生活水平有了明显的提高。当然,这些年台湾的人均国民收入比大陆高,但那里没有十亿人口,也没有八亿农民。"① 改革开放初期,大陆在许多方面发展水平落后于台湾,但是大陆的经济总量、军事和外交实力远超台湾,"所以单就台湾国民平均收入比大陆现在高一些这一点来比较,是不全面的"。② 此外,大陆资源丰富,改革开放政策逐步激发经济发展潜能,大陆年均经济增长率远在台湾之上,1984年GDP增长率更高达15.2%。因此,邓小平认为"三民主义统一中国""太缺乏现实感"。③

第二,"三民主义统一中国"显示蒋经国对大陆综合实力的发展存在误判。出于对共产党和社会主义制度的敌视,蒋经国认为大陆官方没有国家建设的理念,造成经济发展的严重滞后,因此根本"无法达成现代化",实行改革开放不过是"愚弄工业国家,误信中共在进行现代化之后,中国大陆可以变成广大的消费市场"。④ 他认定,大陆"在彻底放弃共产思想和制度之前,政治即无法现代化,自更无法谈到经济上的现代化"。⑤ 美国传统基金会会长埃德温·福伊尔纳认为:"我们听说中国市场有广大潜力已有一百年时间了,然而到现在还只是潜

---

① 陈云:《从国家民族的大局出发实现祖国统一》,中央文献研究室编:《一国两制重要文献选编》,北京:中央文献出版社,1997年,第15页。
② 《邓小平谈中美关系和中国统一》,北京:《人民日报》,1986年11月13日。
③ 《邓小平会见缅甸总统吴山友时的谈话》,《邓小平关于建设有中国特色社会主义的论述专题摘编》,第83—85页。
④ 《蒋"总统"经国先生言论著述汇编》(第12辑),台北:黎明文化事业股份有限公司,1981年,第460页。
⑤ 《蒋"总统"经国先生言论著述汇编》(第12辑),台北:黎明文化事业股份有限公司,1981年,第460页。

力而已。"[①] 因此，蒋经国坚信社会主义制度将造成大陆社会的持续落后、两岸综合实力差距的持续扩大，只有"三民主义"才是"解救"和"照耀"大陆的唯一途径。改革开放40多年，大陆所取得的巨大成果足以打破蒋经国对大陆综合实力发展形势的判断，随之击碎的还有他所提出的"三民主义统一中国"。

第三，"三民主义"制度下的台湾经济危机重重，"三民主义统一中国"经济根基薄弱。台湾资源匮乏，是矿产资源尤其是能源奇缺的地区，这决定了台湾对国际能源市场具有极大的依赖性，其工业原料也受制于国际市场。20世纪60年代以后，台湾发展出口导向型经济，但是对外贸易过度依附于美国、日本等国。由于对国外原料和国际市场依赖性过高，台湾经济十分容易受到国际经济环境的影响。1973年第一次石油危机爆发，台湾各类能源价格迅速上涨，与能源有关的原料价格也相应上涨，台湾经济增长率从1973年的10%猛跌至1%，物价上涨约40%。1979年第二次石油危机爆发，台湾经济再次受到重创，经济增长率从1978年的13.4%一路跌至1982年的3.6%，造成严重的通货膨胀。由于过度倚重工业发展，台湾农业发展逐渐衰落，粮食安全问题十分突出。此外，台湾一味追求发展产值高、易于见效的加工工业，忽视基础工业的建设，电力、运输、通信等基础设施难以适应经济发展的需要，铁路、公路超负荷运载。重重的危机均表明在"三民主义"制度下，台湾经济实力存在内生动力和发展潜能的不足，面对大陆更为复杂的社会、经济环境，"三民主义"的效能和前景备受质疑。

第四，台湾并未实现真正的自由、民主，"三民主义统一中国"缺乏政治基础。国民党政权退台后，在全台发布"戒严令"，直到1987年才解除，使台湾成为世界上戒严时间最长的地区。在长达38年的"戒严"时间内，国民党当局在台湾推行虚假"宪政"，蒋介石通过修改"动员戡乱时期临时条款"造就"万年国会"，成为"终身总统"。在威权体制下，"五院"名不符实，情治系统监控社会、整肃异己，民众的基本政治权利和自由被剥夺，全台笼罩在"白色恐怖"的氛围下，政治事件频发，如1960年的《自由中国》事件、1979年的美丽岛事件、1984年的江南命案等。在地方自治上，国民党利用权术和地方派系操弄选举，掌握地方政权，限制台湾籍人士参政。因此，台湾的政治状况并未像台湾当局所吹嘘的自由、民主，其所谓政治实力上的优势不过是台湾当局欺骗民

---

① 埃德温·福伊尔纳:《台湾：问题是清楚而简单的》,华盛顿:《华盛顿时报》,1982年8月20日。

众、博取国际社会好感的工具。

"三民主义统一中国"政策的提出,表明蒋经国对共产党和社会主义的敌视,也表明蒋经国对两岸形势的误判,使其缺乏革故鼎新的政治家胸怀、尊重历史和现实的科学态度,没有抓住机遇及时推进两岸关系良性发展。事实证明,"三民主义统一中国"不符合两岸实力发展的实际情况,是行不通的。

第三节　开放交流与反"独"启动时期
（1987—1999）

1987年，台湾当局开放台湾民众赴大陆探亲，揭开了两岸互动与交流的序幕，两岸关系进入开放交流与反"独"启动时期。在两岸关系逐渐缓和的情势下，1990年10月，台湾成立"国家统一委员会"，开始草拟"国家统一纲领"，并于次年公布。1990年11月21日，台湾成立海峡交流基金会，处理两岸事务。1991年12月16日，大陆成立海峡两岸关系协会，同海基会开展事务性协商。1992年11月，"两会"双方达成以口头方式表述"海峡两岸均坚持'一个中国'原则"的"九二共识"。7月31日，台湾公布"台湾地区与大陆地区人民关系条例"（简称"两岸人民关系条例"），将两岸关系定位为"一国两区"。[①]在共同的政治基础之上，两岸逐步推进事务性协商。1995年以后，李登辉的"台独"本质逐渐暴露。他前往美国康奈尔大学参访并发表"民之所欲，长在我心"的讲话，宣扬"中华民国在台湾""在台湾的中华民国"[②]，并于1996年提出对大陆要"戒急用忍，行稳致远"，导致台海危机的发生，两岸关系急转直下，谈判和协商被迫中断。1999年7月9日，李登辉接受"德国之声"专访时公然抛出"两国论"，企图实现"台湾独立"，严重危害了两岸关系的稳定。

一、开放交流与反"独"启动时期两岸综合实力对比

20世纪80年代，台湾地区经济在经历了第二次石油危机的短暂冲击后，

[①] "台湾地区与大陆地区人民关系条例"，台北："法务部"全球资讯网"全国法规资料库"，http://law.moj.gov.tw/LawClass/LawContent.aspx?PCODE=Q0010001。

[②] 《李登辉九五年访美时在美国康奈尔大学发表演讲的全文》，华夏经纬网，http://big5.huaxia.com/zt/2001—16/30854.html。

很快走出低谷。从总体趋势来看，仍然保持较高的发展速度，成为新兴的工业化社会，跃居"亚洲四小龙"之首，经济和社会建设的成果开始逐步显现。大陆处于改革开放起步阶段，随着经济体制改革的全面展开，各项事业逐渐步入稳定、健康的发展轨道。1990 年，大陆和台湾综合实力指数分别为 30.66 和 16.41，台湾占大陆的 53.67%，1994 年该比重升至 1978 年以后的历史峰值 55.64%。1999 年，大陆和台湾综合实力指数分别为 51.45 和 23.84，台湾占大陆比重降至 46.34%。由此可见，1994 年是两岸综合实力发展和对比轨迹中的重要年份，因此"子准则层"和"一级指标"比较主要以 1994 年为例进行分析。

在"子准则层"比较上，1994 年，台湾经济力和军事力指标占大陆比重较 1986 年攀升至 39.07% 和 72.56%，①科技力和资源力指标占大陆比重下降至 73.29%（1990 年大陆科技力指数超过台湾）和 9.52%。此外，大陆政治力和对外关系能力有明显提升，台湾仍保持文教力方面的总体优势。1994 年以后，大陆各项实力全面提升，两岸综合实力差距开始迅速扩大。

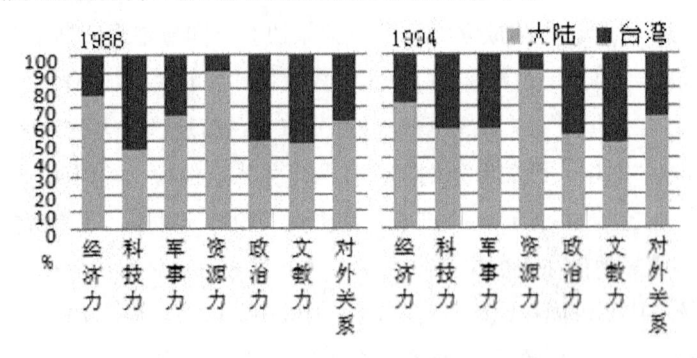

图 3-6 1986 与 1994 年两岸综合实力"子准则层"百分比

1994 年，在 29 项"一级指标"中，台湾的领先指标数量增至 10 项。相较于 1986 年，在经济力方面，大陆总量指标与台湾差距缩小至 9.1 倍，台湾人均指标和生活水平优势分别扩大至 5.83 倍和 6.68 倍。不过，大陆产业结构指数占台湾比重攀升至 51.97%。此外，大陆在科技队伍、科技水平、民众凝聚力、国际影响力等指标上的优势进一步扩大，与台湾在科技贡献力、军事经济力方面的差距开始缩小。20 世纪 90 年代以后，随着台湾"政治革新"的推进和国际局势的变动，台湾在政治体制上似乎顺应了"世界潮流"，风光一时，但随之

---

① 1990 年，台湾经济力和军事力指数占大陆比重略高于 1994 年，分别为 41.49% 和 74.39%。

相伴的是台湾民众凝聚力的大幅下跌，以及台湾当局对整体战略掌控能力的削弱。1994年以后，两岸在人均指标、产业结构和生活水平方面的差距逐步缩小。大陆的科技实力优势开始显现，1999年大陆科技贡献力指数占台湾比重上升至39.73%。

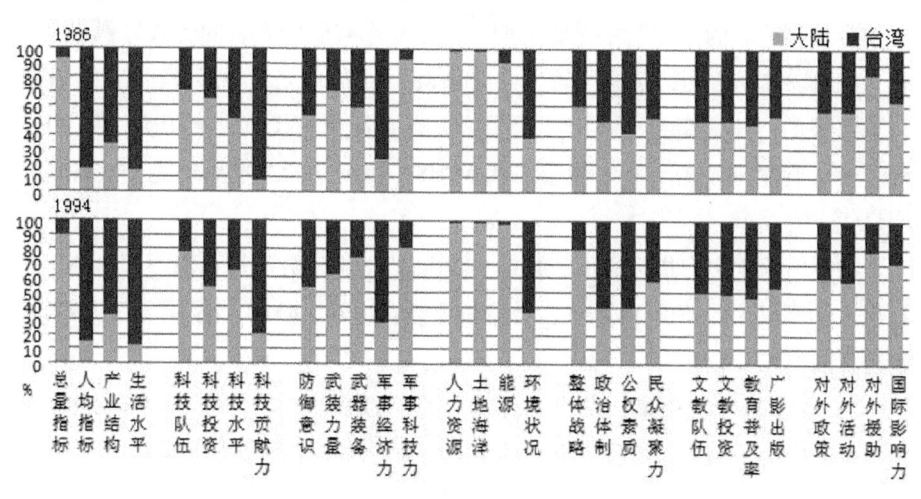

图3-7 1986与1994年两岸综合实力"一级指标"百分比

在具体的硬实力指标比较上，受国际形势、汇率等因素影响，两岸GDP差距大幅缩小，1994年台湾GDP相当于大陆的45.61%。20世纪90年代以后，大陆对外贸易总额和外汇储备相继超过台湾。20世纪90年代中期，全球经济处于低迷状态，台湾经济增长也进入战后最低时期。大陆经济一路高歌猛进，GDP增长率始终维持在7%以上，1999年大陆GDP突破1万亿美元大关，台湾GDP占大陆比重迅速下跌至27.93%。

1996年两岸爆发台海危机，凸显了军事实力的重要性。从官方公布的防卫预算来看，1994年台湾军费是大陆的1.43倍，人均军费是大陆的81.18倍。此外，20世纪90年代以后，台湾从岛外购入大批新型武器装备，替代原先老旧的美式装备，使军事现代化水平大幅提升。从武装力量和武器装备来看，一旦两岸发生战事，台湾能够全军投入，大陆却不可能将所有兵力全部部署于台湾海峡，双方在台湾海峡集中的兵力可能旗鼓相当。在空军方面，虽然台军在20世纪90年代初就订购先进的F-16和幻影-2000战斗机，并且自行生产了"经国"号战斗机，但是真正能够形成战斗力的只有其中性能相对较弱的"经国"号战斗机，而且只装备了2个中队，情势危急之下仍然依靠F-104战斗机救急。

不过，台湾的 E–2T 预警机有着解放军所没有的优势，使台空军战斗力倍增。在战斗机总量上，解放军占有绝对优势，但较先进的苏–27 战斗机只有最初交货的 24 架形成了战斗力。在海军方面，大陆虽然舰艇数量多，但并不能全军投入台湾海峡作战之中。大陆的驱逐舰仍以第一代 051 型为主力战舰，战斗力尚不如台军改进后的"阳"字号驱逐舰，而且台军舰艇所列装的各式导弹也具有较大威胁。陆军方面，解放军较为先进的 88 式主战坦克主要部署在北方，靠近台湾海峡的广州、南京、济南三个军区只有少量第一代改进型坦克，如 79 式等。台军则刚刚装备 500 多辆第二代 M–48H 和 M–60A3 主战坦克，装备质量明显优于解放军。

在具体的软实力指标方面，1994 年大陆留学生指数超过台湾，但是高等教育毛入学率仅为台湾的 14.87%。台湾教育经费达到大陆的 94.8%，人均教育经费是大陆的 53.74 倍。

20 世纪 90 年代中期，两岸综合实力差距的缩小给予台湾当局与大陆抗衡和要价的资本，也在一定程度上制约了大陆对台政策中的实力运作。

二、江泽民"八项主张"的提出与实践

20 世纪 90 年代初期，大陆在两岸综合实力对比中缺乏主导性优势，1994 年两岸综合实力差距降至历史最低值，尤其是两岸经济和军事实力相对接近，文教实力落于下风，科技和对外关系实力的优势尚未显现。因此，大陆对台政策仍然倚重政治力的施展，推动两岸协商机制，而且在两岸谈判过程中，大陆充分考虑台湾当局的利益和要求。随着改革开放的推进，大陆经济发展势头良好，持续保持高增长率，大陆开始通过经济手段为两岸关系营造良好的氛围。1990 年代后期，面对"台独"的挑衅，大陆在军事和外交领域的实力也进一步发挥作用。

面对两岸开放交流与反"独"启动的新形势，1995 年 1 月 30 日，大陆领导人江泽民发表题为《为促进祖国统一大业的完成而继续奋斗》的重要讲话，就现阶段两岸关系发展和祖国和平统一进程提出"八项主张"，是大陆运用综合实力处理台湾问题的集中体现。"八项主张"的内容主要包括：第一，坚持一个中国原则；第二，对于台湾同外国发展民间性经济文化关系不持异议；第三，进行海峡两岸和平统一谈判；第四，努力实现和平统一，中国人不打中国

人；第五，大力发展两岸经济交流与合作；第六，两岸同胞共同继承和发扬中华文化的优秀传统；第七，台湾同胞都是中国人，要充分尊重他们的生活方式和当家作主的愿望，保护他们的一切正当权益；第八，两岸高层共商国是。①"八项主张"是大陆根据两岸综合实力和"一国两制"的基本方针，针对两岸及国际形势发展变化的实际情况提出的，阐述了"一国两制"思想的精髓，呼应了"和平与发展"的世界性主题，为早日解决台湾问题提出了建设性主张。

（一）"八项主张"以政治力为先导，推动两岸协商与交流

1. 两岸实力对比情况成为大陆政治力的施展依据

早在1990年，江泽民就曾表示，"我们主张由中国共产党和中国国民党两党对等商谈"，这是从两党的地位、作用等现实情况出发的，也是基于对两岸综合实力的判断，以"避开台湾方面感到不方便"。② 20世纪90年代初，大陆在实力规模上略占优势，但是发展水平较为落后，两岸综合实力差距则呈现逐渐缩小的态势。面对两岸实力对比的实际情况，大陆充分考虑台湾当局的利益和要求。江泽民表示："在一个中国的前提下，什么问题都可以谈，包括就两岸正式谈判的方式问题同台湾方面进行讨论，找到双方都认为合适的办法。"③

1995年，江泽民在"八项主张"中提出，"欢迎台湾当局的领导人以适当身份前来访问"，并表示"愿意接受台湾方面的邀请，前往台湾……就某些问题交换意见"，④双方谈判的内容不受约束，只要是两岸共同关心的问题均可谈判，包括两岸政治谈判的名义、地点和方式，⑤表达了中共希望就两岸关系的发展与台湾高层协商的期许和诚意。

2. 以政治力确立两岸协商政治基础

政治基础是两岸事务性谈判和政治对话的基石。1991年两岸"两会"成立

---

① 江泽民：《为促进祖国统一大业的完成而继续奋斗》，北京：《人民日报》，1995年1月31日。
② 《江泽民在全国统战工作会议上的讲话》，北京：《人民日报》（海外版），1990年6月12日。
③ 《江泽民在中国共产党第十四次全国代表大会上的报告》，北京：《人民日报》（海外版），1992年10月21日。
④ 江泽民：《为促进祖国统一大业的完成而继续奋斗》，北京：《人民日报》，1995年1月31日。
⑤ 江泽民：《为促进祖国统一大业的完成而继续奋斗》，北京：《人民日报》，1995年1月31日。

后，双方在一个中国原则下展开交往和事务性协商。1992年11月，在"两会"协商中，双方均以口头方式表述"海峡两岸均坚持一个中国原则"的"九二共识"，不涉及一个中国的具体含义，从而确立了"两会"协商处理两岸交往中衍生的具体问题属于中国的内部事务这一基本原则。[①]

1995年，江泽民提出"八项主张"，第一项即必须坚持一个中国原则，就解决国家内部事务进行谈判，不是所谓的"对等政治实体"间的谈判，更不是"国与国"之间的谈判；谈判的主体可以是两岸当局，同时吸纳一切愿意坚持一个中国原则的两岸各党派、各团体和具有代表性的人士参加，愿意与其交换两岸关系与和平统一的意见和想法，但不容许外国势力插手。[②]"八项主张"在一个中国原则下，对"正式结束两岸敌对状态"、共同"维护中国的主权和领土完整"、共同规划"今后两岸关系的发展"提出有计划和有步骤的安排。[③]

3. 在政治力推动下，两岸协商与交流初见成效

1991—1993年间，两岸相继展开事务性协商，为政治对话创造了条件，一定程度上维护了两岸关系的稳定。1993年4月27日，海协会会长汪道涵与海基会董事长辜振甫在新加坡举行会谈，实现了40多年来两岸高层人士的首次公开接触商谈。会谈中，双方签署了《两会联系与会谈制度协议》《汪辜会谈共同协议》《两岸公证书使用查证协议》《两岸挂号函件查询、补偿事宜协议》等四项协议，建立起两岸高层的制度化沟通管道，"标志着海峡两岸关系迈出了历史性的重要一步"。[④]台湾官方对这次会谈也给予充分肯定，认为"跨出了两岸接触的第一步"，"是两岸民间交流迈向制度化的里程碑"，为"两岸关系迈向中程阶段目标打下了基础"。[⑤]《两岸挂号函件查询、补偿事宜协议》，为两岸邮政开办信函、明信片、印刷物、新闻纸、杂志等函件业务奠定了基础，解决了两岸通信中出现的问题，为两岸交流提供了沟通上的便利。在之后的十余次商谈中，"两会"就"违反有关规定进入对方地区人员之遣返及相关问题""两岸劫机犯遣返""两岸渔事纠纷之处理"等三项议题取得共识。

---

① 朱松岭主编：《2014台海观察》，北京：九州出版社，2015年，第158—159页。

② 江泽民：《为促进祖国统一大业的完成而继续奋斗》，北京：《人民日报》，1995年1月31日。

③ 江泽民：《为促进祖国统一大业的完成而继续奋斗》，北京：《人民日报》，1995年1月31日。

④ 国务院台湾事务办公室、国务院新闻办公室：《台湾问题与中国的统一》（白皮书），北京：《人民日报》，1993年9月1日。

⑤ 王在希：《台海形势回顾》，北京：华艺出版社，1996年，第137页。

此外，大陆通过颁布规章制度，保障台商在大陆的投资权益。1993年4月28日，汪道涵与辜振甫会谈时声明，希望尽快实现两岸的直接"三通"，重视和保护台商在大陆投资的合法权益，欢迎台胞参与浦东、三峡、图们江的开发建设，倡议合作开发能源、资源等，①为鼓励台商投资，保护台商正当权益提出了务实的建议。1994年3月5日，大陆颁布施行《台湾同胞投资保护法》，建立包括国家专门法律和国务院专门法规、条例在内的完整法律体系，鼓励台胞来大陆投资，为其出台一系列优惠政策，鼓励台商成立台湾同胞投资企业协会，并提供法律保护。全国人大常委会专门在广东、福建等省进行该法执行情况的检查，有力地推动了该法的进一步贯彻，同时广泛征求台商意见，制定和颁布《台湾同胞投资保护法实施细则》。1996年8月29日，江泽民在接见参加"京台经济合作研讨会"的台湾工商界人士和专家学者时指出，"我们将继续长期执行鼓励台商投资的政策，贯彻《台湾同胞投资保护法》。不论在什么情况下，我们都将切实维护台商的一切正当权益"。②在大陆的鼓励和支持下，台商投资发展迅速，1992—1993年台湾核准对大陆投资从264件猛增至9329件，投资总额从2.47亿美元成长至31.68亿美元。③

4.两岸实力对比情况使大陆政治力施展受限

"江八点"尝试通过政治"软实力"打破两岸政治僵局，推动两岸交往与合作，但是由于两岸实力对比差距较小，李登辉当局对推动两岸统一进程采取消极甚至阻挠的态度，因此，大陆的愿望并未实现，设想未达到预期效果。1995年由于李登辉访美，两岸"两会"协商被迫中断，并引发"台海危机"。为突破两岸政治僵局，大陆积极推动"两会"协商的恢复，终于在1998年10月实现了第二次"汪辜会谈"，江泽民、钱其琛分别会见了辜振甫一行，可见大陆对两岸协商重视之程度。会谈上，双方达成四项共识，包括进行政治、经济等方面的对话，标志着两岸政治对话序幕的拉开。但随着1999年李登辉抛出"两国论"，两岸事务性协商再次被迫中断，两岸政治对话尚未开展便已夭折。

---

① 《汪道涵提出海峡两岸经济交流合作的具体意见》，北京：《人民日报》，1993年4月28日。
② 北京：《人民日报》，1996年8月30日。
③ 数据来源：《2017年5月份核准侨外投资、陆资来台投资、国外投资、对中国大陆投资统计月报》，台北：台湾"经济部投资审议委员会"网，http://www.moeaic.gov.tw/news.view?do=data&id=1160&lang=ch&type=business_ann。

（二）"八项主张"通过经济力为两岸关系注入新的活力

1. 逐步运用经济力鼓励台商在大陆投资，推进两岸经贸发展

20世纪80年代以后，两岸经贸关系开始缓和，台商掀起一股"大陆热"，对大陆贸易和投资得到迅速发展。20世纪90年代中期，李登辉当局逐渐暴露"台独"本性，大陆以政治力推动两岸关系发展的动能受到压制。"江八点"从两岸关系发展的大局出发，以经济力为两岸关系注入新的活力，体认海峡两岸尤其是台湾工商界人士的强烈诉求，主张"不以政治分歧去影响、干扰两岸经济合作"的政经分离政策，"切实维护台商的一切正当权益"，大力推进两岸经贸交流与合作。随着经济实力的提升，大陆逐步为两岸经贸发展提供切实的优惠，务实地推进两岸经贸发展。

1995年12月，时任海协会长汪道涵相继考察了一些台商投资地区和台生学校，与台商和台生恳切交谈。大陆还加强了对乱收费问题的治理和台商集中地区的治安工作，以更好地保护台商的财产和人身安全，有关部门进一步研究为台生提供办证等方面的方便。[①] 1996年7月19日，为切实保护台商的合法利益，海峡经济科技合作中心在北京成立，该中心设立了"台商投诉协调处"，受理台商、台资企业投诉问题。

此外，大陆积极推动两岸直接通邮、通航进程。1996年8月20日，国家交通部公布《台湾海峡两岸间航运管理办法》，21日大陆外经贸部公布《关于台湾海峡两岸间货物运输代理业管理办法》，决定开放福州港和厦门港作为两岸船舶直航的试点港口，受理台湾航运公司申请航线和运输业务，对两岸航运业务的管理进行了规范，并呼吁台湾方面尽快开放两岸直接航运，希望就直航具体问题展开协商。台湾媒体认为，"这是大陆推动两岸直航的一项具体而重要的步骤"，[②] "尤其是在货物的进、出上并无特别限制，对航商而言并不严苛，且其他国家的航商又不能参与竞争"，[③] 为两岸经贸的发展提供运输便利。

2. 利用经济手段，反制破坏两岸关系的行为

1992年11月，法国不顾中国大陆的再三交涉和反对，批准向台湾地区出售幻影2000-5战斗机和1000枚导弹，价值38亿美元。中国大陆随即对法国进

[①] 《唐树备常务副会长回顾一九九五年两岸关系和海协工作》，北京：《中国新闻》，1995年12月21日。转引自《台湾问题重要文献资料汇编》，第577页。

[②] 台北：《中国时报》，1996年8月23日。

[③] 台北：《工商时报》，1996年8月23日。

行反制和惩罚性回击，关闭其在广州的总领事馆。1993年，法国在中国大陆失去约同等数额的商业合同。法国政府随即努力修补与中国大陆的关系，1994年1月12日，双方发表联合公报，法国承诺"不再批准任何法国企业参与武装台湾"，[①]以恢复在中国大陆的市场。

由此可见，随着经济实力的提升，中国大陆有能力通过经济手段反制破坏两岸关系的行为，维护国家统一和国际地位。正如江泽民所说，"今天的中国已经不是过去那个积贫积弱的旧中国。经过长期革命和建设的奋斗，我们已取得了举世公认的成就，我国的国际地位不断提高，中华民族任人宰割的时代一去不复返了"，同时他也强调，实现中华民族的振兴，还需要继续付出艰苦的努力，抓住机遇，"集中力量把国民经济搞上去，不断增强综合实力，把我们的国家建设得更加强大。这样，我们维护国家的主权和领土完整，完成祖国统一大业，就有了更加坚实的基础和可靠的保证"。[②]

（三）"八项主张"以军事力为后盾，捍卫国家统一

江泽民在"八项主张"中强调，"努力实现和平统一，中国人不打中国人"。为防止两岸误判、出现擦枪走火，大陆呼吁在一个中国原则下开启两岸政治谈判并达成协议，正式结束敌对状态。1995年3月28日，解放军将领王在希发表文章称："两岸就结束敌对状态问题达成协议后，不仅可以避免因各种误会和某些军事行动导致台海两岸局势紧张乃至武装冲突事件，而且可以在发生偶发事件时通过正常渠道及时妥善进行处置。更重要的是在此问题上达成协议后，由于它具有高度权威性，对双方同时具有约束力，海峡两岸将根据一个中国的原则，共同承担义务确保国家领土的完整和主权不被分割。"[③]

虽然大陆以最大诚意、尽最大努力希望结束两岸敌对状态，但是"针对外国势力干涉中国统一和搞'台湾独立'的图谋的"，江泽民多次强调，"我们不承诺放弃使用武力"。[④] 1995年李登辉访美，引发了两岸关系和中美关系的严

[①] 外交部：《中国同法国的关系》，外交部网，2017年1月。
[②] 《江泽民同志在纪念抗日战争胜利50周年驻京部队老战士座谈会上的讲话》，北京：《人民日报》，1995年8月28日。
[③] 王在希：《结束两岸敌对状态实现祖国和平统一》，北京：《人民日报》（海外版），1995年3月28日。
[④] 江泽民：《为促进祖国统一大业的完成而继续奋斗》，北京：《人民日报》，1995年1月31日。

重倒退。同年7月至次年3月间，中国人民解放军在台湾海峡及其附近海域进行了五次军事演习，向台湾外海试射导弹及两栖登陆作战演习。其间，美国先后派出"尼米兹号"和"独立号"航空母舰战斗群驶入台湾海峡，解放军仍然坚定不移地继续演习，体现了中国人民维护国家主权和领土完整的决心。经此危机，美国认识到大陆在台湾问题上的底线以及军事对抗的严重性，开始寻求与大陆的合作。

但是面对美国的航母编队和台湾较为先进的武器装备，中国大陆暴露出在海空军实力上的明显不足。大陆深知，必须以强大的军事实力作为后盾，震慑"台独"分裂势力的叫嚣和破坏两岸关系和平发展的行为。1995年8月28日，江泽民表示，"无论是从我们所处的复杂的国际环境看，还是从维护国家统一和保卫现代化建设来看，我们的国防建设、军队建设都需要进一步加强……必须不断提高我军的武器装备水平、军队素质，增强防卫作战能力。必须进一步加强全国人民的国防观念和对国防建设的支持。"[①] 因此，20世纪90年代中期以后，大陆逐步提升对国防和军事领域的投入，推动武器装备和国防科技水平的提升，使军事实力的天平逐渐向大陆倾斜。

（四）"八项主张"通过外交力维护和坚固一个中国原则

1. 综合实力相对薄弱曾使大陆外交力施展受限

1989年"政治风波"后，西方国家纷纷对中国大陆实施制裁，中国大陆与美国及西方一些国家的关系跌入谷底。1989—1991年，国际局势加剧动荡，东欧剧变、苏联解体，社会主义在全世界面临挑战。西方国家认为和平演变中国大陆的"时机"已到，加紧实施"以压促变"策略，包括英国首相撒切尔、法国总统密特朗、西德总理科尔等在内的西方国家领导人纷纷"谴责"中国大陆，以美国为首的西方二十多个发达国家对中国大陆实行制裁，中国大陆与其官方交往几近中断。

与此同时，西方国家进一步以台湾问题牵制中国大陆，与中国大陆在台湾加入国际组织问题上展开激烈博弈。由于大陆综合实力相对薄弱，经过几番妥协和商定，1991年台湾以"中华台北"名义加入亚太经济合作会议，与先前使用"中国台北"的名义加入国际组织有所退让。

[①] 《江泽民同志在纪念抗日战争胜利50周年驻京部队老战士座谈会上的讲话》，北京：《人民日报》，1995年8月28日。

2. 综合实力的初步提升成为大陆以外交力维护和坚固"一中"原则的保障

面对复杂、严峻的国际形势,邓小平提出必须"冷静观察""稳住阵脚""沉着应付","要冷静、冷静、再冷静,埋头实干,做好一件事,我们自己的事"。[①] 在此方针下,中国大陆集中精力提升综合实力,而西方国家也逐渐认识到,与中国大陆和则两利,斗则两伤。20世纪90年代中期以后,随着综合实力的初步提升,中国大陆在国际上有能力以外交力维护和坚固一个中国原则。

"江八点"继承"一国两制"构想,对于在一个中国原则下,台湾地区与外国发展民间性经济文化关系以及加入国际组织、参加国际活动提供较大空间。但是"八项主张"同样强调,"反对台湾以搞'两个中国'、'一中一台'为目的的所谓'扩大国际生存空间'的活动"。[②]

李登辉上台后,在国际上大推"务实外交"。1993年8月以后,台湾当局每年通过所谓"邦交国"向联合国提案,要求"重返联合国",参与联合国事务。台湾"外交部"和"行政院"相继成立"参与联合国策略小组"及"参与联合国决策小组",在联合国总部成立"推动联合国工作小组",还多次申请参加世界卫生组织等只有主权国家才能加入的国际组织。

台湾当局此举旨在向国际社会宣示"两个政治实体"和"两个中国",使台湾问题"国际化",严重破坏了祖国的和平与统一,引发大陆针锋相对的反击。台湾每年递交的"参与联合国"提案均被拒绝列入联合国大会议程。1995年6月26日,时任联合国秘书长的加利在纪念《联合国宪章》签署50周年的记者招待会上明确表示:"联合国大会已经通过了有关决议,认为台湾是中华人民共和国不可分割的一部分,因此,台湾不可能成为联合国成员。"[③] 针对李登辉访美进行"台独"演讲之事,中国大陆作出强烈反应,召回驻美大使,使美国第一次认识到,主权和领土完整是中国的最高利益,远在中美关系之上,中国政府在台湾问题上不说空话。

[①] 《邓小平文选》(第三卷),北京:人民出版社,1993年,第321页。
[②] 江泽民:《为促进祖国统一大业的完成而继续奋斗》,北京:《人民日报》,1995年1月31日。
[③] 果继山:《走向祖国统一的足迹 关于"一国两制"要闻纪事》,北京:红旗出版社,1999年,第457页。

三、李登辉"两国论"评析

李登辉上台之初,反复对外界表示,只有"一个中国"的政策,没有"两个中国"的政策。20 世纪 90 年代以后,在两岸政治定位问题上,李登辉在背离一个中国原则的道路上越走越远。1993 年 11 月 21 日,李登辉授意台"经济部长"江丙坤公开提出:"中国只有一个,地理文化上台湾是属于中国,我们在一个中国的原则下,主张分裂主权的两个国家并存,是一个中国为指向的两个中国政策,台湾与中华人民共和国是两个主权互不隶属的国家。"① 这是台湾"部会首长"首次提出"两个中国"政策。11 月 23 日,台"外交部"发言人欧阳瑞雄发表声明:"在'一个中国'业已分治之情况下双方同为在个别地区行使最高统治权力之政治实体,但在国际间则为互不隶属,各自主张主权之两个国际法人。"② 1994 年 3 月,李登辉与日本作家司马辽太郎谈话时表示,"台湾与大陆是不同的政府",毫不隐讳地表示要建立"台湾人的国家"。③ 1999 年 5 月,李登辉在其出版的《台湾的主张》一书中,定义台湾为"中华民国在台湾",并声称要把中国分成七块。④ 7 月 9 日,李登辉接受"德国之声"专访时公然抛出"两国论",企图实现台湾"独立"。同日,李登辉在会见世界归正教会联盟代表时表示:"中华民国在台湾与中华人民共和国是两个对等的国家,中共从来无法有效统治台湾,因此中共所谓的'一个中国'并不包括台湾。"⑤

"两国论"是 20 世纪 90 年代以后,在两岸综合实力逐渐拉大的情况下,李登辉认识到台湾在两岸谈判协商中的筹码开始流失,逐渐背离一个中国原则的产物,也是其"台独"本质的集中体现。李登辉及台当局的"两国论"遭到大陆舆论的坚决反对和批评,标志着台当局在两岸关系政治定位上发生实质性变化,严重危害了两岸关系的稳定,也给李登辉当政时期的政治路线打上了无法

---

① 《江丙坤:将采一个中国为指向的阶段性两岸中国政策》,台北:《中国时报》,1993 年 11 月 22 日。
② 台北:《中国时报》,1993 年 11 月 23 日,转引自全国台湾研究会编:《台湾一九九三》,北京:中国友谊出版社,1994 年,第 550 页。
③ [日]司马辽太郎:《对谈 場所の悲哀——李登辉》,东京:《週刊朝日》,1994 年 5 月 13 日。
④ 即"七块论",包括台湾、西藏、新疆、蒙古、华南、华北、东北等七个部分。
⑤ 《李"总统":两岸是特殊的国与国关系》,台北:《中国时报》,1999 年 7 月 10 日。

消除的分裂主义政治烙印。①

(一)"两国论"企图以政治力制造两岸分裂

1. 实施"宪政改革",从法理上制造两岸分裂

国民党退踞台湾后,在"宪法"上长期维持形式上的全中国框架。李登辉企图通过"宪政改革"割裂与大陆之间的联结,从法理上制造"两个中国"。

李登辉任内共进行六次"修宪",以"宪法"增修条文的形式实现"宪政改革",包括终止"动员戡乱",废除"临时条款",把"五权体制"实质演变为"总统"及"行政院""立法院""司法院"的"三权体制",进行省市长民选和"总统直选",冻结台湾"省长""省议会"选举,精简"台湾省政府"。

李登辉企图通过"修宪"改变台湾是中国一个省的历史事实,刻意制造与大陆政权抗衡的"对等政治实体",并将"中华民国宪法"的法律效力从全中国变为台湾地区,确立所谓"中华民国在台湾"的法律依据,从"宪法"上制造"两个中国"。李登辉的"两国论"明确声称,1991年以后,台湾"修宪"将"宪法"地域效力限缩在台、澎、金、马,"已将两岸关系定位在国家与国家,至少是特殊的国与国的关系","中华民国从一九一二年建立以来,一直都是主权独立的国家"。②

2. 以政治价值观强化"台湾主体意识","推动大陆民主化"

通过"宪政改革",台湾"总统"由所谓"中华民国自由地区全体人民"直接选出,使"中华民国总统"的政权合法性直接赋予台湾本土民众,企图割裂台湾和大陆的政治联结,强化所谓"台湾主体意识",推进台湾本土化,造成台湾民众对中国认同的逐渐趋离。李登辉认为,台湾"总统"直接选举,"使所建构出来的国家机器只代表台湾人民,国家权力统治的正当性也只来自台湾人民的授权,与中国大陆人民完全无关"。③

另一方面,李登辉极力抹黑大陆政治制度和社会现状,企图以此形塑台湾民众的政治优越感,引导台湾民众对大陆的政治恐惧感,割离其对大陆的情感和联结。李登辉通过政治力"推动大陆民主化"进程,他多次表示,"让大陆同

---

① 张文生:《台湾政治转型与分离主义(1988—2000)》,北京:九州出版社,2012年,第94页。
② 《"总统"接受德国之声专访》,台北:台湾"总统府"网,1999年7月9日。
③ 《"总统"接受德国之声专访》,台北:台湾"总统府"网,1999年7月9日。

胞了解台湾民主化的成就"，①台湾经验能够催化大陆的现代化和民主化,希望大陆进行民主改革,并声称"未来两岸只有分别施行自由、民主,才能真正确保亚洲的安全与和平"。②

(二)"两国论"企图割裂两岸经贸关系

1. 以经济力为两岸经贸交往设置障碍

20世纪90年代以后,两岸经贸往来愈加频繁。李登辉把两岸经贸关系政治化,为两岸经贸交往预设政治前提,企图以经济硬实力防止台湾经济对大陆经济的过度依赖,以分散台商的对外投资地。

1993年7月至8月,台湾"经济部长"江丙坤赴越南和新加坡考察后,提出"以东南亚国家为今后对外投资和贸易重点地区"的"南进政策",后被改称为"南向政策",建议台当局辅导岛内发展困难的产业向东南亚展开投资。随后,台"经济部"设立"南向专案小组",负责制定计划和实施细则。11月9日,台"经济部"发布"南向政策说贴","将越南、菲律宾、印尼、新加坡、马来西亚、泰国为重点投资国家,由台当局出面,在融资、资讯、投资政策保障等方面予以辅导和协助"。③

随着台商对大陆投资的逐步升级,李登辉要求检讨"以中国大陆为腹地建设亚太营运中心的论调"。④1996年9月14日,李登辉出席"全国经营者大会"时,对台商投资大陆提出"戒急用忍、行稳致远"的主张,限制高科技和基础建设等项目赴大陆投资,并对5000万美元以上的大型投资展开更谨慎的评估审查。1997年5月28日,台"经济部"公布"企业对大陆地区投资审查办法",禁止台商赴大陆进行重大基础建设投资,初步涵盖水库、电厂、机场、铁路、公路、港口设施等重大基础建设项目;规定上市、上柜公司赴大陆投资上限资本额或资本净值规模采"投资金额累退制",且单一投资额最高不超过5000万美元。⑤此外,台湾当局拒不开放两岸直接"三通",试图阻碍台商赴大陆投资。

---

① 《塞内加尔新任驻华大使康恩呈递到任国书》,台北:台湾"总统府"网,1998年10月23日。
② 《"总统"接受德国之声专访》,台北:台湾"总统府"网,1999年7月9日。
③ 田珏、傅玉能主编:《台湾史纲要》,福州:福建人民出版社,2012年,第453页。
④ 齐光裕:《"中华民国"的政治发展1949年以来的变迁》,台北:扬智文化事业股份有限公司,2013年,第544页。
⑤ 台北:《工商时报》,1997年5月29日,转引自全国台湾研究会编:《台湾一九九七》,北京:九洲图书出版社,1997年,第19页。

2. 两岸经济实力差距的扩大使台湾当局的企图受挫

20 世纪 90 年代中后期，大陆经济体制改革的成效开始显现，各项事业逐渐步入稳定、健康的发展轨道，台湾经济力分值占大陆比重从 1990 年的 41.49% 降至 1999 年的 35.17%，大陆广阔的经济市场对台商的吸引力进一步增强。

虽然台湾当局先后出台"南进政策""戒急用忍"等政策，企图降低台商对大陆的投资热，减少台湾经济对大陆经济的依存度，减少台湾与祖国大陆的经济联结，但是中国大陆广阔的发展市场和宽松的投资环境明显优于东南亚国家，台湾的民营资本企业大多不愿意配合"南向政策"，导致"南向政策"和"戒急用忍"设置的诸多预期目标最终未能实现。

在对东南亚投资方面，1992 年台湾核备对印尼、马来西亚、菲律宾、泰国、越南五国的投资总额为 3 亿美元，1993 年台当局推动"南向政策"，台湾对东南亚五国的投资总额却在 1995 年降至 2.94 亿美元，1996—1999 年年均投资额仅 3.38 亿美元。[①] 与此同时，"戒急用忍"虽然为台商的大陆投资设置门槛，但是 1998 年台湾核准对大陆投资总额仍达 20.35 亿美元，[②] 是当年对东南亚五国核备投资总额的 6.37 倍。

（三）"两国论"企图在国际上制造"两个中国"

1. 放弃"汉贼不两立"，宣扬"双重承认"

由于两岸综合实力的相对接近，台湾当局将两岸交往间的所谓"对等"延伸至国际上，宣扬"双重承认"。

1991 年 7 月 8 日，台湾"行政院新闻局"在美国《纽约时报》言论版刊登一则政治广告，宣传台湾的"务实外交"，直言不讳的表明台湾愿接受"暂时性"的"双重承认"，寄希望与大陆在国际间的"零和游戏"观念能中止。台湾当局在广告中宣称："中华民国对中国分裂问题已以较高取向的处理方式代替以往的对骂叫嚣，比方说，中华民国正式宣布接受其他国家的暂时性双重承认"。[③]

[①] 数据根据"核备对外投资分区统计表"计算。原始数据来源：《2017 年 5 月份核准侨外投资、陆资来台投资、国外投资、对中国大陆投资统计月报》，台北：台湾"经济部投资审议委员会"网，http://www.moeaic.gov.tw/news.view?do=data&id=1160&lang=ch&type=business_ann。

[②] 数据来源：《2017 年 5 月份核准侨外投资、陆资来台投资、国外投资、对中国大陆投资统计月报》，台北：台湾"经济部投资审议委员会"网，http://www.moeaic.gov.tw/news.view?do=data&id=1160&lang=ch&type=business_ann。

[③] 台北：《联合报》，1991 年 7 月 12 日，转引自中国社会科学院台湾研究所等编：《台湾问题重要文献资料汇编》，北京：红旗出版社，1997 年，第 968 页。

1993年2月20日,连战在"立法院"答复质询时表示,未来将考虑建立"双重承认"模式,突破"外交现状"。① 此后,台湾当局一改过去"汉贼不两立"的主张,大搞"实质外交",企图拓展"国际空间"。

2. 将经济硬实力融入对外关系软实力,通过"金元外交"拓展"国际空间"

1963年前后,台湾经济开始腾飞,此后总体稳定发展,1978—1989年年均GDP增长率高达8.58%。到1994年,台湾地区外汇储备924.55亿美元,排名世界第二;对外贸易总额1799.98亿美元,排名世界第14;"国民生产总额"2442亿美元,排名世界第19;人均GDP为12160美元,排名世界第25;失业率为1.56%,是全世界最低的地区之一;基尼系数0.318,是全世界贫富差距最小的地区之一。② 良好的经济发展状况为台当局大推"金元外交"、提升"实质关系"奠定了物质基础,李登辉当局通过经济手段巩固和拓展与"邦交国"的关系,加强和提升与"非邦交国"的关系,竭力争取加入或参与国际组织。

李登辉当局在"国家安全局"内设立至少1亿美元、且未列入"立法院"预算的秘密账户,用于拓展实质对外关系。1994年5月,李登辉对尼加拉瓜、哥斯达黎加、南非和斯威士兰四国进行访问,对其提供总计1.5亿美元的低息贷款,企图成为中美洲和非洲国家联盟的对话伙伴,获得政治实体的地位。李登辉还在其"国家安全局"的秘密账户中设立"明德项目"基金,每年花重金对美日政商界进行游说。③ 以美国政治公关界最为知名的卡西迪公关公司为例,1994年台湾当局派人与其签约3年,每年公关费150万美元,使其帮助台湾当局对美国政府官员、国会议员和白宫施加影响,工作重点即推动李登辉访美。④ 1995年,李登辉成功实现访美,并在康奈尔大学发表演说,将台湾"务实外交"推向高峰。

李登辉通过"南向政策"提升与东南亚国家的实质关系。"南向政策说贴"中明确指出,"南向政策"是配合国际地缘政治发展趋势,通过台商投资增强与各国实质关系,从而增强台湾在区域安全体系中的关键地位。⑤ 东南亚金融危

---

① 台北:"中央日报",1993年2月21日,转引自中国社会科学院台湾研究所等编:《台湾问题重要文献资料汇编》,北京:红旗出版社,1997年,第990页。
② 参考江丙坤:《"中华民国"经济发展概况、问题及对策》,台湾"经济部",1994年3月。
③ John Pomfret, *Secret Taiwan Fund Sought Friends*, Influence Abroad, Washington Post, April 5, 2002.
④ 《美日高官为何替台湾说话》,北京:《环球时报》,2002年3月28日。
⑤ 谭瑾瑜:《新南向政策面面观》,台北:《台湾经济研究月刊》,1998年,第6期。

机爆发后，台湾地区提出援助东南亚国家计划，企图达到"不建交而相互承认的事实"，最终因"南向政策"失败收场。

此外，台湾当局还利用经济实力，谋求重新参与联合国等国际组织，拓展"国际空间"。李登辉要求台湾"行政院"和"外交部"研究台湾以"中华民国"名义"重返"联合国的事宜，将台湾"外交部国际组织司第一科"改为"联合国科"。1995年，台湾当局公然提出要用10亿美元换取联合国会籍，被联合国及国际社会断然拒绝。从1997年开始，台湾每年向世界卫生大会申请观察员资格，均遭到拒绝。

但是在"金元外交"的攻势下，台湾拓展"国际空间"仍然取得了相当的成就。1996年，台湾参加国际活动次数从1995年的64次猛增至525次，参加国际会议的次数也从1101次增至1454次，大大提升了在国际社会的曝光率。

（四）"两国论"企图以军事力对抗"一个中国"

1. 谋求与大陆军备竞赛，增强吓阻能力

20世纪90年代以后，台军加紧发展军事科技，加速更新武器装备，企图增强防御能力，吓阻大陆对台军事行动，为谋求与大陆"对等政治实体"的地位以及"台独"行动奠定坚实的后盾。李登辉多次表示，"只要我们有足够的防卫力量，敌人胆敢武力进犯，必将付出惨重的代价，而不敢贸然越雷池一步。"[①]但是由于台湾地区军事工业和军事科技水平较弱，武器装备主要依赖欧美等国家进口。

台当局不惜重金从欧美等国购买F-16和幻影-2000战斗机、RF-5E侦察机，E-2T预警机，诺克斯级和拉法叶级护卫舰，爱国者等先进导弹、雷达、发动机等武器，大大增强了台军军事预警和反制能力。1993—1999年，台湾地区武器装备进口总额达152.17亿美元，成为世界上最大的军火购买商。[②] 在台当局的军事扩张下，1994年台湾军事力指数占大陆比重攀升至72.56%，助长了"台独"的嚣张气焰。

---

① 台北："中央日报"，1991年3月17日，转引自全国台湾研究会编：《台湾一九九一》，北京：中国友谊出版公司，1992年，第232页。

② 数据来源：Stockholm International Peace Research Institute: "SIPRI Military Expenditure Database", Website of SIPRI。

275

2. 两岸军力对比开始失衡，台当局炒作军事预警制度

1995—1996年的台海危机中，面对美国军事力量的干预，中国大陆依然坚定地在台湾海峡及其附近海域进行军事演习，使台湾当局认识到与大陆军事对抗的严重性。台海危机后，大陆加快军事科技研发，升级武器装备，强化军事威慑力，两岸军事对比的天平开始向大陆倾斜。台当局改变军事战略，炒作军事预警制度，大打军事和平牌，企图抢占战略先机。

1998年4月17日，台湾"行政院长"萧万长在"立法院"答询时提出，支持"与北京交换军事演习资讯，建立互信机制以避免因误判而引发战争"，"希望和中共交换演习资讯及演习透明化"，以降低敌意，维持和平稳定。[①] 6月15日，李登辉首度公开建议，两岸应建立某种机制，以便能在产生误解时相互通知。[②] 他还提出参考欧洲安全与合作会议规划，建立两岸和平稳定机制，并提出领导人会晤、扩大交流、缩短差距、促进融合等宣示内容。[③] 7月7日，台湾"国防部"明确表示希望"两岸建立军事预警制度"，称建立该制度的目的是促使台方与大陆军事透明化，避免误判而引发战争。[④]

但是，台当局只想通过军事预警机制约束双方的军事行为，在两岸军事对峙之时抢占先机，却没有为结束双方紧张关系释放应有的诚意。

四、开放交流与反"独"启动时期两岸政策的检视

（一）政治因素

1. 政治精英

在政治精英方面，大陆官方始终推进两岸之间的交流与合作，努力促使两岸关系出现外溢效应。在两岸开放交流与反"独"启动时期，江泽民所提出的"八项主张"继承了"一国两制"构想的思路。由于在综合实力上并没有太大优势，大陆在促进外溢效应产生时仍偏重政治实力的施展，并开始采用多元的经济方式促进两岸经贸的发展，增进两岸人民之间的认识和了解。政治上，大陆积极推动两岸事务性商谈，突破两岸政治僵局；经济上，大陆鼓励台商投资，

---

① 《萧万长表示赞同两岸建立军事互信机制》，北京：《参考消息》，1998年4月18日。
② 《李"总统"：不希望人民币贬值》，台北：《联合报》，1998年6月16日。
③ 王裕民：《两岸建立军事信任措施之研究》，新北：淡江大学国际事务与战略研究所硕士论文，1998年。
④ 《两岸军事预警 目前不宜建立》，台北：《中国时报》，1998年7月16日。

第三章 两岸综合实力消长对两岸关系的影响

保护台商的正当权益,积极推动两岸通邮和通航进程,大大推进了两岸经贸交流与合作,保证了作为守势的军事和外交实力的进一步施展,成为两岸关系和平与稳定的坚定捍卫者和推动者。但是 1995 年,江泽民在"八项主张"中提出对两岸高层共商国是的欢迎和对两岸政治谈判的希望,却因李登辉当局的政治干扰未能实现。对于台当局在国际上名为"务实"、实为"分裂"的"台独"行动,以及军事上的挑衅和叫嚣,大陆仍有疲软之势。因此,我们也要清醒地认识到,正是由于两岸综合实力的实际差距,主要依靠政治实力的两岸政策难以完全奏效,两岸谈判未能达成最终的共识,大陆在军事和外交领域对"台独"的反制也受到一定的制约。

李登辉当局对两岸政治定位和两岸关系的看法深受综合实力、个人经历等因素的影响。1987—1999 年是两岸综合实力差距最小时期,是两岸人均经济指标和生活水平指标差距最大时期,也是台湾面对大陆最具筹码和话语权的时期。1986—1994 年,台湾综合实力指数占大陆比重持续攀升,1994 年攀至 1978 年以后的历史最高值,台湾在经济和军事上仍有与大陆抗衡和要价的资本。李登辉多次表达对台湾发展成就的自信,认为"40 余年的努力,已使台湾地区从海上的边陲地位跃升为主导中国前途的枢纽",大陆则"经济落后,民生凋敝"。[①]台当局对自己的军事实力也十分自信,1991 年 12 月,台湾"行政院长"郝柏村接受美国《新闻周刊》及英国《独立报》记者访问时表示:"我们判断中共若对台湾展开两栖攻击,第一波要使用 10—14 个师。这并不意味他们现在有此能力,而是我们必须作最坏的打算。即使如此,本人仍深具信心可击退其两栖登陆攻击行动。最终的结果,我们约可击溃中共 30—40 个师。对他们而言,这是极大的损失。"[②] 1993 年 6 月 17 日,李登辉巡视东引、马祖等外岛时表示,"充分的军备,是政府处理两岸关系与务实外交一项重要的筹码","当前我们的国防政策是,不与中共在数量上做军备竞赛,而是从提升'质'的战力优势来建立吓阻力量,让中共不敢贸然对我们动武"。[③] 台军方报刊曾称,IDF、"幻影"2000-5、F-16 战斗机陆续成军,加上"爱国者"导弹部署,"已为台湾空防建构出一支具攻击性的强悍防卫武力"。[④]

[①] 《台湾两岸关系说明书》,台北:"中央日报",1994 年 7 月 6 日。
[②] 香港:《香港时报》,1991 年 12 月 17 日。
[③] 台北:《联合报》,1993 年 6 月 19 日。
[④] 董玉洪:《台湾军队透视》,北京:九洲图书出版社,2001 年,第 45 页。

1987—1994 年，两岸综合实力差距的缩小使李登辉认定台湾具有同大陆"对等协商"的资本。再加上李登辉上台后，深陷权力斗争的漩涡，如"二月政争"、"主流派"与"非主流派"的斗争，"官邸元老派"及"非主流派"在大陆政策上对其制衡作用较大，他在两岸关系上表现出务实的一面，坚持"一中"原则，奉行"两个对等政治实体"，松绑两岸经贸往来限制，两岸交流步入黄金时期。1990 年和 1991 年，两岸分别成立海协会和海基会，开启"两会"制度化协商；台湾通过"国统纲领"，为统一订立发展步骤；李登辉宣布终止"动员戡乱"，废除"临时条款"，不再视中共为叛乱团体。1992 年，"两会"达成"九二共识"。1993 年，"汪辜会谈"在新加坡举行，双方签署四项协议。1995 年，江泽民提出"江八点"，随后李登辉以"李六条"[①]做出回应，二人均对政治接触和两岸统一发表正面看法。因此，这段时期台湾政治精英的举措也有利于两岸关系持续外溢效果的形成。

20 世纪 90 年代大陆经济开始腾飞，1991 年以后始终保持较高的 GDP 增长率，增幅远在台湾之上。1994 年以后，大陆经济发展成果开始显现，两岸经济实力差距逐渐拉大，人均经济指标和生活水平指标差距开始缩小。台当局显露出对大陆经济崛起和台湾优势丧失的隐忧。1994 年 2 月 4 日，台湾"行政院长"连战在年终记者会上表示，"大陆在过去几年的成长非常快速，从百分之九点几，甚至高到 14%"，台湾必须争取时间就推动亚太营运中心，"否则三到五年间就会失去发展的机会"。[②] 1995 年 5 月，李登辉表示，"开放以后，大陆的经济改革在国际上有相当大的吸引力"，"将来 3 年可能变化很大，我也没有办法完全了解到目前大陆经济开放的情形"。[③] 为此，台当局开始思考两岸交往过快、台湾对大陆经贸依赖度提高是否会引发台湾"安全保障"的危险，再加上对大陆政治制度的疑虑，台当局十分担心政治整合不能建立在对等的状态下，整合后台湾的自主权被剥夺。

---

① 1995 年 4 月 8 日，李登辉在"国统会"发表"李六条"，内容包括：1. 在两岸分治的现实上追求中国统一；2. 以中华文化为基础，加强两岸交流；3. 增进两岸经贸往来，发展互利互补关系；4. 两岸平等参与国际组织，双方领导人借此自然见面；5. 两岸均应坚持以和平方式解决一切争端。炎黄子孙先互示真诚，不再骨肉相残；6. 两岸共同维护港澳繁荣，促进港澳民主。资料来源：《"国统会"谈话》，台北：《中时电子报》，1995 年 4 月 8 日，http://forums.chinatimes.com/special/count/six.htm#main。

② 《连战年终记者会问答》，台北：《中国时报》，1994 年 2 月 5 日。

③ 《李登辉谈两岸关系"务实外交"及参与联合国等问题》，台北："中央日报"，1995 年 5 月 21 日。

第三章　两岸综合实力消长对两岸关系的影响

两岸综合实力的变化直接导致李登辉重新思考两岸政治定位和两岸关系，再加上李登辉在台政坛根基逐渐稳固，"台独"本性开始暴露，逐渐放弃"国统纲领"对两岸统一的论述。1995年，李登辉访问美国，两岸"两会"接触中断，并直接引发1996年的台海危机。经济上，李登辉借"南向政策"和"戒急用忍"，为两岸经济交流降温。军事上，李登辉加速更新武器装备，企图以武力吓阻大陆；政治上，李登辉大打"民主牌"，引导台湾民众对大陆的政治恐惧感，割离其对大陆的情感和联结；对外关系上，李登辉积极拓展"国际空间"，试图在国际上制造"两个中国"。1999年，两岸综合实力差距持续扩大，大陆的领先优势进一步确立，李登辉深感时间不在台湾一边，其所谓优势正在逐渐丧失，随着时间的推移，台湾的筹码只会越来越少。因此，李登辉趁台湾尚有资本之时，迫不及待地抛出"两国论"。

由此可见，在两岸开放交流与反"独"启动时期，大陆政治精英努力促进两岸关系外溢效果的持续产生，但受综合实力发展程度所限，大陆仍偏重政治实力对外溢的推动，最终未能达到期望的外溢效果。台湾政治精英则以1994年为分期，两岸综合实力接近时，促进外溢效果的持续产生；预见两岸综合实力差距开始拉大时，阻碍外溢效果的持续产生。

2. 相关利益集团

直到2009年，台湾才开放大陆同胞赴台投资，且大陆赴台投资增速十分缓慢，大陆利益集团在台尚未形成，无法对台湾当局形成影响。因此，本书仅分析台湾相关利益集团对两岸关系产生外溢效应的作用。

1997年10月14日，台湾长荣集团总裁、"世界船王"、李登辉"民间的朋友"张荣发接受《中国时报》专访，直言不讳地抨击"戒急用忍"，强烈要求台当局开放两岸"三通"，他表示，在大陆的综合实力已有相当程度发展的情况下，"三通"已不再是台湾的筹码。以"安全"作为迟迟不开放"三通"的理由，是"幼稚"的语言。他认为台湾应积极与大陆进行谈判，并表示愿意当两岸谈判的密使。[①] 根据台"工业总会"的调查显示，50.2%的台商不认同"戒急用忍"政策；另据《天下》杂志公布的一项调查，台湾前1500家大企业有

[①] 台北：《中国时报》，1997年10月14日，转引自郑剑：《潮起潮落　海协会海基会交流交往纪实》上，北京：九州出版社，2013年，第245页。

24.2%赴大陆投资，另有41.7%拟定5年内赴大陆投资的计划。①

面对台湾企业界对当局两岸经济政策的批评，1998年9月30日台"经济部"举行"行政院长与大陆台商座谈会"筹备会，"行政院长"萧万长参会，听取台商意见，安抚工商界不满。200多家台商企业代表与会，这些企业对大陆投资额占台商投资总额的38%，包括130多家上市公司和九家上柜公司。与会者强烈要求调整"戒急用忍"，开放两岸"三通"，并提出松绑赴大陆投资限制的具体建议。萧万长"要求有关'部会'立刻进行检讨及研究，称对大陆经贸应该有更有策略性的考量及弹性做法，'行政院'决定将此等问题纳入'经济升级咨商会议'中，进行检讨规划。"②

由此可见，台相关利益集团在促进两岸关系产生外溢效果的过程中扮演着积极作用，虽然未能阻止李登辉"两国论"的提出及台当局对两岸经贸关系的破坏，但是台政治精英仍然十分重视相关利益集团的意见。

3. 普通民众

大陆普通民众对解决台湾问题的看法高度一致；台湾民众受历史和现实影响，在身份认同、两岸政治定位等问题上存在较大分歧，对台当局的政策制定和两岸关系的发展有着不可忽视的影响。因此，此处拟通过台湾民众的身份认同及统"独"立场的变化，分析对两岸关系的影响。一般认知，台湾民众对中国人认同越高、越支持统一，越有利于两岸关系的发展及外溢效应的持续产生；台湾民众对中国人认同越低、越支持"独立"，越不利于两岸关系的发展及外溢效应的持续产生。

在身份认同方面，1992—1999年台湾民众对既是中国人又是"台湾人"的认同最高，基本维持在40%—50%的区间内，平均达44.5%。1992年，认同中国人和"台湾人"的比例分别为25.5%和17.6%；1994—1995年两种认同出现交叉；1999年"台湾人"认同升至39.6%，中国人认同下降至12.1%。

---

① 钟启宾：《搞懂规则，撰遍大陆：WTO下的两岸经贸》，台北：威秀资讯，2007年，第18页。

② 郑剑：《潮起潮落 海协会海基会交流交往纪实》（上），北京：九州出版社，2013年，第245页。

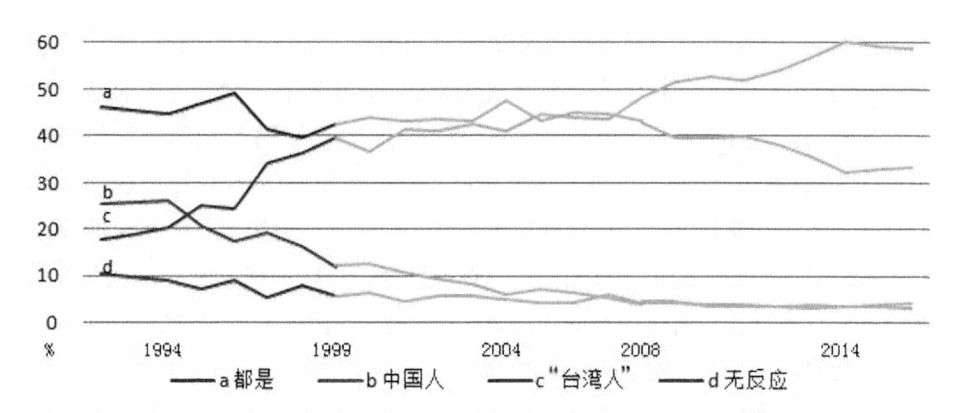

第三章 两岸综合实力消长对两岸关系的影响

图 3-8 开放交流与反"独"启动时期台湾民众"台湾人"、中国人认同变化[①]

在统"独"立场方面，1994—1999 年台湾民众对维持现状的支持度最高，同样维持在 40%—50% 的区间内，平均为 46.2%，但是 1995 年触底降至 40.4%。1994 年，支持统一和"独立"的比例分别为 20.0% 和 11.2%；1998—1999 年两种立场出现交叉；1999 年支持"独立"的比例升至 18.4%，支持统一的比例降至 17.5%。

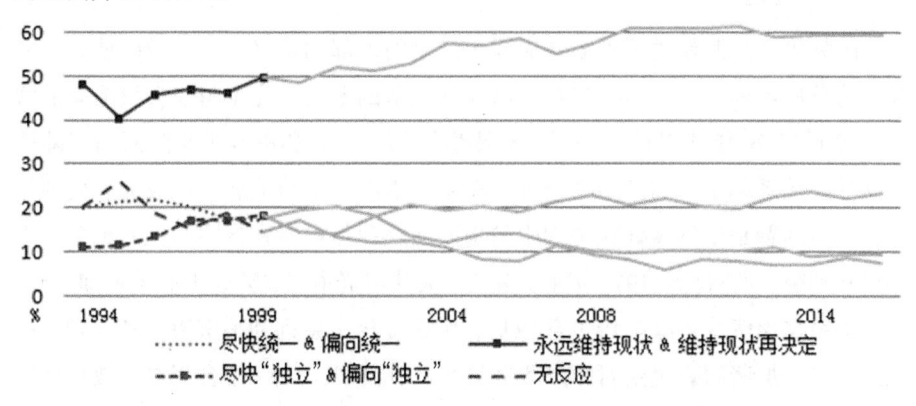

图 3-9 开放交流与反"独"启动时期台湾民众统"独"立场变化[②]

由此可见，1994 年以后台湾民众主体意识迅速上升，维持现状成为社会主流诉求。这种现象产生的原因十分复杂，但离不开大陆的崛起和台湾当局的长期引导。随着大陆综合实力的提升，台湾民众逐渐感到"被统"的"压力"，

[①] 数据来源：台湾政治大学选举研究中心：《台湾民众台湾人/中国人认同趋势分布（1992 年 6 月—2016 年 6 月）》（PP089731）。

[②] 数据来源：台湾政治大学选举研究中心：《台湾民众统独立场趋势分布（1994 年 6 月—2016 年 6 月）》（PP0697A3）。

但是由于两岸综合实力发展的实际状况和台当局对大陆政治状况的抹黑，无论是大陆的经济发展、生活水平，还是政治制度、政治现状，对台湾民众都没有太大的吸引力，台湾人甚至担心两岸一旦统一，台湾会被纳入大陆的发展轨道，台湾人现有的生活水平不能维持甚至被拉低。20世纪90年代中期以后，两岸综合实力差距逐渐拉大，台湾民众深感大陆在两岸统一问题上具有越来越高的话语权，对统一的"恐惧"逐渐加深，促使其身份认同和统"独"立场的进一步变化。这种变化正符合李登辉当局对两岸关系的预期，进而促使其在两岸关系上更为保守，乃至抛出"两国论"。

因此，台湾普通民众身份认同和统"独"立场的变化受到两岸综合实力和台湾政治精英的影响，这种变化又反作用于台湾政治精英，对两岸关系发展和外溢效应产生反作用力。总体而言，两岸关系开放交流与反"独"启动时期，台湾民众的态度越来越不利于两岸关系外溢效应的产生。

（二）外部因素

1. 国际体系

国际体系是两岸关系外溢效应能否产生的外部因素之一。冷战时期，大陆和台湾分属不同阵营，台当局在本岛建立无形的壁垒，完全阻隔海峡两岸的联系。20世纪70年代以后，国际局势逐渐缓和，大陆和资本主义阵营国家陆续建立外交关系。十一届三中全会后，邓小平指出和平与发展已经成为时代的主题，台湾问题是中国现代化进程中的重要问题和焦点所在，因此在两岸关系上提出和平统一的目标。1979年中美建交，大陆与资本主义阵营的联系愈加紧密，两岸关系出现解冻迹象。1979年以后，大陆提出一系列和平解决台湾问题的构想及举措，加诸两岸民众对两岸和平与交流的愿望，1987年台当局开放台湾民众赴大陆探亲[①]，揭开了两岸互动与交流的序幕。随着东欧剧变、苏联解体，两极对抗的冷战局势宣告结束，曾经分裂的世界开始走向融合，经济全球化程度不断增强，两岸关系也步入开放交流的黄金时期。因此，国际体系为两岸关系外溢效应的产生提供了宽松的国际环境。

[①] 1987年10月14日，国民党中常会通过了台湾居民赴大陆探亲的方案，指出"基于传统伦理及人道立场的考虑，允许民众赴大陆探亲；除现役军人及公职人员外，凡在大陆有血亲、姻亲、三等亲以内之亲属者，均可申请到大陆探亲"。马全忠：《"中华民国"百年纪事》，台北：联经出版公司，第252页。

2. 大国态度

两岸关系的外溢效应还受到大国态度的影响，大国态度与两岸综合实力变化密不可分。由于美国在台湾问题上涉入极深，在其建立的霸权体系中占据绝对的主导地位，因此，大国态度以美国态度为例进行分析。

20世纪七八十年代，美国通过中美三个联合公报①向中国大陆承诺"一中"原则，又通过"与台湾关系法"和六项保证②介入两岸事务，可见美国两岸政策的本质即维持台海现状，既不希望两岸走向分裂，也不愿看到两岸过从甚密。1989年"六四风波"后，美国对中国大陆进行制裁，停止高层官员互访和军事交流，暂停对中国大陆销售武器，③取消向中国大陆出售核能厂，阻止国际金融组织对中国大陆贷款等，④并利用台湾问题制衡大陆。1991年11月，海峡两岸暨香港同时加入亚太经济合作会议，入会名称经过几番博弈和妥协商定为"中华台北"，较先前加入亚洲开发银行时所使用的"中国台北"有所退让。1992年，美国批准向台湾地区出售包括F-16战斗机在内的具有明显攻击性的武器装备。

与此同时，改革开放成果开始显现，"中国威胁论"甚嚣尘上。美国一面调整政策，提出与中国大陆开展"全面交往"，扩大双方官员接触，发展中美建设

---

① 中美三个联合公报包括1972年的《上海公报》、1979年的《中美建交公报》和1982年的《八一七公报》。

② 1982年美国向台湾作出"六项保证"，2016年7月美国两院以书面形式表述六项保证，内容包括：1.美国不赞成对台军售设定限期；2.美国不寻求为台湾与中华人民共和国之间作调停；3.美国也不会施加压力要求台湾与中华人民共和国谈判；4.美国对台湾主权的长期立场没有改变；5.美国没有计划修改"与台湾关系法"；6.《八一七公报》内容不表示美国对台军售之前会征询北京意见。资料来源：H. CON. RES. 88: "Reaffirming the Taiwan Relations Act and the Six Assurances as the cornerstone of United States-Taiwan relations", website of Congress of United States, May 16, 2016.

③ "Bush Suspends Weapons Sales to China", A transcript of Bush news conference, *Backgrounder*, Taipei: American Institute in Taiwan, 1989.

④ Richard L. Williams, US Response to Changes in China, United States Department of State: *Department of State Bulletin*, October 1989, p.28.

性伙伴关系；①一面在台湾问题上施展两手政策，发布"对台政策检讨报告"，②提升台美实质交往层级，允许台湾地区领导人过境美国，鼓励了李登辉当局在两岸关系上的走偏。1995年6月，李登辉赴美国康奈尔大学访问并发表公开演说。1996年台海危机爆发，美国派出2个航母编队驶入台湾海峡。解放军坚持进行导弹试射，表明了捍卫国家统一的决心，也震慑了美国政府，促使其开始反思对华政策。

1995—1996年台海危机后，美国两岸政策逐渐向中国大陆倾斜，希望增加中美高层的交流与互访。1997年亚洲金融危机中，中国大陆实行较为谨慎的金融政策，在危机中未受直接冲击，保持了金融和经济的稳定，并为缓解亚洲金融危机、防止危机扩散采取了一系列积极政策，使其跃居国际政治主流舞台。美国出于现实利益考量，逐步调整对中国大陆政策，同时不放弃台湾对大陆的牵制作用。同年10月，江泽民对美国进行国事访问，双方宣布将共同致力于建立面向21世纪的建设性战略伙伴关系。1998年6月，克林顿回访大陆，重申"三不"承诺，即"不支持台湾独立，不支持'一中一台'、'两个中国'，不支持台湾加入任何必须由主权国家才能参加的国际组织"。③然而，李登辉逆势而动，于1999年7月抛出"两国论"。美国对此十分不满，明确宣示其两岸政策的三个支柱，即一个中国、和平解决、两岸对话。

由此可见，美国的台海政策深受中国大陆综合实力的影响。20世纪90年代初，由于综合实力水平低下，中国大陆对于美国介入台湾问题往往停留在形式层面的抗议，对于台湾的国际参与多有让步和妥协，这也凸显了美国作为双

---

① 1995年10月，江泽民和克林顿在联合国50周年庆典中会晤，克林顿表示："一个强大、稳定、繁荣、开放的中国符合美国的利益，对中国孤立、对抗、遏制都不是选择，与中国进行建设性的接触才是唯一选择，美国要与中国发展建设性的伙伴关系。"资料来源：《江主席与克林顿举行正式会晤》，新华社，1995年10月24日。

② "对台政策检讨报告"主要内容包括，美国政府同意台湾驻美机构"北美事务协调委员会"(The Coordination Council for North American Affairs) 更名为"台北经济文化代表处"(The Taipei Economic and Cultural Representative Office)；在"美国在台协会"的主导下，美台建立部长级以下 (Sub-Cabinet) 经济对话；美国允许有关经济和技术性政府机构的内阁一级官员访问台湾；台当局官员可以到美国经济、商务、技术性官方机构会谈；允许"美国在台协会台北办事处"处长、副处长等所有职员进入台"外交部"洽谈公务；美国基于礼仪、便利、安全考虑，将以个案形式为台当局高层包括台湾地区领导人等过境美国提供协助，但不允许在美国进行私人访问。资料来源：汪曙申：《海权—陆权关系与台湾问题》，北京：社会科学文献出版社，2014年，第174页。

③ 《克林顿公开重申对台"三不"承诺》，北京：《人民日报》，1998年7月1日。

方互动主导者的基本角色。①随着中国大陆综合实力的提升,在两岸事务上掌握更多话语权,美国也不得不正视和尊重大陆在两岸关系上的原则和立场。另外,美国对台政策直接影响到台湾当局的大陆政策。20世纪90年代以后美台实质关系层层提升,为李登辉当局在两岸政策上趋向保守提供了支持。但是美国对台湾地区的态度并不能完全制衡和掌控台当局的大陆政策,"两国论"的提出就是一个明显的例证。

因此,美国的大国态度受到中国大陆综合实力的影响,进一步对台湾政治精英施加影响。但外部因素的影响力不是决定性的,只是制衡两岸关系的变量之一。

(三)交流频率和范围

1. 交流频率

交流频率既是两岸关系发展和外溢的结果,又能反作用于两岸关系,影响两岸发展的外溢效果,交流频率高有利于外溢的产生,交流频率低则不利于外溢的产生。交流频率主要从经贸交流和人员交流两个方面检视。

在经贸交流方面,20世纪80年代以后,两岸经贸关系开始缓和,在大陆的积极推动下,台商掀起一股"大陆热",对大陆贸易和投资迅速发展。1987年两岸贸易总额15.16亿美元。1987年11月,蒋经国开放台湾民众赴大陆探亲,其大陆政策松动,两岸关系和缓。1988年,两岸贸易总额增长79.49%。随后,两岸通过务实谈判,为两岸经贸发展提供了宽松的环境。20世纪90年代以后,综合实力的提升使大陆经济更具吸引力,能够为台商提供更为优渥的投资环境。大陆全方位开放台商投资,台商赴大陆投资合法化,投资规模不断扩大、层次不断提升,1993年两岸贸易增长率高达94.26%。1996年台当局通过"戒急用忍"为两岸经贸降温,1996—1998年贸易增长率均维持在5%左右。大陆从两岸关系发展的大局出发,排除政治干扰,大力推进两岸经贸交流与合作。1999年,两岸贸易增长14.54%,贸易总额达234.79亿美元,较1987年增长近15倍。因此,开放交流后期,即使受到台当局政策限制,两岸经贸往来仍然呈上升趋势,有利于两岸关系外溢效应的产生。

---

① 赵春山主编:《两岸关系与政府大陆政策》,台北:三民书局股份有限公司,2013年,第283页。

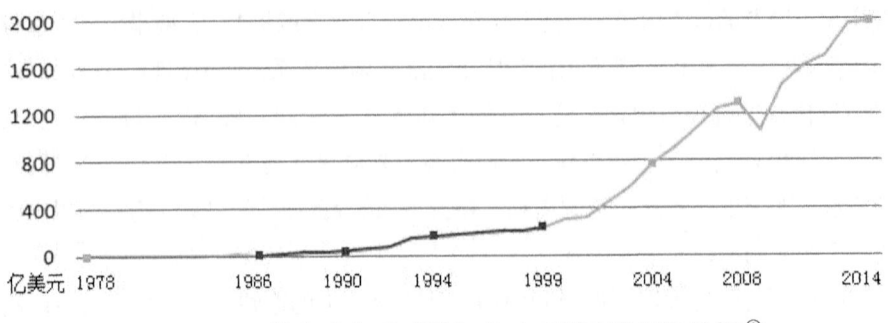

图 3-10 开放交流与反"独"启动时期两岸贸易总额[1]

在人员交流方面，1987年台当局开放台湾居民赴大陆探亲，1987—1988年台湾赴大陆43.8万人次，1990年增长率高达75.2%。1994年受"千岛湖事件"[2]影响，台湾赴大陆人员从1993年的152.7万降至139万人次，降幅9%，1995年人员往来总数回升至1993年水平。此后，台湾赴大陆人员基本维持较高增长率，1996年的台海危机和"戒急用忍"政策、1999年的"两国论"并没有降低台湾人赴大陆的意愿，只不过1998年亚洲经济危机影响，台湾赴大陆人员增长率降至2.7%。另一方面，1987—1988年大陆赴台0.04万人次，1989年猛增至0.5万人次。1989—1993年大陆赴台人员增长率基本维持在四到五成，1994年受"千岛湖事件"影响，增长率减至28.2%，1995年反弹至78.8%。台海危机后，大陆赴台人员增长率从1996年的33.7%一路下滑至2000年的9.5%。由此可见，台湾赴大陆人员数量仅受突发事件（"千岛湖事件"）和经济危机（"亚洲经济危机"）的影响，而大陆赴台人员数量不仅受突发事件和经济危机影响，受两岸政策和两岸关系的影响也十分明显，这一结论在后文中将再被论证。总体上，开放交流与反"独"启动时期两岸人员往来均呈上升态势，有利于两岸关系外溢效应的产生。

---

[1] 本图数据来自中国海关统计，数据来源：台湾大陆委员会经济处：《两岸经济统计月报》（第272期），台北：台湾大陆委员会网，http://www.mac.gov.tw/mp.asp?mp=1。

[2] 千岛湖事件：1994年3月31日，24名台湾游客及8名船工、导游在浙江淳安千岛湖遭抢劫后被杀害，造成全台震动。大陆官员对事件的不当处理引发台湾民众普遍不满，两岸关系受到强烈冲击。

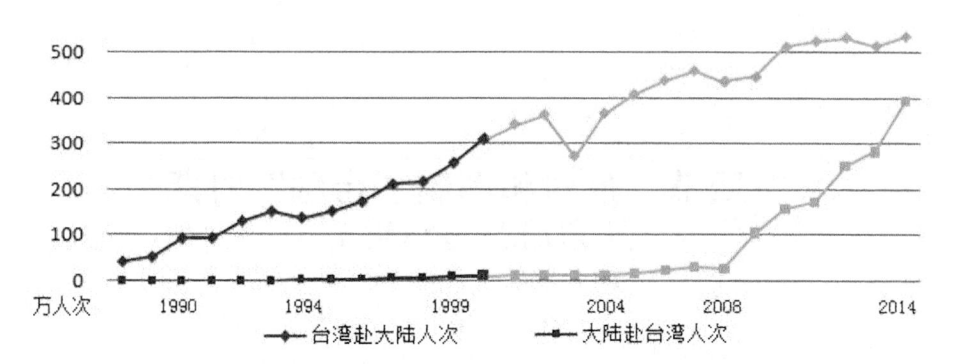

图 3-11 开放交流与反"独"启动时期两岸人员往来情况[1]

2. 交流范围

开放交流与反"独"启动时期，两岸通过事务性商谈为两岸经贸和人员交流创造了条件，但是交流范围并未向其他领域扩展。1995年，江泽民在"八项主张"中表达与台湾领导人共商国是、进行政治对话的期望，却因李登辉的"台独"分裂行径而落空。20世纪90年代中期，虽然两岸综合实力差距较小，有利于两岸关系产生政治性外溢，但是两岸尚未开展全方位交流，交流范围的狭隘仍不利于政治性外溢的产生。

---

[1] 数据来源：台湾大陆委员会"两岸统计"，台北：台湾大陆委员会网，http://www.mac.gov.tw/。

第四节　反对和遏制"台独"时期（2000—2008）

2000年3月，民进党籍参选人陈水扁当选台湾地区领导人，台湾出现首次"政党轮替"。陈水扁上台之初，由于权力尚未稳固，在"台独"路线上较为节制。2000年5月20日，陈水扁在就职演说中提出"四不一没有"，[①]但是拒绝接受一个中国原则，推行"渐进式台独"，推行"本土化"教育等。2002年7月21日，陈水扁兼任民进党主席。同日，瑙鲁与中华人民共和国复交，与台湾地区"断交"。8月3日，陈水扁抛出"一边一国论"，彻底暴露"台独"本性。海峡两岸围绕"台独"的斗争愈演愈烈，但是两岸民间交往的趋势不可逆转，两岸经贸和人员往来日益密切，总体呈现民间热、官方冷，经济热、政治冷的局面。

一、反对和遏制"台独"时期两岸综合实力对比

21世纪以后，大陆加快推进社会主义现代化新阶段，国民经济和社会发展取得巨大成就，综合实力进一步增强，台湾经济社会发展则处于持续低迷状态。2004年，大陆和台湾综合实力指数分别为81.55和26.57，两岸综合实力差距扩大至3.15倍。2004—2008年，是大陆经济和社会飞速发展的五年，大陆有效地抑制了经济运行中所出现的不稳定和不健康因素，从容应对加入世界贸易组织后的新变化，国民经济保持持续、快速发展，工业化、城镇化、市场化和国际化步伐加快。2008年，大陆和台湾综合实力指数分别是133.59和31.16，两岸综合实力差距增至4.29倍。

[①] "四不一没有"即：不宣布"独立"、不更改"国号"、不推动"两国论入宪"、不推动改变现状的"统独公投"，没有废除"国统会"和"国统纲领"的问题。

在"子准则层"比较上，2004年，大陆各项实力指标全面超越台湾，两岸各项实力差距均呈扩大态势。科技进步成为推动大陆经济社会发展、提高综合实力和国际竞争力的关键因素。2004年，大陆科技力指数是台湾的2.62倍，2008年进一步增至3.97倍。此外，大陆经济力和军事力增幅也十分明显。

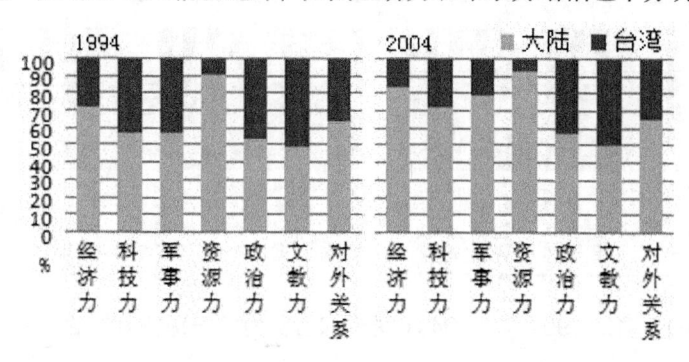

图3-12 1994与2004年两岸综合实力"子准则层"百分比

2004年，在29项"一级指标"中，台湾领先指标从1994年的10项减至7项，大陆科技贡献力、军事经济力和文教投资指数逐渐领先台湾。在经济力方面，大陆产业结构调整取得积极进步，人民生活水平继续改善，总体达到小康水平。大陆较台湾生活水平差距从1994年的6.68倍缩小至2008年的2.51倍，人均指标指数占台湾比重从1990年的14.83%上升至25.99%。此外，大陆科技水平取得质的飞跃，2008年科技水平指数较2004年翻了一番，是台湾的6倍。

21世纪以后，随着硬实力的迅速增长，中华人民共和国的国际地位和国际影响力逐步提升，在国际事务中发挥着日益重要的作用，成为国际社会有责任、有担当的大国。随着大陆公权素质和民众凝聚力的提升，两岸政治力差距也进一步扩大。

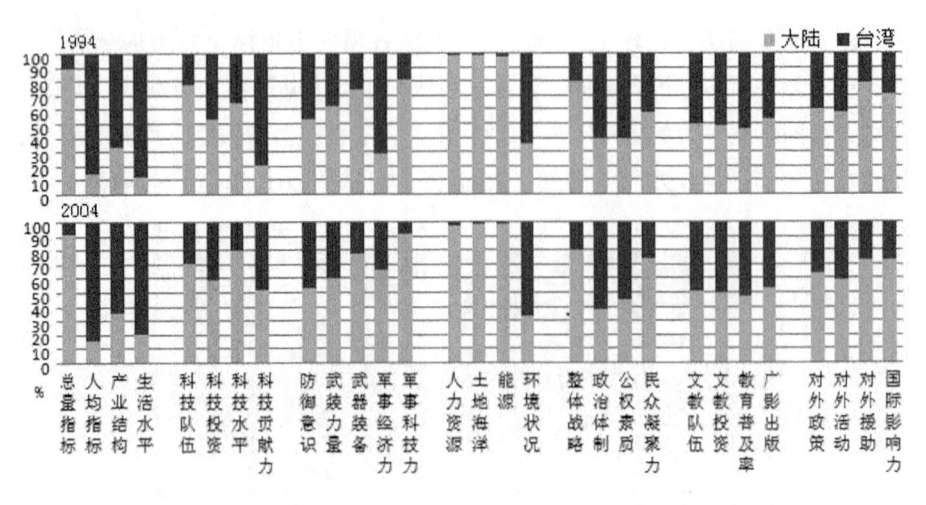

图 3-13 1994 与 2004 年两岸综合实力"一级指标"百分比

在具体的硬实力指标比较上，2004 年大陆 GDP 总量接近 2 万亿美元，是台湾的 6.09 倍；进出口总额突破 1 万亿美元，是台湾的 3.29 倍；外汇储备达 6099.32 亿美元，是台湾的 2.52 倍。大陆主要工农业产品产量位居世界前列，商品短缺状况基本结束。2004—2008 五年间，大陆 GDP 增长率均高达 10% 以上，到 2008 年，大陆 GDP 总量增至 45641 亿美元，是台湾的 10.95 倍；两岸对外贸易和外汇储备差距进一步扩大。其中人均 GDP 占台湾比重从 4.21% 上升至 19%。此外，大陆论文发表及专利申请数量增长迅速，航空航天、农业科技、核电、超导等领域的高科技成果世界瞩目。两岸人均军费差距迅速缩小，2008 年大陆人均军费占台湾比重从 1994 年的 1.23% 上升至 11.68%。

在具体的软实力指标比较上，两岸文教力指标各有优势。2004 年大陆教育经费是台湾的 4.24 倍，差距较 1994 年翻了两番；2008 年继续扩大至 9.38 倍；大陆人均教育经费占台湾比重从 1994 年的 1.86% 升至 2008 年的 16.28%。此外，2008 年，大陆留学生指数达台湾的 7.38 倍，国际教育影响力远高于台湾。

这一时期，大陆综合实力的全面提升为反对和制衡"台独"分裂势力、推动两岸关系和平发展打下了坚实的基础。

二、陈水扁"一边一国"论的实践

陈水扁的"台独"思想根深蒂固，2000 年 3 月台湾"大选"时，陈水扁曾

第三章　两岸综合实力消长对两岸关系的影响

向香港记者表示："台湾原来就是一个主权国家。中华人民共和国1949年才成立，而在中华人民共和国成立之前，台湾在二战后被中华民国接收，就已独立了。所以台湾用不着搞'一国两制'，台湾早已独立了。"①陈水扁上台之初，对"台独"本性有所收敛，但其后经历了从"暗独"到"明独"的过程。2002年8月3日，陈水扁通过视频直播向在日本东京举行的世界台湾同乡会联合会第二十九届年会发表演说，公然抛出"一边一国"论。他声称，"台湾是一个主权独立的国家"，"台湾不是别人的一部分；不是别人的地方政府、别人的一省，台湾也不能成为第二个香港、澳门"，"台湾跟对岸中国一边一国，要分清楚"；同时他提出，台湾的命运和现状由台湾人民通过"公民投票"决定。②

2006年1月29日，陈水扁扬言，"国统会"只剩下名称，实际上已经不存在任何实际意义，而"国统纲领"架构下的一个中国原则是有问题的，台湾不应该还对大陆抱有幻想，要坚持"台湾的主体意识"，他正在认真思考废除"国统会"和"国统纲领"的适当时机。③ 2006年2月27日，陈水扁宣布终止"国家统一委员会"和"国家统一纲领"，彻底放弃两岸统一。

这一时期，大陆各项"子准则层"实力指标全面超越台湾，硬实力优势迅速扩大，使得"一边一国"论在两岸关系中经济、军事领域的运作屡屡受挫。因此，陈水扁更为注重政治、文教等软实力的施展，但是实施成效基本体现于对台湾内部的影响。由于缺乏综合实力的坚实保障，台湾软实力在两岸关系及对外关系领域的影响力十分有限。

（一）"一边一国"论以政治力加深两岸隔阂

1. 运作"宪政改造"，制造"法理台独"

陈水扁上台后，不断推动"宪政改造"，催生"台湾新宪法"，推动"公民投票"，企图通过政治手段和法律手段制造"法理台独"。④ 2003年11月24日，民进党在"新宪法小组会议"上提出，"新宪"推动应基于"由下而上""不预设前提""公民投票决定"三原则，制定"新宪"推动时间表，即2006年12月

---

① 于保中、陈新根：《海峡两岸关系发展简史》，北京：九州出版社，2014年，第377页。
② 《"总统"以视讯直播方式于世界台湾同乡联合会第二十九届年会中致词》，台北：台湾"总统府"网，2002年8月3日。
③ 南京大学台湾研究所编：《海峡两岸关系日志（1999—2008.5）》，北京：九州出版社，2010年，第444页。
④ 《扁：2006催生台湾"新宪法"》，台北：《苹果日报》，2003年9月29日。

10日进行"宪法草案公投",2008年5月20日正式施行"新宪法"。① 2005年6月7日,台湾完成第七次"修宪",实现废除"国民大会"、通过"公投入宪"、减半"立委"席次、延长"立委"任期等重大议题,使"公民投票""宪法化",为"统独公投"和"法理台独"实现法理准备。

"修宪"结束后,陈水扁提出"第二阶段宪政",表示期盼"在二〇〇八年为台湾催生一部合时、合身、合用的新宪法"。② 2005年6月25日,陈水扁在"台湾法学会"主办的"主权、宪法与台湾的未来"研讨会上表示,"随着台湾新的国家主权论述的确立,及旧有意识形态逐渐褪去,台湾已做好全面推动宪政改造的心理准备"。③ 他强调,"台湾若不挣脱半世纪来的大中国意识,无法成为主权国家"。④

陈水扁"宪政改造"的内容涉及社会的方方面面,包括政治体制、选举制度、人权观念、弱势关怀、"国民经济"、"修宪公投"、十八岁公民权、征兵或募兵等议题,涉及各阶层、各行业、各社会群体,企图通过社会各界的广泛参与,将"宪改"和选举动员相结合,扩大民进党的社会基础。此外,"整个宪政改革过程与内容,统'独'争议影响太深,政治势力影响太大,'工具理性'在宪政改革过程中所起的作用远远大于'价值理性'之上"。⑤

2. 标榜民主、自由,渲染"台湾是大陆的民主灯塔"

陈水扁认为自己是台湾第一个"政党轮替"的"总统",树立了民主化的"里程碑",因而时常标榜台湾的民主、自由,批评和抹黑大陆的政治、社会现实。

此外,陈水扁将两岸关系的发展建立在大陆的民主和自由之上,认为这是"台海和平的稳定与亚太安全的重要基础"。他还要求两岸的和解和对话必须基于民主、对等、和平的原则,对于台湾而言,就是要"尊重台湾两千三百万人民意志及选择的权利";⑥ 对大陆而言,他表示大陆的民主机制"要等到中国崩

---

① 《民进党定新宪时间表》,台北:《苹果日报》,2003年11月25日。
② 《陈"总统"2006年元旦祝词》,台北:大陆委员会网,2006年1月1日。
③ 《扁:有信心卸任前完成台湾宪改工程》,台北:"中央社",2005年6月25日。
④ 《扁:卸任前催生新宪》,台北:《苹果日报》,2005年6月26日。
⑤ 李炳南:《"宪政改革"与"国民大会"》,台北:月旦出版社股份有限公司,1994年,第340页。
⑥ 《"总统"接见美国联邦众议院国际关系委员会主席海德》,台北:台湾"总统府"网,2001年8月23日。

溃才有可能"①。因此,陈水扁不过是以所谓的台湾"民意"和大陆"民主化"为借口,阻碍两岸关系发展。

但是陈水扁主政时期,台湾政党恶斗不仅严重降低行政效率,使台湾经济和社会发展停滞不前,从昔日的"亚洲四小龙"之首急剧坠落为"四小龙"之尾,而且造成严重的社会撕裂,统"独"矛盾、族群矛盾、省籍矛盾、阶层矛盾异常激烈,2004年台湾民众凝聚力较1978年下降65%。这不仅降低了台当局政治力的施展,也使台湾民主的吸引力急剧下降。台湾"民主化"变质为"民粹主义",成了"台独"开道的工具,使台湾限于民主形式的进步和民主品质的恶化相交织的民主困境之中。

3. 强化"台湾主体意识",实现"去中国化"

陈水扁的"一边一国"论试图通过政治力弱化台湾民众与大陆的精神联结,强化"台湾主体意识",最终实现"去中国化"。

"台独"势力认为,"中国"只及于大陆,台湾所有行政部门、公司等名称不应出现"中国"等相关字眼,"正确名称"应该改为"台湾"等相关名称。2002年3月17日,陈水扁参加世界台湾人大会参会时提出要实现台湾"正名",努力提高台湾的能见度和国际形象。② 此后,在陈水扁的授意和默许下,"台湾正名"运动席卷全台。

2002年1月13日,陈水扁在"台湾人公共事务会"20周年庆祝大会上宣布,从2003年开始,"中华民国护照"封面加注"TAIWAN"英文字样,以区别"中华民国"和中华人民共和国的不同。③ 随后,"中华邮政公司"更名为"台湾邮政公司",④ "中国石油股份有限公司"更名为"台湾中油股份有限公司","中国造船股份有限公司"更名为"台湾国际造船股份有限公司"等;"总统府"及其网站更名为"中华民国(台湾)总统府",其他行政部门和驻外机构纷纷仿照。⑤

4. 绕过一个中国原则,提出"和平稳定互动架构协议"

大陆始终坚持两岸谈判必须建立在一个中国的基础之上,陈水扁却试图绕

---

① 《"总统"接见〈中国即将崩溃〉一书作者章家敦》,台北:"总统府"网,2003年3月31日。
② 《"总统"参加世界台湾人大会参会》,台北:台湾"总统府"网,2002年3月17日。
③ 《"总统"宣布 护照加注TAIWAN》,台北:自由电子新闻网,2002年1月14日。
④ 马英九执政后台湾邮政改回"中华邮政"。
⑤ 马英九执政后"总统府"等网站名称不再加"(台湾)",但英文名称保留"(Taiwan)"。

过一个中国原则,提出"和平稳定互动架构协议",企图与大陆建立"准外交关系",在架构协议内继续主张台湾是"独立且拥有主权的国家"。

2004年2月3日,陈水扁在记者会上提到世界上许多国家通过订立和平条约解决主权问题,如以色列和周围各国因宗教和复杂的历史原因形成世仇,在欧美等国的斡旋下与埃及签订"戴维营协定"、与约旦签订"双边和平谈判共同议程"等和平条约;韩国和朝鲜签订"两韩间和解、互不侵犯、交流合作协议"。他声称这些条约首要共同特色是"签署双方互不隶属",另外,"双方均彼此尊重相互主权、政治独立及享有和平生存环境的权利",[①] 将其以和平之名行分裂之实的行径表露无遗。陈水扁还提出,两岸应就建立协商机制、对等互惠交往、建构政治关系、防止军事冲突等四大议题进行协商,企图将两岸关系定位为"国与国"关系。

由此可见,"和平稳定互动架构协议"的实质即以"两个主权国家"为核心,企图欺骗台湾民众和国际舆论。不过在两岸关系上,随着台湾所谓实力"优势"的不断丧失,陈水扁的"台独"分裂行径受到大陆的大力反制,其"台独"主张只能是流于形式的政策宣示,根本无法实现。

(二)"一边一国"论制衡两岸经贸

20世纪90年代,尽管台湾当局相继推行"南向政策""戒急用忍"等政策,台商仍大举"登陆",研发基地加速向大陆转移,进一步促进了两岸贸易的增长。2000年台湾核准对大陆投资共840件,总额达26.07亿美元,投资件数和总额分别占当年核备对外投资的60.39%和51.35%。[②] 2001年,中国大陆取代美国成为台湾最大的贸易顺差来源地。面对与大陆经贸联系的有增无减,陈水扁当局先后提出一系列经贸发展战略和措施,试图分散台商投资地,限制台商赴大陆投资,以经济手段削弱台湾与大陆的联结。

1."布局全球"经济战略,制衡两岸经贸关系

陈水扁当局提出"深耕台湾、布局全球"的经贸发展战略,以"台湾优先,

---

① 《陈"总统"就建立两岸"和平稳定的互动架构"及三二〇和平"公投"中外记者会实录》,台北:台湾大陆委员会网,2004年2月3日。

② 数据来源:2017年5月份核准侨外投资、陆资来台投资、"国外投资"、对中国大陆投资统计月报,台北:台湾"经济部投资审议委员会"网,http://www.moeaic.gov.tw/news.view?do=data&id=1160&lang=ch&type=business_ann。

全球布局，互惠双赢，风险管理"作为两岸经贸发展的基本原则。[①] 2002 年 1月 1 日，台湾以"台、澎、金、马独立关税区"名义加入世界贸易组织后，台湾当局极力主张在 WTO 框架下处理两岸经贸关系，利用 WTO 争端解决机制处理两岸经济纠纷，实质是想把两岸问题国际化。

2002 年 7 月，陈水扁当局依循李登辉的政策，再次提出"南向政策"，将东南亚国家作为"全球布局"中的一环。2002 年 12 月，台"经济部"决定将新加坡、马来西亚、越南、菲律宾、印尼作为推动南向的重点国家，声称要同这些国家签署自由贸易协议，并与东盟 10 国建立自由贸易区，[②] 强化台湾在东南亚地区的经济地位，试图降低对大陆的经济依存度。

2. 台湾当局逐步紧缩对大陆经贸政策，限制台商赴大陆投资

面对台商对大陆投资的迅速增长，2001 年 11 月，陈水扁提出"积极开放、有效管理"的两岸经贸政策，对两岸经济交往的限制有所放松，但是仍然延续"戒急用忍"的精髓。台湾当局声称，一旦放弃"戒急用忍"政策，可能加速资金及产业外移，进而影响国内景气及增加失业问题，并认为两岸产业分工已逐渐从互补走向竞争，"国家安全仍是大陆投资不能忽视的问题"。[③] 为此，台湾当局建立新的大陆投资审查机制，禁止赴大陆投资重大基础建设项目；建立产业开放检讨机制，审慎评估可能导致外移的核心技术和关键零配件；建立专案审查机制，设定赴大陆投资累计金额上限，为台商赴大陆投资设置了重重障碍。陈水扁还消极对待两岸直航，他认为，"如果两岸要直航，是在一个中国原则之下，是在一个所谓'一个国家内部事务'之下来进行直航，而台湾的'主权及主体性'没有了，为通而通、为直航而直航，那是投降。"[④]

2006 年以后，陈水扁当局担心出现过度依赖大陆市场的经济风险，宣布"积极管理、有效开放"的经贸政策。他指出，"两岸交流必须建立在台湾主体性及国家整体利益的原则下进行"，"政府的角色必须积极负起管理的责任，才能有效降低开放的风险"。[⑤] 为此，台当局加强查处违法赴大陆投资的力度，严格大陆投资审查制度，强化技术转移和科技人才管理，加强对金融业海外机构的审查和管理等，进一步收缩了两岸经贸限制。

---

① 《"行政院"2002 年度施政方针》，台北：台湾"行政院"公报资讯网，2002 年 3 月 30 日。
② 王勤：《台湾对东南亚直接投资与"南向政策"》，厦门：《台湾研究集刊》，2003 年第 2 期。
③ 《"积极开放、有效管理"政策说明》，台北：大陆委员会网，2001 年 11 月 7 日。
④ 《"总统"接受日本朝日电视台专访》，台北：台湾"总统府"网，2004 年 2 月 20 日。
⑤ 《2006 年元旦"总统"祝词》，台北：台湾"总统府"网，2006 年 1 月 4 日。

3. 台湾经济实力的相对薄弱使其两岸及对外经贸政策效果不彰

陈水扁上台后，台湾政局不稳，政治经济政策摇摆不定，严重恶化岛内投资环境，造成台商对本岛投资意愿大减。21世纪以后，全球经济普遍不景气，大陆经济则持续快速增长，成为拉动东亚乃至整个亚太地区经济复苏和发展的重要引擎。尤其是中国大陆加入WTO后，积极推动东亚经济区域化进程，经济吸引力迅速提升。在台当局出台一系列分散和限制政策的情况下，台商仍掀起一波赴大陆投资的新热潮。2002年，台湾核准对大陆投资共3116件，总额达67.23亿美元，较上年分别增长162.73%和141.48%。2007年，台湾核准对大陆投资总额增至99.71亿美元，较上年增长30.46%。[①]

与此同时，台当局"布局全球""南向政策"等经贸政策却接连受挫。2002年，台湾地区对印尼、马来西亚、菲律宾、泰国、越南五国核备投资总额为1.85亿美元，2003年在政策推动下小幅上涨至2.72亿美元，2004年即下降至1.44亿美元。2000—2005年，台湾核备对外投资总额逐步从50.77亿美元降至24.47亿美元。[②]

由此可见，受制于政治立场和政党利益，陈水扁当局的经济政策缺乏理性，未能依据两岸经济实力对比和经济规律做出明智的选择，致使台湾游离于东亚区域经济合作与发展的潮流，在新的东亚经济秩序中被"边缘化"的危机日益凸显。

（三）"一边一国"论制造"烽火外交"

陈水扁认为，"台湾在先今国际社会所遭遇的外交困境，中国国民党长期执政下的错误外交决策必须负最大的责任"，"台湾在国际间寸步难行"，是因为"执政"的中国国民党不愿彰显台湾主权独立的事实，是"'一个中国'的主权迷思与外交原则的错误指引"所致。[③] 因此，台湾当局不顾"一个中国"成为国际普遍共识的基本原则，以及两岸综合实力对比的实际情况，谋求加入政

[①] 数据来源：《2017年5月份核准侨外投资、陆资来台投资、"国外投资"、对中国大陆投资统计月报》，台北：台湾"经济部投资审议委员会"网，http://www.moeaic.gov.tw/news.view?do=data&id=1160&lang=ch&type=business_ann。

[②] 数据来源：《2017年5月份核准侨外投资、陆资来台投资、"国外投资"、对中国大陆投资统计月报》，台北：台湾"经济部投资审议委员会"网，http://www.moeaic.gov.tw/news.view?do=data&id=1160&lang=ch&type=business_ann。

[③] 刘相平：《陈水扁"外交策略"解析》，福州：《领导文萃》，2002年第9期。

第三章 两岸综合实力消长对两岸关系的影响

府间国际组织,通过经济实力大推"金钱外交",公开叫嚣要使"外交战场处处烽火连天",在多线同时出击,使"中共穷于应对,防不胜防",将"一边一国"论燃烧至国际上。然而,面对日益崛起的大陆,陈水扁此举不过以卵击石,不仅使台湾的国际参与处处碰壁,还导致"国际空间"大幅萎缩。

1. 谋求加入政府间国际组织

陈水扁当局以参与国际组织作为"外交"重点,希望以此拓展"国际空间",达到制造"两个中国"的目的。陈水扁当局打着"人道"和"人权"的旗号,以"医疗无国界""让台湾人民有共享医疗资源"等说辞,并唆使其"邦交国"提出所谓"邀请中华民国(台湾)作为观察员参与世界卫生大会"的提案,[①]企图以所谓"卫生实体"的身份参与世界卫生组织。

2006年1月29日,陈水扁扬言,他将认真考虑以"台湾"的名字,重新申请加入联合国,[②]并谋划在2008年"总统"大选当日进行"台湾入联公民投票",企图向联合国及国际社会证明,台湾"成为联合国成员国"是全台民众的共识。2007年6月18日,陈水扁接见美国传统基金会会长福伊尔纳(Edwin J. Feulner)时首次表示,为让全世界听到台湾人民的声音,希望透过联署提案,在大选中一拼举行"以台湾名义申请加入联合国的公民投票",坚持"台湾主体意识",以及深化、巩固台湾民主。[③]

2. 融入经济硬实力,继续大推"金钱外交"

陈水扁当局延续李登辉时期的"外交作风",在国际上大推"金钱外交"。美国作为台湾最重要的"国际靠山",成为其"金钱外交"的主要实施对象。根据《国会山庄报》的报道,2001—2004年间"中华民国工商协进会"等组织曾花费23万美元招待34名美国国会议员,包括众议院国际关系委员会的9名议员和2位"台湾连线"的公共主席,并通过在美注册的专业公关公司和其他民间团体,花费数以百万美元在华府进行公关活动,通过雇佣美国专业公关公司和政治顾问团体(如卡西迪公关公司),或台湾人在美国设立的机构或组织(如"台湾人公共事务会""北美洲台湾人教授协会""台湾国际关系中心"等),对

[①] 《台湾当局故伎重演 休想借卫生问题做政治文章》,北京:《人民日报》,2003年5月17日。

[②] 南京大学台湾研究所编:《海峡两岸关系日志(1999—2008.5)》,北京:九州出版社,2010年,第444页。

[③] 《"台湾名义加入联合国",扁:大选时"公投"》,台北:《联合晚报》,2007年6月18日。

国会议员和行政部门官员直接进行游说，提出明确的要求。[①] 据美国司法部记录，2000年7月至2003年7月，卡西迪公司从台湾收受金额高达703万美元，[②] 数目之大令人咋舌，较李登辉时期有过之而无不及。

陈水扁当局对中美洲、非洲等小国也十分"慷慨"，不断向基里巴斯、巴拉圭、格瑞纳达、哥斯达黎加、马绍尔、尼加拉瓜等国家提供经济援助，巩固"邦交国"关系，提升"非邦交国"实质关系。2004年11月3日，时任瓦努阿图总理的沃霍尔秘密访台，在未与中华人民共和国断交的情况下，与台"外交部长"陈唐山签署"互相承认与建交公报"。随后，瓦努阿图政府发言人公开表示，台湾为此允诺给予瓦努阿图60亿美元的经济援助。[③] 但是台湾地区与瓦努阿图仅"建交"8天，便因沃霍尔总理之职被罢免而"断交"。

3. 国际参与处处碰壁，"国际空间"大幅萎缩

1999—2008年间，两岸综合实力差距从2.16倍增至4.29倍，台湾对外关系能力指数占大陆比重降至不足一半，世界各国与中国大陆的联系愈加紧密，国际社会普遍理解和接受一个中国政策。陈水扁当局具有明显政治目的的"烽火外交"不仅无法扩大国际参与，反而受到大陆的强烈反制，导致"国际空间"大幅萎缩。陈水扁任内，台湾12次申请"加入世界卫生组织"，均遭到拒绝；台当局不断通过"金钱外交""固邦"，却导致"邦交国"数量从2000年的29个减少至2008年的23个；2008年台湾"大选"绑定"入联""反联""公投"，最终"公投"案因投票率未达50%宣告失败。

陈水扁的"烽火外交"不仅造成两岸关系严重恶化，还引发国际社会普遍反感，担心因陈水扁的"台独"行径被迫卷入台海纷争，破坏与中国大陆的关系，错失共同发展的机遇。2002年，陈水扁试图以加大对印度尼西亚天然气采购和进口劳工为理由，希望促成对印尼的访问，却被印尼政府断然拒绝，印尼外交部长表示，"永不同意'台湾总统'到访"。[④] "烽火外交"使陈水扁当局成为国际社会避之不及的"麻烦制造者"。

---

① 林冈、王伟男：《新时期的美国涉台政策及其变化趋势》，北京：九州出版社，2015年，第133页。
② 林冈、王伟男：《新时期的美国涉台政策及其变化趋势》，北京：九州出版社，2015年，第135页。
③ 《瓦纳杜双重承认"外交部"：建交有效》，台北：TVBS新闻网，2004年11月8日。
④ 《"经部"调整南向政策 停止援印》，台北：《联合报》，2002年12月8日。

第三章　两岸综合实力消长对两岸关系的影响

（四）"一边一国"论制造两岸军事紧张

陈水扁上台后，立即将军队作战的指导思想从防御为主变更为"主动攻击、反击制胜"，并提出"决战境外"[①]的建军备战方针。台"国防部"还提出以"瘫痪战"代替"消耗战"，要求积极提升军队信息化水平，主打"信息战"，对开路展开"先制攻击"。陈水扁抛出"一边一国"后，台当局全面落实针对大陆制定的"毒蝎计划"，[②]升级两岸军事对抗。

1. 增强军事实力，企图"以武拒统"

陈水扁在对抗性、挑衅性的军事战略下，花费巨资购置先进武器装备，加速军事科技研发，企图增强军事实力，破坏台海军事安全。2000—2006 年，台湾武器装备进口总额达 28.58 亿美元。[③] 2001 年 4 月 24 日，美国总统布什批准出售给台湾当局 4 艘基德级驱逐舰、8 艘柴油动力潜艇、12 架 P-3C 反潜飞机、改进型鱼雷和导弹等进攻型武器，这是从 1992 年老布什当政时美国向台湾出售 150 架 F-16 战斗机以来数额最大的一次军售案。[④] 2004 年和 2005 年，台湾获得两架 E-2T"鹰眼-2000"预警飞机，并不断推动对远程预警雷达、爱国者 3 型导弹系统等先进武器装备的购买，企图建立三军攻击型武器和部队。

此外，在"毒蝎计划"之下，台湾加速研制和部署中远程导弹。2001 年，雄风-3 反舰导弹试射成功，射程 300 公里，但有效射程仅 130 公里。随后，台军又试射雄风-2E，射程 1000 公里，有效射程 500 公里，但许多关键技术尚未突破。台湾当局极力提升武器装备性能，旨在"以武拒统"，实现"军事吓阻"，为其推行"一边一国"论提供武力支撑。

2. 畏惧大陆军事实力，炒作军事互信机制

2000 年以后，随着大陆武器装备的更新和军事研发能力的提升，两岸军事天平进一步向大陆倾斜，对"台独"势力产生了极大的威慑，成为其推行分裂

[①]　"决战境外"的核心是增强台军事威慑力，尽可能地避免在本土作战，而讲战场推至岛外，甚至是大陆境内。这一军事战略的本质即"以武拒统"。

[②]　"毒蝎计划"主要内容包括建立具有反制大陆导弹威胁的"短程地对地战术导弹"的研发；秘密执行中的短程地对地导弹，射程在 100 到 600 公里之间，以福建地区为假想敌，甚至延伸至东南沿海地区。资料来源：《媒体披露台"毒蝎"计划：目标锁定港京沪实十城》，北京：新华网，2003 年 10 月 21 日。

[③]　数据来源：Stockholm International Peace Research Institute: "SIPRI Military Expenditure Database", Website of SIPRI。

[④]　瞿定国、刘群：《陈水扁上台后台湾军队的重大变化》，福州：《现代台湾研究》，2003 年第 3 期，见于瞿定国：《大陆老兵看台湾》，北京：国防大学出版社，2015 年，第 299 页。

活动不可逾越的障碍。为弱化大陆"军事威胁",避免大陆采取对"台独"的军事打击,陈水扁大打"和平牌",炒作两岸军事互信机制。

2002年,台湾"国防"报告书指出建立两岸军事互信机制的五个目的,即增进军事活动透明化,降低因误会、误判、误解而导致不必要的军事冲突,防止以威吓为目的的武力展示,加强两岸间的沟通,维持区域稳定与和平。[①] 报告书还将该机制的执行规划为近、中、远三个阶段。[②] 2003年元旦,陈水扁在"两岸和平稳定互动架构"中提出防止两岸军事冲突,建立军事互信机制。但是台湾当局却行"台独"之实,将两岸关系定位为"国与国关系",毫无促进两岸和平的诚意。大陆一方面揭露陈水扁当局炒作军事互信机制、大捞"和平"政治资本的欺骗行为;一方面希望通过机制的建立促进两岸关系和平发展,并强调两岸军事安排必须基于一个中国原则。但是,台湾当局对于大陆的善意回应置之不理,坚决拒绝"一中"框架下的军事安排。

由此可见,陈水扁在与大陆军事实力失衡、军事对抗不占优势的情况下,炒作两岸军事互信机制,实为向国际社会与台湾民众树立军事和平的伪善形象,避免大陆首先对"台独"采取军事制裁。此外,陈水扁企图借助军事互信机制将两岸关系定位为"国与国关系",制造"台湾独立"的假象。未来可能建立的两岸军事安全互信机制,必定不是也不应该是"国与国"之间的机制,而是一个国家内部两支军队之间的机制。[③]

(五)"一边一国"论制造"文化台独"

2000年以后,两岸硬实力差距迅速扩大,台当局在经济、军事等领域与大

[①] 台湾"国防部":"2002年国防报告书",台北:台湾"国防部"官网,2002年,第278页。

[②] 近程:1.一般性国际资讯公开,逐渐增加军备透明度;2.落实海上人道救援协议;3.军事演习慎选区域、时机,军事行动及演习事先告知;4.透过海基会与海协会建立沟通管道;5.增加沟通管道。

中程:1.不针对对方采取军事行动;2.建立两岸领导人热线机制;3.中低阶层军事人员交流互访;4.相互派员观摩军事演习及双方军事基地开放参观;5.建立军事高层人员安全对话机制、定期举行军事协商会议;6.海军舰艇互相访问;7.划定两岸非军事区,建立军事缓冲地带;8.军事资料交换;9.落实验证性措施。

远程:结束敌对状态,签订两岸和平协定。

资料来源:台湾"国防部":"2002年国防报告书",台北:"国防部"官网,2002年,第280—281页。

[③] 史晓东:《建立两岸军事安全互信机制议题的历史演变及启示》,厦门:《台湾研究集刊》,2013年第4期。

陆的对抗屡屡受挫，因此更加注重运用文教软实力对台湾内部的渗透，将"一边一国"论蔓延至文教领域，制造"文化台独"，企图割裂两岸文化、教育连结，实现"去中国化"。

陈水扁当局实施"本土化教育"，要求在建立"台湾国家认同"的基础上重新解释历史，以取代"中国史观"下的民族主义，[①]培植"台独意识"。陈水扁召集"台独史观"学者根据杜正胜的"同心圆理论"[②]重新修订历史课纲、编写历史教科书，把"台湾史"从"中国史"中彻底分离出来，把明朝中后期开始的"中国史"列入"世界史"，通过历史教育削弱台湾人的中国认同；利用"台独史观"在内容和用词上全面"去中国化"，从而建构以台湾为主体的意识形态，以潜移默化的方式建构台湾人新的国家认同。[③]

陈水扁还以"台湾主体性"为幌，加速推动"台独文化"，企图弱化甚至根除中华文化的影响。他把"台湾正名"运动扩展至文化领域，同时兴建各类台湾本土历史文化博物馆，把"台湾历史"文物从"中国历史"文物中分离出来。他还通过传播媒体的本土化向台湾民众宣导台湾主体意识，宣扬"台独文化"，对台湾民众的身份认同造成了十分恶劣的影响。

陈水扁当局利用"执政"地位，不遗余力地试图隔断台湾与大陆的文化关系，制造"台湾文化"与"中华文化"的对立，使台湾民众（尤其是通过学校对广大台湾青少年）拒绝认同"中国文化"，树立"台湾文化"，疏远对大陆的感情，改变其民族和国家认同，为实现"台独"分裂图谋创造思想和社会基础。

三、胡锦涛"硬的更硬，软的更软"策略评析

胡锦涛在继承邓小平和江泽民对台政策的同时，坚定原则、灵活发挥，一方面高举和平发展主轴，于2003年3月11日就做好新形势下的对台工作谈了四点意见，2005年3月4日提出新形势下发展两岸关系的四点意见，4月29日

[①] 杜正胜：《历史教育的改造》，见《台湾心·台湾魂》，高雄：河畔出版社，1998年，第161页。

[②] "同心圆理论"由杜正胜提出，他要求在建立"台湾国家认同"的基础上重新解释历史，以取代"中国史观"下的民族主义，将台湾历史课程分为"乡土史""台湾史""中国史""亚洲史""世界史"等五个同心圆。资料来源：杜正胜：《历史教育的改造》，载于《台湾心·台湾魂》，高雄：河畔出版社，1998年，第161页，第140—142页。

[③] 张萌、刘相平：《台湾"台湾史"研究谱系及其史观嬗变述论》，北京：《太平洋学报》，2016年第9期。

就发展两岸关系提出四点主张,5月12日就当前改善和发展两岸关系提出四点看法,7月12日,就当前两岸关系发展提出四点看法,2006年4月16日就推动两岸关系和平发展提出四点建议,[①]并于2008年12月31日在纪念《告台湾同胞书》发表30周年座谈会上作出重要讲话。[②] 胡锦涛在这一系列重要讲话中,高度概括和肯定30年来大陆对台政策,提出对台工作的新思路、新主张,将"和平发展"作为两岸关系发展的主题,强调大陆综合实力的发展和壮大,是处理两岸关系的基础和保障;大陆必须做好自己的事情,并牢牢抓住处理两岸关系的主动权乃至主导权。胡锦涛要求强化对两岸关系中政治、经济、军事、社

[①] 2003年3月11日,胡锦涛参加十届全国人大一次会议台湾代表团审议时就做好新形势下的对台工作谈了四点意见:一是要始终坚持一个中国原则;二是要大力促进两岸的经济文化交流;三是要深入贯彻寄希望于台湾人民的方针;四是要团结两岸同胞共同推进中华民族的伟大复兴。《胡锦涛提出新形势下对台工作四点意见》,中新社,2003年3月11日。

2005年3月4日,胡锦涛在看望参加政协会议的民革台联届委员时提出新形势下发展两岸关系的四点意见:第一,坚持一个中国原则决不动摇;第二,争取和平统一的努力决不放弃;第三,贯彻寄希望于台湾人民的方针决不改变;第四,反对"台独"分裂活动决不妥协。《胡锦涛提新形势下发展两岸关系四点意见(2005年3月)》,新华社,2005年3月4日。

2005年4月29日,胡锦涛在北京人民大会堂与中国国民党主席连战举行会谈,并就发展两岸关系提出四点主张:第一,建立政治上的互信,相互尊重,求同存异;第二,加强经济上的交流合作,互利互惠,共同发展;第三,开展平等协商,加强沟通,扩大共识;第四,鼓励两岸民众加强交往,增进了解,融合亲情。《胡锦涛与连战会谈,就发展两岸关系提出四点主张》,中新社,2005年4月29日。

2005年5月12日,胡锦涛在人民大会堂会见亲民党主席宋楚瑜时,就当前改善和发展两岸关系提出四点看法:第一,坚持体现一个中国原则的"九二共识",确立两岸关系和平稳定发展的政治基础;第二,推进两岸"三通",开创两岸经济交流和合作的新局面;第三,早日恢复两岸平等对话和谈判,求同存异、扩大共识;第四,增进相互理解,密切两岸同胞的感情。《胡锦涛就当前改善和发展两岸关系再提出四点看法》,中新社,2005年5月12日。

2005年7月12日,胡锦涛在人民大会堂会见新党主席郁慕明时,就当前两岸关系发展提出四点看法:第一,共同促进中华民族的伟大复兴;第二,坚持一个中国原则;第三,坚决反对和遏制"台独";第四,切实照顾和维护台湾同胞的切身利益。《胡锦涛会新党访问团 提出发展两岸关系4点看法》,新华网,2005年7月12日。

2006年4月16日,胡锦涛在人民大会堂会见中国国民党荣誉主席连战时,就推动两岸关系和平发展提出四点建议:第一,坚持"九二共识",是实现两岸关系和平发展的重要基础;第二,为两岸同胞谋福祉,是实现两岸关系和平发展的根本归宿;第三,深化互利双赢的交流合作,是实现两岸关系和平发展的有效途径;第四,开展平等协商,是实现两岸关系和平发展的必由之路。《胡锦涛就推动两岸关系和平发展提出四点建议》,新华社,2006年4月16日。

[②] 2008年12月31日,胡锦涛在纪念《告台湾同胞书》发表30周年座谈会上作出重要讲话,讲话中胡锦涛为努力开创两岸关系和平发展新局面提出六点看法:第一,恪守一个中国,增进政治互信;第二,推进经济合作,促进共同发展;第三,弘扬中华文化,加强精神纽带;第四,加强人员往来,扩大各界交流;第五,维护国家主权,协商涉外事务;第六,结束敌对状态,达成和平协议。《胡锦涛在纪念〈告台湾同胞书〉30周年会上讲话》,新华社,2008年12月31日。

会、文化等各方面的认知和工作,为软实力建构奠定坚实的基础,推动两岸互动和交流往更深、更广的领域发展。另一方面,胡锦涛强调反对"台独"分裂活动决不妥协,坚决制止分裂中国的"台独"活动。2004 年 5 月 17 日,中台办、国台办受权发布"五一七声明",对陈水扁当局的"台独"分裂行径提出严厉批评。2005 年 3 月 14 日,《反分裂国家法》出台,对"台独"分裂势力予以掷地有声的反制和回击。因此,胡锦涛时期的对台政策明显呈现出"硬的更硬,软的更软"的特征,软硬兼施、运用自如,使软实力运作更加体现"以人为本"的道德观和"政策价值"效果,两岸密切的互动更能呈现其"和平崛起"的战略意涵。[①]

(一)"软的更软"以经济力为两岸关系发展的主要推动力

1. 综合实力的发展和壮大是处理两岸关系的基础和保障

改革开放以后,中国大陆始终秉持务实的态度,坚持发展是第一要务。胡锦涛在中共十六大报告中提出科学发展观,他将其基本内涵概括为:科学发展观,第一要义是发展,核心是以人为本,基本要求是全面协调可持续,根本方法是统筹兼顾。发展作为科学发展观的第一要义,就是要牢牢扭住经济建设这个中心,坚持聚精会神搞建设、一心一意谋发展,不断解放和发展社会生产力,提高发展质量和效益,实现又好又快发展,为发展中国特色社会主义打下坚实基础。[②]

台湾问题的处理也必须服从于科学发展观的第一要义。2004 年 11 月 16 日,胡锦涛在里约热内卢会见包括来自台湾地区侨胞在内的当地华侨华人代表时指出,"中国要强盛,中华民族要振兴,第一要发展,第二要统一。实现了祖国的完全统一,大陆和台湾地区就都能更好地发展。"[③] 胡锦涛认为:"拥有 13 亿人口的中国大陆,在长达 27 年的时间里,以接近 10% 的经济增长率,昂首阔步向前发展,这是人类历史上空前的奇迹。"[④] 大陆"正在向着全面建设小康社会、进而实现现代化的目标继续前进"。[⑤]

[①] 杨开煌:《出手》,台北:海峡学术出版社,2005 年,第 484 页。
[②] 胡锦涛:《高举中国特色社会主义伟大旗帜 为夺取全面建设小康社会新胜利而奋斗》,北京:《人民日报》,2007 年 10 月 25 日。
[③] 《胡锦涛同华侨华人共话中国如何强盛与振兴 第一要发展 第二要统一》,北京:《人民日报》(海外版),2004 年 11 月 16 日。
[④] 《胡锦涛就推动两岸关系和平发展提出四点建议》,新华社,2006 年 4 月 16 日。
[⑤] 《胡锦涛就当前改善和发展两岸关系再提出四点看法》,中新社,2005 年 5 月 12 日。

改革开放的巨大成就以及综合实力的全面提升,"是推动两岸关系发展、实现祖国和平统一的雄厚基础和可靠保障,决定了两岸关系发展的基本格局和发展方向"。① 综合实力的提升必须以经济力提升为基础,因此,经济力是两岸关系发展的主要推动力。为此,胡锦涛希望海峡两岸能够"抓住机遇、团结一心",② "实现两岸经济关系正常化,推动经济合作制度化,为两岸关系和平发展奠定更为扎实的物质基础、提供更为强大的经济动力",③ 共同促进中华民族的伟大复兴。

2. 排除政治分歧,以经济力作为两岸交往和互动的主轴

由于陈水扁"一边一国"论的抛出和"台独"势力的叫嚣,两岸政治互动全面停摆,政治形势十分紧张。随着大陆综合实力的提升,面对台湾问题更加自信,在两岸政治形势发展不乐观的情况下,仍从两岸关系和平发展的大局出发,以经济力作为两岸交往和互动的主轴,努力推动两岸经贸关系的发展。2005年以后,在大陆灵活务实的贸易政策主导下,两岸经贸交流进入互利双赢的正常化发展轨道。

2005年4月29日,在首次"胡连会"上,国共两党发布"两岸和平发展共同愿景",主张双方"促进两岸经济全面交流,建立两岸经济合作机制。""胡宋会"发布的"会谈公报"再次强调,要"加强两岸经贸交流,促进建立稳定的两岸经贸合作机制",④ 涉及两岸通航、直接贸易、建立两岸自由贸易区、农业合作、企业双向直接投资、台商投资权益、台胞往来手续等多领域,为促进两岸经贸交流与合作提出了切实可行的建议和措施,巧妙地回避双方政治分歧,一定程度上突破了两岸政治僵局。在此基础上,国共两党充分发挥党对党的定期沟通平台机制,以国共论坛为平台,汇集两岸政界、学界、企业界、文教界等社会各界代表,围绕两岸经济等议题展开讨论,获得诸多共同体认。

此外,大陆相继成立海峡两岸航空运输交流委员会和海峡两岸旅游交流协会,分别与台湾后来成立的台北市航空运输商业同业公会及财团法人台湾海峡两岸观光旅游协会对接,形成民航和旅游"小两会",方便相关问题的及时解决和双方职能部门的沟通。

---

① 《胡锦涛在纪念〈告台湾同胞书〉30周年会上讲话》,新华社,2008年12月31日。
② 《胡锦涛会新党访问团 提出发展两岸关系4点看法》,新华网,2005年7月12日。
③ 《胡锦涛在纪念〈告台湾同胞书〉30周年会上讲话》,新华社,2008年12月31日。
④ 《胡锦涛与宋楚瑜会谈公报(全文)》,新华网,2005年5月12日。

3. 从台湾民众利益出发，调整落实惠台政策

21世纪以后，大陆经济实力得到迅速提升，两岸在经济领域的总量和人均差距分别呈现扩大和缩小趋势，为大陆惠台政策的提出奠定了经济基础。2005年以后，大陆对台经贸政策的转变为两岸经贸交流和发展，在此基础上，大陆提出一系列惠台经贸政策，不但有助于台湾经济的发展，更着力于惠及台湾基层民众。胡锦涛指出，要"实施和充实惠及广大台湾同胞的政策措施，依法保护台湾同胞的正当权益，支持海峡两岸和其他台商投资相对集中地区经济发展"。①

2005年连战和宋楚瑜访问大陆期间，大陆释出6项惠台政策；2006年4月第二次"胡连会"后，大陆宣布15项惠台政策；2006年10月"两岸农业合作论坛"，大陆宣布20项惠台政策；2007年4月第三届"两岸经贸文化论坛"，大陆释出13项惠台政策。通过这些政策，2005年春节包机的模式得以延续和推广，两岸客运包机实现节日化、常态化，货运逐渐实现便捷化，两岸直航取得进展，为推动两岸贸易发展奠定了基础。大陆对台湾提供通关、检验、检疫的便利，以及部分农产品零关税的优待，以协助解决台湾水果丰收季节的滞销问题。开放大陆同胞赴台观光旅游、开放台湾居民到大陆就业、给予台商投资优惠和保障等，带动了台湾农业、服务业、人力资源和技术贸易等领域的成长。

此外，胡锦涛等党和国家领导人十分关心在大陆投资的台商，多次赴福建、江苏、广东等地会见台商，关心其在当地的投资状况，倡导成立台商全国联谊组织，作为台商和政府沟通的桥梁。

（二）"硬的更硬，软的更软"以政治力为两岸关系发展的重要保障

胡锦涛的对台政策以两岸关系和平发展为主轴，通过推动两岸政党和民众之间的交流，促进两岸间的了解、互信及融合。面对"台独"分裂势力的挑衅，大陆坚守底线、严阵以对。因此，胡锦涛对于政治力的运用最能体现"硬的更硬，软的更软"这一特征，具体表现为对政府强硬，对人民柔软；对政治议题强硬，对非政治议题柔软。

1. 从综合实力提升的大局出发，推动两岸关系和平发展

随着大陆综合实力的提升，"中国威胁论"甚嚣尘上。2003年11月3日，

---

① 胡锦涛:《高举中国特色社会主义伟大旗帜　为夺取全面建设小康社会新胜利而奋斗》，北京:《人民日报》，2007年10月25日。

中央党校原常务副校长、中国改革开放论坛理事长郑必坚在"博鳌亚洲论坛"提出"和平崛起"战略,他谈到,近代以来大国争霸的历史反复说明,一个大国的崛起往往导致国际格局和世界秩序的急剧变动,甚至引发大战。重要原因之一就是他们走了一条依靠发动侵略战争,实行对外扩张的道路。而这样的大国总是以失败告终。在今天新的时代条件下,我们的抉择只能是:奋力崛起,而且是和平的崛起。就是说,争取和平的国际环境来发展自己,又以自身的发展来维护世界和平。①为赢得发展的战略机遇期,保证综合实力的进一步提升,胡锦涛、温家宝等党和国家领导人多次指出,中国的发展必须依靠"和平崛起"战略,强调中国的崛起不会妨碍任何人,不会威胁任何人,也不会牺牲任何人。②2004年4月以后,为避免国际社会对"崛起"一词的误解,大陆以"和平发展"取代"和平崛起"。"和平"不仅是中国大陆综合实力提升的条件,更是中国大陆综合实力提升的根本目的,能够为世界带来和平与合作。

中国大陆和平发展的国家战略延伸至两岸关系领域,则表现为两岸关系和平发展。2005年4月,胡锦涛与连战会谈时,首次公开提出"两岸关系和平发展"这一概念。2006年4月,胡锦涛将和平发展概括为两岸关系的主题,他指出,两岸同胞要携起手,"牢牢把握两岸关系和平发展这个主题,推动两岸关系朝着和平稳定的方向发展,使我们的感情更融洽、合作更深化,共同开创两岸关系和平发展的新局面,共同促进中华民族的伟大复兴";坚持"九二共识"是实现两岸关系和平发展的重要基础;为两岸同胞谋福祉,是实现两岸关系和平发展的根本归宿;深化互利双赢的交流合作,是实现两岸关系和平发展的有效途径;开展平等协商,是实现两岸关系和平发展的必由之路。③为此,胡锦涛在十七大报告中呼吁,在一个中国原则的基础上,协商正式结束两岸敌对状态,达成和平协议,构建两岸关系和平发展框架,开创两岸关系和平发展新局面。④至此,和平发展的主题成为大陆对台政策和两岸关系发展的指导思想,构建两岸关系和平发展框架成为对台工作的重要战略部署。

2. 综合实力提升增强大陆处理台湾问题的信心,凸显"柔软"政治力

民进党"执政"时期,两岸原有的协商机制无法运转。与此同时,大陆各

---

① 郑必坚:《中国和平崛起新道路和亚洲的未来》,香港:《文汇报》,2004年3月21日。
② 《温家宝举行记者招待会 纵论内政外交港台等问题》,中国新闻网,2004年3月14日。
③ 《胡锦涛就推动两岸关系和平发展提出四点建议》,新华社,2006年4月16日。
④ 胡锦涛:《高举中国特色社会主义伟大旗帜 为夺取全面建设小康社会新胜利而奋斗》,北京:《人民日报》,2007年10月25日。

第三章 两岸综合实力消长对两岸关系的影响

项"子准则层"实力指标全面超越台湾,两岸各项实力差距均呈扩大态势,中国共产党处理两岸关系表现得更加从容和自信,不受"台独"势力干扰,坚持在"九二共识"的政治基础上,通过政治实力积极推动两岸政党交流,与台湾"泛蓝"阵营的主要政党建立机制化协商机制,促使两岸政党关系步入新阶段。同时,大陆奉行"寄希望于台湾人民"的方针,构建广泛和深入的群众基础,以期增强台湾民众对祖国和平统一的向心力。

2005年,两岸政党交流模式得到深入发展,国民党主席连战、亲民党主席宋楚瑜、新党主席郁慕明相继率代表团参访大陆,并于胡锦涛会面,取得了重要的共识,为两岸关系注入了新的活力,也为两岸政治争议的化解提供了有效的途径。在此基础上,国共两党决定每年举办国共论坛,[①]建立党际定期沟通交流平台,对两岸关系发展的重要问题进行广泛而深入的研讨。国共两党基层党务交流随即开启,2005年8月底,中共厦门、深圳、青岛、苏州、宁波市委先后邀请国民党台中市、彰化县、台南市、新竹市党部组团来访,促进了两党地方党务人员的相互了解,建立了对口交流机制,并达成诸多合作意向,为两党党际交流的持续深入开展积累了宝贵经验。[②]

胡锦涛在一系列重要讲话中,反复强调要贯彻"寄希望于台湾人民"的方针决不改变,他指出:"台湾同胞是我们的骨肉兄弟,是发展两岸关系的重要力量,也是遏制'台独'分裂活动的重要力量",要千方百计地照顾和维护台湾同胞的正当权益,"只要是对台湾同胞有利的事情,只要是对促进两岸交流有利的事情,只要是对维护台海地区和平有利的事情,只要是对祖国和平统一有利的事情,我们都会尽最大努力去做,并且一定努力做好。这是我们对广大台湾同胞的庄严承诺。"[③]

两岸党际交流和民众交流进一步提升了大陆处理台湾问题的信心,为两岸关系发展提供了新的可能途径。2006年4月16日,胡锦涛发表的"四点意见"更为缓和与从容,通篇未提"和平统一""一国两制""反台独"等概念,大陆也不再公开抨击台湾不接受"一中"原则和"九二共识",以"寄希望于台湾人民"为政策倾向,开辟多层次、多领域、多渠道的立体化交流模式,表明随着

---

① 第一届为两岸经贸论坛,第二节为两岸农业合作论坛,第三届以后统一命名为两岸经贸文化论坛。
② 《中国共产党与中国国民党基层首批交流活动结束》,新华网,2005年9月22日。
③ 《胡锦涛提新形势下发展两岸关系四点意见(2005年3月)》,新华网,2005年3月4日。

综合实力的全面提升，中国共产党对台政策的调性更软，有能力通过更加多元的政治手段，争取海峡两岸更为广泛的支持。

3. 综合实力提升增强大陆处理台湾问题的信心，展现"强硬"政治力

虽然大陆以最大诚意推动两岸关系和平发展，但是面对"台独"势力的挑衅和叫嚣，必须通过强硬的政治手段予以反击，具体表现为2004年中台办和国台办受权发表的"五一七声明"，和2005年实施的《反分裂国家法》。这两项措施为对台动武划下明确的政策红线，严厉警告台湾当局切勿进行"法理台独"。

2004年5月17日，中台办和国台办受权就两岸关系问题发表声明，认为两岸关系形势严峻，坚决制止旨在分裂中国的"台湾独立"活动，维护台海和平稳定，是两岸同胞当前最紧迫的任务。① 声明重申了"五个决不"，② 告诫岛内"台独"分裂势力，"台独"没有和平，分裂没有稳定。声明首次把"反独"列为"最紧迫的任务"，被认为"是大陆历次对台讲话中规格最高、内容最强硬的一次，完全代表中国政府最高层和中国人民的立场"。③

2005年3月14日，《反分裂国家法》开始实施，该法制定的目的是"反对和遏制台独分裂势力分裂国家，促进祖国和平统一，维护台湾海峡地区和平稳定，维护国家主权和领土完整，维护中华民族的根本利益"。④ 该法明确了对台采用非和平方式的前提，即："台独"分裂势力以任何名义、任何方式造成台湾从中国分裂出去的事实，或者发生将会导致台湾从中国分裂出去的重大事变，或者和平统一的可能性完全丧失等，⑤ 为对台动武画下了明确的红线。《反分裂国家法》赋予了武力攻台的法律依据，使大陆在两岸议题上掌握更多的主动权，同时有效地反制和吓阻了"台独"分裂势力，提高了大陆对台武力统一的可信度。

"五一七声明"和《反分裂国家法》是历年最强硬的大陆对台政策，表明在日益强大的综合实力的保障下，大陆对"台独"分裂势力的反制不仅局限于过去领导人的政策宣示，还落实到法律等层面，对"台独"提出明确的制裁措施，表明了大陆反对"台独"和一切分裂势力的坚定立场。

---

① 《中台办、国台办就当前两岸关系问题发表声明》，新华网，2004年5月17日。
② "五个决不"：我们坚持一个中国原则的立场决不妥协，争取和平谈判的努力决不放弃，与台湾同胞共谋两岸和平发展的诚意绝不改变，坚决捍卫国家主权和领土完整的意志决不动摇，对"台独"决不容忍。《中台办、国台办就当前两岸关系问题发表声明》，新华网，2004年5月17日。
③ 《专家："517声明"在大陆历次对台讲话中最强硬》，华夏经纬网，2004年5月20日。
④ 《受权发布：〈反分裂国家法〉全文》，新华网，2005年3月14日。
⑤ 《受权发布：〈反分裂国家法〉全文》，新华网，2005年3月14日。

第三章　两岸综合实力消长对两岸关系的影响

（三）"硬的更硬"以外交力和军事力进一步反制"台独"

1. 强化国际"一中"框架，制衡"台独"分裂势力

陈水扁时期，台湾当局在国际上频频点燃"烽火"，把"一边一国"主张以及同大陆的对抗延烧至国际上，通过争夺"邦交国"、提升与"非邦交国"实质关系与大陆正面冲撞，谋求以"中华民国"和"台湾"的名义加入政府间国际组织，以改变驻外机构的名称在国际社会"去中国化"等。台湾当局企图通过这些手段拓展所谓的"国际空间"，却被国际社会称为"麻烦制造者"。

21世纪以后，中国大陆的外交实力稳步增长，国际地位和国际影响力得到较大提升，在国际社会扮演着越来越重要的角色，也更加有能力维护国家的主权统一和领土完整。面对"台独"势力在国际上的分裂行为，中国大陆予以掷地有声的反击，包括主权国家和国际组织在内的国际社会普遍支持一个中国原则，谴责或不支持"台独"分裂势力，唯恐对其避之不及。联合国大会反复拒绝台湾加入联合国的申请，美国政府多次重申对中美三个"联合公报"各项原则的承诺，重申执行一个中国政策，承诺只同台湾保持非官方关系，不支持"台湾独立"，不支持"两个中国""一边一台"，不支持台湾加入联合国等政府间的国际组织。陈水扁当局极端的"台独"行为和主张不但没有得到国际社会的回应，反而造成地区形势紧张，以及"台独"国际空间的不断压缩。

2. 不承诺放弃使用武力，震慑"台独"分裂势力

20世纪90年代末以来，大陆加快军事力量的发展，虽然大陆不针对台湾提升军事实力，但是海峡两岸的军事天平逐渐往大陆倾斜。21世纪以后，两岸军事实力差距迅速扩大，为大陆捍卫国家的主权和领土完整提供了坚实的后盾。

面对陈水扁当局不承认"两岸同属一中"的事实，大陆必须采取必要措施予以坚决的反击。某种角度来看，不承诺放弃使用武力和不承认一个中国原则具有对等性，台湾当局承认"一中"原则，大陆淡化不承诺放弃使用武力；台湾当局拒绝承认"一中"原则，大陆则严正声明不承诺放弃使用武力。因此，大陆对不承诺放弃使用武力的态度取决于台湾当局对一个中国原则的态度，可以说主动权在台湾当局。另一方面，大陆不承诺放弃使用武力，是从两岸关系和平发展的大局出发，只有维护祖国的和平统一、压制"台独"势力的嚣张气焰，两岸关系才有可能和平发展，也才能造福两岸民众。

（四）"软的更软"以文教力深化两岸民众精神联结

随着世界多极化、经济全球化深入发展，各种思想文化交流交融交锋更加频繁，文化在综合国力竞争中的地位和作用更加凸显，文化越来越成为民族凝聚力和创造力的重要源泉、越来越成为综合国力竞争的重要因素。[①] 海峡两岸虽隔绝多年，文化发展道路各有特点，但文化认同障碍较小。胡锦涛强调，"中华文化源远流长、瑰丽灿烂，是两岸同胞共同的宝贵财富，是维系两岸同胞民族感情的重要纽带"，"两岸同胞要共同继承和弘扬中华文化优秀传统，开展各种形式的文化交流，使中华文化薪火相传、发扬光大，以增强民族意识、凝聚共同意志，形成共谋中华民族伟大复兴的精神力量。"[②]

21世纪以后，大陆在文化、教育方面的总体实力超过台湾，随着国际学生和孔子学院数量的增长，大陆文教实力的国际影响力不断扩大，过去台湾在国际社会上文教方面的优势正在逐渐被大陆所取代，最明显的表现即赴大陆留学的外国学生数量明显增长并超过台湾，孔子学院的推广使简体汉字在国际上的流行程度明显高于繁体汉字，而且差距还在不断扩大。在这样的情况下，大陆逐渐开始运用文教力施展软实力在两岸关系上的作用，主要表现为"入岛、入户、入脑"的文化策略。

大陆通过宣传节目施展文教软实力。2003年12月29日，中央人民广播电台对台湾广播的第五、第六套节目，分别以"中华之声"和"神州之声"[③]推出。两个节目的开播在海峡两岸引起强烈反响，海峡两岸30多家媒体进行了报道。开播仅10天，就收到听众来信、来电1043封（次），其中台湾听众的来信、来电占70%以上。胡锦涛批示说："两套新节目受到欢迎，可喜可贺。要继续加大对台宣传力度，改进宣传方式，力求做到入岛、入户、入脑。"[④] 此后，大陆的

[①] 《中共中央关于深化文化体制改革推动社会主义文化大发展大繁荣若干重大问题的决定》，北京：《人民日报》，2011年10月26日。

[②] 《胡锦涛在纪念〈告台湾同胞书〉30周年会上讲话》，新华社，2008年12月31日。

[③] 第五套节目中华之声定位为对台湾广播新闻综合频率，报告最新时事，传递祖国信息，透析两岸关系，让听众及时听到大陆的声音。第六套神州之声定位为台湾广播方言文艺频率，推出12强档节目，充分发挥地缘、人缘、亲缘优势，突出乡音，传递亲情。同时，两套节目还积极强化与中国广播网的互动合作，实现了在中国广播网"你好，台湾"分网的及时播出，并探索与台湾门户网站的链接，成为广播的有益补充和重要延伸。资料来源：国家广播电影电视总局、中国广播电视年鉴编辑委员会编纂：《中国广播电视年鉴2004》，北京：中国广播电视年鉴社，2004年，第28页。

[④] 国家广播电影电视总局、中国广播电视年鉴编辑委员会编纂：《中国广播电视年鉴2004》，北京：中国广播电视年鉴社，2004年，第28页。

广播电台、电视台等宣传机构不断拓展具有吸引力的广播和电视节目，希望得到台湾民众的共鸣，深化双方的精神联结。

大陆通过扩大台湾学生在大陆就读施展文教软实力。大陆出台多项政策，改善台湾学生在大陆学习的环境，包括实行台生同等收费标准，设立台生奖学金，认可台湾教育主管部门核准的台湾高等学校学历，开通专门招收台生的信息网站，为台生在大陆学习提供各种便利。此外，大陆还通过各种形式的夏令营、冬令营等，吸引台湾青年学生来大陆参访和交流。[①] 2005年，胡锦涛和郁慕明会面后，大陆采纳其建议，扩大开放重点学校大学生和研究生名额给予台湾学生就读，让在大陆就读的台湾学生毕业后在诸多领域享有考证、取证和就业的同等待遇。

此外，两岸还通过举办宗教活动，开展文化、学术、体育等领域的交流，逐步增进两岸民众间的了解和认识，以期达到"寄希望于台湾人民"的效果，通过文化和教育软实力增强台湾民众对祖国和平统一的向心力。

四、反对和遏制"台独"时期两岸政策的检视

（一）政治因素

1. 政治精英

陈水扁的两岸政策同样受到综合实力和个人因素的影响。21世纪以后，实力的天平明显向大陆倾斜，两岸综合实力差距持续扩大，人均和生活水平指标差距逐渐减小，虽然陈水扁仍宣称两岸关系要建立在对等基础上，但他深知台湾的筹码逐渐丧失，两岸已不可能实现他所谓的"对等"。陈水扁遂而铤而走险，完全脱离"一中"轨道，企图通过极端的分裂行为降低两岸交流频率和范围，阻止两岸关系外溢效应的产生。为此，陈水扁将"一边一国"论推展至各个领域，宣称"守护台湾主体性"，对台湾社会造成了十分恶劣的影响。政治力是陈水扁推行"一边一国"论的主要施展途径，他通过运作"宪政改革"，制造"法理台独"；支持"台湾正名"运动，实现"去中国化"；绕过一个中国原则，提出"和平稳定互动架构协议"，树立和平的伪善形象；标榜民主、自由，并将其作为两岸和解的前提，拖延两岸关系发展进程。经济上，陈水扁奉行"深耕

[①]《两岸教育交流与合作的六项特点》，海峡两岸出版交流中心编：《两岸经贸文化论坛纪实》，北京：九州出版社，2007年，第171页。

台湾、布局全球"、"积极管理、有效开放"等政策，企图阻碍两岸经贸的发展。陈水扁还在国际上叫嚣"一边一国"论，与大陆正面冲撞，制造"烽火外交"。军事上，陈水扁提出"主动攻击、反击制胜"的指导思想和"决战境外"的备战方针，积极进口武器装备，制造两岸军事紧张，并通过炒作军事互信机制大捞"和平"资本，企图将两岸定位为国与国关系。此外，陈水扁通过"一边一国"论制造"文化台独"，对台湾社会产生了恶劣的深远影响。

但是，随着大陆改革开放的深入和效果的日益显现，两岸实力此消彼长之势越发凸显。陈水扁"执政"八年，台湾综合实力优势呈断崖式下跌。因此，陈水扁虽然主张"台独"，却不敢推进法理"台独"，只能哀叹"不能骗自己也不能骗别人"，"台独""做不到就是做不到"。[①]

面对"台独"的挑衅，大陆软硬兼施的处理手法更显自信，一面高举"两岸关系和平发展"的大纛，提出六个"胡四点"，发表纪念《告台湾同胞书》30周年重要讲话，强化对两岸关系中政治、经济、军事、社会、文化等各方面的认知和工作，为软实力建构奠定坚实的基础，推动两岸互动和交流往更深、更广的领域发展；一面出台《反分裂国家法》，对"台独"分裂势力予以掷地有声的反制和回击。基于经济实力的快速提升，胡锦涛以经济力作为两岸关系发展的主要推动力，提出不以政治分歧干扰两岸经济合作，推动两岸"小两会"的沟通与协商，保障台商投资，并提出一系列惠台政策，将大陆经济发展的成果惠及台湾基层民众。政治实力对两岸关系的保障作用退居其次，但是"硬的更硬，软的更软"在促进两岸政党交流与协商、开辟两岸立体化交流模式、维护国家统一方面仍然发挥重要作用。经济实力的提升带动了大陆综合实力尤其是软实力的迅速发展，在大陆文教实力超越台湾的同时，大陆领导人也开始注重文教力等软实力的运用，以广播电视、参访、会议等形式为载体，推动两岸在文化、教育、学术、体育等各领域的交流，以期增进两岸民众的了解和认知，深化两岸民众的精神联结。

由此可见，反对和遏制"台独"时期，两岸综合实力差距的缩小加剧了台当局对两岸关系进一步发展的恐惧。台当局采用激烈手段企图与中国大陆划清界限，避免被"以大吃小"，丧失统治集团的利益。在此情况下，大陆政治精英独立担负起推动两岸关系和平发展的重任，联合台湾支持"一中"原则的各种

[①]《扁：任内改"国号"做不到》，台北：《自由时报》，2005年3月2日。

力量，努力推进两岸关系外溢效应的持续产生。

2. 相关利益集团

陈水扁的"一边一国"论及其跟进措施遭到台湾相关利益集团的普遍批评和质疑。台湾七成以上的工商界人士都认为，"积极开放、有效管理"只是不讲"戒急用忍"的"戒急用忍"。[1]一位不愿具名的传统产业同业公会总干事回答："企业界希望归希望，但讲了也是白讲，'积极开放，有效管理'转来转去，也不知道到底在说什么。"[2]

2006年2月，厦门台商、台湾中华两岸文化经济协会理事长廖万龙发起百名大陆台商联署《台商宣言》，提出12点诉求，包括加速"三通"之规划与执行；尽快与对岸达成"清算机制协议"，鼓励银行服务业广赴大陆发展；开放大陆观光客来台旅游、陆资在台置产、投资股市及其在台设置分支机构等活络内需产业的措施；建立台湾有关大陆台商贷款基金；全面开放大陆台商制造半成品、成品回销台湾，并给予税负优惠，取消上市上柜公司转投资大陆的层层限制等。[3]超过百名台商参与联署，台湾工商建设研究会理事长、正崴集团董事长郭台强，天福集团总裁李瑞河等加入联署。

台北欧洲商会表示，台当局不开放两岸直航、对大陆产品进口实行管制、设置40%的投资大陆上限等，对岛内外厂商造成极大困扰，希望当局改变当前的两岸经贸政策。在台美国商会也在其会员期刊中发表社论，批评台当局限制企业"登陆"的做法，认为这"不利于台湾的经济发展"。[4]

因此，在反对和遏制"台独"时期，台相关利益集团在促进两岸关系产生外溢效应的过程中仍然扮演积极的角色。但是陈水扁当局罔顾相关利益集团的批评，在"台独"的道路上越走越远。

3. 普通民众

在身份认同方面，2000—2007年台湾民众对既是中国人又是"台湾人"的双重认同最为稳定，基本维持在43%—45%之间，2004年略微升高至47.7%。"台湾人"认同呈波动上升趋势，2005—2007年与双重身份认同的比例出现交缠，除2005年以1.6%的微弱优势领先外，2000—2007年双重身份认同始终获

---

[1] 郑京文：《两岸僵局为何难以打破？——兼评台湾当局的两岸政策》，北京：《人民日报》，2003年8月7日。

[2] 海峡两岸交流中心编：《两岸经贸论坛纪实》，北京：九州出版社，2006年，第260页。

[3] 《逾百名台商联署〈台商宣言〉》，北京：《人民日报（海外版）》，2006年2月17日。

[4] 《台当局束缚两岸经贸遭岛内工商界及外商批评》，新华网，2007年1月4日。

得最多人认可。与此同时，中国人认同比例除2005年有所波动外，大致呈下降趋势，2007年跌至5.4%。

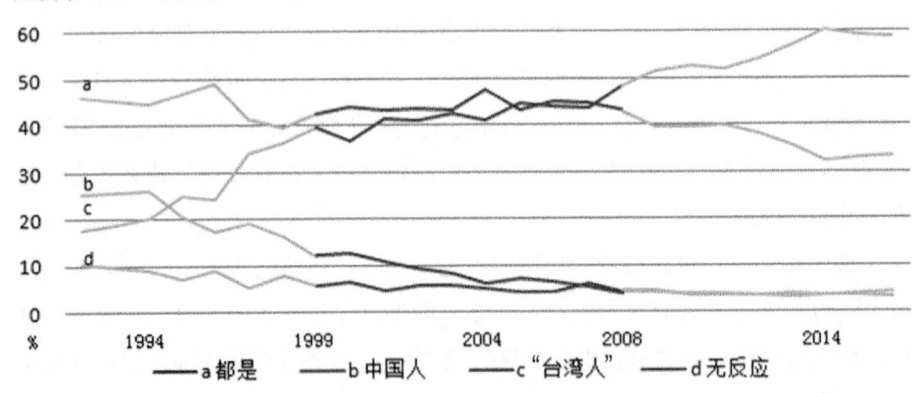

图3-14 反对和遏制"台独"时期台湾民众"台湾人"、中国人认同变化[1]

在统"独"立场方面，2000—2007年维持现状仍然占据主流地位，且支持率总体呈上升趋势，2006年最高时达58.6%，较2000年最低时增长近10个百分点。"台湾人"支持"独立"的比例从2000年的14.6%波动上升至2007年的21.6%，支持统一的比例则从2001年的20.1%下降至2007年的11.9%。

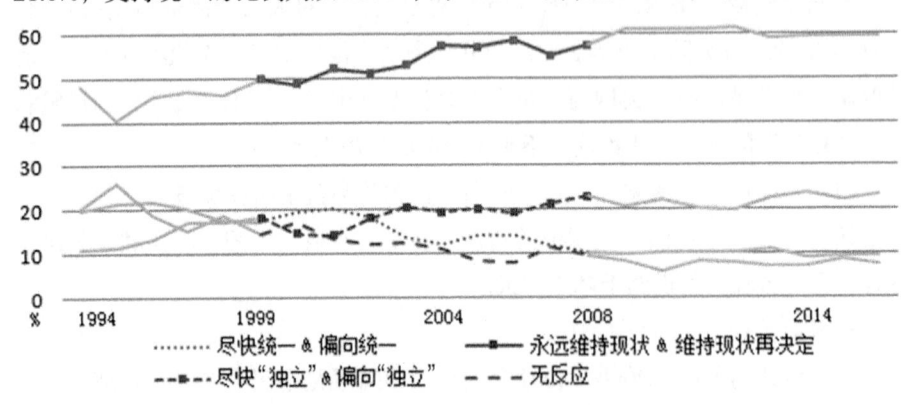

图3-15 反对和遏制"台独"时期台湾民众统"独"立场变化[2]

在对大陆方面好感度方面，2005—2008年，台湾民众表示"一般"的比例均接近一半，成为台湾社会的主流民意；表示"不喜欢"的占三成左右；表示

---

[1] 数据来源：台湾政治大学选举研究中心：《台湾民众"台湾人"/中国人认同趋势分布（1992年6月—2016年6月）》（PP089731）。

[2] 数据来源：台湾政治大学选举研究中心：《台湾民众统独立场趋势分布（1994年6月—2016年6月）》（PP0697A3）。

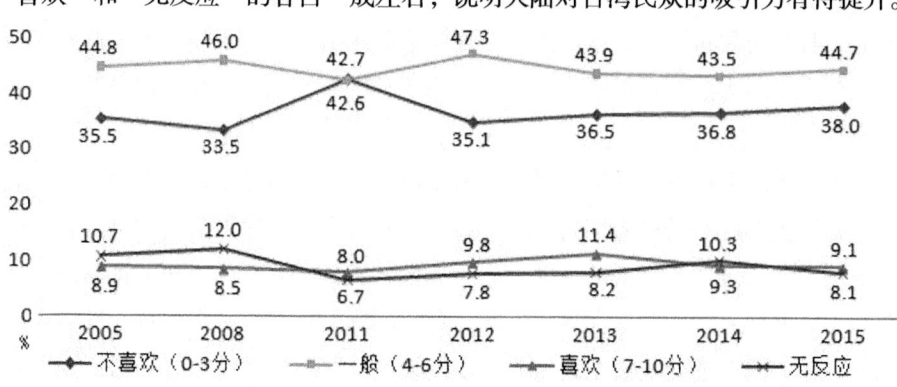

"喜欢"和"无反应"的各占一成左右,说明大陆对台湾民众的吸引力有待提升。

图3-16 反对和遏制"台独"时期台湾民众对大陆方面好感度[1]

由此可见,反对和遏制"台独"时期台湾民众主体意识持续上升。由于两岸综合实力天平的进一步倾斜,以及对大陆经济、政治等发展状况的不信任,台湾民众拒绝"被统"的意愿逐渐升高。在大陆坚定运用政治、军事等手段,坚定反对"台独"的同时,台湾民众也不愿因扁当局的分裂行径卷入战争和动荡,于是维持现状成为社会主流诉求,台民众试图通过民意反制扁当局的危险行为。因此,反对和遏制"台独"时期,台湾民众的态度虽然不利于两岸关系外溢效应的产生,但是有利于制衡"台独"行径、维持两岸现状。

(二)外部因素

1. 国际体系

步入21世纪,随着中国大陆综合实力的增强,国际地位和国际影响力得以迅速提升,在世界格局中逐渐占据举足轻重的地位,中国大陆所奉行的一个中国原则成为国际社会的行为准则和普遍共识,受到世界各国及国际组织的广泛支持,对制衡"台独"分裂势力奠定了基础。陈水扁主政的八年间大搞"烽火外交",企图突破一个中国原则,在国际上与大陆正面冲撞,不仅不能增加对外活动数量、提升对外活动层级,反而四处碰壁,引发国际社会普遍反感,成为

---

[1] 该调查中,受访者根据好感程度在0—10之间打分,0为非常喜欢,10为非常不喜欢,无反应包含拒答、看情形、无意见、不知道。本书将原始数据进行分类汇总,0—3分表示"不喜欢",4—6分表示"一般",7—10分表示"喜欢"。原始数据来源:美国杜克大学各年《两岸关系和国家安全民意调查》,Website of Program in Asian Security Studies, Department of Political Science of Duke University, http://sites.duke.edu/pass/data/。

315

国际社会避之不及的"麻烦制造者"。日本政府公开表示仅以民间形式讨论和研究台日自由贸易协定，欧洲国家一再拒绝陈水扁的"过境"请求。此外，由于综合实力与大陆差距不断扩大，台当局花费巨额资金"固邦"却仍然"邦交不稳"。

中国大陆坚持发展是第一要义，为创造稳定的发展环境，提出构建持久和平、共同繁荣的和谐世界，向国际社会表明坚持走和平发展道路的决心，化解一些国家对大陆实力增强的误解，同时承担一定的国际责任，积极推动建设持久和平、共同繁荣的和谐世界。因此，台湾问题的处理也必须服从于发展这一当务之急，只有综合实力全面提升，才能为推动区域经济整合，为两岸关系发展和两岸和平统一创造更多的条件。

2. 大国态度

21世纪以后，中国大陆综合实力的提升引起美国的关注和不安，中美关系开始出现摩擦。2001年小布什上台后重新调整亚太战略，将中国大陆定位为"战略竞争对手"，公开表示克林顿政府对华政策太软弱。2001年4月，中美发生"南海撞机事件"，导致两国外交危机，美方以极其含糊的遗憾作为回应，引发中方不满，中美关系迅速冷淡。"9·11"事件发生后，中国大陆公开支持打击恐怖主义，中美开展反恐双边对话，中国大陆还在联合国支持美国等联军对阿富汗的军事行动。为寻求中国大陆在反恐问题上的支持，美国迅速调整对华政策，不再将中国大陆视为最大的潜在威胁，双方建立起建设性合作伙伴关系。此外，美国在"朝核"问题、全球经济等问题上都需要中国大陆的支持，2005年美国提出中美两国是"利益相关的参与者"，强调双方的可合作性。因此，中国大陆综合实力的提升不仅引发美国的关切，也使美国意识到中国大陆在国际事务上所具备的影响力及能够发挥的作用，促使美国调整对华政策，优先解决棘手的全球问题。

为争取中国大陆的支持，2002—2008年美国在台湾问题上始终奉行"一中"政策，维护台海现状。2002年8月，陈水扁提出"一边一国"论，美国重申一个中国政策，声明该政策长期有效。2003年11月，民进党在"新宪法小组会议"上提出"新宪"三原则，制定"新宪"推动时间表，小布什在12月温家宝访美时对台湾提出严重警告，反对陈水扁片面改变两岸现状。2004年底，陈水扁再次叫嚣"正名""制宪"等议题，美国国务卿鲍威尔回应：世界上只有一个中国，台湾不是主权独立国家，这是美国一贯的政策，[①]这一表态较中美三个"联合公报"更为明确和清晰。随后美国高层官员相继表态，批评台当局试图破坏两岸现状的分裂行径。扁当局"一边一国"论使台美关系不断走向恶化，美国公开表示台湾是"麻烦制造者"，在两岸政策上逐渐向中国大陆倾斜，虽然其间美国时常有不和谐的举动出现，如仍保持高额的对台军售，但中美关系总体保持良好的发展势头，为在国际上反"台独"树立了具有影响力的榜样。

反对和遏制"台独"时期布什政府的两岸政策再次印证，美国的大国态度受到大陆综合实力的影响，进一步对台湾政治精英施加影响。但外部因素的影响力不是决定性的，只能作为制衡两岸关系的策略和手段。

（三）交流频率和范围

1. 交流频率

在经贸交流方面，2000 年两岸贸易总额 305.3 亿美元。陈水扁上台后，从全球布局到南向政策，从"有效管理"到"积极管理"，为台商赴大陆投资及两岸经贸设置了重重障碍。大陆通过政经分离和灵活务实的贸易政策，推动两岸经贸进入互利双赢的正常化发展轨道。反对和遏制"台独"时期，两岸贸易总额呈稳定上升趋势，2007 年达 1244.8 亿美元，年均增长率 22.24%，大陆成为台湾最大的出口市场和最大的贸易顺差来源地，两岸经济往来频繁，促进了两岸关系外溢效应的产生。

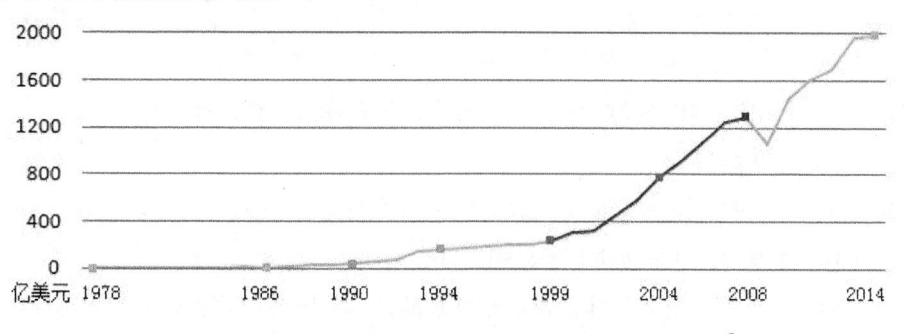

图 3-17 反对和遏制"台独"时期两岸贸易总额[②]

在人员交流方面，2000 年台湾赴大陆人员为 310.9 万人次，此后除 2003

[①] "Powell: Taiwan not sovereign", New York: *Fox News*, October 27, 2004.
[②] 本图数据来自中国海关统计，数据来源：台湾大陆委员会经济处：《两岸经济统计月报》（第 272 期），台北：台湾大陆委员会网，http://www.mac.gov.tw/mp.asp?mp=1。

年由于"非典"(SARS)肆虐,出入境人数因受管控出现下降,其余年份均呈稳定上升趋势。2007年,台湾赴大陆人员增至462.8万人次,较2000年增长48.86%。2000年,大陆赴台人员为11.6万人次,2001—2003年均维持在15%左右的增长率,较1990年代两岸关系发展热络时期出现大幅下跌,可见扁当局的"一边一国"论影响了大陆民众的赴台意愿。2003年,同样受到"非典"影响,大陆赴台人次从2002年的15.5万降至13.5万。2005年大陆释放善意提出"胡四点",强化对两岸关系中政治、经济、军事、社会、文化等各方面的认知和工作,大陆赴台人次迅速提升,2007年达32万人次,较2003年增长1.37倍。由此可见,反对和遏制"台独"时期,台湾赴大陆人员数量仅受到突发事件影响,而大陆赴台人员数量不仅受突发事件影响,还受到两岸政策和两岸关系的影响,印证了开放交流与反"独"启动时期关于两岸人员交流的论证。总体来说,反对和遏制"台独"时期两岸人员往来呈上升趋势,有利于两岸外溢效应的产生。

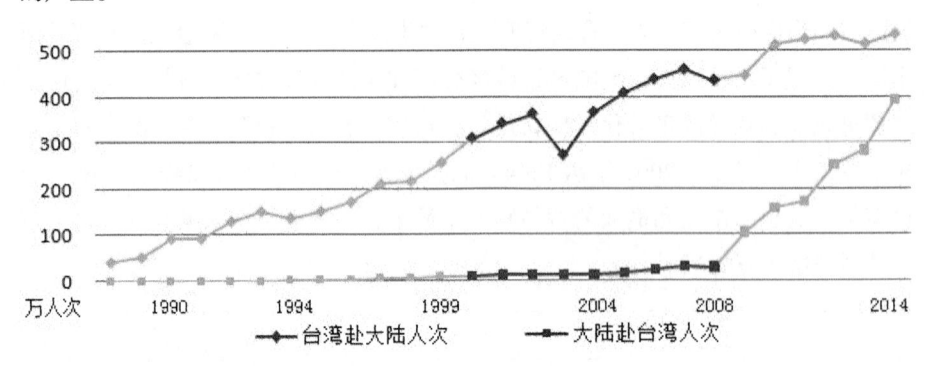

图 3-18 反对和遏制"台独"时期两岸人员往来情况[①]

2. 交流范围

反对和遏制"台独"时期,不仅两岸经贸和人员交流进一步深入,还扩展至其他交流领域,外溢效应开始显现。

2005年台湾"泛蓝"阵营领袖相继登陆,与中国共产党建立了政党协商机制。"胡连会"后,国共两党决定每年举办国共论坛,建立党际定期沟通交流平台,对两岸关系发展的重要问题进行广泛而深入的研讨。此后,大陆贯彻"寄希望于台湾人民"的方针,通过国共论坛等平台陆续向台湾释放一系列惠台政

---

① 本图数据来自中国海关统计,数据来源:台湾大陆委员会经济处:《两岸经济统计月报》(第272期),台北:台湾大陆委员会网,http://www.mac.gov.tw/mp.asp?mp=1。

策,深化两岸经贸、农业等领域的交流,将交流范围拓展至旅游、教育、医疗、影视等多领域。

2005年"胡连会"和"胡宋会"期间,大陆释出六项大礼,包括赠送大熊猫、开放大陆居民赴台旅游、扩大开放台湾水果准入并对其中十余种实行零关税、对高校台湾学生按大陆学生标准同等收费、给台湾居民入出境提供便利、逐步放宽台湾同胞在大陆就业的条件等。2006年国共论坛大陆出台15项惠台政策、两岸农业合作论坛宣布20项惠台农业政策,2007年国共论坛及商务部等部门陆续提出约20项惠台政策,向台湾民众开放会计、卫生等15类专业技术人员资格考试,规定两岸合拍电视剧享受大陆产电视剧的同等待遇,着手恢复对台天然砂出口,采购2000吨台湾水果等,为两岸贸易发展注入新动力。[①]

表3-2 2005—2007年大陆对台主要优惠政策[②]

时间	总计	农业	交通邮政	投资就业	旅游签注	教育考试	医疗	影视	其他
2005	6	1	—	1	2	1	—	—	1
2006	35	27	—	—	2	2	4	—	—
2007	20	2	6	4	1	4	—	2	1
总计	61	30	6	5	5	7	4	2	2

这一时期大陆惠台政策仍然以经济力的施展为主,其中台湾农业优惠政策接近政策总数的一半。随着文教实力的提升,大陆开始运用文教力施展软实力在两岸关系上的作用。2005—2007年大陆惠台政策中,教育、考试、影视等文教领域的政策共9项,占总数的14.7%。此外,大陆还通过举办宗教活动,开展文化、学术、体育等领域的交流,逐步增进两岸民众间的了解和认识,促进两岸交流领域的拓展。

[①] 《大陆6部门推出13项惠台措施》,北京:新华社,2007年4月29日。
[②] 本表统计包括2005年连战、宋楚瑜登陆,2006年两岸经贸论坛、两岸农业合作论坛,2007年两岸经贸文化论坛及其他场合或其他重要部门提出的对台优惠政策。2005年"其他"指大陆向台湾赠送大熊猫,2007年"其他"指两岸民间专业组织在两岸海上搜救、打捞等方面开展技术交流与合作。

第五节 和平发展时期（2008—2016）

2008年3月22日，国民党籍候选人马英九高票当选台湾地区领导人，他在就职演说中提出"不统、不独、不武"的"三不政策"，主张在"中华民国宪法"架构下，维持两岸现状，并重申将在"九二共识"的基础上发展两岸关系。为维护两岸关系和平发展，大陆坚持"建立互信、搁置争议、求同存异、共创双赢"的方针，贯彻"先易后难、先经后政、把握节奏、循序渐进"的思路，倡导为逐步破解两岸政治难题创造条件。[①]在共同的政治基础之上，两岸关系步入和平发展时期。

一、和平发展时期两岸综合实力对比

2008年全球金融危机爆发，造成自1929—1933年经济"大萧条"以来，全球经济最严重的一次衰退，海峡两岸经济也受到不同程度的影响。由于台湾是典型的外向型经济，对外依赖性强，因此，外部经济环境变化会导致岛内经济形势产生较大的变化，进而对台湾经济、社会产生严重冲击。大陆通过灵活、审慎的宏观经济政策实行有针对性的调控，采取"保增长、控物价"的方针，同时抑制通货膨胀、稳定国际收支和金融体系，减少外部冲击，推动经济又好又快地发展，成为稳定世界经济的重要力量。经济实力的迅速提升为大陆其他各项建设提供了有力的物质保障。2014年，大陆和台湾综合实力指数分别为255.9和38.23，两岸综合实力差距增至6.69倍。

在"子准则层"比较上，2014年，台湾硬实力百分比急剧萎缩，经济力、科技力、军事力、资源力占大陆比重分别降至7.98%、15.91%、9.84%、6.93%。

[①] 孙亚夫：《概论1987年至2012年两岸关系发展脉络》，北京：《政治学研究》，2015年第4期。

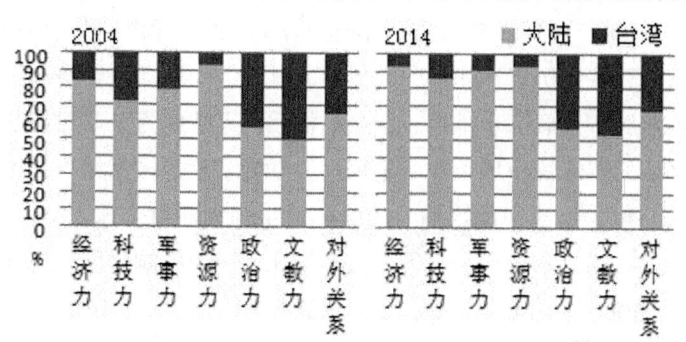

第三章 两岸综合实力消长对两岸关系的影响

两岸软实力差距进一步扩大，大陆文教力、对外关系能力指数增幅明显。

图3-19 2004与2014年两岸综合实力"子准则层"百分比

2014年29项"一级指标"中，虽然台湾仍在7项指标上保持领先，但是多项指标的领先优势已大幅缩小。两岸人均指标指数从2008年的3.85倍缩小至2.91倍，生活水平指数也从2.52倍缩小至1.72倍。因此，台湾的经济优势已大幅度流失，大陆正在以积极的经济发展姿态进一步扩大经济总量优势，缩小同台湾在人均指标和生活水平等方面的差距。2014年大陆公权素质与台湾基本持平，教育普及率与台湾的差距进一步缩小。此外，大陆在经济总量指标、科技队伍、科技投资、科技水平、武器装备、军事经济力、军事科技力、人力资源、土地海洋、能源、整体战略、民众凝聚力、各项对外关系能力指标方面，具有压倒性优势。

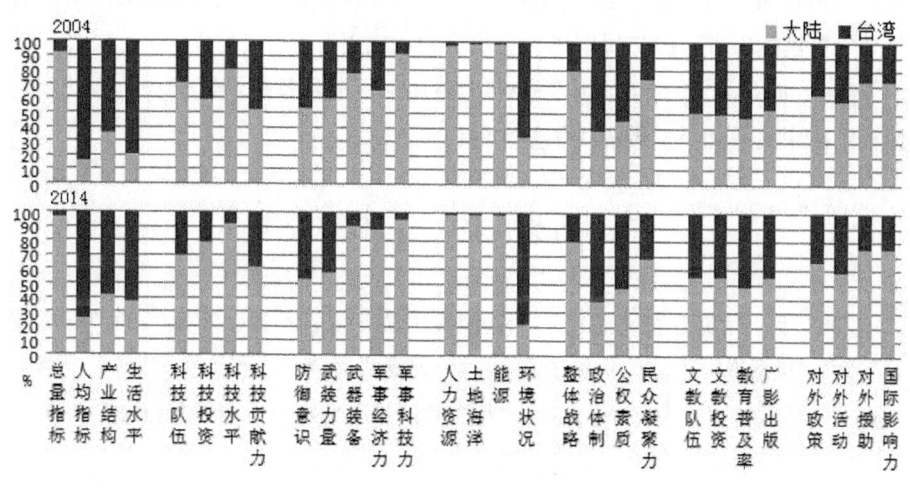

图3-20 2004与2014年两岸综合实力"一级指标"百分比

321

在具体的硬实力指标比较上，2008年的金融危机严重冲击了台湾经济，GDP增长率从2007年的6.5%迅速下降至0.7%，2009年继续跌至-1.6%。2010年以后，台湾经济经历了迅速反弹到低迷的过程，加诸岛内经济和民生问题积重难返，台湾经济发展举步维艰。金融危机后，大陆成为全球经济复苏的主要拉动力，经济的持续快速增长在一定程度上抵消了发达国家经济衰退和缓慢复苏对全球经济增长所造成的影响。2010年，中国大陆对全球GDP增长贡献跃居全球第一，取代日本成为全球第二大经济体，成为影响国际经济环境的重要内生变量。[①] 2008—2014年，台湾GDP总量占大陆比重从9.14%下降至5.11%。在科技领域，大陆科技经费投入从2008年的6.21倍增至13.32倍，人均科技投入占台湾比重从30.12%迅速提升至76.62%，高技术产品进出口额远超台湾，但是大陆的整体科技环境有待提高，基础研究经费比例仍然过低。

大陆硬实力优势的扩大为软实力的提升奠定了基础。2008—2014年，大陆文教水平提升迅速，文教投资增长一倍以上，高等教育毛入学率增长60.94%，公共图书馆和艺文活动指数分别增长47.47%和63.91%。台湾除广电影视出版外，文教队伍、文教投资和教育普及率各项具体指标发展平稳，文教力水平提升缓慢。2008年以后，大陆逐渐巩固和强化作为世界"一超多强"体系中"一强"的地位和作用，在国际组织等多边安排中正日益发挥着越来越重要的作用，国际规则制定能力和全球治理能力持续提升，成为世界多边体系不可或缺的一极。台湾在两岸关系和平发展的潮流和一个中国原则下，发挥有限的作用，更多地参与国际事务，参加民间国际会议次数大幅提升。

2008年以后，大陆在两岸综合实力对比中逐渐具备压倒性优势，为其坚定地推动两岸关系和平发展提供了坚实的保障。

二、马英九的"三不政策"

2008年，马英九在"总统"大选中提出"不统、不独、不武"的"三不政策"。"三不政策"是其两岸政策的核心，将两岸关系定位为"一个国家，两个地区"的特殊关系。[②] 马英九还将"九二共识"作为双边协商的基础和两岸关系

[①] 叶荷：《中国面临不一样的战略机遇期》，北京：《国际经济评论》，2012年第3期。
[②] 《马"总统"就职演说内容全文》，台北：《苹果日报》，2012年5月20日。

持续发展的关键,① 提出在"九二共识"的基础上恢复"两会"协商。在共同的政治基础之上,两岸达成了许多务实且难得的突破,逐渐形成由两岸"两会"、"两办"、两岸领导人以及两岸热线等构成的立体化协商模式,为推动两岸事务性协商开辟了道路。2013 年,马英九对"三不政策"进行更为清晰的阐述,即:不会推动"两个中国"、不会推动"一中一台"、不会推动"台湾独立"。②

(一)"三不政策"以政治力制衡两岸关系

1. 宣传民主价值观,意图推动大陆"民主化"

2008 年,台湾实现第二次"政党轮替",被认为是民主体制成熟的标志③,极大增强了台湾人对其民主的自信心和自豪感。2007 年 7 月 15 日,马英九在竞选时发表《民主再造工程——台湾民主第二阶段改革宣言》,指出"台湾民主政治的发展,是华人文化圈史无前例的奇迹,也是形塑今日台湾社会风貌最重要的历史进程"。④

马英九上台后,十分重视通过民主施展其政治软实力。2008 年 10 月,马英九在"双十"讲话中表示:"只要台湾做好本身的建设,不但可以强化台湾的国际地位,还会为整个中华民族的变革,带来新的希望。台湾人是台湾的主人,也是中华民族进步的力量……台湾一定能够以优质的民主,丰富的文化内涵,以及均衡的社会与经济发展,赢得大陆同胞与国际人士的尊敬与认同。"⑤

马英九此举意在树立台湾的"民主"形象,将所谓的"民主理念"向大陆漫溯、渗透,吸引大陆民众的认同,按照其所设想的步伐,推动大陆"民主化"进程。⑥ 他认为,"台湾的民主等各项制度优点,在跟对岸互动时,很自然就会结合起来","经由'软实力'达到与增加'国防经费'相同或更大效果",⑦ 他还希望通过两岸青年交流活动,让大陆青年能够"体验台湾民主、多元的公民

---

① 《"总统"晚间与美国华府智库"战略暨国际研究中心"(CSIS)视讯会议》,台北:台湾"总统府"网,2011 年 5 月 12 日。
② 《马:不会推两个中国或一中一台》,台北:"中央社",2013 年 10 月 25 日。
③ 美国国际政治理论家塞缪尔·亨廷顿认为,新兴民主国家只有完成两次和平政权轮替,才能成为民主巩固的国家。Samuel P. Huntington: *The Third Wave: Democratization in the Late Twentieth Century*, Norman: University of Oklahoma Press, 1991.
④ 马英九:《民主再造工程——台湾民主第二阶段改革宣言》,爱思想网,2008 年 1 月 18 日。
⑤ 《"总统"与夫人出席"中华民国"各界庆祝 2008 年"国庆"大会》,台北:台湾"总统府"网,2008 年 10 月 10 日。
⑥ 刘相平:《马英九"软实力"思想评析》,厦门:《台湾研究集刊》,2009 年第 1 期。
⑦ 《谈两岸竞合,马英九:不硬性向对岸输出民主》,台北:"中央社",2008 年 5 月 20 日。

社会"①。

2."只经不政",回避政治对话

早在2006年马英九就曾表示,若赢得2008年"大选",将尝试恢复两岸间以"九二共识"为基础的政治对话,与大陆协商签订两岸和平协议的架构。② 2011年10月底,马英九宣布胜选后将在第二任期内与大陆签署和平协议,被民进党攻击炒作为要签署统一协议。胜选后,马英九一直回避两岸政治对话。

此外,马当局授权海基会作为台湾唯一谈判机构,不再采取复委托方式。③ 在马英九第二任期内,除"台湾国际空间"议题外,马英九当局拒绝就其他政治性议题与大陆展开谈判,两岸政策渐趋保守。可以说,马英九执政八年,将两岸政治沟通、协商、谈判,签订和平协议,建立军事互信机制等政治议题,变成"台湾社会谁都不能碰、不敢碰的最大政治禁忌"。④

马英九执政时期,台湾政治力指数比陈水扁时期虽然略有回升,但是较李登辉时期下降幅度较大,尤其是公权素质和民众凝聚力指数下滑明显,增加了马英九的施政难度。再加上其本人执政能力的欠缺,致使岛内民众对经济、社会现状十分不满。2013年5月31日,台湾指标民调公司发布的台湾民心动态调查结果显示,马英九"执政"满意度仅19%,不满意度高达73.4%。⑤ 民意下滑严重降低了马英九当局的政治实力,导致其在处理两岸关系时畏首畏尾。此外,面对两岸综合实力差距的迅速扩大,马英九十分担心两岸政治对话无法建立在所谓"对等"的基础上,使台湾"丧失国格"。于是,马英九提出与大陆进行和平协议谈判必须满足"民意高度支持、台湾确实需要、立法机构监督"等苛刻的限制条件,并增加"公投"等苛刻条件,几乎丧失商谈和平协议的可能性。

(二)"三不政策"正视两岸经济力对比实际情况,推动两岸经贸往来

2008年全球金融危机对台湾经济产生严重冲击。2008—2014年,台湾经济

---

① 《"总统"及"副总统"出席"庆赞双十 - 中华青年交流协会成立20周年庆祝大会"》,台北:台湾"总统府"网,2016年3月20日。
② 《马英九:中国消除对台动武意图是复谈要件》,台北:"中央社",2006年2月14日。
③ 《江丙坤:两岸谈判,官员也要上桌;涉及公权力部分,不采复委托模式》,台北:《工商时报》,2008年5月1日。
④ 《中评重磅专访:余克礼详论马与蔡》,香港:中国评论通讯社,2016年11月25日。
⑤ 《民调/马英九执政满意、不满意都上升 负面评价73.4%》,台北:《今日新闻》,2013年5月31日。

总量指数和人均指标指数年均增长率仅3.62%和3.96%，生活水平指数停滞不前，民众怨声载道。与此同时，大陆经济实力飞速提升，台湾经济力指数占大陆比重迅速从12.13%滑落至7.98%。在大陆经济的吸引下，为摆脱经济困境，马英九在"九二共识"的基础上，积极推动两岸经贸发展。

台湾当局出台一系列松绑陈水扁时期限制大陆经贸的政策，包括台湾企业赴大陆投资金额上限放宽至60%，简化台商投资审查程序和产业类别，开放大陆资金赴台投资等，结束了两岸单向通商的局面，为两岸经贸往来创造了较为宽松的环境。两岸还在大陆民众赴台观光旅游、共同打击犯罪、开展金融合作、农产品检疫检验、渔船船员劳务合作、标准计量检验认证等方面取得积极有效的进展，极大地推动了两岸经贸往来以及两岸关系和平发展，为台湾创造了巨大的经济红利。

2008年以后，两岸共签署23项协议，达成2项共识。2008年12月，两岸海运和空运直航协议同时生效，两岸人员和货物来往不需中转第三地，实现"一日生活圈"。到2016年初，两岸定期航班从零增加到每周890班。[①] 截至2016年5月，台湾与大陆贸易顺差累计近6000亿美元，每年平均约700亿美元，对台湾整体对外贸易产生极其正面的效果。马英九指出，台湾不能忽视大陆市场对台湾经济发展的影响。

（三）"三不政策"以"活路外交"扩大国际参与

随着综合实力的增强，大陆国际地位和国际影响力得到全面提升。经历了陈水扁时期"烽火外交"的"以卵击石"，马英九在审时度势之后，提出"活路外交"。"活路外交"与李登辉的"务实外交"在策略上并无区别，但是效果却大不相同，根本原因在于马英九以"九二共识"为基础，推动两岸关系的和平发展。在此前提下，大陆将台湾"国际空间"问题纳入两岸关系和平发展的进程，促进了台湾"国际空间"的扩大。此外，李登辉、陈水扁时期的"金元外交"不仅没有起到"固邦"的作用，反而使台湾"国际形象"不佳，马英九表示绝不会进行"金钱外交"。他将政治、文教等软实力融入对外关系能力中，提出"以人道、文化、经贸为内涵"，让台湾在国际上"愈来愈有能见度，愈来愈能发挥专业"。[②]

[①] 《国台办就2016两岸关系、两岸表情包大战等答问》，人民网，2016年1月27日。
[②] 《马英九出访南太国家 强调"不撒钱"》，香港：中评社，2010年3月21日。

1. 通过人道主义援助，改善台湾国际形象

马英九的"活路外交"同样注重经济力在对外援助上的渗透，不同于"金元外交"的是，他提出援外政策要确立"进步伙伴、永续发展"的政策主轴，援外模式要向"专业化及多元化建构"。① 台当局以"邦交国"的发展需求为依据，以台湾较有优势的部门和技术为依托，在预算支出允许下，"透过双边高层协商，共同择定援助专案及执行方式，并签订短、中、长期合作计划及协定"，建立"专业有效"之"成果导向"的援助模式。② 援助内容主要包括基础建设、技术协助、人道救助、教育合作、贸易援助等，如合作建设"CA-9号公路"工程，为拉美国家提供防蚊器材以抗击"寨卡"病毒，为其设立"台湾奖学金"并鼓励"友邦"的优秀学者赴台就读等，以期改变过去在国际上因"金钱外交"而树立的"凯子形象"。

2. 强调"文化外交"，努力经营"文化输出者"形象

马英九十分注重以"文化"为载体进行对外活动，指出要用"文化外交"补强"传统外交"，努力经营"文化输出者"形象。③ 2012年5月20日，台当局在"文化部"设立专门机构"文化交流司"负责推动"文化外交"，以"持续发展具有台湾特色的中华文化"，"进一步发挥中国民国的软实力"。④ 马英九还他在任内成立"财团法人文化创意产业发展研究院"，扶植台湾文化产业的创投、研发、品牌建立和国际流通，刺激文化产业的原创能力。

台当局将"台北文化中心"海外据点从3个扩增至11个，派驻"文化部"人员进驻；⑤ 在纽约、洛杉矶、休斯敦三地设立"台湾书院"，展示和推介台湾文化特色；与世界各地大学长期合作开设"台湾讲座"，邀请台湾知名文化人士进行讲演，"让台湾成为世界了解中国的参考坐标"。⑥

马英九强调，"唯有台湾，最有条件成为中华文化的领航者"，并表示未来

---

① 台湾"外交部"："进步伙伴 永续发展 援外政策白皮书"，台北：台湾"外交部"网，2009年。
② 台湾"外交部"："进步伙伴 永续发展 援外政策白皮书"，台北：台湾"外交部"网，2009年。
③ 刘相平：《马英九"软实力"思想评析》，厦门：《台湾研究集刊》，2009年第1期。
④ 《"国家文艺奖"颁奖 马重提"6国论"》，台北：《中国时报》，2011年9月28日。
⑤ 《驻日台湾文化中心12日东京正名挂牌》，台北：《自由时报》，2015年6月8日。
⑥ 《边境穿越 龙应台纽约发表首场演说 文化扬声 展现台湾软实力》，台北：台湾"文化部"网，2012年8月23日。

要"透过更符合世界潮流的方式"发展"台湾特色中华文化"。①

3.链接价值理念，拓展"国际空间"

马英九在 2008 年台湾"大选"竞选政策中提出，"台湾的地理位置、人文素养、民主制度、自由经济、开放社会、热情好客的性格、众多活跃的民间组织（Non-Governmental Orgaization, NGO），以及遍布全球的爱乡侨民都是我们'软实力'的重要资源"，要善用这些资源，为"活路外交"注入大量活水，"让国际社会都能了解台湾在经济发展与自由民主方面的成就，进而让台湾有机会与所有理念兼容、利益相合之国家，共同为缔造和平、繁荣的国际环境而奋斗"。②

马英九有意通过对外关系软实力，在国际上树立"华人社会的民主典范"形象，从而链接美国、欧洲等西方价值理念，深化同这些国家或地区的关系，博取国际社会的同情与理解，取得"道义"上的正当性，从而拓展"国际空间"，增添他在处理两岸关系的"话语权"。③

（四）"三不政策"军事面向的矛盾与反复

马英九时期，大陆军事实力逐渐占据支配性优势，台湾军事力指标占大陆比重从 2008 年的 15.62% 迅速下滑至 2014 年的 9.84%，大陆在武装力量、武器装备、军事经济力、军事科技力等指标上均具有压倒性优势。马英九深知，李登辉时期两岸军事实力相对接近，台湾尚不能"有所作为"，因此在军事层面提出"不武"的政策，缓和两岸军事关系。但是受其固有敌对思想及岛内民意的掣肘，马英九仍然坚持"以武拒统"，冷冻两岸军事互信机制。

1.改变军事战略，缓和军事关系

马英九上台后，放弃陈水扁时期"决战境外"的攻势战略，采取"备战而不求战、绝不开第一枪"的守势战略，战略指导从"有效吓阻、防卫固守"回归到"防卫固守、有效吓阻"，保证"不主动挑衅"，缓和两岸军事关系，"让台

---

① 《马"总统"主持 2011 年"开国"纪念典礼暨元旦团拜》，台北：台湾陆委会网，2011 年 1 月 1 日。

② 《马英九外交政策——活路外交，拥抱全球》，http://2008.ma19.net/files/ma-policy4you/pdf/diplomacy.pdf。

③ 刘相平：《马英九"软实力"思想评析》，厦门：《台湾研究集刊》，2009 年第 1 期。

湾海峡从过去的冲突热点转变为和平大道"。①台军通过"精实案"缩减兵力，实行"全募兵制"，延缓研发雄风–2E等远程攻击性武器，降低军事演习频率，停止模拟两岸军事冲突的"玉山兵推"，放弃扩建南沙太平岛军用机场计划。

在此情况下，两岸退役军官互动逐渐增加。2009年6月，第一届海峡两岸退役将军高尔夫球邀请赛在厦门举行，共37名两岸退役将官参加。11月，应台方邀请，大陆退役军官代表郑必坚、李际均等赴台参加"两岸一甲子学术研讨活动"，与台退役军官积极互动，在济南市安全方面达成五点共识。②此后，双方退役军官互访和互动逐渐频繁。

2. 坚持"以武拒统"，更新武器装备

出于自身利益需要，在两岸关系和平发展的背景下，台当局依然以大陆为假想敌，渲染大陆军事威胁，提升台军军事防卫能力，坚持"以武拒统"。马英九声称，大陆对台"是重要的机会，也是严重的威胁"，"'机会'与'威胁'随着大陆的发展同时在变大"，③"应该做的建军备战还是要做，应该持续的军事训练工作也完全不能松懈，因为只有'备战才能止战'，我们绝对不求战，但我们也绝对不避战、不畏战，这也才是我国建军备战最主要的目标"。④马英九任内延续台军传统，每年进行"汉光演习"，以解放军攻台为背景展开。

马英九当局维持高额的美式武器采购，2009—2016年台湾地区武器装备进口总额达31.75亿美元，几乎全部来自美国，比2000—2008年多2.94亿美元，仅2014年一年即花费10.84亿美元。⑤台湾以两岸军力失衡为由，多次向美国表达购买F–16C/D战斗机的意愿，并提出购买柴电潜艇、P–3C反潜机等装备的要求。此外，台军加紧研发非对称武器，开展用于攻击"敌方"电力系统、代号为"玄宇"的武器研制计划；研制未来装备雄风–2E的"石墨炸弹"，用于摧毁城市电力输配系统；研制反制"北斗"卫星导航定位系统；研制用于攻

---

① 《"总统"主持2016年"开国"纪念典礼暨元旦团拜》，台北：台湾"总统府"网，2016年1月1日。

② 五点共识包括：1. 先由两岸民间学者、退役军人建立交流对话管道；2. 应适时通过两岸协商，结束两岸敌对状态；3. 促进开展联合海上搜救及维护海运安全；4. 促进共同合作开发东海、南海资源；5. 两岸共同研究抵御外侵，尤其是八年抗日战争历史。资料来源：《两岸一甲子学术研讨会"的意涵、共识与建言》，香港：中国评论通讯社，2009年12月26日。

③ 《"总统"参加"国军"2008年重要干部研习会》，台北：台湾"总统府"网，2008年10月21日。

④ 《"总统"主持2008年三军五校院联合毕业典礼》，台北："总统府"网，2008年7月2日。

⑤ 数据来源：Stockholm International Peace Research Institute: "SIPRI Military Expenditure Database", Website of SIPRI.

击卫星地面控制中心、干扰卫星导航通讯的反辐射导弹和脉冲武器，[①]企图达到"以武拒统"的目的。

3.军事互信机制，积极转为消极

马英九执政之初对建立两岸军事互信机制较为积极，多次提出要将建立两岸军事互信机制和签署和平协议作为重要施政目标，从而缓解因大陆军事力迅速提升而造成的压力。为此，台军方积极配合，成立智库展开相关议题的研究。2008年6月3日，马英九授意"国防部长"陈肇敏在"立法院"进行业务报告时表示，军方已制定出建立两岸军事互信机制的政策纲领草案，将分近、中、远程三阶段逐步推进，近程阶段推动非官方接触，优先解决事务性议题，公布"国防"报告书、预先公告演习活动，保证不率先攻击、遵守核武五不政策、公布海峡行动准则，推动军事学术交流和建立军事热线等；中程阶段推动官方接触，降低敌意，防止军事误判；远程阶段双方签订和平协议，结束两岸敌对，确保台海和平稳定。[②] 2009年台《四年期"国防"总检讨》明确提出，要建立两岸军事互信机制，希望进一步推展至沟通性（如建立热线）、规范性（如订定海峡行为准则、双方机舰遭遇行为协定等）或限制性措施（如限制特定兵力之部署与军事活动、裁减兵力等）。[③]

2009年以后，由于民进党的煽动、抹"红"，台湾民众的"恐中"情绪，美日等国的消极应对，以及马英九自身性格等原因，马当局对两岸军事互信机制的态度逐渐转为消极，不断提出各种条件限制两岸谈判协商，如岛内形成共识、获得美日同意、大陆撤除导弹、承认两岸分治等。[④]此后，马当局多次表示，建立两岸军事互信机制的主客观条件尚不成熟，需循序渐进地运作，实则将军事互信机制议题冷冻。

（五）"三不政策"通过文教力奉行价值输出

马英九对中国文化尤其是传统文化极为推崇，他认为两岸人民同属中华民

[①] 白纯：《台湾军事发展态势》，北京：《两岸关系》，2012年第5期。
[②] 《两岸互信机制 我已有谈判准备》，台北：《中国时报》，2009年1月1日。
[③] 台湾"国防部"：《2009年四年期"国防"总检讨》，台北："国防部"官网，2009年，第23页。
[④] 苏开华：《海峡两岸军事互信之现状与前景探析》，福州：《现代台湾研究》，2011年第1期。

族、分享与传承共同的血缘、语文、历史与文化,[①] 未来的作为一定是中国文化本位、中华文化本位,这个没有折扣可以打。[②] 因此,马英九十分注重台湾文教实力在海峡两岸甚至国际社会的影响和作用,他指出,"文化是台湾的关键实力","台湾的教育水平、人民素质、公民社会、艺文创新,明显地领先于华人世界,是台湾最大资产",要"以文化作为21世纪的策略领航,以文化的'软力量'深耕台湾,走入国际"。[③]

为正本清源,马英九部分纠正陈水扁时期遗留的"文化台独",为"去中国化"的部分机构、企业、建筑等恢复名称,将"国家文化总会"更名为"中华文化总会","台湾邮政"改回"中华邮政","总统府"等网站名称不再加"(台湾)",但英文名称保留"(Taiwan)"。

马英九十分重视两岸文教交流,借此向大陆输出价值。他表示要"以文化搭桥,创造和平红利"。马英九在任内通过多项两岸文教交流政策,在旅游方面,开放大陆游客赴台观光旅游;在教育方面,支持各级学校与大陆学校交换交流,承认大陆学历,通过"陆生三法"、开放陆生赴台就读,实现两岸高等教育双向交流;在文化方面,促成两岸媒体相互驻点采访正常化,开放大陆演艺人员赴台演出,倡议两岸合编《中华大辞典》,鼓励民间基金会深入大陆、在大陆设点推动公益等。马英九希望通过两岸文教交流,扩大两岸接触面,逐步培养两岸人民互信互重的基础,进而输出台湾的"公民社会经验与价值",做一个"价值的输出国","促进中国大陆的社会进步,以互信互利维护台海和平"。[④]

---

① 《马"总统"元旦祝词——改革奋斗 台湾再起》,台北:台湾大陆委员会网,2010年1月1日。

② 《马:尊重体制 执政拔擢常任文官》,台北:TVBS新闻,2008年3月4日。

③ 《马萧文化政策》,台北:"财团法人国家政策研究基金会",http://www.npf.org.tw/11/4118?County=%25E5%2598%2589%25E7%25BE%25A9%25E5%25B8%2582&site=。

④ 《马萧文化政策》,台北:"财团法人国家政策研究基金会",http://www.npf.org.tw/11/4118?County=%25E5%2598%2589%25E7%25BE%25A9%25E5%25B8%2582&site=。

三、习近平"共圆中国梦"的提出

2012年11月29日,习近平在国家博物馆参观"复兴之路"展览时,首次阐释了"中国梦"的概念,他认为:"实现中华民族伟大复兴,就是中华民族近代以来最伟大的梦想。"[1] "中国梦"的核心目标可以概括为"两个一百年"的目标,即要在中国共产党成立一百年时(即2021年)全面建成小康社会,在新中国成立一百年时(即2049年)建成富强民主文明和谐的社会主义现代化国家。[2] 2013年以来,习近平陆续将"中国梦"思想延伸至对台政策,提出两岸同胞"共圆中国梦"。习近平的"共圆中国梦"是中国大陆2008年以来对台政策的集中体现和升华,也是对邓小平、江泽民、胡锦涛等人对台政策的深化和创新,构成了习近平时代对台政策的核心。

2016年11月1日,习近平会见国民党主席洪秀柱时,就两岸关系发展提出六点意见,提到要"推进两岸经济社会融合发展",可以说"两岸融合发展"的表述真正标志着习近平对台思想达到新高度,实现了从交流发展朝向融合发展的跨越,是落实"两岸一家亲"、构建"两岸命运共同体"的重要途径,是争取台湾民心工作平台的新拓展,也是从和平发展迈向和平统一道路的再探索。[3] 习近平希望通过两岸融合发展解决当前两岸和平发展难以深化、无法破解政治难题的难题;解决只有和平发展、没有和平统一进展、甚至两岸愈走愈远、愈交流愈疏离的难题;解决两岸大交流、大合作中两岸同胞无法心灵契合的难题,彻底堵塞"和平台独"的通道。[4]

(一)"共圆中国梦"以经济力为两岸融合发展的主要推动力

1. 立足经济发展,全面建成小康社会

"中国梦"的首要目标是增强经济实力,提升人民生活水平。"中国梦"明

---

[1] 习近平:《承前启后 继往开来 继续朝着中华民族伟大复兴目标奋勇前进》,北京:《人民日报》,2012年11月30日。
[2] 胡锦涛:《坚定不移沿着中国特色社会主义道路前进 为全面建成小康社会而奋斗——在中国共产党第十八次全国代表大会上的报告》,北京:《人民日报》,2012年11月9日。
[3] 王英津:《融合发展:大陆推进和平统一的新思路》,香港:《中国评论》,2017年4月号。
[4] 倪永杰:《融合发展:习近平对台工作思想最新成果》,徐州:《全国台湾研究会2017年学术年会论文集:转型中的台湾政局与两岸关系》,2017年6月。

确了中国大陆未来的发展蓝图,目标"到2020年国内生产总值和城乡居民人均收入在2010年的基础上翻一番,全面建成小康社会;到21世纪中叶建成富强民主文明和谐的社会主义现代化国家,实现中华民族伟大复兴的中国梦。"[1] 中华民族复兴首先要建立在强大的经济实力的基础之上,不仅要做经济大国,更要做经济强国。

2015年2月2日,习近平在省部级重要领导干部学习贯彻十八届四中全会精神全面推进依法治国专题研讨班开班仪式上,首次集中阐述"四个全面",宣示治国理政的全新布局。习近平指出:"党的十八大以来,党中央从坚持和发展中国特色社会主义全局出发,提出并形成了全面建成小康社会、全面深化改革、全面依法治国、全面从严治党的战略布局。这个战略布局,既有战略目标,也有战略举措,每一个'全面'都具有重大战略意义。"[2] 全面建成小康社会是战略目标,全面深化改革是战略举措,是推进经济社会发展的具体途径,也是达成战略目标的必然举措。

"四个全面"是实现中华民族伟大复兴的"中国梦"的理论指导和实践指南,[3] 也是促进两岸关系和平发展与融合、实现国家统一的前提和路径。因此,中国大陆必须立足经济发展,积蓄经济能量,为实现国家统一奠定经济基础。

2. 提升两岸经贸合作制度化水平,推进两岸经济融合

2008年以后,为维护两岸关系和平发展,大陆坚持"建立互信、搁置争议、求同存异、共创双赢"的方针,贯彻"先易后难、先经后政、把握节奏、循序渐进"的思路[4],优先建构两岸经贸关系的正常化和制度化,建立全方位、多层次、宽领域的经贸交流合作,以稳固的硬实力推进两岸经济融合。

2013年10月6日,习近平与萧万长在印尼巴厘岛会面时强调,"两岸经济同属中华民族经济,在亚太地区经济发展新形势下,双方只有加强合作,才能更好应对挑战"。[5] 习近平还提出了四点希望,其中三点都围绕经济合作,即

---

[1]《习近平主席在博鳌亚洲论坛2013年年会上的主旨演讲》,新华网,2013年4月7日。
[2]《习近平在省部级主要领导干部学习贯彻十八届四中全会精神全面推进依法治国专题研讨班开班式上发表重要讲话强调:领导干部要做尊法学法守法用法的模范 带动全党全国共同全面推进依法治国》,北京:《人民日报》,2015年2月3日。
[3]《习近平在庆祝"五一"国际劳动节暨表彰全国劳动模范和先进工作者大会上的讲话》,北京:《人民日报》,2015年4月29日。
[4] 孙亚夫:《概论1987年至2012年两岸关系发展脉络》,北京:《政治学研究》,2015年第4期。
[5]《习近平会见萧万长一行 提促进两岸合作四点希望》,中国新闻网,2013年4月8日。

第三章　两岸综合实力消长对两岸关系的影响

"希望本着两岸同胞一家人的理念促进两岸经济合作","希望两岸加强经济领域高层次对话和协调,共同推动经济合作迈上新台阶","希望两岸加快经济合作框架协议后续协议商谈进程,提高经济合作制度化水平",①充分表明习近平对于继续深化和巩固两岸经贸关系的发展成果充满希望。

2008—2016 年两岸共签订 23 项协议,达成 2 项共识,涵盖各个领域,其中近一半为经济领域相关协议。2010 年 6 月 29 日,两岸两会在北京签订《海峡两岸经济合作框架协议》(ECFA),基本内容涵盖两岸间主要经济活动,包括货物贸易、服务贸易、投资、经济合作、早期收获、争端解决、机构安排等。两岸开通了定期空运航班、海运直航和全面通邮,大陆企业开始向台湾投资,两岸实现了全面直接双向"三通",经济联系日益紧密。

3. 深化和拓展两岸经贸合作,扩大对台优惠政策覆盖

2008 年以后,中华人民共和国逐渐成为世界经济大国,是影响国际经济环境的重要内生变量。②2008—2014 年,大陆经济总量指标指数从台湾的 18.55 倍迅速上升至 27.93 倍,成为深化和拓展两岸经贸合作,扩大对台优惠政策覆盖的重要基石。

在深化两岸经贸合作方面,2013 年 1 月 30 日,中国机电产品进出口商会在台北设立办事处,成为在台设立办事机构的首家大陆经贸社团,实现了两岸经贸社团互设办事机构,③是两岸恢复经贸往来 30 多年来的历史性突破。④2008 年以后,两岸分别成立两岸企业家峰会,还相继召开了紫金山峰会、两岸产业合作论坛、海峡两岸信息产业和技术标准论坛、两岸现代农业产业项目交流对接会等,为深化两岸经贸合作提供了产业合作平台,并取得了实效。

在拓展两岸经贸合作方面,大陆先后批准多家台湾金融机构进入大陆银行间债券市场投资,取得了一定的金融合作成果。台湾地区银行在大陆分支机构继续增加,业务逐渐扩展。2014 年 2 月 6 日,两岸货币清算机制开始运作,台湾人民币业务快速发展。此外,大陆相继成立海峡西岸经济区、平潭综合实验区、昆山深化两岸产业合作试验区等,为深化两岸经济合作,探索合作新模式提供了新的平台。

---

① 《习近平会见萧万长一行　提促进两岸合作四点希望》,中国新闻网,2013 年 4 月 8 日。
② 叶荷:《中国面临不一样的战略机遇期》,北京:《国际经济评论》,2012 年第 3 期。
③ 台湾贸易中心较早时已在上海、北京成立代表处。
④ 《中国机电产品进出口商会台北办事处成立并揭牌》,中国新闻网,2013 年 1 月 30 日。

在扩大对台优惠政策覆盖方面，大陆坚信"两岸关系和平发展的根基在基层，动力在民间"，"两岸关系形势越复杂，越需要两岸民间加强交流"，①必须将"两岸经济融合"提升为"两岸经济社会融合"，推动实现两岸民众"心灵契合"。因此，大陆从过去以农业为主导的经济惠台政策，逐渐向其他经济领域扩展，ECFA中台湾方面早期收货清单包括农产品、石化产品、机械产品、纺织产品运输工具等539项。此外，大陆还就台资企业融资及贷款、台湾货物运输、台湾青年就业和创业等提供诸多优惠和扶持，着力于惠及台湾基层民众，以期推进两岸经济社会融合发展。

（二）"共圆中国梦"以政治力为两岸融合发展的助推剂

1. 以亲情式感召，拉近心灵距离

国家整体战略是政治力的重要表现形式和组成部分，是统筹、指导全局发展的重要方略。习近平站在"两个一百年"的奋斗目标和中华民族伟大复兴的历史高度上，明确提出要把台湾问题纳入国家整体发展战略中考虑，他认为"只要两岸凡事都从中华民族整体利益考虑，就一定能克服前进道路上的各种困难和阻碍，推动两岸关系和平发展不断取得新成就"，②"国家统一是中华民族走向伟大复兴的历史必然"，③希望台湾同胞参与到中华民族伟大复兴的实践中来。

因此，台湾民众是实现中华民族伟大复兴和两岸统一的重要参与者，但是近年来，台湾民意逐渐出现"恐中"和"拒统"的倾向，面对台湾民意的新态势，习近平提出"两岸一家亲"及"两岸同胞心灵契合"的理念，认为"我们所追求的国家统一不仅是形式上的统一，更重要的是两岸同胞的心灵契合"。④习近平强调，两岸同胞是"血脉相连""休戚与共"的"命运共同体"，要相互理解和尊重彼此的社会制度和生活方式，⑤"携手同心，共圆中华民族伟大复兴的中国梦"。⑥习近平希望台湾各政党、各团体、各阶层都能分享中国大陆发展的机遇，成为中华民族复兴的参与者和推动者，共享中华民族发展的成果，在"共圆中国梦"的进程中实现祖国的统一。

---

① 《俞正声在第八届海峡论坛开幕式上的致辞》，新华网，2016年6月12日。
② 《习近平对促进两岸合作提4点希望》，新华网，2013年4月9日。
③ 《习近平总书记会见台湾和平统一团体联合参访团》，新华网，2014年9月26日。
④ 《国家统一更重要是心灵契合》，北京：《京华时报》，2014年9月27日。
⑤ 《习近平总书记会见台湾和平统一团体联合参访团》，新华网，2014年9月26日。
⑥ 《习近平：两岸同胞要携手同心共圆中国梦》，新华网，2014年2月18日。

2. 政治实力的稳定与提升是建立两岸立体化协商的重要保障

两岸关系和平发展时期,大陆经历了领导人的平稳交接和过渡,习近平在胡锦涛对台大政方针和政策的基础上,创造性地提出一系列两岸关系融合发展的战略和措施,建立了两岸立体化的协商机制。而这一时期,两岸关系发展的成果,正是建立在大陆一贯的对台政策立场之上。另一方面,随着综合实力的全面提升,大陆逐渐掌握两岸关系发展的主动权,使其有能力将"共圆中国梦"的战略思想融入两岸关系发展的进程中。因此,政治实力的稳定与提升成为建立两岸立体化协商的重要保障。

两岸"两会"会谈既是两岸经贸关系制度化的平台,也是国共论坛后政策面的落实平台。[①] 2008年6月12日,海协会会长陈云林和海基会董事长江丙坤在北京举行会谈,恢复了两岸中断9年的"两会"协商机制。同年11月,第二次"陈江会"在台湾举行,会上双方签订邮政、空运、海运等方面的协议,全面开启两岸"三通"。此后,两会协商沟通管道逐渐制度化、常态化。2008—2012年间,两岸"两会"共进行8次会谈,在金融、社会、医药、核电等多领域签订18项协议,扩大了两岸交流领域,促进了两岸关系的全方位发展。

中共十八大以后,海峡两岸逐渐形成了"两会"、"两办"、两岸领导人以及两岸热线等立体化的协商模式。2013—2015年,两岸"两会"又进行3次会谈,签署包括《海峡两岸服务贸易协议》《海峡两岸气象合作协议》《海峡两岸地震监测合作协议》《海峡两岸避免双重课税及加强税务合作协议》《海峡两岸民航飞行安全与适航合作协议》等在内的5项协议,进一步巩固了两岸"两会"商谈的常态化机制。

实现两岸事务负责人正式会晤。2013年10月6日,习近平与台湾APEC代表萧万长在印尼巴厘岛会面时提出:"对两岸关系中需要处理的事务,双方主管部门负责人也可以见面交换意见。"[②] 2014年2月,国台办和陆委会负责人在北京会见,这是1949年以后两岸官方的两岸事务负责人首次以正式官衔会晤、协商和互访,是在一个中国原则下两岸关系的重要突破,由此建立了两办负责人会晤的常态化机制,对两岸事务的协商更趋地方事务化。

实现两岸领导人会面。2015年11月7日习近平和马英九在新加坡举行会

[①] 朱新民:《两岸关系和平发展成果的巩固与挑战——签署两岸和平协议之探讨》,台北:"财团法人国家政策研究基金会网",2011年11月30日,http://www.npf.org.tw/2/10025。

[②] 《两岸政治问题,习:愿平等协商》,台北:"中央社",2013年10月6日。

面，这是 70 年以来两岸领导人的首次会面，"翻开了两岸关系历史性的一页"。[①] 会面中，两岸排除政治难题，在身份、称谓、政治符号等问题上达成默契，体现了在政治分歧尚未解决的情况下，两岸根据一个中国原则作出的务实安排，体现了双方合作的意愿与诚心，开创了两岸高层交往的新模式，有利于促进两岸高层的互相了解，对未来两岸关系发展，乃至亚太地区的和平稳定都有积极意义。[②]

建立两岸沟通热线。根据习近平在"习马会"上提出的建议，两岸积极推动国台办和陆委会负责人设立热线、保持密切沟通。2015 年 12 月 30 日，两岸热线正式启用，成为两岸政治互信建立的里程碑。两岸热线有助于双方及时沟通，避免误判，处理紧急问题，[③] 能够保持两部门的良性互动，减少双方的误判，推动两岸关系积极发展。

（三）"共圆中国梦"通过外交力对台释放善意

2008 年以后，随着综合实力的全面提升，大陆逐渐巩固和强化作为世界"一超多强"体系中"一强"的地位和作用，在国际组织等多边安排中正日益发挥着越来越重要的作用，国际规则制定能力和全球治理能力持续提升，成为世界多边体系不可或缺的一极。大陆十分重视台湾同胞希望更多地参与国际活动的想法和感受，充分发挥自己在国际上的优势地位，充分利用国际制度，为台湾人民谋求福祉。[④] 习近平多次表示，只要不造成"两个中国""一中一台"，两岸双方可以通过务实协商，作出合情合理的安排。[⑤]

2008 年以后，两岸实现"外交休兵"，各自"邦交国"数量没有增减。中华人民共和国多次婉拒台湾"邦交国"建交请求。2013 年 11 月 14 日，冈比亚因其自身原因、以维护"国家战略利益"为由宣布和台湾"断交"。大陆向台湾释放极大的善意，在冈比亚与台湾"断交"两年半之后中华人民共和国才与其建交。民进党籍"立委"蔡煌琅称，冈比亚只是第一个倒下的"骨牌"，台湾"外交"已岌岌可危，还有 5 个"邦交国"也准备与台"断交"，包括洪都拉斯、

[①]《两岸关系翻开历史性的一页》，北京：《人民日报》，2015 年 11 月 8 日。
[②]《刘相平语中评："习马会"是开先河之举》，香港：中国评论通讯社，2005 年 11 月 7 日。
[③]《习近平：设立两岸热线助双方及时沟通》，中国新闻网，2015 年 11 月 7 日。
[④] 刘相平：《大陆对台工作软实力之构成及实施路径探析》，北京：《北京联合大学学报（人文社会科学版）》，2009 年 5 月。
[⑤]《习近平：设立两岸热线助双方及时沟通》，环球网，2015 年 11 月 7 日。

塞尔瓦多、多米尼加、巴拉圭以及梵蒂冈。①但是中国大陆从两岸关系和平发展的大局出发,避免同这些国家过多接触,造成挖台湾"邦交国"的嫌疑,甚至婉拒这几个国家提出的建交请求。

中国大陆还在其他国际空间方面向台湾释放了很多善意,努力建立双方的政治互信。2009—2016 年,台湾连续七年以"中华台北"的名义和观察员身份出席世界卫生大会。2013 年,中华台北民航局以国际民航组织理事会主席客人的身份列席大会。2008—2013 年,台湾在一个中国原则下参加民间国际会议的次数从每年 1738 次猛增至 2625 次,大大提升了国际事务的参与。

"中国梦"在外交领域体现为"大国梦",为巩固国际地位,更多地参与国际事务,承担大国责任和义务,中国大陆积极推动东盟"10+1"、上海合作组织、区域全面经济伙伴关系(RCEP)等多边安排,推动成立"金砖五国开发银行",并提出"一带一路"倡议,建立亚洲基础设施投资银行和丝路基金,建设搭建全球化和区域经济一体化发展新平台,推动全球和区域经济的发展与合作。中国大陆"大国梦"的实现离不开台湾同胞的参与和推动,习近平表示,两岸可以适时务实地探讨经济共同发展、区域经济合作进程衔接的适当方式和可行途径,为两岸经济合作增添新的活力。②习近平还明确欢迎台湾以适当方式加入亚洲基础设施投资银行,并欢迎台湾同胞积极参与"一带一路"建设,为台湾进一步融入区域整合提供新的平台和空间。

(四)"共圆中国梦"通过军事力推动两岸军事安全互信

早在 1979 年宣布和平统一的主张后,大陆已显示出希望通过建立某种机制或制度化安排结束两岸军事对峙状态的意愿。③但是由于两岸对统一的设想差距太大,两岸建立军事互信机制一直没有被真正地提上日程。2008 年以后,与台湾当局先冷后热的态度不同,大陆将两岸军事互信进一步深化为军事安全互信,并始终积极推动两岸军事安全互信机制的建立。2013 年 6 月 27 日,中央台办副主任孙亚夫在"筑信研讨会"上表示,建立两岸军事安全互信机制是稳定台海局势、改善发展两岸关系的实际需要,是共同推进两岸关系和平发展制

---

① 《专家:大陆至少拒绝 5 个台"邦交国"建交请求》,北京:《环球时报》,2013 年 11 月 16 日。
② 《两岸在探讨经济共同发展时应"适时""务实"》,中国台湾网,2013 年 7 月 5 日。
③ 史晓东:《建立两岸军事安全互信机制议题的历史演变及启示》,厦门:《台湾研究集刊》,2013 年第 4 期。

度化建设的重要一环，也是维护两岸同胞共同利益和中华民族整体利益的一件大事，是为了追求两岸同胞的幸福，以利于两岸同胞增进相互理解、加强彼此信赖，共同促进中华民族伟大复兴。①

对于台湾方面所关心的福建沿海有关导弹部署等军事安全问题，大陆多次表示，可以在两岸探讨建立军事安全互信机制的时候进行讨论，按照"先易后难、循序渐进"的方式推进探讨。②

（五）"共圆中国梦"通过文教力建设共同精神家园

两岸同胞同根同源、同文同种，两岸一家亲根植于两岸同胞共同的血脉和精神，扎根于共同的历史和文化，习近平希望通过文化和教育软实力，建设海峡两岸共同的精神家园。2015年5月4日习近平在北京会见时任国民党主席朱立伦时指出，两岸同胞"加强文化交流，发挥各自优势，共同传承中华文化优秀传统，建设共同精神家园，实现心灵契合"。③他进一步表示："青年是民族的未来，也是两岸的未来。我们要更多关注青年成长，为他们提供更多机会和舞台。"④

因此，大陆十分重视两岸青年的成长和交流，为两岸青年学习、就业、创业和交流提供诸多机遇，以文化和教育的吸引力，"使两岸基层民众尤其是青年一代成为推动两岸关系发展、实现民族振兴的重要力量"。⑤大陆为推动两岸青年教育文化交流，出台多项在陆台生的优惠政策。2013年9月起，在大陆各类全日制普通高等学校、科研院所接受普通高等学历教育的全日制台湾学生纳入城镇居民基本医疗保险范围，按照所在高等教育机构大陆大学生同等标准缴费，并享受同等的基本医疗保险待遇；各级财政也将对台湾大学生参加城镇居民基本医疗保险按照所在高等教育机构大陆大学生相同的标准给予补助。⑥

国台办新闻发言人杨毅表示："两岸文化交流合作，近年来取得了丰硕的成果。每天我们都接触到包括文艺团体的演出、两岸文物展览的合作，以及在很

---

① 《"筑信研讨会"在京举行 两岸探讨建立军事互信机制》，新加坡：《联合早报》，2013年6月25日。
② 《解放军首回应台撤导弹要求：建立军事互信后讨论》，新华网，2010年7月30日。
③ 《携手建设两岸命运共同体》，北京：《人民日报》（海外版），2015年5月5日。
④ 《携手建设两岸命运共同体》，北京：《人民日报》（海外版），2015年5月5日。
⑤ 《"习马会"将为两岸青年带来更多红利》，北京：《中国青年报》，2015年11月9日。
⑥ 《在大陆就读的台湾大学生纳入城镇居民基本医疗保险范围》，新华网，2013年10月26日。

多地方举办的两岸文博会,还有文创产业的合作,包括在动漫产业的合作都很有成效。"[1] 2014 年,两岸文化交流 327 次,教育科技交流 159 次。[2] "如今,两岸文化交流和合作已遍及民族、历史、语言和文字、宗教、哲学、文学、诗歌、影视、戏剧、音乐、歌舞、绘画、书法、摄影、民俗和民间工艺、教育、体育、学术、新闻、声像、广播、报刊、网络、图书和出版、文化管理等各个领域,日益频繁和广泛,正在向广度和深度进军"。[3]

四、和平发展时期两岸政策的检视

(一) 政治因素

1. 政治精英

综合实力和个人因素影响了马英九对两岸关系的判断及其两岸政策的提出。2008 年以后,两岸综合实力差距增至 5.73 倍。台湾在人均和生活水平等方面仍具有一定优势,不过已经逐渐流失,大陆正以积极的发展势头进一步扩大两岸综合实力差距,缩小与台湾在人均发展和生活水平等方面的差距。马英九虽然奉行"一中"原则,但是迟迟不敢开启两岸政治对话,担心因被"矮化"而丧失"国格"。一方面,马当局自恃台湾在政治制度、人均发展、生活水平等方面尚有一定优势,坚持要求两岸对话要建立在"对等"基础上,还提出"民意高度支持、台湾确实需要、立法机构监督"等严苛条件;另一方面,由于两岸综合实力极其不对等,马当局深知其所强调的"对等"根本无法实现,所以坚持"只经不政",回避两岸政治对话。马当局虽然促成"两办"负责人会晤,但双方仅局限于"两会"即可完成的事务性协商,未能推进至政治层面的难题,如两岸政治定位问题等。因此,两办负责人的制度性协商只有政治意义,没有政治效果。[4] 无论如何,马英九在"九二共识"的基础上发展两岸关系,恢复了两岸双边协商和事务谈判,促使双方达成许多务实且难得的突破,包括实现两岸全面直接双向"三通",推进两岸全方位、多领域的交流与合作,促进了两岸

---

[1]《国台办:两岸文化交流合作近年来取得了丰硕成果》,中国台湾网,2011 年 10 月 26 日。
[2] 数据来源:国务院台湾事务办公室网,http://www.gwytb.gov.cn/。
[3] 宋淑玉:《功能和社会意义视野下的两岸文化交流》,北京:《北京联合大学学报》,2014 年第 4 期。
[4] 杨开煌:《大陆和平发展政策评估——试析习近平对台重要思想》,上海:《台海研究》,2016 年第 2 期。

关系外溢效应的持续产生。

和平发展时期，大陆政治精英仍然是两岸关系发展最重要的推动者，而且大陆综合实力的全面提升为两岸"共圆中国梦"和两岸关系全面融合提供了坚实保障。经济上，大陆在"九二共识"基础上积极恢复两岸制度化协商，促使"两会"签订23项协议，达成2项共识；深化和拓展两岸经贸合作，持续扩大对台优惠政策覆盖。大陆还充分考虑两岸经济规模和市场条件的差异，充分照顾台湾中小企业和基层民众的利益，特别是广大农民的利益。[①]政治上，习近平通过亲情式感召，拉近两岸同胞心灵距离，希望台湾同胞参与中华民族的伟大复兴，共享中华民族发展的成果；建立包括"两会"、"两办"、两岸领导人、两岸热线在内的立体化协商模式，稳定双方交流与协商的政治基础。外交上，大陆充分尊重台湾同胞希望更多参与"国际空间"的想法和感受，在"邦交国"等问题上向台湾释放极大善意，拓展了台湾的"国际空间"。军事上，大陆呼吁建立两岸军事安全互信，表示可以有步骤地讨论包括导弹部署在内的军事安全问题。文教上，大陆积极保障台生教育权益和台青就业利益，推进两岸文化全方位交流。

由此可见，和平发展时期两岸政治精英的态度均有利于两岸关系外溢效应的产生。但是由于两岸综合实力差距巨大等原因，台湾政治精英回避两岸政治对话和谈判，阻碍了两岸政治性外溢的产生。

2. 相关利益集团

2008年以后两岸经济交流愈加紧密，陆客赴台旅游为台湾带去诸多商机，两岸经贸已密不可分。2012年台湾"大选"选情胶着之际，向来对政治十分敏感、避讳表露政治立场、甚至一些过去"亲绿"的工商界人士一反常态，纷纷表示支持"九二共识"，希望稳定大陆市场。

2011年12月14日，鸿海集团总裁郭台铭包机运送员工回台投票，他本人更是搭专机走遍全台，与青年座谈，希望争取首投族的支持。12月28日，台塑集团总裁王文渊公开表态，"必须在现有'九二共识'的基础上扩大两岸良性的交流"。1月5日，民进党"立委"候选人林佳龙的岳父、奇美实业董事长廖锦祥强调，过去两岸的交流能够顺利开展，完全奠基于"九二共识"，今后仍应再此基础上继续往前迈进。[②]1月10日，王文渊在尾牙暮年会上再度向员工表

---

① 《两岸经济合作中照顾台湾中小企业和基层民众利益》，中国政府网，2010年2月27日。
② 《奇美董座 廖锦祥：两岸和平要续保》，台北：《中国时报》，2012年1月4日。

示,要支持对台塑集团友善的候选人。① 2012年1月3日,长荣集团总裁张荣发表示,"两岸就是因为有'九二共识',才能有沟通、对话的基础","如果没有这个基础,两岸很难沟通,台湾经济也会受影响",他还直言"台湾共识就是在谈台湾独立,根本不可能",他不认同。② 1月5日,远东集团董事长徐旭东表示,要选在两岸和平稳定上最不冒险的人。③ 1月11日,联华电子荣誉副董事长宣明智、矽品董事长林文伯、宏碁董事长汪秉龙、京元电董事长李金恭、群联董事长潘建成等人召开联合记者会,宣布将号召50多位企业主联署,并刊登联署广告支持马英九,这是竹科科技人首度表态力挺"九二共识"。④ 1月13日,台湾首富——宏达电董事长王雪红召开名为"台湾的未来"的记者会,她表示,"和平稳定是人民发展的基石,国家、企业、员工与家庭是命运共同体,很难想象没有'九二共识'的两岸关系。和平稳定的社会更是创新的必要条件,是过去几年宏达电成长的重要条件",她呼吁:"要做个真正、负责任的台湾人,一定要支持让台湾社会稳定的'九二共识'。"⑤

逾百位重量级企业家的表态为2012年台湾"大选"投下重弹,蔡英文声势急转直下,表明在两岸关系和平发展时期,台湾相关利益集团对维护两岸和平与稳定、促进两岸关系外溢效应的产生具有积极的推动作用,更表明"九二共识"在台湾具有深厚的基础和广泛的民意,任何试图撼动"九二共识"的举动都是不智的。

3. 普通民众

在身份认同方面,2008—2014年台湾民众对"台湾人"认同从48.4%攀升至60.6%,既是中国人又是"台湾人"的双重身份认同从43.1%下降至32.5%。2014年以后"台湾人"认同下降1.7%,降至六成以下,双重身份认同上升1.1%。2008年以后中国人认同再降1个百分点,2016年跌至3%。

---

① 《选战/王文渊:支持友善台塑者》,台北:"中央社",2012年1月10日。
② 《张荣发拒绝蔡英文拜会 挺九二不挺台湾共识》,台北:东森新闻云,2012年1月3日。
③ 《徐旭东:两岸和平不能冒险》,台北:"中央社",2012年1月5日。
④ 《科技业表态 宣明智、林文伯、李金恭、汪秉龙号召挺马》,台北:《今日新闻》,2012年1月11日。
⑤ 《台湾首富王雪红撑马 忽然开记者会 吁支持九二共识》,台北:《苹果日报》,2012年1月14日。

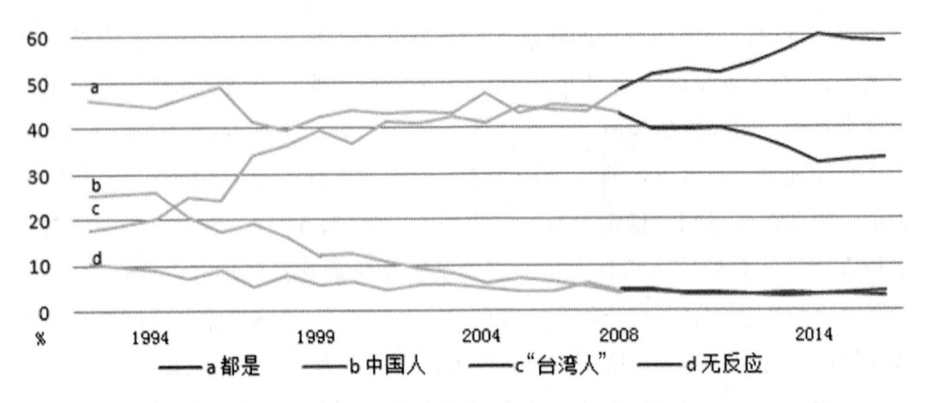

图 3-21 和平发展时期台湾民"众台湾人"、中国人认同变化①

2008年以后，台湾民众统"独"立场基本稳定在"621"格局。维持现状比例仍居高位，基本维持在六成左右，2012年最高时达61.6%，2008年最低时也有57.4%。支持台湾尽快"独立"和偏向"独立"的大致两成，支持两岸尽快统一和偏向统一的大致一成。

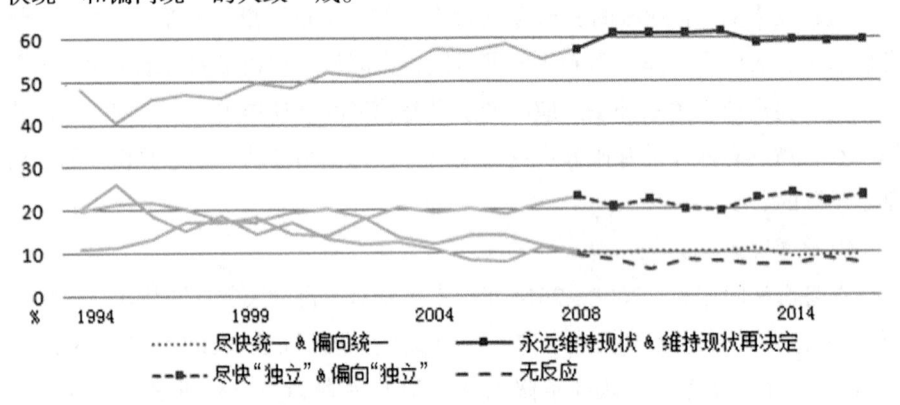

图 3-22 和平发展时期台湾民众统"独"立场变化②

在对大陆官方好感度方面，2008—2015年，台湾民众表示"一般"的比重除2011年被"不喜欢"的比重小幅超越外，仍然占据主流地位；表示"不喜欢"的占三成左右；表示"喜欢"和"无反应"的比重均稳定维持在一成左右。从2005—2015年较长时段来看，台湾民众对大陆官方好感度并无太大波动，说明

---

① 数据来源：台湾政治大学选举研究中心：《台湾民众台湾人／中国人认同趋势分布（1992年6月—2016年6月）》（PP089731）。

② 数据来源：台湾政治大学选举研究中心：《台湾民众统独立场趋势分布（1994年6月—2016年6月）》（PP0697A3）。

大陆在争取台湾民心上需更加全面和细致。另外，表示"喜欢""一般"和"无反应"的比重约占三分之二，说明大陆持续提升在台湾民众心中的好感度十分有望。

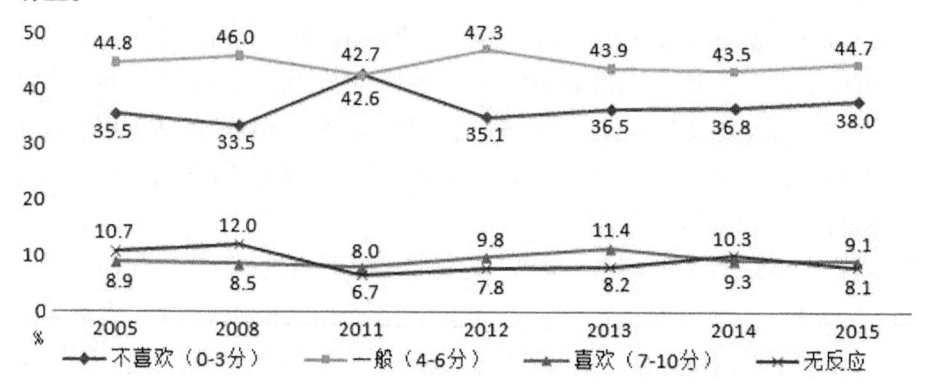

年份	2005	2008	2011	2012	2013	2014	2015
不喜欢（0—3分）	35.5	33.5	42.6	35.1	36.5	36.8	38.0
一般（4—6分）	44.8	46.0	42.7	47.3	43.9	43.5	44.7
喜欢（7—10分）	10.7	12.0	8.0	9.8	11.4	10.3	9.1
无反应	8.9	8.5	6.7	7.8	8.2	9.3	8.1

图 3-23 和平发展时期台湾民众对大陆官方好感度[①]

两岸实力对比失衡使台湾民众面对产生自我保护情绪，"台湾主体意识"大幅上升。这种针对实力失衡的自我保护情绪主要来源于"被统"的"压力"。过去台湾当局对大陆的长期抹黑、新闻媒体的刻意引导以及两岸在政治制度、生活水平方面仍然存在的现实差距，使台湾民众惧怕统一，但又对两岸综合实力差距的悬殊充满无力感。马英九上台后，两岸通过ECFA等协议密切了两岸经贸往来，台湾对大陆经济依赖度逐年上升，引发台湾民众的担忧。与此同时，台湾民众不得不承认大陆综合实力的提升为台湾带来了确实的优惠，并成为捍卫国家统一和震慑"台独"的有力保证。权衡之下，"维持现状"成为台湾社会的"普遍共识"。

（二）外部因素

1. 国际体系

2008年全球金融危机爆发，造成自20世纪30年代经济"大萧条"以后全球经济最严重的衰退，美国、日本、欧盟等传统经济体受到严重冲击，中国大

[①] 该调查中，受访者根据好感程度在0—10之间打分，0为非常喜欢，10为非常不喜欢，无反应包含拒答、看情形、无意见、不知道。本书将原始数据进行分类汇总，0—3分表示"不喜欢"，4—6分表示"一般"，7—10分表示"喜欢"。原始数据来源：美国杜克大学各年《两岸关系和国家安全民意调查》，Website of Program in Asian Security Studies, Department of Political Science of Duke University, http://sites.duke.edu/pass/data/。

陆等新兴经济体以强劲的经济增长势头，成为稳定世界经济的重要力量。2010年，中国大陆 GDP 超过日本成为世界第二大经济体，国际地位大大提升；2014年，大陆 GDP 首破十万亿大关，全球经济贡献率大幅提升。美国总统奥巴马任内，官方和学界多次提倡建立以中美为核心的两国集团（G2），①虽然中华人民共和国政府多次拒绝这一两国集团主宰世界事务的倡议，追求建立以和平共处五项原则为基础的持久和平、共同繁荣的世界新秩序，②但是仍然表明国际社会对中国大陆改革开放三十多年来所取得成就的认可，以及对中国大陆在世界上发挥更积极作用的期许。

截至 2016 年底，中国已与世界上近 90 个国家和组织在平等、合作、互利、依存的基础上建立"伙伴关系"，是全球 120 多个国家和地区的第一大贸易伙伴。③此外，中国在世界重要国际组织中发挥着日益重要的作用。2004 年以后，中国在联合国的会费比额每三年大涨一次，2016 年达 7.921%，仅次于美国和日本。2010 年，世界银行和国际基金组织相继进行改革，中国的份额均排在第二位，紧随美国和日本之后。中国还积极推动金砖国家开发银行、"一带一路"、亚洲基础设施投资银行、中国—东盟命运共同体和"2+7 合作框架"等多边安排，在粮食、恐怖主义、气候变化、环境污染、流行病、全球经济等跨境问题上的作用越来越重要。如今，中国已成为国际舞台上一支不可或缺的力量，在国际事务中发挥日益重要的作用。

在此情况下，世界各国和国际组织普遍遵守和坚定支持一个中国原则，为两岸关系的和平发展创造了良好的和平氛围，有助于两岸关系外溢效应的持续产生。

2. 大国态度

2008 年以后，中国大陆综合实力得到全面提升，一方面促使美国重视中美关系，建立中美战略与经济对话机制，化解矛盾、增进合作，加强双方的交流

---

① 两国集团于 2005 年由美国著名经济学家弗雷德·伯格斯滕提出，参见 C. Fred Bergsten: "Two's Company", website of Foreign Affairs, https://www.foreignaffairs.com/articles/americas/2009-09-01/twos-company。

奥巴马政府对这一概念较为积极，支持者有美国国家安全顾问兹比格涅夫·布热津斯基、前美国常务副国务卿罗伯特·佐利克等，参见 David Kampf: "Moving the G-2 Forward", website of Foreign Policy Association, http://www.fpa.org/topics_info2414/topics_info_show.htm?doc_id=912530。

② 《前外交部官员：中国不要 G2 要世界新秩序》，环球网，2013 年 6 月 6 日。

③ 《商务部部长高虎城回答中外记者提问——中国已成 120 多个国家和地区第一大贸易伙伴》，北京：《经济日报》，2014 年 3 月 8 日。

与沟通，促进中美双边关系的发展；一方面防范中国大陆崛起对其构成挑战，维护美国全球领导地位，提出"亚太再平衡"战略，意图回到"911"之前对中国崛起的战略关注，平衡和限制中国大陆在亚太地区的权力和影响力。[①]这种对中美关系的基本定位促使美国在两岸关系上采用两面手法，一面支持一个中国政策，遵守中美三个联合公报的原则；一面审慎对待两岸关系发展进程，积极提升台美实质关系，将台湾作为遏制中国大陆、平衡两岸关系的筹码，防止在三角关系中被边缘化。

美国"亚太再平衡"战略受到台当局的支持和欢迎，马英九指出，美国希望通过这一政策维护地区的和平稳定，大方向我们基本是支持的，[②]他还表示台湾在美国"重返亚洲"战略中扮演着非常重要的角色。[③]马英九"不统、不独、不武"的政策也十分符合美国对于两岸维持现状的预期，为台美实现合作奠定了基础。奥巴马任内，台美双方加强经贸关系，强化军事安全关系，增加对台军售，提高"非官方"交往层级，重启"台美贸易暨投资框架协议"（TIFA）协商。美国还着力提升台当局国际能见度，给予台湾免签证，支持台湾民主建设。在台湾的积极配合下，台美实质关系提到较大提升，马英九表示，"这是中（'中华民国'）美关系最好的时候"。[④] 2008—2016年，马英九12次出访，18次过境美国本土，台美交往渐趋热络。

此外，美国支持一个中国政策，坚决反对台湾走向法理"台独"，鼓励两岸进行和平谈判，但是对两岸关系的积极发展十分警惕。2011年台北美国商会发表报告，警告台湾"不要过分依赖某个市场"，应"追求一种平衡的关系，包括与其他国家更加密切的关系，尤其是与美国的关系，以作为国家安全日程的一部分"。[⑤] 2012年5月，美国国会众议院外事委员会主席伊莱亚娜·罗斯·莱赫蒂宁赴台湾出席马英九"就职典礼"时公开宣称，美国是台湾的好友，将向台湾提供庇护。[⑥]为此，美国通过台湾民主推动美国价值观在东亚的传播，并以

[①] Zhi Linfei and Ran Wei, "China-US Relations: Washington's Asia Strategy Could Destabilize the Entire Asian Pacific Region", Website of Global Research, December 26, 2011.

[②] 《"总统"接受〈日本经济新闻〉专访》，台北：台湾"总统府"网，2012年11月13日。

[③] 《"总统"接受〈亚洲周刊〉专访》，台北：台湾"总统府"网，2012年11月8日。

[④] 《"总统"：现在是台美关系最好的时候》，台北："中央社"，2015年10月8日。

[⑤] Shirley A. Kan and Wayne M. Morrison, "U. S.-Taiwan Relationship: Overview of Policy Issues", *Current Politics and Economics of Northern and Western Asia*, 2013, Vol. 22.

[⑥] Zhou Zhongfei: "Washington Ready to Step Deeper in Straits", Beijing: *Global Times*, July 30, 2012.

此与大陆争夺岛内"民意"。

由此可见,美国在两岸关系上的态度由于大陆综合实力的提升而显现出两面性,一方面坚持一个中国政策,鼓励两岸进行和平谈判,促进了两岸关系外溢效应的产生;一方面审慎对待两岸关系发展进程,积极提升台美实质关系,利用台湾遏制中国大陆的发展,不利于两岸政治性外溢的产生。

(三)交流频率和范围

1. 交流频率

在经贸交流方面,2008年两岸贸易总额1292.18亿美元,2009年受全球金融危机影响,两岸经贸总额降至1062.28亿美元。2010年以后两岸经济往来愈加频繁、经贸关系愈加紧密,2013年贸易总额达1972.81亿美元,年均增长率16.74%,2014年继续增至1983.14亿美元。大陆早已成为台湾第一大贸易伙伴,第一大出口市场,也是台湾最大的贸易顺差来源地。台湾对大陆(含香港)出口额超过出口总额的40%,两岸经济融合的深度和广度都在持续扩大,有利于两岸关系外溢效益的产生。

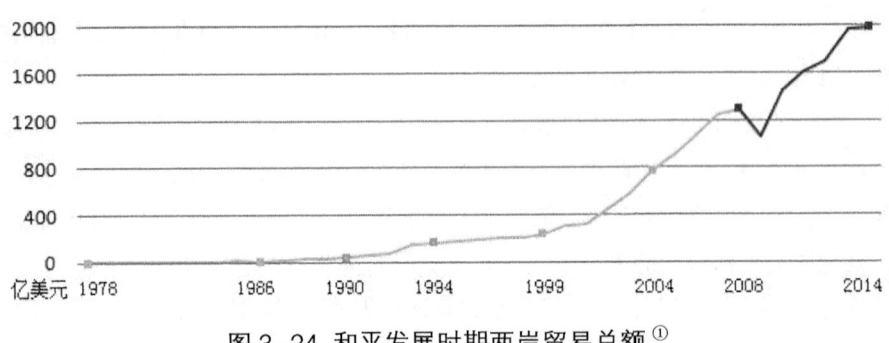

图3-24 和平发展时期两岸贸易总额[①]

在人员交流方面,2008年受金融危机影响,台湾赴大陆人员降为438.6万人次,2010年反弹至514.1万人次,台湾赴大陆人员首次突破500万。2010年以后,在金融危机的持续影响下,台湾经济不景气,赴大陆人员数量增长缓慢,总数均维持在500多万人次。马英九上台后,两岸实现全面直接双向"三通",大陆赴台人员数量呈井喷式增长。2008年大陆赴台28.9万人次,2014年增至394.8万人次,年均增长率高达54.6%,两岸社会交往进一步热络。

---

① 本图数据来自中国海关统计,数据来源:台湾大陆委员会经济处:《两岸经济统计月报》(第272期),台北:台湾大陆委员会网,http://www.mac.gov.tw/mp.asp?mp=1。

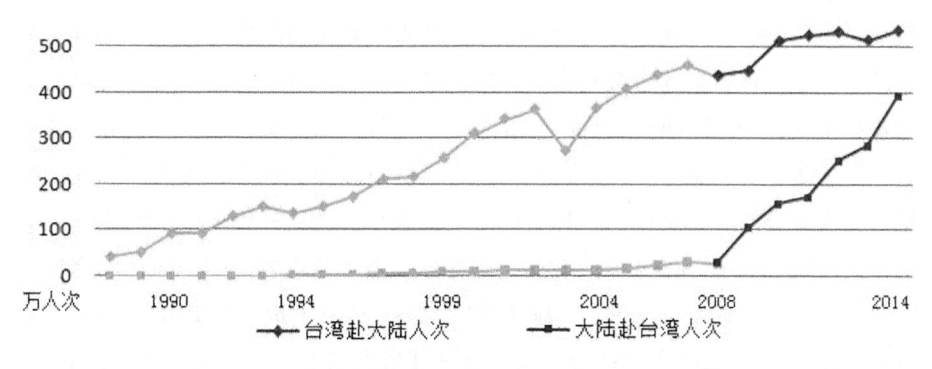

图 3-25 和平发展时期两岸人员往来情况[1]

在和平发展时期，两岸民间团体和地方政府的交流互访愈加频繁。2008年7月4日，国家旅游局局长邵琪伟率领陆客首发团赴台交流参访，并走访南投921地震灾区，参考台湾灾后重建工作。[2] 2009年5月，商务部所属之海峡两岸经贸交流协会所筹组的"两岸经贸促进考察团"赴台交流参访，这是大陆第一个经贸采购团。该团要求团员提供"计划采购金额"，总额近20亿美元。[3] 此后，大陆各类政党团、工商团、采购团、旅游团等纷纷赴台湾交流参访。台湾地方首长也多次带团赴大陆访问。2008年6月，台北市长郝龙斌率团参加上海世界博览会，期间郝龙斌表示，希望让台北的松山机场和上海的虹桥国际机场纳入两岸直航。[4] 2009年5月，高雄市长陈菊率团访问北京、上海，宣传世界运动会，成为首位访问大陆的民进党籍台湾市长，也是民进党访问大陆级别最高的行政长官。2010年，上海市政府和台北市政府开始在两地轮流举办"双城论坛"，成为两市之间重要机制化交流平台，两市深入探讨和交流城市发展经验，巩固和拓展各领域交流与合作，取得了丰硕成果。[5]

2. 交流范围

和平发展时期，两岸交流范围持续扩大，两岸关系外溢效应十分明显。2008—2014年，大陆惠台政策领域迅速扩展，其中经贸领域政策仍具有绝对优势，占总数的35.9%。不过经济惠台政策改变了农业领域一枝独秀的局面，覆

---

[1] 数据来源：台湾大陆委员会"两岸统计"，台北：台湾大陆委员会网，http://www.mac.gov.tw/。
[2] 《大陆居民赴台游首发团 台湾确定8旅行社接待》，中国台湾网，2008年7月1日。
[3] 《李水林：有需要就从台湾买 采购金额不封顶》，香港：中国评论新闻网，2009年6月1日。
[4] 《郝龙斌希望台北松山机场和虹桥机场纳入直航》，人民网，2008年6月25日。
[5] 《"2016台北上海城市论坛"将在台北举行》，新华网，2016年8月12日。

盖到工商、投资、金融、银行等多领域。随着文教实力的提升，大陆开始注重通过文化、教育领域的政策向台湾施展软实力。这一时期大陆共出台该领域惠台政策43项，占总数的25.7%，包括向台湾居民开放各类专业技术人员资格考试、设立两岸文化交流基地、在福建试行出版行业相关政策、改善台生就读环境等。为方便两岸人员往来、扩大两岸交流频率，大陆先后出台旅游签注、交通运输政策27项，占总数的16.2%，包括扩大赴台自由行范围、简化台胞赴大陆手续、增加出入境口岸等。大陆十分重视两岸青年的成长和交流，2010年以后每年都出台惠及台湾青年的政策，鼓励其来大陆学习、交流、创业、工作，努力使青年一代成为推动两岸关系发展的重要力量。此外，大陆还将惠台政策扩展至法律、科技、体育、医疗、宗亲、民间信仰、婚姻家庭等领域，提升大陆全方位的对台吸引力。

表3-3 2008—2014年大陆对台主要优惠政策[①]

时间	总计	经贸	旅游签注	教育考试	法律	交通运输	文化出版	就业	科技	青年	其他
2008	10	9	—	—	—	—	—	1	—	—	—
2009	13	5	1	2	2	—	3	—	—	—	—
2010	31	9	—	1	—	8	8	—	2	1	2
2011	31	13	2	1	—	1	8	—	—	3	3
2012	27	7	6	3	—	—	4	3	—	1	3
2013	36	9	3	3	1	3	5	3	3	1	5
2014	19	8	2	1	—	1	4	—	—	1	2
总计	167	60	14	11	3	13	32	7	5	7	15

2008年以后，两岸"两会"恢复事务性协商，2008—2016年共签订23项协议，达成2项共识，涉及两岸经济合作、邮政通信、食品安全、医药卫生、核电安全等各个领域，创造了巨大的和平红利。其中，经济领域协议最多，共10项，意义最深远的是2010年6月第五次会谈签订的《海峡两岸经济合作框架协议》（ECFA）。ECFA的基本内容涵盖两岸间主要经济活动，包括货物贸易、服务贸易、投资、经济合作、早期收获、争端解决、机构安排等。大陆根据

---

① 本表统计以各年国共论坛及海峡论坛出台的对台优惠政策为主。

第三章　两岸综合实力消长对两岸关系的影响

ECFA 相关规定对台湾方面早期收货调降关税，损失关税 295.7 亿新台币；台湾对大陆降税项目 267 项，损失关税 34 亿新台币，意味着台湾净利关税 261.7 亿新台币，[①]"充分考虑了台湾同胞特别是台湾农民兄弟的利益"。[②]

此后，两岸在 ECFA 框架下，相继签订了《海峡两岸知识产权保护合作协议》《海峡两岸海关合作协议》《海峡两岸投资保护和促进协议》《海峡两岸服务贸易协议》等经济协议，以期减少和消除两岸贸易和投资障碍，创造公平的贸易和投资环境，增进双方贸易和投资关系，建立有利于两岸经济繁荣和发展的合作机制。[③]

表 3-4　2008—2014 年两岸两会会谈签订协议一览[④]

时间	会谈	协议
2008.6	第一次	《海峡两岸包机会谈纪要》《大陆居民赴台湾旅游协议》
2008.11	第二次	《海峡两岸邮政协议》《海峡两岸空运协议》 《海峡两岸食品安全协议》《海峡两岸海运协议》
2009.4	第三次	《海峡两岸空运补充协议》《海峡两岸金融合作协议》 《海峡两岸共同打击犯罪及司法互助协议》
2009.12	第四次	《海峡两岸标准计量检验认证合作协议》 《海峡两岸渔船船员劳务合作协议》 《海峡两岸农产品检疫检验合作协议》
2010.6	第五次	《海峡两岸经济合作框架协议》 《海峡两岸知识产权保护合作协议》
2010.12	第六次	《海峡两岸医药卫生合作协议》
2011.10	第七次	《海峡两岸核电安全合作协议》
2012.8	第八次	《海峡两岸海关合作协议》《海峡两岸投资保护和促进协议》
2013.6	第九次	《海峡两岸服务贸易协议》
2014.2	第十次	《海峡两岸气象合作协议》《海峡两岸地震监测合作协议》
2015.8	第十一次	《海峡两岸避免双重课税及加强税务合作协议》 《海峡两岸民航飞行安全与适航合作协议》

---

① 《ECFA 关税减让，我将倒赚 261 亿》，台北：《中国时报》，2010 年 6 月 30 日。
② 《胡锦涛看望台湾同胞：共创两岸关系更加美好未来》，香港：凤凰网，2010 年 2 月 13 日。
③ 《〈海峡两岸经济合作框架协议〉（全文）》，中央政府门户网站，2010 年 6 月 29 日。
④ 本表根据海峡两岸关系协会网相关资料自行整理，海峡两岸关系协会网，http://www.arats.com.cn/。

随着两岸交流的深入，两岸婚姻数量逐渐增加。2012年8月28日，大陆成立海峡两岸婚姻家庭协会，为两岸婚姻家庭提供各项服务，维护两岸婚姻家庭当事人的合法权益。该协会每年举办两岸婚姻家庭论坛和两岸家庭子女夏令营，促进两岸婚姻家庭的健康发展。①

（四）建立两岸共同治理机制之尝试

两岸共同治理机制既是外溢的结果，又能推动外溢持续产生。2008年以来，两岸社会组织与"政府"、企业构成了独特的治理机制，如得到"政府"授权的各自民间组织（两岸"两会"）、行业组织（民航和旅游"小两会"）、公益性组织（基金会、社会福利机构）、自治团体（全国台湾同胞投资企业联谊会）等，在提供两岸关系发展所需之公共产品和凝聚自愿、合作、信任、公共性等规范和价值理念方面发挥着独特的作用，②但是尚未形成两岸双方共同的治理机制。

目前，两岸并无建立类似欧盟的区域组织或超国家机制的设想，但在两岸关系和平发展时期建立了常态化的沟通和协调机制，即两岸经济合作委员会。经合会是在两岸"两会"框架下成立，负责完成为落实ECFA目标所必需的磋商，监督并评估ECFA的执行，解释ECFA的相关规定，通报重要经贸信息等，被视为两岸深化经济合作的重要平台。③"经合会"采用双首席代表制，每半年召开一次例会，必要时经双方同意可召开临时会议，实现了"经合会"的常态化运行。但是，目前经合会只是磋商和执行的平台，两岸双方并没有赋予其决议权，因此，经合会尚未具备成为两岸共同治理机制的条件。

小结

实力评估表明，1978—1994年，台湾综合实力占大陆比重逐渐攀升，1994年相当于大陆的54.31%。此后，随着大陆综合实力的迅速增长，两岸综合实力差距迅速扩大。2014年，大陆综合实力已至台湾的6.73倍。两岸硬实力与综合实力走势相吻合，1994年台湾硬实力达到大陆的47.13%，此后20年间迅速下

---

① 《海峡两岸婚姻家庭协会》，海峡两岸婚姻家庭服务网，http://c—smf.mca.gov.cn/article/jggl/jtxh/。

② 杨丹伟：《两岸社会组织：跨两岸社会的生成机制探讨》，上海：《台海研究》，2013年第1期。

③ 《每半年召开一次例会 两岸经合会的来龙去脉》，华夏经纬网，2011年12月19日。

降至 2014 年的 14.86%。1978 年以来，两岸软实力差距则呈现稳定扩大趋势，台湾软实力分值占大陆比重从 91.16% 逐渐下降至 69.12%。

1978 年以来两岸政策的检视表明，综合实力是两岸关系发展的基础，是两岸政治精英、台湾相关利益集团和普通民众以及外部因素制定两岸政策或对华政策的主要依据，牵动两岸关系的发展进程。两岸政策的实施效果又受到综合实力的制约。两岸关系缓和时期，综合实力差距较小，大陆对台政策过度倚重政治力的施展，提出"和平统一，一国两制"。台湾则以"三民主义统一中国"予以回应，虽然不切实际，却表明台湾仍有与大陆对抗的实力，双方维持战略相持态势。

20 世纪 90 年代以后，两岸综合实力差距缩至 1978 年以后最低值，大陆仍以政治力为主导，双方建立制度化协商。但是随着综合实力向大陆倾斜，台当局担心失去所谓"对等地位"，逐渐表现出对两岸政治对话的排斥，并在两岸分离的道路上越走越远，李登辉的"两国论"充分暴露台湾当局在综合实力优势开始迅速丧失之时，急不可耐地划清与大陆界限、避免"以大吃小"的意图。但是没有综合实力的支撑，"台独"只能是纸上谈兵。

21 世纪以后，大陆综合实力全面提升，两岸实力差距迅速扩大，台当局抛出"一边一国"论，暴露其面对两岸实力失衡的惶恐，只能通过全面限缩阻碍两岸关系发展进程。大陆得以采用软硬兼施的政策和更为多元的方式促进两岸经济和人员往来、遏制"台独"分裂势力。

马英九上台后，在共同的政治基础下，两岸关系步入多领域融合发展的新时期，在大陆硬实力和软实力的交互作用下，两岸交流在广度和深度上都得以大幅提升。但是由于两岸综合实力相差悬殊、台湾所谓"优势"逐渐流失，台当局出于"自我保护"，奉行"不统、不独、不武"的"三不政策"，拒绝与大陆开展政治对话，两岸交流、合作未能向政治领域延伸。

第四章　两岸综合实力未来走向及对两岸关系的影响

　　1978年以来两岸政策的分析和检视为未来大陆对台政策提供了方向和启示。未来两岸关系的发展必然继续依赖两岸综合实力的对比，两岸政策的制定也必然以实力对比作为依据。此外，美国插手台湾问题是阻碍中国统一的重要因素，也是牵动两岸关系发展的敏感要素。因此，未来两岸关系发展必须对两岸综合实力和中美综合实力走向做出大致预测，为两岸和平统一做好学理分析的基础。

第一节　两岸政策整体检视及未来启示

一、1978年以来两岸政策整体检视

研究表明，综合实力是两岸政策制定的基础，它不仅能直接影响两岸关系外溢效果，还通过对政治因素、外部因素、交流频率与范围的作用间接影响外溢效果。

（一）政治精英在两岸关系发展中发挥主导作用，两岸实力对比是政治精英判断两岸关系和制定两岸政策的主要依据

大陆政治精英始终积极推进两岸开展事务性和政治性对话，促进两岸关系外溢效应的持续产生。在综合实力发展的不同阶段，大陆对台政策中实力的运用各有侧重。21世纪以前，由于大陆经济和社会发展水平有限，两岸综合实力差距较小，大陆对台政策偏重政治力的施展，并逐步重视经济力的作用。21世纪以后，随着综合实力的全面提升，大陆开始倚重经济力对台湾的"磁吸效应"，此外，大陆也进一步加强了文教力等软实力在对台政策中的作用。

台湾政治精英对两岸关系的看法与其政治态度和两岸综合实力对比等因素息息相关。蒋经国虽然提出"三民主义统一中国"，但由于缺乏"反共复国"的实力支撑，最终沦为政治宣示的口号，两岸维持战略相持的态势。李登辉前期，两岸综合实力差距缩小至1978年以来最低值，对台湾而言，这为两岸开启政治对话提供了"安全保证"和"平等协商"的基础，因此李登辉在事务性和政治性对话上均较为积极。李登辉后期，两岸综合实力天平开始向大陆倾斜，使李登辉产生因谈判"不对等"引发台湾"安全保障"的隐忧；加之其固有的"台独"本性，直接导致其重新思考两岸政治定位和两岸关系，拒绝与大陆进行对话和协商。21世纪以后，两岸实力天平明显向大陆倾斜，陈水扁深感台湾的谈

判筹码逐渐丧失，两岸已不可能实现所谓"对等"；加之其本身的"台独"本性，陈水扁完全脱离"一中"轨道，拒绝与大陆进行对话和协商。马英九虽然认同"一中"原则，积极与大陆开展事务性对话，但为避免受到大陆"以大吃小"，仍然十分排斥政治性对话。

表4-1 1978年以来两岸政治精英对两岸关系发展的态度

		事务性对话	政治性对话
缓和时期	邓小平时期	积极	积极
	蒋经国时期	消极	消极
开放交流与反"独"启动时期	江泽民时期	积极	积极
	李登辉前期	积极	积极
	李登辉后期	消极	消极
反对和遏制"台独"时期	胡锦涛时期	积极	积极
	陈水扁时期	消极	消极
和平发展时期	习近平时期	积极	积极
	马英九时期	积极	消极

（二）台湾相关利益集团和普通民众态度受两岸综合实力对比影响，进而在一定程度上作用于台当局两岸政策的制定

台湾相关利益集团与大陆存在较强的利益牵扯，整体上支持两岸关系和平发展，能够对台湾政治精英破坏两岸关系的行为产生一定的牵制，如在台湾企业界、商界的严厉批评和积极呼吁下，陈水扁当局调整"戒急用忍"政策，有限开放两岸经贸往来，对两岸经济交往具有正面作用。

台湾普通民众的身份认同易受政治精英引导，但是统"独"立场是出于自身利益和现实因素作出的判断。台湾"解严"以前，身份认同并不是台湾社会凸显的矛盾，在国民党"中国化"教育和政策下，台湾民众对中国人的认同较高。"解严"后，李登辉、陈水扁当局逐步实行全面"本土化"和"去中国化"，使台湾民众主流身份认同逐渐从"既是台湾人又是中国人"向"台湾人"转变，这是台湾民众对两岸政治定位的感性判断。统"独"立场则揭示了台湾民众对两岸关系发展的理性判断，不论是针对李登辉的"两国论"、陈水扁的"一边一国"论,还是针对马英九的"三不政策","维持现状"始终是台湾社会的主流民意。这表明,出于两岸综合实力对比的现实考量,台湾民众既不希望两岸关系"地动山摇",也不希望因发展过快"丧失国格"。

表 4-2 1978 年以来台湾普通民众主流身份认同及统"独"立场变化

	身份认同	统"独"立场
李登辉后期	既是台湾人又是中国人	维持现状
陈水扁时期	都是→台湾人	维持现状
马英九时期	台湾人	维持现状

(三)外部因素受两岸综合实力对比影响,进而反作用于两岸关系

冷战后的国际体系为两岸关系缓和创造了外部条件,促使两岸步入开放交流的黄金时期。21 世纪以后,中国大陆综合实力的迅速提升令世界瞩目,国际上大多数国家和政府间国际组织成为"一中"原则最主要的国际支持力量,对遏制"台独"发挥了重要作用。

由于美国在台湾问题上涉入极深,在其建立的霸权体系中占据绝对的主导地位,因此,大国态度以美国态度为例进行分析。美国对台湾问题的态度始终受中美关系、中美实力对比和两岸实力对比的影响,进而对台湾政治精英施加影响,将台湾作为制衡中国大陆的棋子。美国是台政治精英最重要的"安全保障",也是台湾问题遗留至今最重要的外部因素。总体而言,美国希望台海维持现状,既保持两岸相对和平,也不愿两岸走得太近,削弱其在台海的影响力。但是,美国对台湾政治精英的影响力不具有决定性,只能作为制衡两岸关系的策略和手段。

(四)交流频率和范围受两岸综合实力对比制约,是检视两岸政策实施效果的指标

改革开放初期,大陆综合实力仅有总量优势,发展水平严重滞后。邓小平基于两岸综合实力对比的判断,提出"和平统一,一国两制"的构想,该政策明显偏重政治力的施展,缺乏经济实力、军事实力及其他各项软实力的辅助,未能打开两岸合作之门。但是,"和平统一"最终促成两岸交流的开启,"一国

两制"为两岸统一设定了合情合理的制度框架。

20世纪90年代初期，大陆发展水平有所提升，但台湾经济在"腾飞"的惯性下依然取得较快增长，两岸综合实力差距缩至改革开放以来最小值。这一时期，两岸开启制度化协商，签署多项协议增进两岸沟通与交流，两岸经贸和人员交流总体得到大幅提升。由于大陆经济社会发展落后，"江八点"仍然偏重政治力的运用，经济力的施展十分受限，所以实施效果未能达到预期。

20世纪90年代中期以后，改革开放成果开始显现，两岸综合实力差距逐渐扩大，在两岸综合实力失衡的情形下，李登辉和陈水扁在"台独"的道路上越走越远，不断提出限制两岸交流与合作的政策。即便如此，没有强大的综合实力作为支撑，"台独"只能是纸上谈兵。针对李登辉、陈水扁的"台独"主张，大陆采取软硬兼施的手法，从低政治敏感度的经济领域切入，以经济力取代过去政治力对两岸政策主导作用，积极扩大两岸经贸和人员交往，促使两岸交流向多领域扩展，外溢效应开始显现。

马英九上台后，两岸经贸和人员交往持续上升。随着综合实力的全面提升，大陆得以采用更多元和细腻的方式对两岸关系施展软实力作用，将两岸交流范围扩展至文化、教育、体育、医疗、宗亲、民间信仰、婚姻家庭等多领域，提升对台湾全方位的吸引力。但是由于马英九当局对两岸政治对话的排斥，外溢效果未能扩展至政治领域。两岸虽然尝试建立了共同治理机制即两岸经济合作委员会，但效果不彰，更无法外溢到政治领域。

二、1978年以来两岸政策实施效果对未来两岸关系发展的启示

1978年以来，两岸政策和实施效果的检视验证，综合实力对两岸关系发展具有基础性作用，它是两岸政治精英、台湾相关利益集团和普通民众、外部因素判断两岸关系、制定两岸政策或对华政策的主要依据，牵动两岸关系发展进程。因此，大陆必须将提升综合实力作为两岸关系发展的根本动力。

21世纪以来，两岸综合实力差距逐步扩大，台当局和民众担心遭到"矮化"，对两岸政治谈判十分抗拒，"恐中"情绪愈加严重。究其原因，主要因为这一世代台湾人对两岸的定位仍建立在台湾是一个相对先进和富裕的"国家"的观念之上，不甘于被原先落后和贫穷的大陆所统一。但是随着时间的推移，

第四章　两岸综合实力未来走向及对两岸关系的影响

台湾目前所仅有的微弱优势也将逐渐丧失，大陆取得两岸实力对比上的优势地位成为必然，大陆对台湾的吸引力也将得到进一步提升，台湾人的心理调适将在这些压力和吸引力之下开展。

从全球历史发展进程来看，综合实力是能够产生"支配他人的意志和行动的控制力"，[1]具有通过许诺或利益改变他人的影响力。[2]1949—1961年，在西德强大的吸引力下，东德共有260万人逃亡西德。在之后的几十年里，东德修建柏林墙，在其周围设置严密警戒，架设电网，修建285个瞭望塔，仍无法阻挡东德人设法逃亡西德的决心。[3]虽然两德的最终统一富含世界体系重构的偶然色彩，却也揭示了在西德综合实力支撑下，东德民众对西德的向往，以及两德统一的必然性。

因此，未来大陆可将统一建立在大陆综合实力对台湾全面吸引的基础之上。虽然两岸民众生活状况不至于如两德般差距悬殊，两岸人均指标和生活水平差距也难以如两德般判若云泥，但是只要大陆将综合实力运用得当，便能将其效力实现最大化。

台湾政治精英是台当局两岸政策的主导者，对两岸关系发展具有决定性作用。虽然大陆很难改变其政治立场，但是由于台湾的选举机制，大陆可以通过政策彰显向心力，促使台湾民众选举出能够推动两岸关系和平发展的领导人上台，遏制"台独"对两岸关系和平发展的干扰和破坏。较早与大陆开展交流的大多数台湾民众，已经与大陆建立紧密的利益联结，形成岛内相关利益集团，对台当局两岸政策制定和两岸关系发展起到积极作用。未来，大陆需以更细致和多元的方式，强化更多普通台湾民众与大陆的利益联结，培植共同利益，形成"命运共同体"，成为推动两岸关系和平发展更为普遍的相关利益群体。

改革开放以后，中国大陆的国际地位和国际影响力得以快速提升。如今，中国大陆已成为国际事务中不可或缺的重要力量，是发展中的多极化世界体系的重要组成部分。一个中国原则已成为国际社会的普遍共识和公认的国际关系准则。未来，随着中国大陆综合实力和国际影响力的进一步提升，国际社会必

---

[1] Hans J. Morgenthan: *Politics among Nations: The Struggle For Power And Peace*, New York: Alfred A. Knopf, 1948, p. 28.

[2] Arnold Wolfers: *Discord and Collaboration: Essays on International Politics*, Johns Hopkins Press, 1962, pp.92-113.

[3] [德]埃克哈德·伯恩斯坦著、武海霞、武银强译：《理性德国》，长春：长春出版社，2012年1月，第26页。

将成为"一中"原则更坚定的支持者。1949年以后,台湾问题的产生、演变和未来发展都离不开美国因素的影响,而美国的两岸政策是基于中美关系、中美实力对比和两岸实力对比制定的。战后,在美国的经济援助下,台湾经济得以迅速恢复,迎来战后经济发展的黄金三十年。在美国的军事援助下,台湾与大陆至今维持战略相持状态,美国是台湾最重要的"安全保障"。因此,未来中美综合实力,尤其是经济和军事实力走向,将成为两岸关系发展最重要的外部因素,也是两岸能否实现和平统一最重要的外部条件。

第二节 两岸及美国综合实力未来发展趋势

一、"综合国力动态方程"

黄硕风认为,综合国力系统是开放的、动态的混沌系统,包含诸多相互关联、相互制约、相互影响的子系统,子系统包含诸多具有相同特点的孙系统。[①]这些子孙系统之间的关系是非线性的、动态的,必须运用混沌学、系统论、耗散结构论的原理和方法分析系统从无序向有序、从有序向更高层次有序的转变,因此需采用非线性的微分方程进行研究。他经过反复的推导、修正和验证,提出"综合国力动态方程",该方程包含1个主方程和30多个子方程,主方程为:

$$\frac{dY_t}{dt} = \rho Y_t (1 - \frac{Y_t}{M})$$

式中:Y_t表示t时期的国力函数,ρ表示国力增长率,M表示环境最大容许值(国内外环境及自然环境)。此方程习惯上称为罗杰斯特(Logistic)方程。

(1)当初始条件$t=0$时,

$Y_t = Y_0 = \text{const.} > 0$

称为一个国家综合国力"警戒值"(即"临界值")。当$Y_t \leq Y_0$时,表示该国处于贫弱状态。当$t_0 < t_1 < t_2 \cdots$时,$Y_0 < Y_{t1} < Y_{t2} \cdots$,表示该国趋于强盛;反之,$Y_0 > Y_{t1} > Y_{t2} \cdots$,表示该国逐渐衰退。

(2)ρ表示国力增长的速率,反映综合国力系统变化的快慢。$\rho > 0$,国力增长;$\rho < 0$,则国力衰退。

[①] 见黄硕风:《大国较量:世界主要国家综合国力国际比较》,北京:世界知识出版社,2006年,第82—84页。

（3）M表示环境所能容许国力系统变量的最大值，反映了"环境"的作用。"环境"指国际、国内环境和自然环境。对于国际环境和自然环境，主要是如何因势利导、充分合理地利用问题；对于国内环境，主要是指经济、科技、国防等科学协调优化组合问题。

当 $\rho > 0$，$Y_t < M$ 时，国力变量 Y_t 低于最大值，"综合国力动态方程"右边大于0，Y_t 增长；$Y_t > M$ 时，"综合国力动态方程"右边小于0，Y_t 下降；只有当 $Y_t = M$ 时，即国力函数值等于环境容许值时，国力函数不再发生变化，稳定在环境容许的最大值上。

黄硕风根据综合国力函数概念提出了"综合国力盛衰子方程"，硬国力盛衰子方程为：

$$\frac{dX_1}{dt} = k_1(1 - \frac{X_1}{M})X_1 + k_2 X_2$$

软国力盛衰子方程为：

$$\frac{dX_2}{dt} = k_3(m - X_1)X_1 + k_4 X_2$$

式中：X_1，X_2 均为 t 的函数，$t \in [0, +\infty]$；k_1，k_2，k_3，k_4，m，M 均为正常数。

硬国力盛衰子方程表示，硬国力的发展速度 $\frac{dX_1}{dt}$ 由两项组成，$k_1(1-\frac{X_1}{M})X_1$ 表示现有硬国力 $X_1(t)$ 与其发展潜力的份额 $1-\frac{X_1}{M}$ 成正比，k_1 为增长系数。后一项是软国力 $X_2(t)$ 的影响力，当 $X_2(t) > 0$ 时起正向作用，促进硬国力发展速度；当 $X_2(t) < 0$ 时则起反向力作用，阻滞硬国力发展速度。

软国力盛衰子方程表示软国力的发展速度 $\frac{dX_2}{dt}$，它也由两项组成，$k_3(m-X_1)X_1$ 表示硬国力对软国力发展速度的影响：当 $X_1(t) < m$，即硬国力不足够大时，软国力下滑速度将随着时间的推移而增长；当 $X_1(t) > m$ 时，即硬国力足够大时，软国力下滑速度将随时间的推移而减小；当 $X_1(t) = m$ 时，即为硬国力的阈值，超过此阈值，硬国力的增长对消除软国力的下滑有利，反之则不利。$k_4X_2(t)$表示国家宏观调控软国力，当$X_2(t) < 0$时减速，当$X_2(t) > 0$时加速；k_4是调控系数。控制参数k_1，k_2，k_3，k_4，m，M通过层次分析法经由分矩阵的主特征向量给出。

"综合国力动态方程"还包括其他30多个子方程，如国内生产总值增长率方程、国民收入增长方程、科技增长速度方程、人口增长方程等。

黄硕风首先评估单一年份的综合国力，然后以该年份的评估结果为基点，通过"综合国力动态方程"测算该年份之前及之后各年的综合国力数值。在具体测算方面，由于子方程包含众多控制参数和弹性系数，一定程度上削弱了测算的客观性，但是对于厘清影响因素、全面掌握和评估综合国力的动态变化仍具有极高的借鉴意义。

二、未来两岸综合实力评估

本书根据1978—2014年两岸综合实力的评估结果测算2014—2050年两岸综合实力的变化情况。前37年两岸综合实力的评估基于8个不同时间节点的统计数据和客观测算，相较黄硕风基于单一时间节点的综合实力动态评估，具有更为坚实和更具公信力的基础。在具体测算上，本书沿用黄硕风的"综合国力动态方程"主方程和"综合国力盛衰子方程"的相关概念，在前37年两岸综合实力评估的基础上，拟合出后37年两岸综合实力变化的方程式，计算出后37年中几个重要时间节点两岸综合实力的对比状况。

ρ表示综合实力增长速率，该数值依前37年两岸综合实力增长速率及当前两岸发展形势而定。M表示环境最大容许值，两岸前37年发展的国际环境和自然环境均具有相对稳定性，其中国际环境对综合实力的发展较为有利，自然环境对综合实力发展越来越不利，根据前37年两岸资源力的评估结果来看，自然环境对台湾的不利影响远超大陆。两岸内部环境的差异较大，这主要由内部政治状况所决定，大陆的政治状况显然更有利于综合实力的进一步提升。为维持综合实力的全面提升，大陆千方百计地维持发展环境的稳定，而且环境本身具有其稳定性。因此，在保持环境条件相对稳定的情况下，后37年的环境最大容许值M以前37年的数值拟合并且验证未来几个重要事件节点的M值（如发生具有较大影响的不可预知事件则不在本书研究范围）。前 37 年 M 值求解公式为：

$$M = \frac{Y_t \cdot Y_0(e^{\rho t}-1)}{Y_0 e^{\rho t} - Y_t} \quad (e\text{ 为自然常数})$$

经过对 M 值的求解和未来各节点 M 值拟合及验证，将其代入动态方程求解未来综合实力数值，公式为：

$$Y_t = \frac{MY_0 e^{\rho t}}{M + Y_0(e^{\rho t}-1)} \quad (e\text{ 为自然常数})$$

通过计算，1978—2050 年两岸综合实力变化如下：

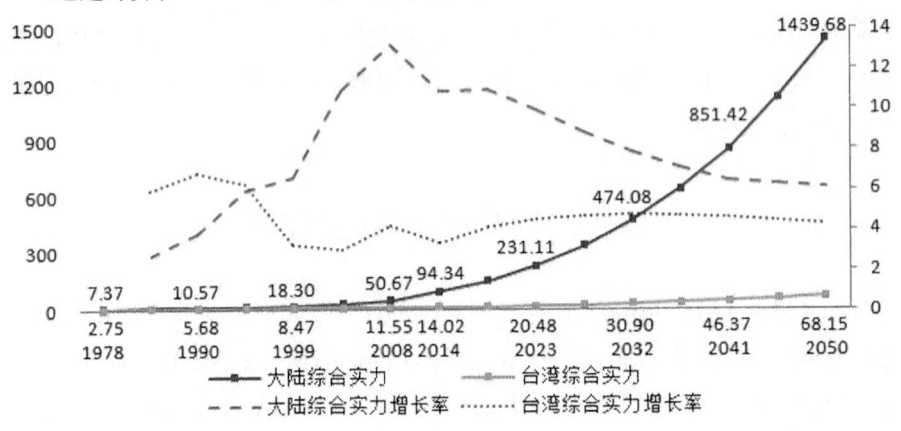

图 4-1 1978—2050 年两岸综合实力变化

若保持环境条件相对稳定，未来大陆综合实力仍将在相当长的时间内维持高速增长。2020 年以后将达到台湾的 10 倍以上，21 世纪 40 年代中期达 20 倍以上。在综合实力增长率方面，大陆增长率整体呈下降态势，21 世纪 30 年代中期以前均在 7% 以上，之后基本维持在 6% 左右。2014 年以后，台湾综合实力增长率则大致稳定在 4% 左右。

截至 2014 年，台湾在人均经济指数、生活水平指数和教育普及率指数上保持相当的优势，因此在考察两岸综合实力发展时，还应具体探讨这三项指标的未来变化情况。若保持环境条件相对稳定，21 世纪 30 年代中期以前，大陆均能以 8% 以上的速率保持人均经济指数的增长，台湾则维持在 3%—4.5% 左右。到 2033 年左右，大陆人均经济指数将超过台湾，2050 年达到台湾的 2 倍左右。

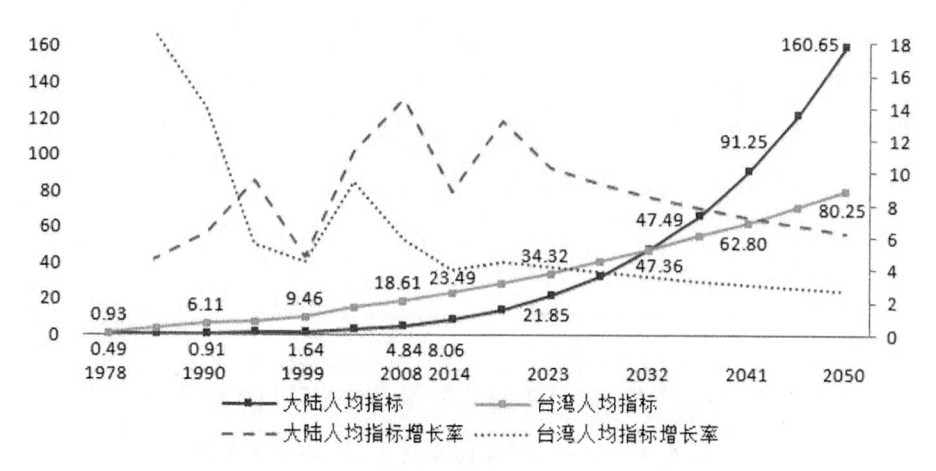

图 4-2 1978—2050 年两岸人均经济指数变化

若保持环境条件相对稳定，未来两岸生活水平指标仍将提升。2014 年以后，大陆生活水平指标增长速度逐渐放缓，从 2014 年的 8.12% 下降至 2050 年的 3.59%，台湾则基本维持在 1.5%—1.8% 之间。2020 年代中期，大陆生活水平指标将超过台湾，2050 年达台湾的两倍左右。

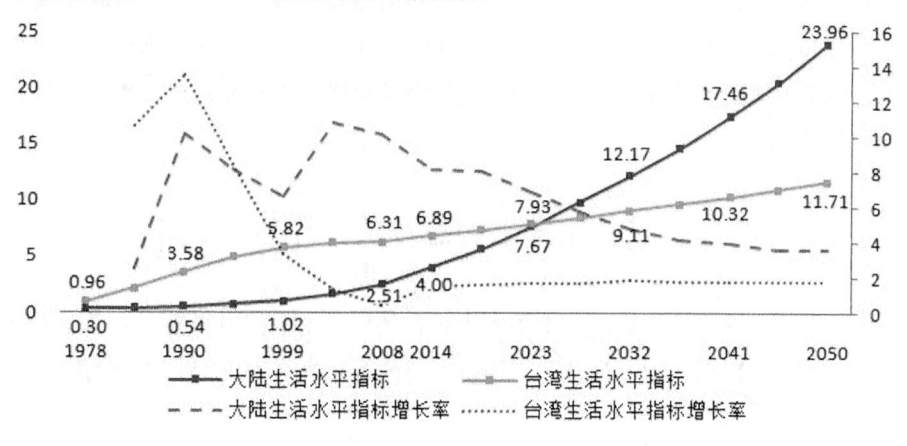

图 4-3 1978—2050 年两岸生活水平指数变化

若保持环境条件相对稳定，未来两岸教育普及率指数将得到进一步提升。台湾教育普及率指数较高，上升空间有限，2014 年以后其增长率大致保持在 0.3% 左右。大陆教育普及率指数增长率从 2014 年的 3.48% 下降至 2027 年的 1.35%。两岸教育普及率指数在 2027 年出现交叉。由于教育普及率的提升空间较小，因此对 2028 年以后的指数变化不做讨论。

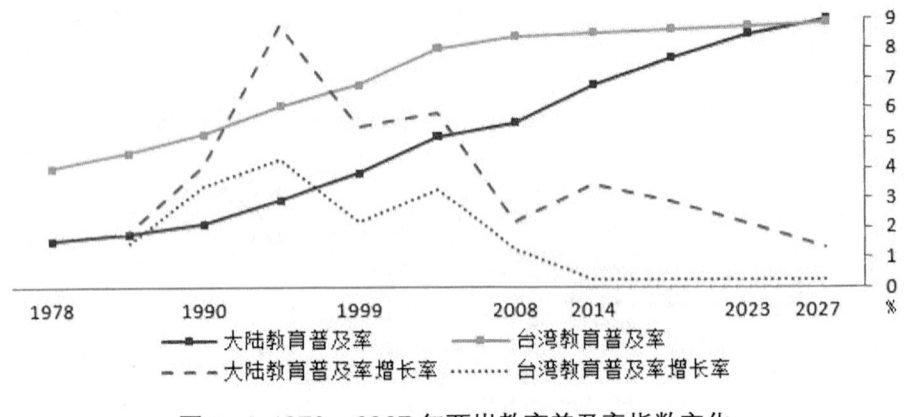

图 4-4 1978—2027 年两岸教育普及率指数变化

通过模型测算可知，在环境条件相对稳定的情况下，未来两岸综合实力仍将持续提升，实力差距将从 2014 年的 6.73 倍增至 2050 年的 21.89 倍。21 世纪 20 年代中，大陆职工薪资、国民储蓄、医疗与保险等水平有较大幅度增长，生活水平指数将超过台湾，50 年代增至台湾的 2.05 倍；21 世纪 20 年代末，大陆教育普及率指数将与台湾持平，持续、稳步的教育发展将逐步提升大陆民众素质；21 世纪 30 年代中，大陆人均经济指数将超过台湾，50 年代增至台湾的两倍，各项人均生产、人均对外贸易、人均财政金融、人均交通运输等指标得到进一步提升。

三、未来中美综合实力评估

两岸关系发展的历史也是中美实力较量的历史，美国对未来两岸关系发展仍将发挥重要影响，因此评估未来中美综合实力的变化情况对解决台湾问题具有重要意义。

全球诸多政府部门、智库、学者等对未来中美综合实力均做过预测和评估，2012 年美国国家情报委员会公布的研究报告《2030 年全球趋势：另类的世界》（*Global Trends 2030: Alternative Worlds*）预测，中国将在 2030 年之前超越美国成为世界最大经济体，中国经济占世界份额从 2010 年的 6.4% 上升到 2030 年的 17%—23%。但美国仍将在军事、经济、政治等方面维持领先，因为美国是唯一能够组织联盟、动员各方力量对抗挑战全球秩序的国家，因此美国仍将保持

第四章　两岸综合实力未来走向及对两岸关系的影响

全球领导地位，但影响力大不如 20 世纪。[1]

根据世界银行的预测，中国名义 GDP 将在 21 世纪 20 年代超过美国，经济贡献率将在 2025 年占世界三分之一，远超其他任何经济体；[2] 中国和美国投资活动在 2030 年将分别占世界的 30% 和 11%。[3]

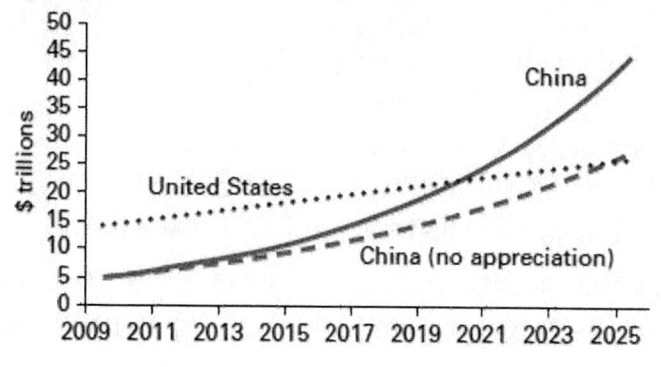

图 4-5　世界银行预测之未来中美名义 GDP 增长情况 [4]

2012 年，经济合作与发展组织（OECD）发布报告预测，以 2005 年购买力平价（PPPs）计算，2030 年中国 GDP 占世界的 28%，美国占 18%；2060 年中国 GDP 占世界比重不变，美国降至 16%。2011—2030 年，中国 GDP 增长率为 6.6%，仅次于印度的 6.7%，美国为 2.3%；2030—2060 年，中国 GDP 增长率回落至 2.3%，增速向发达经济体趋同，美国为 2.0%。此外，2060 年中国人均收入将增加 7 倍，但是生活水平仅为发达国家的 60% 左右。[5]

---

[1] Office of the Director of National Intelligence: "Global Trends 2030: Alternative Worlds", December 2012, https://globaltrends2030.files.wordpress.com/2012/11/global-trends-2030-november2012.pdf.

[2] The World Bank: Global Development Horizons 2011: "Multipolarity: The New Global Economy", http://siteresources.worldbank.org/INTGDH/Resources/GDH_CompleteReport2011.pdf.

[3] The World Bank: Global Development Horizons 2013: "Capital for the Future Saving and Investment in an Interdependent World", https://siteresources.worldbank.org/EXTDECPROSPECTS/Resources/476882-1368197310537/CapitalForTheFuture.pdf.

[4] The World Bank: Global Development Horizons 2011: "Multipolarity: The New Global Economy", http://siteresources.worldbank.org/INTGDH/Resources/GDH_CompleteReport2011.pdf.

[5] OECD Economic Policy Paper (No. 03): "Looking to 2060: Long-Term global growth prospects", November 2012, https://www.oecd.org/eco/outlook/2060%20policy%20paper%20FINAL.pdf.

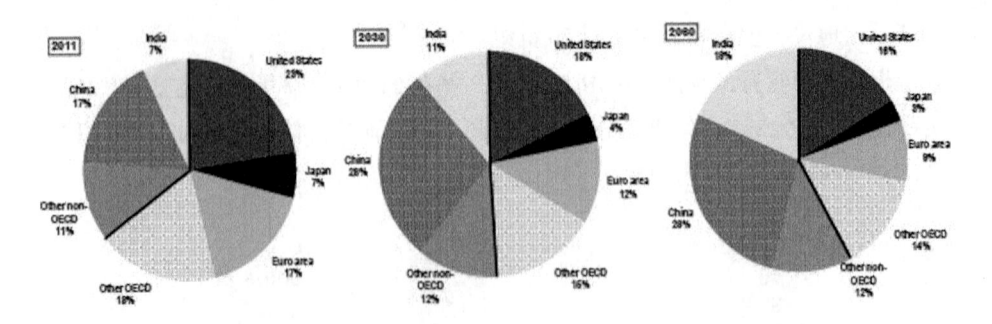

图 4-6 OECD 预测之未来全球 GDP 比重变化情况[①]

阎学通对 2023 年中美综合实力做了较为广泛的预测，他假设未来十年美国经济年均增长率为 2% 左右、中国为 8% 左右，到 2023 年底，美国 GDP 为 19 万亿美元，中国 GDP 按目前汇率计算将达 17 万亿美元。保守估计 2023 年人民币兑美元汇率将升至 1∶5 左右，按此汇率，中国 GDP 将达 20 万亿美元，GDP 总量和世界经济比重均超过美国。2023 年，人民币对其他货币影响力将达美元影响力的 50% 甚至更高，人民币、美元、欧元可能构成三足鼎立之势。在军事方面，他认为 2023 年中国国防预算将达美国的 60%，以目前航天和航母建造速度，2023 年中国将拥有载人太空工作站、至少 3 个在役的航母舰队（有可能建成 5 艘航母）、4—5 艘携带射程 8000 千米导弹的战略核潜艇、部署歼-20 和歼-31 隐形战斗机及各种类型的无人机部队。此外，可用于各种导航武器的"北斗二号"卫星导航系统将可向全球范围提供服务。在文化方面，2023 年来华留学生数量将超过 2012 年美国留学生数量，文化产品出口从 2011 年的 187 亿美元增至至少 1000 亿美元。[②]

[①] OECD Economic Policy Paper (No. 03): "Looking to 2060: Long-Term global growth prospects", November 2012, https://www.oecd.org/eco/outlook/2060%20policy%20paper%20FINAL.pdf.
[②] 阎学通：《历史的惯性：未来十年的中国与世界》，北京：中信出版社，2013 年，第 10—12 页。

第四章　两岸综合实力未来走向及对两岸关系的影响

表 4-3　阎学通预测之未来中美综合实力对比情况[①]

	2011—2012 年		2023 年	
	中国	美国	中国	美国
人民币兑美元汇率	1:6.3	1:6.3	1:5	1:5
GDP/ 万亿美元	8.27	15.68[②]	20	19
GDP 占世界经济比重 /%	10.5	21.7	30	低于 30
最大贸易伙伴数量 / 个	124	76	150	50
国防预算 / 亿美元	1064	6820	3472	5800
外国留学生 / 万人	29	72.3	75	—

从以上预测结果来看，按美元汇率计算，[③]中国经济总量将在 21 世纪 20 年代超过美国，并逐步扩大对全球经济的影响力。即便如此，中国的经济质量、军事和科技水平与美国仍有相当程度的差距。

本书以黄硕风 1978—2005 年测算的中美综合实力数值为基础，运用"综合国力动态方程"对中美综合实力进行预测。

表 4-4　黄硕风测算之中美综合实力数值[④]

	1978	1988	1996	2005
中国	212	222.33	196.91	220.03
美国	527	593.33	551.04	523.32

1978 年，中国综合实力占美国的 40.2%，1996 年降至 35.7%，此后该比重逐年攀升。根据"综合国力动态方程"的测算，若保持环境条件相对稳定，2014 年中国综合实力增至美国的一半以上，之后每 9 年增长约十个百分点，2050 年中国综合实力将达美国的 95.2%。

---

① 整理自阎学通：《历史的惯性：未来十年的中国与世界》，北京：中信出版社，2013 年，第 10—14 页。
② 数据来源：美国商务部经济分析局，https://www.bea.gov/。
③ 在诸多分析报告中，以购买力平价计算，中国 GDP 已经超过美国。
④ 1978 年数据来源：《综合国力动态方程》，上海：《科学》，1991 年第 4 期。1988 年数据来源：《综合国力与国情研究》，北京：《中国国情国力》，1991 年第 1 期。1996 年数据来源：《综合国力新论：兼论新中国综合国力》，北京：中国社会科学出版社，1999 年，第 119 页。2005 年数据来源：《大国较量：世界主要国家综合国力国际比较》，北京：世界知识出版社，2006 年，第 109 页。

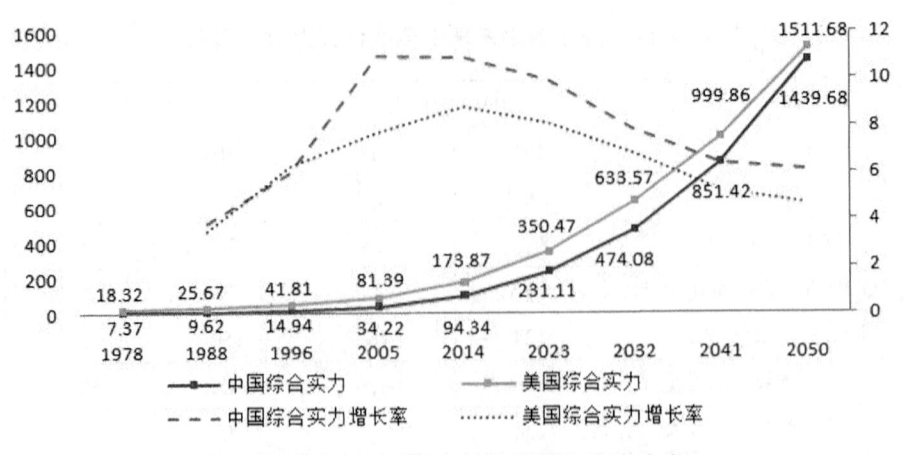

图 4-7 1978—2050 年中美综合实力变化

第三节　未来实力消长与祖国统一前景

　　1978年改革开放以来,中国大陆启动了人类历史上速度最快的持续经济成长,幅员最广阔的全面工业化,以及规模最大的削减贫困,综合实力在三十多年内得到全面提升。这种崛起的速度和规模在人类历史上不仅前无古人,也可能后无来者。台湾学者朱云汉认为,中国大陆兴起的历史意义,与18世纪英国工业革命、1789年法国大革命、1917年俄国十月革命及美国崛起四个历史分水岭事件相比,绝对有过之而无不及。中国大陆兴起是撼动当前全球秩序的最重要转型力量之一,必将成为二十一世纪全球秩序重组的主导力量之一,而中国发展模式的出现,更影响人类社会的未来。①

　　纵观中国历史,台湾的命运始终随着中国的盛衰治乱而变化。中国孱弱,台湾容易被外国侵占,中国强盛,台湾就会回归祖国。②改革开放以后,随着中国大陆综合实力的强大,使其有能力促进两岸关系朝着有利于国家和平统一的方向发展,对最终和平统一具有更强的信心和更多元的手段。当前,大陆在经济、文化、教育等领域对台湾的"磁吸效应"已经显现,一方面迅速扩大台湾人赴大陆工作、投资、学习和交流,一方面逐步改变台湾人的生活方式和消费习惯。一位台湾民众幽默地表述这样一种生活:"穿上在淘宝网购的衣服,拿着小米手机出门,坐在金龙牌的公交车上,用微信与朋友聊昨晚播出的明星跳水节目!"③这种"磁吸效应"的形成建立在大陆综合实力提升所带来的竞争优势之上,只有和平发展与崛起的真正实现,才能保证"磁吸效应"的持续扩大。

　　中国大陆的和平崛起不仅需要和平稳定的国际环境,也需要长期的发展过程,而台湾问题是这一过程中的重要障碍,必须维持台海和平与稳定,争取难

---

　　① 朱云汉:《高思在云:一个知识分子对二十一世纪的思考》,台北:天下文化,2015年,第152页。
　　② 李秘:《两岸关系将进入深度博弈阶段》,香港:《中国评论》,2016年7月号(总第223期)。
　　③ 《港媒:大陆"磁吸效应"显现 台湾人何时开始疯大陆?》,中国新闻网,2013年4月27日。

得的发展机遇，为和平崛起创造良好的外部环境，才能保证大陆综合实力的持续提升，全面掌握两岸关系发展的主动权和主导权。因此，大陆对祖国统一必须抱有极大的耐心，继续把发展作为第一要务，不因两岸关系的波动起伏扰乱自身的发展节奏。

政治领袖尤其是台湾地区领导人对两岸政策提出和两岸关系发展具有主导性作用，虽然大陆很难改变如李登辉、陈水扁、蔡英文等政治人物的政治立场，但是台湾地区领导人由台湾民众普选产生，只要大陆采取更多元和细致的方式，扩大对台湾的"磁吸效应"，降低台湾民众对大陆的疏离感，便能够促使台湾民众选举出支持两岸关系和平发展的领导人上台，遏制"台独"对两岸关系和平发展的干扰和破坏。

一、综合实力全面提升有利于增强台湾经济对大陆的向心力

（一）台湾经济发展离不开两岸经贸往来

未来两岸经济发展对两岸关系走向具有基础性影响，随着经济实力的不断提升，大陆必将在经济领域对台湾形成更大的"磁吸效应"。20世纪台湾经济能够在半个多世纪里保持飞速发展，跃居"亚洲四小龙"，其根本动能在于充分发挥资金、技术以及廉价的土地和劳动力等比较优势。但是随着经济腾飞，台湾在土地、劳动力等方面的优势早已丧失，其市场规模也逐步开始限制经济发展空间。

两岸开放交流为台湾产业外移和维持经济繁荣开辟了新道路，随之相伴的是台湾对大陆经济的高依存度。2004年以后台湾对大陆贸易出口额始终在出口总额的四成左右，2010—2014年台湾对大陆贸易顺差额每年约800亿美元，大陆已成为台湾经济发展最大的腹地，台湾经济发展离不开大陆强有力的支撑。两岸经贸往来对台湾经济发展具有较强的提升作用，学界研究结果表明，早在1990年代初期，两岸贸易对台湾GDP增长贡献率曾达85.41%，之后在"戒急用忍"等政策影响下有所回落，21世纪以后再次大幅提升，2002、2003年连续超过100%，2006年也有56.52%的高水平，成为台湾经济由衰退到回升再至中低速增长的重要动力来源。[①] 蔡英文多次宣称，要"从世界走向中国"，企图阻碍两岸经济融合，降低台湾对大陆经济依存度。但是从两岸经济交流的实际状

---

① 张玉冰：《大陆沿海与台湾地区竞争力比较研究》，北京：九州出版社，2007年，第237页。

况来看,脱离大陆将使台湾经济面临不可承受之重。

(二)加强两岸经贸往来是不可阻挡的潮流

台湾的经济筹码已逐渐流失,随着大陆产业链的完善,两岸经济发展水平差距逐渐缩小,两岸经济基本告别互补阶段,台湾原先在国际化程度、管理经验等方面的经济优势将消失殆尽,台湾各界必须正视这个客观趋势。反之,大陆作为新兴经济体,正在释放巨大的经济动能,在发展环境、成本、潜能和市场规模等方面都有难以估量的吸引力和向心力。跨国公司纷纷将营运总部搬到大陆,在大陆扩大投资、拓展市场范围,竞逐大陆转运中心的龙头地位。世界各国也纷纷与中国大陆建立更为紧密的经贸联系,推动区域经济一体化进程。

2014年,两岸签署的《海峡两岸服务贸易协议》在台湾遭受大规模抗议,引发"太阳花学运",致使《服贸协议》在台无法通过审议和生效。2015年6月1日,中韩两国在韩国首尔签署《中韩自贸协定》,协定范围涵盖货物贸易、服务贸易、投资等17个领域,12月9日该协定正式生效。台湾对大陆出口前五位的分别是机器及机械用具、光学、塑料、化学以及纺织品,这些产业大多与韩国有所重叠,中韩FTA将对台湾与大陆的经贸关系尤其是对大陆出口造成相当大的冲击。台"经济部"初估,中韩FTA生效将使台湾岛内生产毛额(GDP)下降0.5%,总出口减少37.5亿美元(约新台币2670亿元);约有四分之一的工业产品受到关税障碍威胁,尤以钢铁、工具机、汽车、面板、石化、纺织、玻璃、偏光板等八大产业冲击最大。[1] 仅中韩FTA已引发台湾岛内政官产学研界的极大担忧,因为随着大陆经济向心力的逐步展现,必将吸引更多国家和地区融入与大陆一起参与区域经济一体化的进程中。台湾只有发挥地缘和两岸关系优势,搭乘两岸经济发展的快车,才能避免被全球经济边缘化;也只有密切与大陆的经济交流,才能获得实实在在的经济利益。

但是台湾岛内仍有许多人尚未意识到或不能正视此问题的严重性,以"经济安全"为幌,阻挠两岸经济的融合发展。2012年"大选"期间,一些台湾人打出"票投国民党,台湾变香港"的口号,但是他们忽略了香港回归恰逢内地经济崛起、香港相对衰退的时间节点,从而形成回归内地造成香港经济衰落的错觉,却忽视了改革开放以前香港所拥有的特殊地缘环境所带来的片面优势。

---

[1] 《财经检定 实战秘籍:中韩FTA完成谈判 将冲击我国出口》,台北:《经济日报》,2014年11月11日。

台湾与香港有着类似的发展经历，因此其相对衰落是不可避免的。目前，许多台湾民众仍处于过去经济辉煌所带来的满足和自信，对大陆的崛起漫不经心，一再强调台湾在少数领域的领先优势。但是从台湾自身经济条件和地缘经济发展的趋势来看，台湾的持续相对衰落不可避免。只有当台湾民众完全经历这一过程，才能正视台湾经济和社会发展规律，正视两岸综合实力发展的过程和前景。

（三）大陆经济实力的提升能够扩大对台"磁吸效应"

2008年以后，大陆陆续出台一系列优惠政策，惠及台湾普通民众，尤其是农民群体。未来，随着大陆经济实力以及各经济领域发展水平的提升，大陆必将更有能力为台湾民众提供更多优惠政策，使两岸交流成果均衡惠及基层民众。同时，大陆也能够借此向台湾民众证明，统一后大陆仍有能力保障台湾的经济和社会发展，消除台湾民众的误解和疑虑。

近年来，由于台湾面临产业转型困境，内需市场难以扩大，年轻人工资增长缓慢，造成人力外流严重。与此同时，大陆人均经济和生活水平提升迅速，2014年深圳人均GDP已超过台湾，未来几年大陆沿海诸省人均GDP也将逐渐超过台湾。经综合实力模型测算，21世纪20年代中，大陆职工薪资、国民储蓄、医疗与保险等水平有较大幅度增长，生活水平指数将超过台湾，50年代增至台湾的2.05倍；21世纪30年代中，大陆人均经济指数将超过台湾，50年代增至台湾的两倍，各项人均生产、人均对外贸易、人均财政金融、人均交通运输等指标得到进一步提升。面对广阔的市场和更具活力的发展平台，大陆生活水平和人均经济指标的拉近甚至超越必将吸引更多台湾年轻人来大陆工作，从而强化与大陆的利益联结，培植双方共同利益，形成"命运共同体"，成为推动两岸关系和平发展更为普遍的相关利益群体，而不仅限于以大财团和大企业为核心的利益集团。台积电董事长张忠谋在"天下经济论坛"演讲时指出，台湾的闷与乱，都是源自人才不足；而两岸人才竞争加剧，大陆对台湾人才的"磁吸效应"，已使台湾企业竞争力面临挑战。[①]

（四）适时建立两岸共同治理机制

新功能主义认为，超国家机制能够促进政治性外溢的产生，其权力越大越有利于成员的政经整合。蔡英文上台后，两岸经济交流步伐放缓，但是两岸经

---

① 《张忠谋：中国磁吸人才　冲击台湾竞争力》，台北：《自由时报》，2014年1月23日。

济全面融合是历史大势，李登辉执政后期、陈水扁执政时期虽然两岸关系跌宕起伏、波折不断，但是在大陆的积极推动下，两岸经贸往来愈加紧密。

因此，从未来长时段看，在条件允许的情况下，两岸应先从敏感度较低的经济领域切入，基于共同的政治基础和两岸经济发展客观规律，建立共同治理机制，共同确立和遵守经济合作的规范、原则和决策程序。目前，两岸在"两会"框架下成立了两岸经济合作委员会，负责完成为落实ECFA目标所必需的磋商，监督并评估ECFA的执行，解释ECFA的相关规定，通报重要经贸信息等，被视为两岸深化经济合作的重要平台。① 经合会只是磋商和执行的平台，两岸双方并没有赋予其决议权。未来，两岸可赋予经合会更多决策权力，通过经合会化解冲突、强化合作，提前磨合两岸在决策程序上的处理方式，促进两岸经济整合，为将来建立政治合作机制和促进政治整合奠定基础。

二、综合实力全面提升有利于创造国家统一的政治基础

（一）大陆综合实力提升将促使台湾民众正视两岸政治社会现实

部分台湾人认为，台湾经济和社会曾经的高速增长和个别领域的暂时领先仰赖政治制度、思想文化方面的优势，他们崇尚人权、自由、民主等西式价值理念，挟此为与大陆政治博弈的筹码。诚然，台湾民主具有一定的优越性，但是民主的负面效应不断显现，民粹主义、精英主义、民主工具主义丛生，社会撕裂、民粹主义、街头政治泛滥，加之西式自由民主体制本身所具有的行政机构能力不足问题，使台湾民主运行成本高昂，缺乏基于正义的法治原则和公共道德，严重影响了施政效率和民主质量。② 尤其是在选举氛围下，为维持民众的支持取得政权合法性，台湾当局将巨额资金投入社会福利，却忽视基础建设、产业升级和科技投入等有利于社会长远发展的领域，从而造成长久以来社会经济建设发展缓慢甚至停滞。这也是台湾民主不断受到世人诟病的重要原因。

为避免台湾民众对中华民族的归属感和亲近感，掩饰政党恶斗等因素造成的民主缺陷和发展滞后，部分台湾政客极力抹黑大陆的社会状况，制造大陆政治体系的阴谋论，进一步向台湾民众灌输民主优越性，以"精神胜利法"平衡因大陆崛起而产生的失落感。

---

① 《每半年召开一次例会　两岸经合会的来龙去脉》，华夏经纬网，2011年12月19日。
② 《中评重磅专访：王英津详论统一前景》，香港：中评社，2017年3月19日。

但是随着传统西方中心世界的没落、中华人民共和国等新兴国家的崛起，以美国为核心的单级体系逐渐式微，这意味着"一元现代性"（singular modernity）的历史框架松动了，取而代之的是"多元现代性"（multiple modernity）的格局。过去在一元现代性框架下，衡量"进步"与"落后"的坐标开始受到质疑。非西方社会在面对社会制度与价值体系选择时，享有更大的思维想象空间，即与西方文明接轨未必是"进步"，与自身文化传承重新接轨未必是"落伍"；非西方世界更有条件开展费孝通所提倡的"文化自觉"，因为西方世界加诸于非西方世界的外部制约条件将愈来愈松弛。① 因此，由美国强权所建构起的西式价值理念将不再是各国的唯一"圣经"，资本主义发展困境、民主政治制度缺陷等问题将逐渐受到正视。②

---

① 朱云汉：《高思在云：一个知识分子对二十一世纪的思考》，台北：天下文化，2015年，第29—34页。"一元现代性"和"多元现代性"的转变参考 S. E. Eisenstadt, *Multiple Modernities*, *Daedalus*, 129, 1 (Winter 2000): 1-29. "文化自觉"参考费孝通：《从反思到文化自觉和交流》，北京：《读书》，1998年第11期。

② 2008年爆发于美国的金融危机深刻反映了资本主义全球化的缺陷和困境，使国际经济秩序自由化的危机逐渐浮现，美国所倡导建立的民主制度也备受质疑。
美国加州大学保罗·皮尔森（Paul Pierson）教授与耶鲁大学雅各布·哈克（Jacob Hacker）教授在《赢者通吃的政治：华盛顿如何使富人更富，对中产阶级却置之不理》（*Winner-Take-All Politics: How Washington Made the Rich Richer-and Turned Its Back on the Middle Class*）一书中深刻论证，导致美国社会财富高度集中与极少数群体的原因，很大一部分是由于最富裕阶层操控政治的能力不断上升。他们通过利益游说、金权政治与操控媒体，主导社会基本游戏规则的重新制定，并将过去维护中产阶级的租税体制、管制规则、保障体制逐一侵蚀，让美国民主逐步沦为'富豪政治'（plutocracy）。Paul Pierson, Jacob Hacker: *Winner-Take-All Politics: How Washington Made the Rich Richer-and Turned Its Back on the Middle Class*, Simon & Schuster, 2011.
美国普林斯顿大学马丁·季伦思（Martin Gilens）教授与西北大学本杰明·佩奇（Benjamin I. Page）教授针对1981—2002年美国国会通过的1779个重要法案分析发现，利益团体与受雇于企业的国会游说者，才是塑造这些法案最终版本的关键力量，一般民众的作用微乎其微，而且绝大多数法案的立法方向，都跟民意调查中多数民众的期望背道而驰。他们提出的严谨经验证据，更充分说明美国政治体制早已丧失民主政治的精髓，沦为富豪操控的寡头政治。Martin Gilens and Benjamin I. Page: "Testing Theories of American Politics: Elites, Interest Groups, and Average Citizens", *Perspectives on Politics*, 2014, Website of OpenScholar @ Princeton,https://scholar.princeton.edu/sites/default/files/mgilens/files/gilens_and_page_2014_-testing_theories_of_american_politics.doc.pdf.
美国普利策新闻奖得主唐纳德·巴利特（Donald L. Barlett）和詹姆斯·斯蒂尔（James B. Steele）在《被出卖的美国梦》（*The Betrayal of American Dream*）中对美国人过去20年的实际生活进行调查，认为"美国梦"已经不复存在，因为多数美国人的收入在过去20年停滞不前，甚至下跌。Donald L. Barlett, James B. Steele: *The Betrayal of American Dream*, PublicAffairs, 2013.
诺贝尔经济学奖获得者约瑟夫·史蒂格利茨（Joseph Stiglitz）指出，GDP不是衡量成功的好指标，更相关的指标是家庭收入。他的研究表明，美国今天（即2013年）的中位数实际收入比1989年水平还要低；全职男性员工的中位数收入还不如40多年前的水平。Joseph Stiglitz: "Equality of Opportunity, Our National Myth", *The New York Times*, February 16, 2013.

台湾民众无疑期待民主能够带来经济发展和公平正义，但是如果经过几轮政党轮替，政治体制仍不能有效回应这些需求，台湾民众对民主的支持就会出现动摇。[①]加之全球价值理念的多元化，这无疑将颠覆台湾民众原有的价值判断，但是只要经历这一阵痛期，他们将会更公正地看待两岸政治和社会现实。

此外，大陆的政治制度正处于不断改良和优化的进程中。未来大陆综合实力尤其是软实力的提升，将为大陆实现具有中国特色的民主制度奠定基础，从而树立社会主义民主样板，缩小与台湾政治价值观的距离。

（二）扩大两岸交流，消除台湾民众"恐中"情绪

台湾民众对大陆的认知以历史印象为基础，建立在以"反共"政治宣导及西方价值观为中心的意识形态之上，因此对大陆的发展状况存在滞后的感知和先入为主的偏见，以及国家认同的模糊。近年来，大陆的飞速进步无疑强化了台湾民众的失落感，同时他们面对对岸这一"庞然大物"的"统一"诉求又充满无力感，因此"恐中"情绪逐渐泛滥。这也是2008年两岸交流扩大以后，台湾民众中国人认同不升反降的重要原因之一。

台湾学者耿曙、曾于蓁经过对台湾青年来大陆交流的研究发现，"适当的人际交流与接触，确为降低族群偏见、化解刻板印象的关键"，但是当"触及深层的身份认同及统'独'立场时，交流互动无法发挥撼动的力量"，因为在交流过程中两岸"根深蒂固的差异"暴露无遗，反而强化双方认同的距离。[②]不过，台湾学者王嘉州的研究结果也表明，虽然台湾青年访问大陆后"统一意愿的改变并未达显著水平"，但是认为大陆人可信者增加14.3%，认为大陆官方对台湾当局不友善者减少14.6%，认为大陆官方对台湾人民不友善者减少16.4%。[③]由此可见，两岸人员往来和交流虽然暂时没有改变"台湾人"的身份认同和统"独"立场，却能够增强台湾民众对大陆的好感。

不过，越来越多的事实表明，台湾民众尤其是青年一代具有很强的现实性，

[①] 朱云汉：《高思在云：一个知识分子对二十一世纪的思考》，台北：天下文化，2015年，第68页。

[②] 耿曙、曾于蓁：《中共邀访台湾青年政策的政治影响》，台北：《问题与研究》第49卷第3期，2010年9月。

[③] 王嘉州：《赴大陆交流对台湾青年两岸观的影响——固定样本追踪法的分析》，高雄：义守大学公共政策与管理学系（所）网，http://www.ppm.isu.edu.tw/upload/82207/6/files/dept_6_lv_3_24609.pdf。

例如对马英九、蔡英文等不同政治立场人物的猛烈抨击，年轻人不愿服兵役、台军募兵状况堪忧，支持两岸维持现状比例逐年攀升、对两岸关系未来表示先观察再做决定等等。所谓两岸交流，"攻心"为上，出于台湾民众尤其是青年人的务实心态，大陆必须不受台湾当局的政治干扰，持续巩固和扩大两岸人员交流，给予台胞"居民待遇"，如使其身份尽早通过18位号码进入身份认证体制，为台胞在大陆提供便利和保障，增强台胞作为"中国居民"的认同感，使其两岸隔阂逐渐消弭。此外，大陆还应给予台胞适当的公民权利，开放长期在大陆工作、生活的台胞以适当方式参与当地政治生活，接受和落实台胞合理的建言和批评，缩小其对两岸政治制度差距的观感。

当前，台湾社会的中坚力量多出生于战后，他们生于斯长于斯，经历了战后台湾经济辉煌、政治革新的黄金年代，对台湾有极强的认同感和荣誉感。同时，1949年以后大陆经历了三十年的挫折和动乱，改革开放以后虽然诸项建设迅速超过台湾、两岸综合实力差距逐渐拉大，但由于观念和意志是在漫长的历史进程中所形成的，这一代台湾民众仍沉浸在过去台湾所取得的成就中，对两岸发展状况的定位存在本能的抗拒和认知的偏差。对于20世纪90年代，尤其是21世纪以后出生的台湾青年，他们没有过去的历史包袱，即便对台湾有深刻的认同感（这是不可避免的），如若在其成长过程中能时刻感受大陆的兴盛和繁荣，参与到中华民族复兴的进程中，必将对其两岸定位产生积极影响。而这代台湾青年在21世纪30年代以后，将成长为台湾社会的中坚力量，届时台湾主流社会对两岸的政治和社会评判也将更加客观。

（三）运用法律手段制衡"台独"势力

未来，大陆对"台独"势力不能仅仅是"听其言，观其行"，还要"矫其误，惩其错"，逼迫其采取理性、务实的态度正视两岸关系。

"台独"势力始终将"去中国化"和台湾问题"国际化"作为"拒统"的主要方式，前有"时代力量党"主张将台陆委会编到"外交委员会"监督的"部会"中，定义两岸是"国与国"关系；后有台湾"立法院教育及文化委员会"初审通过"国民体育法"草案，企图将"中华奥委会"更名为"国家奥委会"，"台独"势力在分裂国家的道路上"小动作"不断。尤其是蔡英文上台后，台当局必将通过文化、教育、政治等手段进一步推动"隐性台独"。大陆学者刘相平表示，针对"台独"势力的猖狂言论和举动，大陆必须给予警告，并研究在现行《反分裂国家法》十项原则性条文的基础上出台具体的惩罚细则,更有针对性地制约"台独"分子的荒唐行径。[①]

《反分裂国家法》是一部纲领性法律,其第八条规定:"台独"分裂势力以任何名义、任何方式造成台湾从中国分裂出去的事实,或者发生将会导致台湾从中国分裂出去的重大事变,或者和平统一的可能性完全丧失,国家得采取非和平方式及其他必要措施,捍卫国家主权和领土完整。[②]这一规定是从宏观角度对"不放弃使用武力"进行阐释,对于"法理台独"等行为具有有效的遏制作用。但是,连陈水扁都深感"台独""做不到",可见"法理台独"空间之狭窄。在此情形下,"台独"势力不断通过"温水煮青蛙"的方式采取"渐进式台独",企图加深两岸隔阂、最终形成"事实台独"。对此,《反分裂国家法》并没有明确的惩罚措施。此外,对于一面在大陆捞取好处、一面在台湾宣扬"独立"的两面派,《反分裂国家法》同样没有相关细则。因此,细化法律规定,有针对性地对"台独"势力进行惩处迫在眉睫。

三、综合实力全面提升有利于营造国家统一的外部条件

(一)提升"一中"国际支持,限缩"台独""国际空间"

长久以来,西方社会对全球利益的席卷、剥削,以及意识形态的强势灌输,不仅使现行全球秩序弊端尽现,也引发非西方社会的批评和反思,这一切为全球权力结构重组创造了条件。随着非西方社会的普遍觉醒,新的全球秩序必定要建立在独立自主、平等互利、和平共处的原则之上,才能被世界绝大多数国家所接受。

中国大陆始终奉行和平发展战略,强调中国崛起不是世界的威胁,而是世界的机遇。马来西亚前总理马哈蒂尔对此十分赞赏,他认为中国具有和平发展的传统,600多年前,郑和率领强大船队来到马来西亚,带来的只是友谊。中、马上千年的贸易交往都是在友好和平的过程中进行。他多次在公开场合驳斥"中国威胁论",表示我们并不怕中国强大,也不担心中国发展会给马来西亚带来威胁,因为侵略不是中国的传统,"根据我们的经验,有人从8000英里外来到马

[①] 《"时力"欲将陆委会改为"外交委员会"监督 陆学者:未来可细化〈反分裂国家法〉惩罚》,环球网,2017年5月17日。
[②] 《受权发布:〈反分裂国家法〉全文》,新华网,2005年3月14日。

来西亚征服我们，殖民我们，但是中国离得这么近，却从来没有这样做过"。①

1949年以后，中国大陆不断扩大对世界欠发达地区的援助与合作，帮助其摆脱贫困。截至2009年底，大陆累计对外提供援助金额达2562.9亿元，其中无偿援助1062亿元，无息贷款765.4亿元，优惠贷款735.5亿元。② 2010年以后，大陆每年对外援助金额均在200亿元以上，其中无偿援助占三分之一。③近年来，中国大陆先后推动金砖国家开发银行、"一带一路"、亚洲基础设施投资银行、中国—东盟命运共同体和"2+7合作框架"等多边安排，将中国大陆的发展成果与全世界共享，赢得相关国家的普遍支持和赞誉。

随着综合实力的提升，中国大陆将同世界各国建立更为密切的经贸关系。2012年，中国大陆是全世界124个国家的最大贸易伙伴，根据阎学通的预测，2023年中国大陆将是世界上150个国家的最大贸易伙伴，成为各国经济成长的重要驱动力。④ 此外，中国大陆在国际组织中的影响力必将进一步得到提升。当前，一个中国原则已成为国际共识，"台独外交"的道路越走越窄。2017年5月9日，世界卫生组织发言人林德梅耶针对台湾请求参加世卫大会的请求表示，"台湾与会议题不是世卫可决定问题，并强调中国身为会员国，可全权决定。"⑤

正面的国际形象、日益扩大的国际影响力、同世界各国紧密的友好关系，成为中国大陆坚持两岸关系和平发展最有利的外部条件，也成为在国际上捍卫一个中国原则最重要的支撑和保障。未来，中国大陆必须在国际上继续强化一个中国原则和"联合国2758号决议"，⑥全面限缩"台独"的"国际生存空间"。

（二）打破台海战略平衡，占据中美博弈优势

"9·11事件"以后，由于中国的迅速崛起，美国相对衰落的趋势愈加明显。

---

① 《马哈蒂尔：中国越来越富裕对马来西亚是好事》，新华网，2003年7月31日。
② 国务院新闻办公室：《中国的对外援助》（白皮书），新华网，2011年4月21日。
③ 数据来源：国务院新闻办公室：《中国的对外援助（2014）》（白皮书），国务院新闻办公室网，2014年7月10日；《商务部整治援外项目廉政问题》，北京：《京华时报》，2014年6月12日。
④ 阎学通：《历史的惯性：未来十年的中国与世界》，北京：中信出版社，2013年，第11页。
⑤ 《台未受邀WHA世卫发言人：中国可全权决定》，香港：中国评论通讯社，2017年5月9日。
⑥ 1971年10月25日，第26届联合国大会表决通过关于"恢复中华人民共和国在联合国组织中的合法权利问题"的决议，即联合国大会2758号决议。该决议承认中华人民共和国政府为中国在联合国组织的唯一合法代表，是一个中国原则的重要依据。

第四章　两岸综合实力未来走向及对两岸关系的影响

对内，美国贫富差距进一步扩大，社会矛盾丛生。据美国加州大学伯克利分校经济学家伊曼纽尔·赛斯（Emmanuel Saez）和英国伦敦经济学院经济学家加里布埃尔·祖克曼（Gabriel Zucman）发布于2014年的报告显示，美国最富有的0.1%高净值家庭所拥有的财富总额占社会财富总额的比重从1978年的7%上升至2012年的22%，而底层90%家庭的财富总额比重从1986年峰值的36%下降到2012年的23%，与最富有的0.1%美国家庭的总额相当。[1]林肯所提出的Of the people，By the people，For the people（即民有、民治、民享）已经沦为Of the 1%，By the 1%，For the 1%，[2]此外，由于"寡头政治""富豪政治"大行其道，美国的民主样板逐渐受到各国质疑。对外，美国权力在全球的过度扩张不断侵蚀其实力基础，阿富汗战争和伊拉克战争不仅使美国政府深陷战争泥潭、债台高筑，也严重影响美国国际形象，国际地位愈显尴尬。全美反战委员会（United National Antiwar Committee）领导人乔·洛斯贝克称，美国正在变得越来越孤立，因为世界人民已经经历了一个美国世纪，他们厌倦了这一点。[3]

在未来一定时期内，中国崛起面临的困难不小，中美在台湾问题等领域的矛盾和摩擦将更加激烈。根据崛起困境原理，崛起国越强大，其产生的国际体系压力就越大，如同物理上作用力等于反作用力的原理。随着中国崛起，其海外利益拓展得越快，面临的威胁就会越多。根据结构性矛盾原理，中美实力差距越接近，中美利益冲突就会越大，美国防范中国的政策力度随之增强，中国的压力也会随之上升。[4]因此，在未来相当长的时间内，台湾问题将成为中美战略关系中的重要矛盾，美台军事同盟关系将更加紧密，以阻止中国实现和平统一。但是出于国家利益和地缘政治的考量，美国不可能将其所有实力投注该领域，随着综合实力的相对衰落，美国在台海问题上的疲软之势将提前到来。

21世纪以来，由于中国综合实力的全面提升，过去由美国所主导的台海平

---

[1]　Emmanuel Saez and Gabriel Zucman: "Wealth Inequality in the United States since 1913: Evidence from Capitalized Income Tax Data", Website of the National Bureau of Economic Research, October 2014, http://www.nber.org/papers/w20625.

[2]　Joseph E. Stiglitz: "Inequality: Of the 1%, By the 1%, For the 1%", Website of Vanity Fair, May 2011, http://www.vanityfair.com/news/2011/05/top-one-percent-201105.

[3]　《美反战人士：世界厌倦美国　恐吓不能阻中国崛起》，环球网，2014年4月24日。

[4]　阎学通：《历史的惯性：未来十年的中国与世界》，北京：中信出版社，2013年，第XIV-XV页。

衡和战略相持正被一步步打破，台湾的维持现状也将随之改变。根据对未来中美综合实力的预测，到2020年代，中国经济总量将超过美国，此后中国相对于美国的综合实力逐年攀升，2032年占美国的74.83%。到2040年代，当中国综合实力接近美国时，就具备了通过各种手段实现国家统一的可能性。由于中国大陆具备地缘优势，美国会因博弈成本过高而与大陆做出适度妥协，在利益交换或补偿的基础上实施战略收缩，让出在该地区的部分战略空间，默认大陆在该地区的战略利益。①

四、综合实力全面提升有利于扩大对台文教吸引力

（一）正视两岸文化差异，发挥传统文化作用

两岸的社会和政治制度差异决定了两岸文化的差异，大陆主流文化由社会主义主流文化的核心、社会主义文化中保留的中国传统文化和革命传统文化、以及融入社会主义文化中的外来文化因素等三部分组成，其中体现社会主义主流文化及"主旋律"的作品很难被台湾民众接受。②台湾主流文化是"具有台湾特色的中华文化"，其核心价值是开放进取、善良勤奋与诚信包容，马英九将其外在表现总结为海洋文化、多元文化、创新文化、志工文化和爱心文化。马英九认为，"这些内容过去在大陆不是没有，但是在台湾得到前所未有的发挥"。③两岸社会和政治制度差异决定了台湾民众易于通过西式价值理念评判大陆主流文化，认为大陆主流文化是"落后"的，是不符合时代潮流的。这也是两岸文化交流愈加频繁，却未能化解两岸隔阂、形成共同价值观念的主要原因。

但是从进化论的角度来看，文化没有优劣之分，只存在是否适合社会发展需要的差异。改革开放以后，大陆主流文化作为软实力的重要组成部分，成为综合实力不断提升的思想基础。21世纪以后，大陆逐步施展主流文化中传统文化的作用，通过孔子学院、重大国际活动等途径向世界展示包括中华文化在内的主流文化的魅力。因此，两岸需求同存异，建构共同的当代价值基础。在交

---

① 《中评重磅专访：王英津详论统一前景》，香港：中国评论通讯社，2017年3月19日。
② 陈孔立：《两岸文化的本质差异》，厦门：《台湾研究集刊》，2013年第4期。
③ 《"总统"偕"副总统"举行就职2周年记者会》，台北：台湾"总统府"网，2010年5月19日。

流的过程中避免急功近利,以传统中华文化为纽带拉近两岸基层民众的心灵距离。台湾前"行政院文化建设委员会主委"邱坤良表示,两岸虽然同文同种,但所经历的不同历史造就了截然不同的文化;两岸文化交流若抱有太强目的性反而很可能起到反效果;无论蓝绿"执政",大陆都应该在推动两岸交流的过程中,注重包括中华文化在内的台湾主题文化,才能起到更好的交流效果。①

此外,两岸地域差异造成两岸民众在交流活动感观上的差异。大陆幅员辽阔、地大物博,大陆民众直率豪爽、不拘小节,喜爱举办规模盛大、场面热闹的文化交流活动。而台湾民众更加注重活动品质,往往追求小而精的交流活动。所以大陆在推进两岸文化交流的过程中,需要完善细节,避免因追求交流政绩而开展不切实际的交流活动。

(二)通过新媒体拉近两岸民众亲近感

随着数字化媒体、网络媒体、移动端媒体、数字电视、数字报刊等传播媒介的普及,以网络为载体的新媒体正成为两岸普通民众交流的新平台。截至2014年,大陆和台湾互联网上网人数分别为64875万和1764万,占总人口的47.43%和75.26%。②近年来受网络信息化冲击,台湾舆论阵地已转移至网络。台湾世新大学"2015媒体风云排行榜"③报告指出,台湾五大媒体使用率分别为电视92.1%、网络77.7%、报纸46.4%、广播36.0%、杂志28.6%。新闻来源分别为电视58.9%、网络28.6%、报纸7.6%、广播2.2%、杂志0.1%,其中网络管道通过网站"焦点新闻"获取资讯的占47.1%、社交媒体18.0%。台湾民众最常通过网络阅读的报纸是《苹果日报》和《自由时报》,最常通过网络阅读的杂志是《商业周刊》和《壹周刊》,最常通过网络收听的电台是中广和飞碟联播网,最常收看的电视是TVBS NEWS。高"网路公共参与"的人群占61.7%,

---

① 《邱坤良:两岸文化交流目的性太强或起到反效果》,香港:中国评论通讯社,2014年10月25日。

② 大陆互联网上网人数数据来源:中国互联网络信息中心:各年《中国互联网络发展状况统计报告》,北京:中国互联网络信息中心网,http://www.cnnic.net.cn。台湾互联网上网人数数据来源:财团法人台湾网路资讯中心:《台湾宽频网路使用调查》,台北:财团法人台湾网路资讯中心网,http://www.twnic.net.tw。

③ 世新大学知识经济发展研究院、世新大学新闻传播学院、世新大学民意调查研究中心:"2015年媒体风云排行榜",见Facebook"世新大学传播资料库"专页,https://www.facebook.com/mcsd.shu/?ref=page_internal,2015年7月16日。

中"网路公共参与"的人群占27.2%；高政治参与者最常阅读《自由时报》、收看三立新闻台。[①] 网络在1980年以后出生的"E世代"民众中更为普及。

由于新技术传播手段引发的与以往截然不同的舆论反射，更容易造成信息变形和失控，在台湾网络中不断涌现的"懒人包"就是重要一例。"懒人包"指制作者将重要事件的发展过程及网络资料汇总成文贴、视频、图片等形式，它具有简明性和便捷性，能够使民众快速了解事件原委，从而使"懒人包"得以迅速传播。但是"懒人包"还具有很强的主观性，往往掺杂制作者个人的立场和情感，很难客观、公正地还原事件真相，造成接受者理解的偏差。以"反服贸"运动为例，台湾大学经济系教授郑秀玲制作的《两岸服贸协议对我国的冲击分析》"懒人包"充满对《海峡两岸服务贸易协议》的谬误和诋毁，宣称两岸一旦开放服务贸易，台湾上千种行业会被陆资取代，使500万人受到影响。该"懒人包"在短短时间内通过网络迅速扩散，引发台湾民众的极大恐慌，并煽动台湾民众走上街头，反对《服贸协议》。

因此，网络在两岸民众交流中有利有弊。一方面，目前台湾尚未放松对大陆的新闻管制，两岸新闻媒体未能完全开放，仅开放获批的跨地采访和短期驻点采访，大陆的报刊、电视、广播等无法入驻台湾落地刊播，所以互联网为台湾民众了解大陆和两岸关系开辟了新途径。另一方面，网络舆论场的复杂性和多重性是传统媒介所没有的，各种舆论力量均可通过网络特别是社交媒体表达意见，网民对事件的认知十分容易受网络误导。对此，大陆既要通过网络，改变台湾民众对大陆以往刻板陈旧的印象，以更平民化、年轻化、趣味化的方式

---

① 台湾民众最常阅读的报纸：《自由时报》46.6%、《苹果日报》46.6%、《联合报》29.3%、《中国时报》22.6%。

最常阅读的杂志：《商业周刊》26.2%、《壹周刊》19.5%、《天下》16.6%、《今周刊》8.7%、《时报周刊》7.2%、《远见》6.2% 等。

最常收听的广播电台：中广29.8%、警察广播电台24.4%、飞碟联播网10.6% 等。

最常收看的无线电视频道：民视17.9%、中视12.0%、台视11.9%、华视9.0%、公视7.1% 等。

最常收看的新闻频道：TVBS NEWS 20.4%、三立新闻台18.2%、东森新闻15.5%、中天新闻12.7%、民视新闻11.2% 等。

最常通过网络阅读的报纸：《苹果日报》60.3%、《自由时报》23.4%、《联合报》22.7%、《中国时报》16.2%。

最常通过网络阅读的杂志：《商业周刊》28.2%、《天下》22.0%、《远见》7.9%、《壹周刊》6.5%、《今周刊》6.1%。

最常通过网络收听的电台：中广18.6%、飞碟联播网13.8%、台北之音7.2%、警察广播电台6.1%、大众广播5.9%。

和角度，向其传递改革开放和两岸和平发展的成果，展现大陆生机勃勃的景象和广阔的发展前景，引导台湾年轻一代对大陆文化软实力的感知，从而拉近台湾民众对大陆的亲近感；又要密切关注网络上出现的两岸关系热点问题，抢占舆论的先机和制高点，加强对信息的规范和引导，避免相关刻意煽动和抹黑的信息不断发酵和扩散。

（三）扩大两岸教育交流，促使台湾人树立和巩固中国史观

教育是形塑国家和民族认同的重要手段，两蒋时代的"反共"教育，李登辉和陈水扁时期"去中国化"和"本土化"教育，是造成台湾民众"恐中"情绪的根源，使台湾民众对大陆产生信任危机和自我保护心理。尤其在李登辉、陈水扁任内，台湾高中历史课纲经过多次修改，逐步将"台湾史"从"中国史"中分离出来，并在用词上全面"去中国化"，持有"中国史观"的学者也逐渐被"边缘化"，[1]造成两岸年轻世代与大陆的分隔，大陆的教育环境和教育水平长期被岛内政客抨击和抹黑。

过去，大陆的教育水平与台湾确实有较大差距，改革开放以后大陆科研和教育水平均得到极大改善。在英国《自然》杂志发布的2014年全球自然指数（科研论文指数）中，中国科学院以1307.74的自然指数在全球高校和科研院所中排名第一；在全球高校中，北京大学以291.57排名第17，大陆有23所高校进入全球前200名，台湾仅2所。[2]20世纪90年代以后，赴大陆留学的海外留学生数量超过台湾，2014年赴大陆海外留学生数量排名全球第三，仅次于美国和英国，是台湾留学生人数的10倍。随着大陆综合实力的提升，教育吸引力必将进一步扩大。由于台湾教育改革开展较早，目前其教育普及率暂时领先大陆，但是到2027年左右，两岸教育普及率将持平，台湾的教育优势将进一步丧失。

以往只有少数台商子女在大陆就学，两岸开放交流后，越来越多的台湾学生选择到大陆就读。2009学年度，大陆共有187所大学招收台湾学生，正在高校（包括大学及专科）就读的台生高达6755人，其中博士生1570人，硕士生

---

[1] 张萌、刘相平：《台湾"台湾史"研究谱系及其史观嬗变述论》，北京：《太平洋学报》，2016年第9期。

[2] 《2015全球自然指数排名出炉：中科院登顶》，环球网，2015年6月19日。

1861人，本科生3324人[①]，约台湾每年报考大学生总数的2.2%左右。2011年大陆开放台湾学生以"学测"申请大陆大学后，台湾学生人数翻倍增长，高分群台湾学生赴大陆高校就学的现象越来越普遍。随着教育水平和文化软实力的提升，大陆将吸引更多台湾民众尤其是青年到大陆求学和就业。

此外，两岸应在求同存异的基础上合写教科书，扩大中国史观在台湾的市场。两岸历史学者已经合写了《中华民国专题史》丛书。该丛书由大陆、台湾、香港、澳门的70多位学者历时五年编著而成，其中台湾学者近一半。丛书共18卷，内容涵盖辛亥革命、北洋政府、北伐战争、抗日战争、国共内战等重要历史时段，涉及政治、经济、文化、社会、教育、军事、城市、边疆与民族、台湾光复等议题，体系十分宏达。台湾学者张玉法坦言，两岸研究民国史的学者，这些年来对国共关系以外的题目，基本上都是凭史料说话，大多没有什么分歧。[②] 在此基础上，如两岸学者能够合写教科书，两岸文教和传媒机构能够合拍历史纪录片，将对台湾民众树立中国史观大有裨益。

五、综合实力全面提升有利于获取台海军事战略优势

中国大陆始终坚持和平解决台湾问题，但是强大的军事实力无疑是两岸关系和平发展、遏制"台独"的重要保证，也是当和平统一的可能性完全丧失时大陆必须选择的最后筹码。目前，大陆已具备武统台湾的军事实力，2014年两岸军事实力差距10倍以上，军事天平完全向大陆倾斜。南京战区原副司令员王洪光撰文指出，台湾缺乏战略纵深，全岛均被大陆航空兵和地对地导弹近程火力覆盖，并且台军兵力和装备有限，有价值的打击目标集中，"使台湾还未开打，就已成挨打之势"。[③] 台湾前"国防部副部长"林中斌也表示，大陆已具备通过网络作战、电子作战和电磁脉冲等手段使台湾指挥系统瘫痪的作战能力，"对台湾而言抵挡非常困难，台湾自己也承认，只是48小时或72小时时间的不同"。[④]

---

① 《国台办新闻发布会实录（2009-10-28）》，国务院台湾事务办公室网，2009年10月28日。
② 《两岸及港澳史学家首次合编民国史》，中国新闻网，2015年4月20日。
③ 《南京战区原副司令员："台独"若挑起战争，大陆该如何用武力统一》，环球网，2015年4月10日。
④ 《台湾前"副防长"谈武统：大陆"超军事手段"太多，都是"不见血工具"》，环球网，2017年1月17日。

第四章　两岸综合实力未来走向及对两岸关系的影响

未来十余年内，由于中国大陆崛起及两岸军事严重失衡，美国对大陆的政策防范力度将随之增强，美台军事同盟关系将更加紧密，以阻碍和平统一的实现。但是，当中国大陆在西太平洋的军事实力逼近美国之时，美国不得不与大陆在台湾问题上作出适度妥协。民进党前"国代"许龙俊表示，"台湾位在美国的最前线（第一岛链），如果，哪一天中国大陆的军事力量超越美国，不必我们在这里高喊'独立'，到时候不被统一都不可能"。[1]

解放军以"反介入/拒止战略"提升针对可能部署在西太平洋地区的部队实施远程打击能力。在武器装备上，大陆自行研制的东风–21D和东风–26导弹相继服役，据英国《简氏防务周刊》报道，其射程分别达1700公里和3000—4000公里，使解放军具备对海上航行的中大型舰船实施常规中远程精确打击的能力，并能够以"第二岛链"或者关岛的美国海军编队为目标。[2] 2017年4月23日，大陆首艘国产航母001A下水，标志大陆自主设计建造航母取得重大阶段性成果，同时第二艘国产航母也在建造之中。在军事训练上，2013年解放军海军舰艇编队赴西太平洋海域进行远海训练实现常态化，2016年空军航空兵赴西太远海训练和警巡东海防空识别区实现常态化，多型战机成体系飞跃宫古海峡，检验远海实战能力，并出动轰炸机、歼击机在东海防空识别区例行性警巡，[3] 表明解放军海空力量均已具备冲破第一岛链的能力。

美军为确保安全，正从第一岛链向第二岛链收缩。但是随着解放军实力的提升，突破第二岛链指日可待。2016年5月，美国国会的美中经济与安全审议委员会发表题为《中国拓展常规导弹打击关岛能力》（China's Expanding Ability to Conduct Conventional Missile Strikes on Guam）的评估报告，报告认为，中国近几年开发的一些常规平台和武器系统，足以在潜在冲突发生时对美国在关岛的军事能力构成制约，包括东风–26导弹部署，以及在打击精确度、轰炸机群、空中补给能力和潜艇静音技术等方面的发展。[4]

根据阎学通的预测，2023年中国大陆国防预算占美国比例将从2012年的

---

[1] 《绿前"国代"：待大陆军力超美两岸不可能不统一》，环球网，2012年6月25日。
[2] 《英媒评2015阅兵展示"东风–26"：或给美国带来新威胁》，北京：《参考消息》，2015年9月6日。
[3] 《中国空军多型战机飞跃宫古海峡检验远海实战能力》，新华网，2016年9月25日。
[4] US-China Economic and Security Review Commission Staff Research Report: Jordan Wilson: "China's Expanding Ability to Conduct Conventional Missile Strikes on Guam", website of US-China Economic and Security Review Commission, May 10, 2016, https://www.uscc.gov/Research/china%E2%80%99s-expanding-ability-conduct-conventional-missile-strikes-guam.

15.60% 攀升至 59.86%，大陆将拥有至少 3 艘在役的航母舰队（有可能建成 5 艘航母）、4—5 艘携带射程 8000 千米导弹的战略核潜艇、部署歼 –20 和歼 –31 隐形战斗机及各种类型的无人机部队，可用于各种导航武器的"北斗二号"卫星导航系统将可向全球范围提供服务。[①] 美国陆军退役上将约翰·基恩在美国国会参议院听证会上称，虽然美军优势将继续保持 20 年，但中国已制定和实施"高明的战略"，可将美海空军优势最小化。

出于国家利益和地缘政治的考量，美国不可能将所有军事力量投注台湾海峡，也不可能对军事实力逐渐壮大的中国大陆采取军事强硬政策。因此，当中国大陆军事实力逼近美国在西太的军力之时，美国将在该地区实行战略收缩，大陆就具备了通过军事力量实现国家统一的可能性。通过"综合国力动态方程"的计算，21 世纪 50 年代大陆综合实力将与美国持平，所以双方在西太的军力持平将提前到来。届时，中美军力对比和战略形势必将对"台独"势力形成巨大震撼，剥离其"台独"主张的现实基础，进一步扫清两岸和平统一的障碍。

小结

新功能主义视角的政策分析表明，两岸政治精英对两岸关系发展具有主导性作用，相关利益集团、普通民众、外部因素能够影响和制衡政治精英两岸政策的提出。因此，未来大陆可以通过影响这三种因素，对台湾政治精英施加影响，从而促使两岸关系朝着和平稳定的方向发展。相关利益集团、普通民众和外部因素对两岸关系的态度很大程度上受到综合实力的作用。

"综合国力动态方程"的预测表明，到 21 世纪 30 年代大陆综合实力将全面超过台湾，50 年代大陆综合实力将与美国持平。综合实力的全面提升确保大陆能够灵活运用各种实力，为国家和平统一创造良好的内部和外部条件。大陆将有能力增强台湾经济对大陆的向心力，巩固和扩大台湾相关利益集团在大陆的经济利益，建立与台湾普通民众的广泛利益联结。大陆将有能力创造国家统一的政治基础，促使台湾民众正视两岸政治社会现实，消除其"恐中"情绪，并通过法律手段制衡"台独"势力。大陆将有能力营造国家统一的外部条件，提

---

① 阎学通：《历史的惯性：未来十年的中国与世界》，北京：中信出版社，2013 年，第 11 页。

第三节 未来实力消长与祖国统一前景

升"一中"国际支持,限缩"台独""国际空间",并在中美台海博弈中取得战略优势。大陆将有能力扩大对台文教吸引力,使其正视两岸文化差异,拉近两岸民众亲近感,并通过教育交流促使台湾人树立和巩固中国史观。大陆将有能力获取台海军事战略优势,剥离"台独"主张的现实基础,最终实现祖国的和平统一。

结语

台湾问题是 20 世纪 40 年代末国共两党内战的历史遗留问题,拖延至今,原因复杂,两岸综合实力在不同时期的表现及其变化是重要原因之一。

1949 年以来,海峡两岸关系的变迁始终与各自发展状况和综合实力对比密切相关。1949—1979 年间,台湾处于资本主义世界体系中,在"冷战"的国际背景下,美国不仅给台湾提供了"安全保障",还为台湾经济发展提供大量"美援",为台湾的发展创造了良好的条件。国民党政权败退台湾后,"两蒋"及国民党人在"痛定思痛""卧薪尝胆"思维的惕厉下,较为充分地利用了良好的外部条件,对内采取"政治上进行高压统治,同时大力发展经济"的策略,终于创造了所谓的"台湾经济奇迹"。1949 年中华人民共和国成立后,百业待兴,各项事业亟待恢复和重建,却受到朝鲜战争的干扰和迟滞,中国大陆被以美国为核心的资本主义世界体系排斥在外。而随着"中苏交恶",中国大陆成为社会主义世界体系的"边缘国家",因此,中国大陆面临一个严峻、险恶的外部环境。在大陆内部,虽然中国大陆在完成第一个"五年计划"中展示了相当大的活力,但随后经历了"大跃进"、"三年困难时期"、十年"文革"等种种波折,大陆的综合实力进展缓慢。至 1978 年,大陆的综合实力指数为 7.37,与台湾相比仅高出 1.68 倍。大陆对于两岸统一心有余而力不足,两岸关系进入对峙时期。

改革开放以后,大陆综合实力发展较快,尤其是 20 世纪 90 年代中期以后,大陆以世人瞩目的规模和速度,在中华民族伟大复兴的道路上阔步前进。相形之下,台湾却深陷实力相对衰落的泥沼,两岸综合实力早已不可同日而语。大陆各项实力指标远远超过台湾,人均经济和生活水平差距也在逐渐缩小,目前深圳人均 GDP 已超过台湾,东南沿海诸多省份的生活水平也逼近台湾。至 2014 年,大陆的综合实力指数为 94.34,是台湾的 6.73 倍。

尤其值得指出的是,至 2014 年两岸的军事实力对比已经发生了巨大的变化，中国大陆军事实力指数达到台湾的 10.16 倍，"武力统一"已经完全具备条件。

诚然，"维护国家主权和领土完整，绝不容忍国家分裂的历史悲剧重演，是我们对历史和人民的庄严承诺。一切分裂国家的活动都必将遭到全体中国人民坚决反对"，"我们绝不允许任何人、任何组织、任何政党、在任何时候、以任何形式、把任何一块中国领土从中国分裂出去！"[①] 当出现"'台独'分裂势力以任何名义、任何方式造成台湾从中国分裂出去的事实，或者发生将会导致台湾从中国分裂出去的重大事变，或者和平统一的可能性完全丧失"[②] 等情况时，大陆必定会采取"非和平方式"实现国家统一。

近年来，随着海峡两岸和国际局势的发展和变化，两岸和平统一的可能性受到挑战。台湾民众主流身份认同逐渐从"既是台湾人又是中国人"向"台湾人"转变，"维持现状"被渲染成为"台湾共识"；马英九执政时期，在两岸关系和平发展的背景下，台当局仍坚持"以武拒统"，将两岸交往限缩于事务性领域，避免"外溢"效应向政治领域扩展；蔡英文上台后，民进党当局拒不承认"九二共识"，屡次突破"维持现状"的基本红线，使两岸关系受到严重冲击；美国在台湾问题上的两手政策不会轻易改变。此外，随着两岸综合实力差距的不断扩大，大陆民众对台湾的好感和对解决台湾问题的耐心正在逐渐流失，"武统"声浪时有高涨。

使用武力统一台湾，历史上已有先例，亦与两岸综合实力的变化密切相关。顺治年间，清政府统治不稳，清军应付明郑军队多年，师老无功，郑军势力扩展迅速，影响范围扩及福建、浙江、江苏等省。1653 年双方首次谈判，明郑政权提议将东南沿海的广东、福建、浙江三省纳入常征粮区域，[③] 清政府仅仅同意予其漳州、泉州、潮州、惠州四府，最终谈判不成。康熙年间，双方多次谈判未果。其间，清政府调整统治政策，恢复社会生产和秩序，厚植实力；明郑却因连年鏖战，民心涣散、实力空虚。最终两军在澎湖一战，清军大胜，两岸复归一统。

当然，时移世易，我们现在追求的国家统一与清朝有很大的不同，因为，

[①] 《习近平在纪念孙中山先生诞辰 150 周年大会上的讲话》，北京：《人民日报》，2016 年 11 月 12 日。

[②] 《受权发布：〈反分裂国家法〉全文》，新华网，2005 年 3 月 14 日。

[③] 杨英：《从征实录》，《台湾文献史料丛刊第六辑》第 120 册，台北：大通书局，2006 年，第 44 页。

解决台湾问题、实现国家统一，是实现中华民族伟大复兴的重要环节，但不是最终目标。实现中华民族伟大复兴的目标，是习近平总书记所提出的"中国梦"，其核心是国家富强、民族振兴和人民幸福。国家富强就是指综合实力进一步增强，中国特色社会主义事业得到进一步推进和完善，使经济更加发达，科技更加强劲，军力更加强大，资源更加丰富，政治更加美好，外交更加有为，文教更加繁荣，社会更加和谐。因此，台湾问题的处理也必须服从实现国家富强的大局，不因两岸关系的波动起伏扰乱自身的发展节奏。两岸，终究还是应在和平发展的轨道上运行！

台湾问题是中国的内政，但拖延至今，美国等国际势力的干预是重要原因，对此，我们必须正视！根据"综合国力动态方程"的预测，如若保持环境条件相对稳定，2020年代中国大陆经济总量将超过美国；2023年大陆综合实力为美国的65.94%，2041年增长至85.15%，2050年将与美国基本持平。美国干预台海问题所付出的成本将越来越高、干预能力将越来越弱，这将迫使美国等国际势力考虑是继续一意孤行"支持台湾"还是"放弃台湾"？中国大陆必须坚决避免台湾问题成为中美两国陷入"修昔底德陷阱"的引爆点，也应采取措施减少美国对两岸和平发展、中国国家和平统一的干扰。

根据"综合实力动态方程"的预测，如若保持环境条件相对稳定，21世纪21年代大陆综合实力将达到台湾的10倍以上，40年代中期达20倍以上。因此，21世纪20年代，当大陆初步实现全面建设小康社会、人民生活水平和教育普及率得到较大提升、经济总量超过美国时，大陆就具备了解决台湾问题的基本能力。21世纪30年代，当大陆人均经济指标超过台湾、沿海省份人均GDP全面领先台湾时，大陆综合实力指标将实现对台湾的全面超越，使解决台湾问题具备现实条件。21世纪40年代，当大陆经济发展更加成熟、人民生活更加富裕、政治和社会更加进步和文明，并且综合实力接近美国时，就具备了通过各种手段实现国家统一的可能性。

目前以及今后一段时间内，大陆应维持稳定的环境，进一步发展和壮大综合实力的发展与建设，通过经济社会融合发展推进两岸关系和平发展进程，为国家最终的和平统一准备条件。目前，台湾的民心离"两岸人民心与心的契合"尚有很大差距，这是因为：首先，许多台湾民众仍沉浸于过去的"优势"心理之中，对大陆充满抵触情绪，对大陆未来发展状况抱持犹疑和观望。只有全面超越这些所谓"优势"，使其正视两岸实际状况，让台湾民众认知到两岸统一不会导致其生活水平下降，反而会上升。其次，当前台湾正处于综合实力持续衰落的进程之中，从其经济条件和地缘经济发展的趋势来看，持续相对衰落不可避免。若以猛力急促贸然推进国家统一，有可能使台湾民众步上香港民众后尘，将衰落归咎于两岸统一。只有当台湾民众完全经历这一衰落过程，才能正视台湾经济和社会发展规律，正视两岸综合实力发展过程，正视两岸统一前景。

改革开放以来，中国大陆以世人瞩目的崛起速度和规模创造了人类历史。今后，中国大陆须踏实前进，持续提高和完善综合实力，牢牢把握处理两岸关系的主动权，耐心、细致、精准地做好台湾人民的工作，两岸和平统一必定水到渠成。

参考文献

一、中文文献

（一）统计资料

（1）大陆

1. 国防部：《中国的军备控制与裁军》，国防部网，1995年。
2. 国防部：《中国的国防》白皮书，国防部网，1998年。
3. 国防部：《2000年中国的国防》白皮书，国防部网，2000年。
4. 国防部：《2002年中国的国防》白皮书，国防部网，2002年。
5. 国防部：《2004年中国的国防》白皮书，国防部网，2004年。
6. 国防部：《2006年中国的国防》白皮书，国防部网，2006年。
7. 国防部：《2008年中国的国防》白皮书，国防部网，2009年。
8. 国防部：《2010年中国的国防》白皮书，国防部网，2011年。
9. 国防部：《中国武装力量的多样化运用》白皮书，国防部网，2013年。
10. 国防部：《中国的军事战略》白皮书，国防部网，2015年。
11. 国家广播电影电视总局、中国广播电视年鉴编辑委员会编纂：《中国广播电视年鉴2004》，北京：中国广播电视年鉴社，2004年。
12. 国家统计局编：《中国统计年鉴1981》，北京：中国统计出版社，1982年。
13. 国家统计局编：《中国统计年鉴1987》，北京：中国统计出版社，1987年。
14. 国家统计局编：《中国统计年鉴1988》，北京：中国统计出版社，1988年。

15. 国家统计局编:《中国统计年鉴1995》,北京:中国统计出版社,1995年。

16. 国家统计局编:《中国统计年鉴1996》,北京:中国统计出版社,1996年。

17. 国家统计局编:《中国统计年鉴2000》,北京:中国统计出版社,2000年。

18. 国家统计局编:《中国统计年鉴2001》,北京:中国统计出版社,2001年。

19. 国家统计局编:《中国统计年鉴2005》,北京:中国统计出版社,2005年。

20. 国家统计局编:《中国统计年鉴2006》,北京:中国统计出版社,2006年。

21. 国家统计局编:《中国统计年鉴2009》,北京:中国统计出版社,2009年。

22. 国家统计局编:《中国统计年鉴2010》,北京:中国统计出版社,2010年。

23. 国家统计局编:《中国统计年鉴2015》,北京:中国统计出版社,2015年。

24. 国家统计局、科学技术部编:《中国科技统计年鉴1991》,北京:中国统计出版社,1992年。

25. 国家统计局、科学技术部编:《中国科技统计年鉴1995》,北京:中国统计出版社,1996年。

26. 国家统计局、科学技术部编:《中国科技统计年鉴2001》,北京:中国统计出版社,2002年。

27. 国家统计局、科学技术部编:《中国科技统计年鉴2005》,北京:中国统计出版社,2005年。

28. 国家统计局、科学技术部编:《中国科技统计年鉴2009》,北京:中国统计出版社,2009年。

29. 国家统计局、科学技术部编:《中国科技统计年鉴2015》,北京:中国统计出版社,2015年。

30. 国家统计局工业交通统计司编:《中国能源统计年鉴1991》,北京:中国统计出版社，1992年。

31. 国家统计局工业交通统计司编：《中国能源统计年鉴1991—1996》，北京：中国统计出版社，1998年。

32. 国家统计局工业交通统计司编：《中国能源统计年鉴1997—1999》，北京：中国统计出版社，2001年。

33. 国家统计局能源统计司编：《中国能源统计年鉴2000—2002》，北京：中国统计出版社，2004年。

34. 国家统计局能源统计司编：《中国能源统计年鉴2007》，北京：中国统计出版社，2008年。

35. 国家统计局能源统计司编：《中国能源统计年鉴2009》，北京：中国统计出版社，2010年。

36. 国家统计局能源统计司编：《中国能源统计年鉴2010》，北京：中国统计出版社，2011年。

37. 国家统计局能源统计司编：《中国能源统计年鉴2014》，北京：中国统计出版社，2015年。

38. 国家教育委员会计划财务局编：《中国教育统计年鉴1987》，北京：北京工业大学出版社，1988年。

39. 国家教育委员会计划建设司编：《中国教育统计年鉴1990》，北京：人民教育出版社，1991年。

40. 国家教育委员会计划建设司编：《中国教育统计年鉴1994》，北京：人民教育出版社，1994年。

41. 国家统计局编：《2006/2007国际统计年鉴》，北京：中国财政经济出版社，2007年。

42. 国家统计局编：《2010国际统计年鉴》，北京：中国统计出版社，2010年。

43. 国务院新闻办公室：《中国的对外援助》（白皮书），新华网，2011年4月21日。

44. 国务院新闻办公室：《中国的对外援助（2014）》（白皮书），国务院新闻办公室网，2014年7月10日。

45. 环境保护部：《1990年中国环境状况公报》，环境保护部网，1991年。

46. 环境保护部：《1994年中国环境状况公报》，环境保护部网，1995年。

47. 环境保护部：《1999年中国环境状况公报》，环境保护部网，2000年。
48. 环境保护部：《2004年中国环境状况公报》，环境保护部网，2005年。
49. 环境保护部：《2008年中国环境状况公报》，环境保护部网，2009年。
50. 环境保护部：《2014年中国环境状况公报》，环境保护部网，2015年。
51. 教育部发展规划司编：《中国教育统计年鉴1999》，北京：人民教育出版社，2000年。
52. 教育部发展规划司编：《中国教育统计年鉴2004》，北京：人民教育出版社，2005年。
53. 教育部发展规划司编：《中国教育统计年鉴2008》，北京：人民教育出版社，2009年。
54. 教育部发展规划司编：《中国教育统计年鉴2014》，北京：人民教育出版社，2015年。
55. 外交部外交史编辑室编：《中国外交概览1987》，北京：世界知识出版社，1987年。
56. 外交部外交史编辑室编：《中国外交概览1991》，北京：世界知识出版社，1991年。
57. 外交部政策研究室编：《中国外交概览1995》，北京：世界知识出版社，1995年。
58. 外交部政策研究室编：《中国外交2000》，北京：世界知识出版社，2000年。
59. 外交部政策研究司编：《中国外交2005》，北京：世界知识出版社，2005年。
60. 外交部政策规划司编：《中国外交2009》，北京：世界知识出版社，2009年。
61. 外交部政策规划司编：《中国外交2015》，北京：世界知识出版社，2015年。
62. 王振西主编、军事科学院《世界军事年鉴》编辑部：《世界军事年鉴1987》，北京：解放军出版社，1988年。
63. 于新阜主编、军事科学院《世界军事年鉴》编辑部：《世界军事年鉴1991》，北京：解放军出版社，1991年。
64. 王文昌主编、军事科学院《世界军事年鉴》编辑部：《世界军事年鉴

1993—1994》，北京：解放军出版社，1994年。

65. 王文昌主编、军事科学院《世界军事年鉴》编辑部:《世界军事年鉴2000》，北京：解放军出版社，2000年。

66. 王湘江主编、军事科学院《世界军事年鉴》编委会:《世界军事年鉴2005》，北京：解放军出版社，2005年。

67. 王湘江主编、军事科学院《世界军事年鉴》编委会:《世界军事年鉴2009》，北京：解放军出版社，2009年。

68. 肖石忠主编、军事科学院《世界军事年鉴》编辑部:《世界军事年鉴2012》，北京：解放军出版社，2013年。

69. 张塞主编:《96国际统计年鉴》，北京：中国统计出版社，1996年。

70. 中国科技论文统计与分析课题组:《1996年中国科技论文统计与分析简报》，北京:《中国科技期刊研究》，1998年第1期。

71. 中国科技论文统计与分析课题组:《1999年中国科技论文统计与分析简报》，北京:《中国科技期刊研究》，2001年第1期。

72. 中国科技论文统计与分析课题组:《2004年中国科技论文统计与分析简报》，北京:《中国科技期刊研究》，2006年第1期。

73. 中国科技论文统计与分析课题组:《2008年中国科技论文统计与分析简报》，北京:《中国科技期刊研究》，2010年第1期。

74. 中国科技论文统计与分析课题组:《2014年中国科技论文统计与分析简报》，北京:《中国科技期刊研究》，2016年第1期。

75. 中央组织部:《2008年中国共产党党内统计公报》，北京:《人民日报》，2009年7月2日。

76. 中央组织部:《2014年中国共产党党内统计公报》，中央政府门户网站，2015年6月30日。

77. 朱建海主编:《中国港口年鉴》，北京：中国港口杂志社，2016年。

78. 朱之鑫主编:《2001国际统计年鉴》，北京：中国统计出版社，2001年。

（2）台湾

1. 台湾大陆委员会经济处:《两岸经济统计月报》（第272期），台北：台湾大陆委员会网，http://www.mac.gov.tw/mp.asp?mp=1。

2. 台湾"国防部"："1992年国防报告书"，台北：黎明文化事业股份有限公司，1992年。

3. 台湾"国防部"："1993—1994年国防报告书"，台北："国防部"网，1994年。

4. 台湾"国防部"："1996年国防报告书"，台北："国防部"网，1996年。

5. 台湾"国防部"："1998年国防报告书"，台北："国防部"网，1998年。

6. 台湾"国防部"："2000年国防报告书"，台北："国防部"网，2000年。

7. 台湾"国防部"："2002年国防报告书"，台北："国防部"网，2002年。

8. 台湾"国防部"："2004年国防报告书"，台北："国防部"网，2004年。

9. 台湾"国防部"："2006年国防报告书"，台北："国防部"网，2006年。

10. 台湾"国防部"："2008年国防报告书"，台北："国防部"网，2008年。

11. 台湾"国防部"："2009年国防报告书"，台北："国防部"网，2009年。

12. 台湾"国防部"："2011年国防报告书"，台北："国防部"网，2011年。

13. 台湾"国防部"："2013年国防报告书"，台北："国防部"网，2013年。

14. 台湾"国防部"："2015年国防报告书"，台北："国防部"网，2015年。

15. 台湾"国防部"："2009年四年期国防总检讨"，台北："国防部"网，2009年。

16. 台湾"国防部"："2013年四年期国防总检讨"，台北："国防部"网，2013年。

17. 台湾"教育部统计处"：《1979年教育统计》，台北："教育部"，1979年。

18. 台湾"教育部统计处"：《1987年教育统计》，台北："教育部"，1987年。

19. 台湾"教育部统计处"：《1991年教育统计》，台北："教育部"，1991年。

20. 台湾"教育部统计处"：《1995年教育统计》，台北："教育部"，1995年。

21. 台湾"教育部统计处"：《2000年教育统计》，台北："教育部"，2000年。

22. 台湾"教育部统计处"：《2005年教育统计》，台北："教育部"，2005年。

23. 台湾"教育部统计处"：《2009年教育统计》，台北："教育部"，2009年。

24. 台湾"教育部统计处"：《2015年教育统计》，台北："教育部"，2015年。

25. 台湾"经济部投资审议委员会"：《2017年5月份核准侨外投资、陆资来台投资、国外投资、对中国大陆投资统计月报》，台北：台湾"经济部投资审议委员会"网，2017年。

26. 台湾"科技部"："中华民国科学技术白皮书（2015年至2018年）"，2015年。

27. 台湾"科技部":《科学技术统计要览 2015 年版》,2015 年。

28. 台湾"外交部":"进步伙伴 永续发展 援外政策白皮书",台北:台湾"外交部"网,2009 年 5 月。

29. 台湾"外交部":《2003 年"外交"统计年报》,台北:"外交部",2004 年。

30. 台湾"外交部":《2008 年"外交"统计年报》,台北:"外交部",2009 年。

31. 台湾"外交部":《2015 年"外交"统计年报》,台北:"外交部",2015 年。

32. 台湾"文化部":《2013 出版年鉴》,台北:台湾出版资讯网,http://tpi.culture.tw/content—56—PStatusCtr—publishContent/10725。

33. 台湾"行政院国家科学委员会":《"国家科学技术发展计划"(2001—2004 年)》,2001 年。

34. 台湾"行政院国家科学委员会":《"国家科学技术发展计划"(2005—2008 年)》,2005 年。

35. 台湾"行政院国家科学委员会":《"国家科学技术发展计划"(2009—2013 年)》,2009 年。

36. 台湾"行政院国家科学委员会":《"国家科学技术发展计划"(2014—2017 年)》,2013 年。

37. 台湾"行政院国家科学委员会":《"国家科学技术发展计划"(2003—2006 年)》,2004 年。

38. 台湾"行政院国家科学委员会":《"中华民国"科学技术白皮书(2007—2010 年)》,2007 年。

39. 台湾"行政院国家科学委员会":《"中华民国"科学技术白皮书(2011—2014 年)》,2010 年。

40. 台湾"行政院国家科学委员会":《"中华民国"科学技术年鉴(2001 年版)》,台北:"行政院国家科学委员会",2001 年。

41. 台湾"行政院国家科学委员会":《"中华民国"科学技术年鉴(2005 年版)》,台北:"国家实验研究院",2005 年。

42. 台湾"行政院国家科学委员会":《"中华民国"科学技术年鉴(2009 年版)》,台北:"国家实验研究院",2009 年。

43. 台湾"行政院国家科学委员会":《"中华民国"科学技术年鉴（2012年版）》,台北:"国家实验研究院",2012年。

44. 台湾"行政院环境保护署":"2015年版环境白皮书",台北:"行政院环境保护署",2015年。

45. 台湾"行政院新闻局":《"中华民国"电影年鉴1979》,台北:台湾电影事业发展基金会,1979年。

46. 台湾"行政院新闻局":《"中华民国"电影年鉴1987》,台北:台湾电影事业发展基金会,1987年。

47. 台湾"行政院新闻局":《1991年电影年鉴》,台北:"财团法人国家电影资料馆",1991年。

48. 台湾"行政院新闻局":《1995年电影年鉴》,台北:"财团法人国家电影资料馆",1995年。

49. 台湾"行政院新闻局":《2000年电影年鉴》,台北:"财团法人国家电影资料馆",2000年。

50. 台湾"行政院新闻局":《2005年电影年鉴》,台北:"财团法人国家电影资料馆",2005年。

51. 台湾"行政院新闻局":《2009年台湾电影年鉴》,台北:"财团法人国家电影资料馆",2009年。

52. 台湾"行政院新闻局":《2015台湾电影年鉴》,台北:"财团法人国家电影中心",2015年。

53. 台湾"行政院主计处"编:《"中华民国"统计年鉴:1996年》,台北:"行政院主计处",1996年。

54. 台湾"行政院主计处"编:《"中华民国"统计年鉴:2002年》,台北:"行政院主计处",2002年。

55. 台湾"行政院主计处"编:《"中华民国"统计年鉴:2007年》,台北:"行政院主计处",2008年。

56. 台湾"行政院主计处"编:《"中华民国"统计年鉴:2015年》,台北:"行政院主计处",2016年7月。

57. 台湾"行政院主计处"编:《"中华民国"统计月报》（第205期）,台北:"行政院主计处",1983年1月。

58. 台湾"行政院主计处"编:《"中华民国"统计月报》（第318期）,台北:

"行政院主计处",1992年7月。

59. 台湾"行政院主计处"编:《"中华民国"统计月报》(第366期),台北:"行政院主计处",1996年7月。

60. 台湾"行政院主计处"编:《"中华民国"统计月报》(第438期),台北:"行政院主计处",2002年7月。

61. 台湾"行政院主计处"编:《"中华民国"统计月报》(第486期),台北:"行政院主计处",2006年。

62. 台湾"行政院主计处"编:《"中华民国"台湾地区社会指标统计》,台北:"行政院主计处",1996年。

63. 台湾"行政院主计处"编:《"中华民国"台湾地区"国民所得"统计摘要》,台北:"行政院主计处",2008年。

64. 台湾"行政院主计处"编:《"中华民国"台湾地区"国民所得"统计摘要》,台北:"行政院主计处",2016年。

65. 台湾省政府粮食局:《台湾粮食统计要览》,台北:台湾省政府粮食局,1986年。

66. 台湾研究基金会"国防研究小组":"国防白皮书",台北:"财团法人台湾研究基金会",1989年5月。

67. 台北市媒体服务代理商协会:"2015年台湾媒体白皮书",http://www.maataipei.org/upload/1432174866.pdf。

(二)文献资料

1. 《毛泽东军事文选》(第六卷),北京:人民出版社,1981年。
2. 《毛泽东外交文选》,北京:中央文献出版社、世界知识出版社,1994年。
3. 《周恩来年谱(1949—1976)》(中卷),北京:中央文献出版社,1997年。
4. 《邓小平文选》(第二、三卷),北京:人民出版社,1993—1994年。
5. 《江泽民文选》(第一、三卷),北京:人民出版社,2006年。
6. 《胡锦涛文选》(第二卷),北京:人民出版社,2016年。
7. 中共中央统一战线工作部研究所、中共中央统一战线工作部三局编:《一个国家 两种制度:台湾当局的有关文件资料和言论》,北京:中国文史出版社,

1988年。

8. 中央文献研究室:《邓小平关于建设有中国特色社会主义的论述专题摘编》,北京:中央文献出版社,1993年。

9. 中央文献研究室编:《邓小平年谱(一九七五——一九九七)》(下),北京:中央文献出版社,2004年。

10. 中央文献研究室编:《十二大以来重要文献选编》(上、中、下),北京:人民出版社,1986—1988年。

11. 中央文献研究室编:《十三大以来重要文献选编》(上、中、下),北京:人民出版社,1991—1993年。

12. 中央文献研究室编:《十四大以来重要文献选编》(上、中、下),北京:人民出版社,1996—1999年。

13. 中央文献研究室编:《十五大以来重要文献选编》(上、中、下),北京:人民出版社,2000—2003年。

14. 中央文献研究室编:《十六大以来重要文献选编》(上、中、下),北京:中央文献出版社,2005—2008年。

15. 中央文献研究室编:《十七大以来重要文献选编》(上、中、下),北京:中央文献出版社,2009—2013年。

16. 中央文献研究室编:《十八大以来重要文献选编》(上、中),北京:中央文献出版社,2014—2016年。

17. 中央文献研究室编:《一国两制重要文献选编》,北京:中央文献出版社,1997年。

(三)著作

(1)大陆

1. 蔡子民:《台湾文化思潮与两岸情结》,北京:台海出版社,2002年。

2. 陈孔立主编:《台湾历史纲要》,北京:九州出版社,1997年。

3. 陈勇、罗通秀编著:《西方史学思想导论》,武汉:武汉大学出版社,1995年。

4. 陈载舸、陈剑安、殷丽萍主编:《中华民族凝聚力学概论》,广州:广东人民出版社,2013年。

5. 陈正良：《中国"软实力"发展战略研究》，北京：人民出版社，2008年。

6. 崔之清主编：《台湾是中国领土不可分割的一部分》，北京：人民出版社，2001年。

7. 董玉洪：《台湾军队透视》，北京：九洲图书出版社，2001年。

8. 范永红：《马英九传》，北京：中国国际广播音像出版社，2006年。

9. 复旦大学日本研究中心编：《郑励志文集》，上海：复旦大学出版社，2010年。

10. 果继山：《走向祖国统一的足迹 关于"一国两制"要闻纪事》，北京：红旗出版社，1999年。

11. 国务院台湾事务办公室编：《中国台湾问题外事人员读本》，北京：九州出版社，2006年。

12. 海峡两岸出版交流中心编：《两岸经贸文化论坛纪实》，北京：九州出版社，2007年。

13. 韩勃、江庆勇：《软实力：中国视角》，北京：人民出版社，2009年。

14. 黄嘉树、林红：《两岸"外交战"：美国因素制约下的国际涉台问题研究》，北京：中国人民大学出版社，2007年。

15. 黄硕风：《综合国力新论：兼论新中国综合国力》，北京：中国社会科学出版社，1999年。

16. 黄硕风：《大国较量：世界主要国家综合国力国际比较》，北京：世界知识出版社，2006年。

17. 胡生亮、贺静波、刘忠等编著：《精确制导技术》，北京：国防工业出版社，2015年。

18. 姜廷玉主编：《台湾地区五十年军事史（1949—2006）》，北京：解放军出版社，2013年。

19. 孔庆榕、张磊：《中华民族凝聚力学》，北京：中国社会科学出版社，2008年。

20. 李官生、陈瑞平、刘建斌主编：《邓小平理论与新世纪的发展》，长沙：湖南人民出版社，2000年。

21. 李松林：《晚年蒋经国》，北京：九州出版社，2006年。

22. 李希光、周庆安主编：《软力量与全球传播》，北京：清华大学出版社，

2005年。

23. 李希光：《软实力要素》，北京：法律出版社，2010年。

24. 李希光：《软实力与中国梦》，北京：法律出版社，2011年。

25. 李勇、张建设主编：《台军、外军研究》，南京：炮兵学院南京分院，2002年。

26. 林冈、王伟男：《新时期的美国涉台政策及其变化趋势》，北京：九州出版社，2015年。

27. 刘红：《台湾"国家认同"问题概论》，北京：九州出版社，2013年。

28. 刘国深：《当代台湾政治分析》，北京：九州出版社，2002年。

29. 刘相平：《经济全球化与两岸经贸关系》，北京：社会科学文献出版社，2005年。

30. 茅家琦主编：《台湾三十年》，郑州：河南人民出版社，1988年。

31. 茅家琦主编：《80年代的台湾》，郑州：河南人民出版社，1991年。

32. 梅孜主编：《美台关系重要资料选编》，北京：时事出版社，1997年。

33. 门洪华主编：《中国：软实力方略》，杭州：浙江人民出版社，2007年。

34. 门洪华：《中国国际战略导论》，北京：清华大学出版社，2009年。

35. 南京大学台湾研究所编：《海峡两岸关系日志（1949—1998）》，北京：九州出版社，1999年。

36. 南京大学台湾研究所编：《海峡两岸关系日志（1999—2008.5）》，北京：九州出版社，2010年。

37. 钮汉章：《台湾地区政治发展与对外政策》，北京：世界知识出版社，2007年。

38. 秦亚青主编：《观念、制度与政策——欧盟软权力研究》，北京：世界知识出版社，2008年。

39. 瞿定国：《大陆老兵看台湾》，北京：国防大学出版社，2015年。

40. 全国台湾研究会编：《台湾1991》《台湾1992》《台湾1993》《台湾1994》《台湾1995》《台湾1996》《台湾1997》《台湾1998》《台湾1999》《台湾2000》《台湾2001》《台湾2002》《台湾2003》《台湾2004》《台湾2005》《台湾2006》《台湾2007》《台湾2008》《台湾2009》《台湾2010》《台湾2011》《台湾2012》《台湾2013》《台湾2014》《台湾2015》，北京：九州出版社（九洲图书出版社），1995—2016年。

41. 人民日报社国际部编:《大国之声 人民日报国际评论"钟声"2014》,北京:人民日报出版社,2015年。

42. 上海社会科学院世界经济与政治研究院编:《国际体系与中国的软力量》,北京:时事出版社,2006年。

43. 苏格:《美国对华政策与台湾问题》,北京:世界知识出版社,1998年。

44. 唐晋主编:《软实力大战略》,北京:人民日报出版社,2009年。

45. 陶君道:《工业化与中国经济》,北京:中国金融出版社,2007年。

46. 田珏、傅玉能主编:《台湾史纲要》,福州:福建人民出版社,2012年。

47. 王建民:《台湾军力》,厦门:鹭江出版社,2000年。

48. 王诵芬主编:《世界主要国家综合国力比较研究》,长沙:湖南出版社,1996年。

49. 王英津:《国家统一模式研究》,北京:九州出版社,2008年。

50. 王在希:《台海形势回顾》,北京:华艺出版社,1996年。

51. 汪曙申:《海权——陆权关系与台湾问题》,北京:社会科学文献出版社,2014年。

52. 温宗仁:《同源一脉:台湾文化根系中华》,北京:中国人民解放军出版社,2004年。

53. 吴春秋:《论大战略和世界战争史》,北京:解放军出版社,2002年。

54. 许介鳞:《李登辉与台湾政治》,北京:社会科学文献出版社,2002年。

55. 阎仲勇:《中国国防实力研究:基于军事资本的视角》,北京:中国财政经济出版社,2014年。

56. 阎学通:《中国国家利益分析》,天津:天津人民出版社,1997年。

57. 阎学通:《历史的惯性:未来十年的中国与世界》,北京:中信出版社,2013年。

58. 姚同发:《台湾历史文化渊源》,北京:九州出版社,2002年。

59. 于保中、陈新根:《海峡两岸关系发展简史》,北京:九州出版社,2014年。

60. 张春英:《台湾问题与两岸关系史》(上、下),福州:福建人民出版社,2014年。

61. 张玉冰:《大陆沿海与台湾地区竞争力比较研究》,北京:九州出版社,2007年。

62. 张海鹏、陶文钊主编:《台湾史稿》(上、下),南京:凤凰出版社,2012年。

63. 张世平:《中国海权》,北京:人民日报出版社,2009年。

64. 张文生:《台湾政治转型与分离主义(1988—2000)》,北京:九州出版社,2012年。

65. 赵勇:《台湾政治转型与分离倾向》,北京:中央编译出版社,2008年。

66. 郑彪:《中国软实力》,北京:中央编译出版社,2009年。

67. 郑剑:《潮起潮落 海协会海基会交流交往纪实》上,北京:九州出版社,2013年。

68. 郑永年:《民主,中国如何选择》,杭州:浙江人民出版社,2015年。

69. 中国航天科工集团公司组织编写:《两弹一星元勋黄纬禄》,北京:中国宇航出版社,2012年。

70. 中共中央台湾工作办公室、国务院台湾事务办公室编:《中国台湾问题(干部读本)》,北京:九洲图书出版社,1998年。

71. 中央党史研究室:《中国共产党的七十年》,北京:中共党史出版社,2005年。

72. 朱松岭主编:《2014台海观察》,北京:九州出版社,2015年。

73. 朱显龙:《台海军事观察》,福州:福建人民出版社,1999年。

(2)台港澳

1. 《蒋"总统"经国先生言论著述汇编》(第12辑),台北:黎明文化事业股份有限公司,1981年。

2. 包宗和、吴玉山主编:《争辩中的两岸关系理论》,台北:五南图书出版有限公司,2012年。

3. 蔡朝明编:《马"总统""执政"后的两岸新局:论两岸关系新路向》,台北:远景基金会,2009年。

4. 杜正胜:《历史教育的改造》,见《台湾心·台湾魂》,高雄:河畔出版社,1998年。

5. 高明士主编:《台湾史》,台北:五南图书出版股份有限公司,2006年。

6. 古允文等人编著:《透视台湾软实力》,台北:厚生基金会,2010年。

7. 郝望:《台海两岸综合实力对比及预测》,台北:秀威资讯科技,2005

年。

8. 黄锦钟:《影响新功能主义"溢出效果"之条件:欧洲整合(1986—2009)与两岸关系(1987—2011)的比较分析》,台北:致知学术出版,2013年。

9. 黄俊杰:《台湾意识与台湾文化》,台北:台湾大学出版中心,2006年。

10. 江南:《蒋经国传》,台北:李敖出版社,1993年。

11. 李炳南:《"宪政改革"与"国民大会"》,台北:月旦出版社股份有限公司,1994年。

12. 李乔:《文化、台湾文化、新国家》,高雄:春晖出版社,2001年。

13. 李英明:《全球化时代下的台湾与两岸关系》:台北:生智出版公司,2001年。

14. 林浊水:《历史剧场——痛苦"执政"八年》,台北:印刻出版,2009年。

15. 罗致政编:《ECFA 大冲击:台湾的危机与挑战》,台北:"新台湾国策智库",2010年。

16. 马全忠:《"中华民国"百年纪事》,台北:联经出版公司,2011年。

17. 齐光裕:《"中华民国"的政治发展 "民国三十八年"以来的变迁》,台北:扬智文化事业股份有限公司,2013年。

18. 戚嘉林:《台湾史》,台北:海峡学术出版社,2008年。

19. 秦孝仪主编:《"总统"蒋公思想言论总集》(卷二十七),台北:中国国民党中央委员会党史委员会,1984年。

20. 施正锋编:《欧洲统合与台湾》,台北:前卫出版社,2003年。

21. 苏起:《危险边缘:从"两国论"到"一边一国"》,台北:天下远见,2003年。

22. 苏起:《两岸波涛二十年纪实》,台北:天下文化,2014年。

23. 王皓昱:《"欧洲合众国":欧洲政治统合理想之实践》,台北:扬智文化事业股份有限公司,1997年。

24. 王启榆:《用软实力赢向平的世界》,台北:捷径文化,2010年。

25. 吴介民等:《两岸开放二十年回顾与展望》,台北:远景基金会,2007年。

26. 吴新兴:《整合理论与两岸关系之研究》,台北:五南图书有限公司,

1995 年。

27. 萧阿勤:《重构台湾:当代民族主义的文化政治》,台北:联经,2012年。

28. 谢丽华:《青年软实力》,台北:慈济人文志业中心中文期刊部,2014年。

29. 许介鳞:《战后台湾史记》,台北:问津堂,2005 年。

30. 徐小波:《台湾软实力:开放,稳定,国际化,创新的经济新蓝图》,台北:财信出版社,2008 年。

31. 杨开煌:《出手——胡政权对台政策初探》,台北:海峡学术出版社,2005 年。

32. 张五岳:《分裂国家互动模式与统一政策之比较研究》,台北:业强出版社,1992 年。

33. 张亚中:《欧洲统合:政府间主义与超国家主义的互动》,台北:生智文化事业有限公司,1998 年。

34. 张亚中:《两岸统合论》,台北:生智文化事业有限公司,2000 年。

35. 张亚中编:《国际关系总论》,台北:扬智文化事业股份有限公司,2007年。

36. 张亚中:《统合方略》,台北:生智文化事业有限公司,2010 年。

37. 赵春山主编:《两岸关系与政府大陆政策》,台北:三民书局股份有限公司,2013 年。

38. 赵永茂等:《"中华民国"发展史:政治与法制(下)》,台北:联经出版公司,2011 年。

39. 赵一龙:《大决战的前夜——两岸军力对比》,台北:新视野图书出版有限公司,1996 年。

40. 郑竹园:《大陆经济改革与两岸关系》,台北:联经出版事业公司,2000年。

41. 朱浤源编:《一国良制论文集》,台北:一国良制研讨会,1999 年。

42. 朱显龙:《民进党"执政"后的台湾政局》,澳门:澳门理工学院,2007年。

43. 朱新民编:《胡温主政下对台政策与两岸关系——兼论中共反分裂国家法》,台北:远景基金会,2006 年。

44. 朱云汉：《高思在云：一个知识分子对二十一世纪的思考》，台北：天下文化，2015年。

(三) 期刊论文

（1）大陆

1. 白纯、钟翰：《试析民进党主政时期的台美军购》，北京：《台湾研究》，2009年第5期。

2. 白纯：《台湾军事发展态势》，北京：《两岸关系》，2012年第5期。

3. 陈孔立：《两岸文化的本质差异》，厦门：《台湾研究集刊》，2013年第4期。

4. 丁锋峻：《综合国力论——2000年我国国家发展战略刍议》，上海：《学术界动态》，1987年第6期。

5. 范希周：《1979年以来台湾"总体外交"政策分析》，厦门：《台湾研究集刊》，1987年第4期。

6. 费孝通：《从反思到文化自觉和交流》，北京：《读书》，1998年第11期。

7. 高红卫：《2030年中国综合国力模型构建与预测》，北京：《管理观察》，2015年第25期。

8. 郝望：《从两岸经济实力对比看中国统一前景》，北京：《台湾研究》，2003年第4期。

9. 何显明：《政府转型与现代国家治理体系的建构——60年来政府体制演变的内在逻辑》，杭州：《浙江社会科学》，2013年第6期。

10. 黄宁燕、武夷山：《两岸科技产出指标比较研究》，北京：《科学学研究》，2002年第6期。

11. 黄硕风：《漫谈综合国力》，北京：《世界知识》，1987年第24期。

12. 黄硕风：《综合国力与国情研究》，北京：《中国国情国力》，1991年第1期。

13. 黄硕风：《综合国力动态方程》，上海：《科学》，1991年第4期。

14. 胡鞍钢、刘涛雄：《中美日印国防实力比较》，北京：《战略与管理》，2003年第6期。

15. 胡鞍钢：《中国经济实力的定量评估与前瞻（1980—2020）》，济南：《文史哲》，2008年第1期。

16. 胡鞍钢、熊义志：《对中国科技实力的定量评估（1980—2004）》，北京：《清华大学学报（哲学社会科学版）》，2008年第2期。

17. 胡鞍钢、郑云峰、高宇宁：《对中美综合国力的评估（1990—2013年）》，北京：《清华大学学报（哲学社会科学版）》，2015年第1期。

18. 李彬：《世代政治视角下台湾青年国家认同问题》，上海：《当代青年研究》，2015年第4期。

19. 李秘：《习近平"国家统一思想"初探》，上海：《台海研究》，2016年第2期。

20. 李琦：《中国梦理念对中国特色国家统一理论的贡献》，北京：《当代中国史研究》，2015年第1期。

21. 李天然：《关于综合国力问题》，北京：《国际问题研究》，1990年第2期。

22. 李燕萍、吴绍棠、郜斐、张海雯：《改革开放以来我国科研经费管理政策的变迁、评介与走向——基于政策文本的内容分析》，北京：《科学学研究》，2009年第10期。

23. 李业惠、杨卫丽、薛非：《从伊拉克战争看精确制导武器的发展》，北京：《导弹与航天运载技术》，2003年第5期。

24. 李振广：《两岸力量消长与台湾民众对两岸统一态度的变迁》，福州：《理论参考》，2014年第10期。

25. 林劲：《试析台湾当局"三民主义"的涵义和实质》，厦门：《台湾研究集刊》，1998年第4期。

26. 凌胜利：《中国为什么不结盟？》，北京：《外交评论》，2013年第3期。

27. 刘国深：《试论百年来"台湾认同"的异化问题》，厦门：《台湾研究集刊》，1995年Z1期。

28. 刘丽、桑虹、赵宝山：《从两岸三地上市公司市值排名看台湾企业竞争实力》，北京：《海峡科技与产业》，2013年第6期。

29. 刘相平：《陈水扁"外交策略"解析》，福州：《领导文萃》，2002年第9期。

30. 刘相平：《马英九"软实力"思想评析》，厦门：《台湾研究集刊》，2009年第1期。

31. 刘相平：《大陆对台工作软实力之构成及实施路径探析》，北京：《北京联合大学学报（人文社会科学版）》，2009年第2期。

32. 刘相平：《对软实力之再认识》，南京：《南京大学学报（哲学·人文科学·社会科学版）》，2010年第1期。

33. 毛其智、龙瀛、吴康：《中国人口密度时空演变与城镇化空间格局初探——从2000年到2010年》，北京：《城市规划》，2015年第2期。

34. 毛启蒙：《从"主权"与"治权"的话语透视两岸关系》，厦门：台湾研究集刊，2014年第4期。

35. 门洪华：《中国软实力评估报告》（上），北京：《国际观察》，2007年第2期。

36. 门洪华：《中国软实力评估报告》（下），北京：《国际观察》，2007年第3期。

37. 门洪华：《两个大局视角下的中国国家认同变迁（1982—2012）》，北京：中国社会科学，2013年第9期。

38. 倪永杰：《融合发展：习近平对台工作思想最新成果》，徐州：《全国台湾研究会2017年学术年会论文集：转型中的台湾政局与两岸关系》，2017年6月。

39. 邵宗海：《"一国两制"在台湾存在发展空间的探讨》，厦门：《台湾研究集刊》，2014年第1期。

40. 沈惠平、邓小冬：《试析部分台湾民众的"恐中"情绪——一种群际情绪理论的视角》，厦门：《台湾研究集刊》，2015年第6期。

41. 盛九元：《建立两岸经济合作机制的方式与途经研究》，南京：《世界经济与政治论坛》，2009年第4期。

42. 史晓东：《建立两岸军事安全互信机制议题的历史演变及启示》，厦门：《台湾研究集刊》，2013年第4期。

43. 施祖辉：《国外综合国力论研究》，上海：《外国经济与管理》，2000年第1期。

44. 宋淑玉：《功能和社会意义视野下的两岸文化交流》，北京：《北京联合大学学报》，2014年第4期。

45. 苏开华：《海峡两岸军事互信之现状与前景探析》，福州：《现代台湾研究》，2011年第1期。

46. 孙溯源：《集体认同与国际政治——一种文化视角》，北京：《现代国际关系》，2003年第1期。

47. 孙亚夫：《概论 1987 年至 2012 年两岸关系发展脉络》，北京：《政治学研究》，2015 年第 4 期。

48. 孙云、王秀萍：《新功能主义的"外溢效应"在两岸关系中之检视》，北京：《台湾研究》，2015 年第 1 期。

49. 童立群：《马英九任内"'务实'参与国际组织"策略：观察与评估》，上海：《台海研究》，2015 年第 4 期。

50. 万经章：《亲历中国在联合国影响力的不断提升》，郑州：《党史博览》，2017 年第 1 期。

51. 王沪宁：《作为国家实力的文化：软权力》，上海：《复旦学报（社会科学版）》，1993 年第 3 期。

52. 王建民：《海峡两岸社会经济发展综合实力比较》，北京：《台湾研究》，1997 年第 3 期。

53. 王澜明：《改革开放以来我国事业单位改革的历史回顾》，北京：《中国行政管理》，2010 年第 6 期。

54. 王立军：《海峡两岸科技实力比较及其交流与合作的前景》，呼和浩特：《科学管理研究》，1995 年第 6 期。

55. 王勤：《台湾对东南亚直接投资与"南向政策"》，厦门：《台湾研究集刊》，2003 年第 2 期。

56. 王英津：《欧洲统合模式与两岸统一》，北京：《太平洋学报》，2003 年第 3 期。

57. 王英津：《台湾"宪政"改革以来的政治体制变迁刍议》，北京：《新视野》，2012 年第 2 期。

58. 修春萍：《马英九当局"活路外交"问题探析》，北京：《台湾研究》，2012 年第 4 期。

59. 许安结：《布什政府对台政策浅析》，北京：《美国研究》，2010 年第 2 期。

60. 阎学通、徐进：《中美软实力比较》，北京：《现代国际关系》，2008 年第 1 期。

61. 阎学通：《以国家利益评估对外政策效果》，北京：《国际政治科学》，2016 年第 1 期。

62. 阎学通、章百家、秦亚青、叶卫平、潘维：《国际规则制定权与中国的位置》，北京：《世界知识》，2002 年第 6 期。

63. 杨丹伟：《两岸社会组织：跨两岸社会的生成机制探讨》，上海：《台海研究》，2013年第1期。

64. 杨开煌：《大陆和平发展政策评估——试析习近平对台重要思想》，上海：《台海研究》，2016年第2期。

65. 叶荷：《中国面临不一样的战略机遇期》，北京：《国际经济评论》，2012年第3期。

66. 于宏义、王佑棣：《综合国力测度评价》，武汉：《科技进步与对策》，1989年第5期。

67. 张恒毓：《论综合国力》，北京：《世界经济与政治》，1994年第3期。

68. 张萌、刘相平：《台湾"台湾史"研究谱系及其史观嬗变述论》，北京：《太平洋学报》，2016年第9期。

69. 张文生：《陈水扁通过"宪政改造"推动"法理台独"分析》，厦门：《台湾研究集刊》，2006年第3期。

70. 张文生：《李登辉分裂主义路线的社会与政治根源》，北京：《台湾研究》，2010年第4期。

71. 张文生：《习近平对台重要思想解析》，上海：《台海研究》，2016年第2期。

72. 中央文献研究室《实现共同发展，促进祖国统一》课题组：《两岸共圆中国梦——学习习近平关于两岸关系和平发展系列重要论述》，北京：《党的文献》，2016年第3期。

73. 赵龙跃：《中国参与国际规则制定的问题与对策》，北京：《人民论坛·学术前沿》，2012年第16期。

74. 郑剑：《习近平对台战略思维特征研究》，上海：《台海研究》，2016年第2期。

75. 郑永年、张弛：《国际政治中的软力量以及对中国软力量的观察》，北京：《世界经济与政治》，2007年第7期。

76. 周叶中、祝捷：《论两岸关系和平发展框架的内涵——基于整合理论的思考》，长沙：《时代法学》，2009年第1期。

77. 朱锋：《中国外交向"新国际主义"转型——中国国际影响力的探索》，北京：《中国与世界观察》，2007年第1期。

78. 朱付元、厚德：《海峡两岸科技资源配置比较研究》，北京：《清华大学学报（哲学社会科学版）》，2000年第2期。

79. 朱磊:《台湾产业结构演进及对两岸经济关系的影响》,北京:《台湾研究》,2006 年第 4 期。

80. 朱喜安、肖腊珍:《综合国力对比方法研究》,武汉:《统计与决策》,1999 年第 1 期。

(2) 台湾

1. 包宗和:《国家整合:中、韩、德模式之比较》,台北:《社会科学丛刊》第 40 辑,1992 年。

2. 丁伟:《"一国两制"理论的探讨》,台北:《中国行政评论》第 1 卷第 4 期,1992 年 9 月。

3. 耿曙、曾于蓁:《中共邀访台湾青年政策的政治影响》,台北:《问题与研究》第 49 卷第 3 期,2010 年 9 月。

4. 黄伟峰:《欧洲整合模式与两岸主权争议之解析》,台北:《欧美研究》,2001 年第 1 期。

5. 李英明:《全球治理与两岸关系:安全、主权、认同与区域主义观的再探讨》,"全球化时代下的两岸关系与中国大陆"学术研讨会论文集,台北:台湾政治大学社会科学院,2001 年。

6. 林正义:《美国与台湾军事合作:威胁的评估与因应》,台北:《远景基金会季刊》第十卷第二期,2009 年 4 月。

7. 林中斌:《"解放军"观察的误判与盲点》,新北:《展望与探索》,2016 年第 4 期。

8. 刘志伟:《国际农粮体制与台湾的粮食依赖:战后台湾养猪业的历史考察》,台北:《台湾史研究》,第十六卷第二期,2009 年 6 月。

9. 沈玄池:《由欧洲统合评析两岸之整合》,台北:《全球政治评论》,2002 年第 1 期。

10. 宋兴洲:《两岸统合关系之回顾与展望:辩证功能主义观点》,台北:《全球政治评论》,2015 年第 52 期。

11. 宋学文:《全球化与全球治理对我国公共政策研究之影响:并兼论对两岸关系研究之意涵》,台北:《中国大陆研究》第 44 卷第 4 期,2001 年 4 月。

12. 宋余侠、黄子华:《优质公共治理与提升政府效能》,台北:《研考》,2009 年第 5 期。

13. 谭瑾瑜：《"新南向"政策面面观》，台北：《台湾经济研究月刊》，1998年，21(6)。

14. 王振寰：《台湾的政治转型与反对运动》，台北：《台湾社会研究季刊》，1989年第1期。

15. 薛健吾、林千文：《全球化了台湾的什么？国际化与台湾的政治经济变迁》，台北：《台湾政治学刊》(18卷2期)，2014年12月。

16. 曾怡仁、吴政嵘：《密特兰尼的功能主义国际关系理论——一种比较的观点》，台北：《台湾国际研究季刊》，2009年第4期。

17. 张亚中：《全球治理：主体与权力的解析》，台北：《问题与研究》，2001年第4期。

18. 张英杰：《实践"贯彻以三民主义统一中国"案应有之认识》，台北：《律师通讯》27期，1981年9月。

19. 钟京佑：《全球治理与公民社会：台湾非政府组织参与国际社会的观点》，台北：《政治科学论丛》第十八期，2003年6月。

20. 朱景鹏：《区域主义、区域整合与两岸整合问题之探讨》，台北：《中国大陆研究》42(8)，1999年。

（四）学位论文

（1）大陆

1. 侯经川：《基于博弈论的国家竞争力评价体系研究》，武汉：武汉大学博士学位论文，2005年。

2. 刘刚：《中国公共外交与国家形象问题研究》，北京：中共中央党校硕士学位论文，2013年。

3. 苗润生：《中国各地区综合经济实力评价方法研究》，北京：中央财经大学博士学位论文，2004年。

4. 戚玉龙：《从经济实力对比的变化看两岸关系的发展》，南京：南京大学硕士学位论文，2012年。

5. 王思齐：《国家软实力的模式建构——从传播视角进行的战略思考》，杭州：浙江大学博士学位论文，2011年。

6. 邬克：《中国和平统一进程中的软实力研究》，北京：外交学院硕士学位论文，2010年。

7. 张乃弋：《台湾"国际空间"问题及其影响因素与应对思考》，北京：暨南大学硕士学位论文，2014年。

8. 左芳舟：《冷战后美国对台军售问题研究》，北京：中共中央党校博士学位论文，2013年。

（2）台湾

1. 蔡宗良：《马英九"总统""执政"下之两岸交流与互信机制之研究（2008—2014）》，嘉义：台湾中正大学硕士学位论文，2014年。

2. 陈朝政：《台商在两岸的流动与认同：经验研究与政策分析》，台北：东吴大学博士学位论文，2005年。

3. 陈世芬：《以软实力看中共对台政策——以国共论坛与江陈会为例》，嘉义：南华大学硕士学位论文，2012年。

4. 龚耀光：《中国柔性权力对两岸关系发展之研究》，台北："国防大学"硕士学位论文，2009年。

5. 关仰植：《以新功能主义检视马英九"政府""执政"后的两岸关系：以五次江陈会为例》，嘉义：台湾中正大学硕士学位论文，2011年。

6. 梁华杰：《由欧洲整合论海峡两岸整合可能模式》，台北：台湾政治大学硕士学位论文，2003年。

7. 廖登山：《后冷战时期中国软权力之研究》，台北：淡江大学硕士学位论文，2006年。

8. 刘文斌：《台湾国家认同变迁下的两岸关系》，台北：台湾政治大学博士学位论文，2004年。

9. 卢政锋：《中国崛起与布什政府的台海两岸政策》，高雄：台湾中山大学博士学位论文，2007年。

10. 童慧玲：《台海两岸统合关系研究——以欧洲联盟经验为例》，台北：台湾师范大学博士学位论文，2003年。

11. 王裕民：《两岸建立军事信任措施之研究》，新北：淡江大学硕士学位论文，1998年。

12. 吴健中：《中国大陆经济崛起下的两岸互动——以胡锦涛时期为例》，台中：东海大学博士学位论文，2016年。

13. 吴敏华:《台湾产业空间在地条件之研究——以科学园区为例》,台北:台湾政治大学硕士学位论文,2002年。

14. 谢奕旭:《从传播理论分析中共对台舆论战》,台北:"国防大学"硕士学位论文,2008年。

15. 许智尧:《中国大陆国家形象建构之研究——以习近平提出的"中国梦"为例》,台北:"国防大学"硕士学位论文,2014年。

16. 余莓莓:《国共扩大接触对两岸关系的冲击2004—2006年》,台北:台湾师范大学博士学位论文,2009年。

(五)研究报告

(1)大陆

1. 高书国、杨晓明主编:《中国人口文化素质报告:从战略追赶到局部跨越》,长春:东北师范大学出版社,2013年。

2. 国家铁路局:《2014年铁道统计公报》,国家铁路局网,2015年4月27日。

3. 国家统计局:《农业生产稳定增长 综合能力显著提高——十八大以来农业生产发展状况》,国家统计局网,2016年3月4日。

4. 国家邮政局:《2014年邮政行业发展统计公报》,新华网,2015年4月29日。

5. 国家知识产权局规划发展司:《中国专利密集型产业主要统计数据报告》,国家知识产权局规划发展司,2016年9月。

6. 国土资源部编:《2015中国矿产资源报告》,北京:地质出版社,2015年。

7. 军事科学院外国军事研究部译:《美国兰德公司关于台湾外交与防务政策的研究报告》,北京:《军事科学出版社》,2003年。

8. 科学技术部创新发展司:《2014年我国高技术产品贸易状况分析》,《科技统计报告》,2015年第5期(总第577期),科技部网,2016年1月14日。

9. 商务部综合司:《2014年中国对外贸易发展情况》,商务部综合司网,2015年5月5日。

10. 中国电影家协会产业研究中心:《2014—2015年中国电影产业研究报

告》，北京：中国电影出版社，2015年。

11. 中国国际经济交流中心、联合国开发计划署：《重构全球治理——有效性、包容性及中国的全球角色》，2012年12月17日，http://www.gh.undp.org/content/dam/china/docs/UNDP—CH—GG—Report—CH.pdf。

12. 中国互联网络信息中心：《中国互联网络发展状况统计报告》，中国互联网络信息中心网，http://www.cnnic.net.cn。

13. 中国科学技术信息研究所：《中国科技论文的整体表现》，国家自然科学基金委员会网，2016年2月23日。

14. 中国科学院中国现代化研究中心：《中国现代化报告2014—2015：工业现代化研究》，北京：北京大学出版社，2016年。

15. 中国现代国际关系研究所：《综合国力评估系统（第一期工程）研究报告》，北京：《北京青年报》，2000年9月18日。

（2）台湾

1. 《2003年两岸关系和国家安全民意调查》，Website of Program in Asian Security Studies, Department of Political Science of Duke University, http://sites.duke.edu/pass/data/。

2. 《2005年两岸关系和国家安全民意调查》，Website of Program in Asian Security Studies, Department of Political Science of Duke University, http://sites.duke.edu/pass/data/。

3. 《2008年两岸关系和国家安全民意调查》，Website of Program in Asian Security Studies, Department of Political Science of Duke University, http://sites.duke.edu/pass/data/。

4. 《2011年两岸关系和国家安全民意调查》，Website of Program in Asian Security Studies, Department of Political Science of Duke University, http://sites.duke.edu/pass/data/。

5. 《2012年两岸关系和国家安全民意调查》，Website of Program in Asian Security Studies, Department of Political Science of Duke University, http://sites.duke.edu/pass/data/。

6. 《2013年两岸关系和国家安全民意调查》，Website of Program in Asian Security Studies, Department of Political Science of Duke University, http://sites.

duke.edu/pass/data/。

7.《2014 年两岸关系和国家安全民意调查》，Website of Program in Asian Security Studies, Department of Political Science of Duke University, http://sites.duke.edu/pass/data/。

8.《2015 年两岸关系和国家安全民意调查》，Website of Program in Asian Security Studies, Department of Political Science of Duke University, http://sites.duke.edu/pass/data/。

9. 陈淳斌：《中共惠台政策演变与台湾政党选票结构及民意变迁》，台北："国家政策研究基金会"，2016 年 8 月 19 日，http://www.npf.org.tw/2/16076。

10. 李文忠、何敏豪、林浊水、段宜康、陈忠信、汤火圣、萧美琴：《台湾兵力规模研究报告》（民主进步党政策委员会政策研究报告系列），台北：台湾海外网，2003 年。

11. 卢非易：《台湾电影观众观影模式与电影映演市场研究：1980—1999》，台北："行政院国家科学委员会"专题研究计划成果报告，2000 年。

12. 世新大学知识经济发展研究院、世新大学新闻传播学院、世新大学民意调查研究中心："2015 年媒体风云排行榜"，见 Facebook "世新大学传播资料库"专页，https://www.facebook.com/mcsd.shu/?ref=page_internal，2015 年 7 月 16 日。

13. 台湾互联网上网人数数据来源：财团法人台湾网路资讯中心：《台湾宽频网路使用调查》，台北：财团法人台湾网路资讯中心网，http://www.twnic.net.tw。

14. 台湾"教育部"：《高等教育输出——扩大招收境外学生行动计划》，台北："教育部"网，2011 年。

15. 台湾"经济建设委员会综合计划处"：《"我国"知识密集型服务业发展现况分析》，台北："国家发展委员会"网，2013 年 8 月 15 日。

16. 王嘉州：《赴大陆交流对台湾青年两岸观的影响——固定样本追踪法的分析》，高雄：义守大学公共政策与管理学系（所）网，http://www.ppm.isu.edu.tw/upload/82207/6/files/dept_6_lv_3_24609.pdf。

（六）统计网站

（1）大陆

1. 国防部，http://www.mod.gov.cn/
2. 国家统计局，http://www.stats.gov.cn/
3. 国务院台湾事务办公室，http://www.gwytb.gov.cn/
4. 海峡两岸关系协会，http://www.arats.com.cn/
5. 海峡两岸婚姻家庭服务网，http://c—smf.mca.gov.cn/article/jggl/jtxh/
6. 环境保护部，http://www.mep.gov.cn/
7. 中国科技统计网，http://www.sts.org.cn/index.asp
8. 中国互联网络信息中心网，http://www.cnnic.net.cn
9. 最高人民检察院，http://www.spp.gov.cn/gzbg/index.shtml

（2）台湾

1. 财团法人台湾网路资讯中心网，http://www.twnic.net.tw
2. 台湾"财政部"统计处，http://www.mof.gov.tw/mp.asp?mp=62
3. 台湾："法务部"全球资讯网"全国法规资料库"，http://law.moj.gov.tw/LawClass/LawAll.aspx?PCode=F0070013。
4. 台湾"国防部"，http://www.mnd.gov.tw/default.aspx
5. 台湾"交通部"统计查询网，http://stat.motc.gov.tw/mocdb/stmain.jsp?sys=100
6. 台湾"交通部运输研究所"档案下载，http://www.iot.gov.tw/Modules/Download/Download-List?node=9d934745-45ee-4ab4-8abb-fc5cdb4c3949&c=
7. 台湾"教育部"统计处教育统计查询网，https://stats.moe.gov.tw/
8. 台湾"教育部"部史全球资讯网，http://history.moe.gov.tw/important_list.asp
9. 台湾"经济部"统计处，http://www.moea.gov.tw/MNS/dos/home/Home.aspx
10. 台湾"经济部"国际贸易局：进出口贸易统计，http://cus93.trade.gov.tw/?menuURL=FSC3000F
11. 台湾"经济部能源局"，http://web3.moeaboe.gov.tw/ecw/populace/home/

Home.aspx

12. 台湾"经济部投资审议委员会", http://www.moeaic.gov.tw/chinese/index.jsp

13. 台湾"科技部"统计资料库全国科技动态调查—统计查询, http://statistics.most.gov.tw/was2/

14. 台湾"立法院"全球资讯网, http://www.ly.gov.tw/innerIndex.action

15. 台湾"内政部户政司"全球资讯网, http://www.ris.gov.tw/

16. 台湾"外交部"外交年鉴, http://www.mofa.gov.tw/NewsNoHeadOnlyTitle.aspx?n=19C2F1F943CBD946&page=1&PageSize=10

17. 台湾"外交部"外交统计年报, http://www.mofa.gov.tw/NewsNoHeadOnlyTitle.aspx?n=2E5D4D7D99CB34A9&page=1&PageSize=10

18. 台湾"文化部"文化统计, http://stat.moc.gov.tw/HS_UserCatalogView.aspx

19. 台湾"行政院大陆委员会全球网", http://www.mac.gov.tw/

20. 台湾"行政院环境保护署", http://www.epa.gov.tw/mp.asp?mp=epa

21. 台湾"行政院农业委员会"农业统计资料查询, http://agrstat.coa.gov.tw/sdweb/public/maintenance/Announce.aspx

22. 台湾"行政院主计处"台湾地区家庭收支调查网, http://win.dgbas.gov.tw/fies/index.asp。

23. 台湾"行政院主计处""中华民国统计资讯网", http://www.stat.gov.tw/np.asp?ctNode=683

24. 台湾"政府资料开放平台", http://data.gov.tw/

25. 台湾"中央选举委员会"网, http://www.cec.gov.tw/

26. 台湾"中央银行"全球资讯网, http://www.cbc.gov.tw/mp.asp

27. 台湾电影网, http://www.taiwancinema.com/CH

28. 台湾证券交易所网"历年股票市场概况表年报": http://www.tse.com.tw

29. 台湾政治大学选举研究中心网, http://esc.nccu.edu.tw/main.php

30. 远见民调网, http://www.gvsrc.com/dispPageBox/GvsrcHP.aspx?ddsPageID=GVSRCCHT

二、译文文献

1. [德]克劳塞维茨著、中国人民解放军军事科学院译:《战争论》,北京:商务印书馆,1978年。
2. [法]雷蒙·阿隆著、朱孔彦译:《和平与战争:国际关系理论》,北京:中央编译出版社,2013年。
3. [美]阿弗雷德·马汉著、一兵译:《海权论》,北京:同心出版社,2013年。
4. [美]阿诺德·沃尔弗斯著、于铁军译:《纷争与协作——国家政治论集》,北京:世界知识出版社,2004年。
5. [美]阿什利·泰利斯等著、门洪华等译:《国家实力评估——资源、绩效、军事能力》,北京:新华出版社,2002年。
6. [美]丹尼·罗伊著、何振盛等译:《台湾政治史》,台北:台湾商务印书馆,2004年。
7. [美]加里·J.斯密特主编、韩凝等译:《中国的崛起:美国未来的竞争与挑战》,北京:新华出版社,2016年。
8. [美]曼纽尔·卡斯特著、曹荣湘译:《认同的力量》,北京:社会科学文献出版社,2006年。
9. [美]美国陆军军事学院著、军事科学院外国军事研究部译:《军事战略》,北京:军事科学出版社,1986年。
10. [美]亚历山大·温特著、秦亚青译:《国际政治的社会理论》,上海:上海人民出版社,2001年。
11. [美]约瑟夫·S.奈著、郑志国等译:《美国霸权的困惑——为什么美国不能独断专行?》,北京:世界知识出版社,2002年。
12. [美]约瑟夫·S.奈著、门洪华译:《硬权力与软权力》,北京:北京大学出版社,2005年。
13. [美]约瑟夫·S.奈著、蔡玮译:《"软权力"再思索》,北京:《国外社会科学》,2006年第4期。
14. [美]约瑟夫·S.奈著、张晓萌译:《金融危机后的中美实力对比分析》,北京:《教学与研究》,2013年第10期。
15. [美]约翰·S.柯林斯:《大战略》,北京:中国人民解放军战士出版社,

1978年。

16. [美]詹姆斯·多尔蒂、小罗伯特·普法尔茨格拉芙著,阎学通、陈寒溪等译:《争论中的国际关系理论》,2013年。

17. [美]兹比格纽·布热津斯基著、中国国际问题研究所译:《大棋局——美国的首要地位及其地缘战略》,上海:上海人民出版社,1998年。

18. [日]大前研一著、赵佳谊等译:《中华联邦——2005年中国台湾统一》,台北:商周出版公司,2003年。

19. [日]本泽二郎著、吴寄南译:《日本政界的"台湾帮"》,上海:上海译文出版社,2000年。

20. [日]伊藤宪一著、军事科学院外国军事研究部译:《国家与战略》,北京:军事科学出版社,1989年。

21. [瑞]哈里什·卡普尔:《觉醒中的巨人》,北京:国际文化出版社,1987年。

22. [英]李德·哈特著、钮先钟译:《战略论:间接路线》,上海:上海人民出版社,2010年。

三、主要报刊

(一)报纸

(1)大陆

1. 光明日报报业集团:《光明日报》
2. 人民日报社:《人民日报》、《人民日报海外版》、《环球时报》、*Global Times*、《京华时报》
3. 新华通讯社:《参考消息》
4. 中国日报社:《中国日报》、*China Daily*

(2)台湾

1. 联合报股份有限公司:《联合报》
2. 香港商苹果日报出版发展有限公司台湾分公司:《苹果日报》
3. 中国时报文化事业股份有限公司:《中国时报》

4. "中央社":"中央日报"
5. 自由时报企业股份有限公司:《自由时报》

(二)期刊

(1)大陆

1. 福建社科院台湾研究所:《现代台湾研究》
2. 海峡两岸关系协会:《两岸关系》
3. 上海台湾研究所:《台海研究》
4. 厦门大学台湾研究院:《台湾研究集刊》
5. 新华通讯社:《台港澳情况》
6. 中共中央台湾工作办公室:《台湾工作通讯》
7. 中国和平统一促进会:《统一论坛》
8. 中国社会科学院台湾研究所:《台湾研究》《台湾周刊》

(2)港台

1. 财团法人东方人文学术研究基金会、鹅湖月刊社:《鹅湖》
2. 财团法人台湾民主基金会:《台湾民主季刊》
3. 海峡学术出版社:《海峡评论》
4. 台湾风物杂志社:《台湾风物》
5. 台湾"国家发展委员会":《台湾经济论衡》
6. 台湾社会研究杂志社:《台湾社会研究》
7. 香港青年协会:《青年研究学报》
8. 新新闻文化事业股份有限公司:《新新闻周刊》
9. 中评智库基金会:《中国评论》
10. "中央研究院"台湾史研究所:《台湾史研究》
11. 传记文学杂志社:《传记文学》

四、外文文献

（一）统计资料

1. "National Development Council": *Taiwan Statistical Data Book 1983*, Taipei: "National Development Council", 1983.

2. "National Development Council": *Taiwan Statistical Data Book 2000*, Taipei: "National Development Council", 2000.

3. "National Development Council": *Taiwan Statistical Data Book 2005*, Taipei: "National Development Council", 2005.

4. "National Development Council": *Taiwan Statistical Data Book 2009*, Taipei: "National Development Council", 2009.

5. "National Development Council": *Taiwan Statistical Data Book 2015*, Taipei: "National Development Council", 2015.

6. Office of the Secretary of Defense: *Annual Report To Congress: The Military Power of the People's Republic of China 2000*, Washington DC: Website of United States Department of Defense.

7. Office of the Secretary of Defense: *Annual Report To Congress: The Military Power of the People's Republic of China 2005*, Washington DC: Website of United States Department of Defense.

8. Office of the Secretary of Defense: *Annual Report To Congress: The Military Power of the People's Republic of China 2009*, Washington DC: Website of United States Department of Defense.

9. Office of the Secretary of Defense: *Annual Report To Congress: Military and Security Developments Involving the People's Republic of China 2015*, Washington DC: Website of United States Department of Defense.

10. The International Institute for Strategic Studies: *The Military Balance 1978-1979*, London: The International Institute for Strategic Studies, 1978.

11. The International Institute for Strategic Studies: *The Military Balance 1986-1987*, London: The International Institute for Strategic Studies, 1986.

12. The International Institute for Strategic Studies: *The Military Balance 1990-1991*, London: Brassey's for The International Institute for Strategic Studies, 1990.

13. The International Institute for Strategic Studies: *The Military Balance 1994-1995*, London: Brassey's for The International Institute for Strategic Studies, 1994.

14. The International Institute for Strategic Studies: *The Military Balance 1999-2000*, London: Oxford University Press for The International Institute for Strategic Studies, 1999.

15. The International Institute for Strategic Studies: *The Military Balance 2004-2005*, London: Routledge for The International Institute for Strategic Studies, 2005.

16. The International Institute for Strategic Studies: *The Military Balance 2009*, London: Routledge for The International Institute for Strategic Studies, 2009.

17. The International Institute for Strategic Studies: *The Military Balance 2015*, London: Routledge for The International Institute for Strategic Studies, 2015.

(二)专著

1. Ashley J. Tellis, Janice Bially, Christopher Layne, Melissa Mcpherson, Jerry M. Sollinger: *Measuring National Power in the Postindustrial Age*, RAND Corporation, 2000.

2. Alfred Thayer Mahan: *Naval Strategy: Compared and Contrasted with the Principles and Practice of Military Operation on Land*, Nabu Press, 2014.

3. Amitai Etzioni: *Political Unification: A Comparative Study of Leaders and Forces*, Holt, Rinehart and Winston, Inc., 1965.

4. Antonio Gramsci: *Selections from the Prison Notebooks*, International Publishers, 1971.

5. Arnold Wolfers: *Discord and Collaboration: Essays on International Politics*, Johns Hopkins Press, 1962.

6. Basil Henry Liddell Hart: Strategy: *The Indirect Approach*, Plume, 1991.

7. Bela A. Balassa: *The Theory of Economic Integration*, Richard Irwin, 1961.

8. Clive Archer: *The European Union*, Routledge, 2008.

9. Colin Clark: *The Conditions of Economic Progress*, Macmillan, 1951.

10. Donald L. Barlett, James B. Steele: *The Betrayal of American Dream*, Public Affairs, 2013.

11. Edward Hallett Carr: *The Twenty Years' Crisis, 1919-1939: An Introduction*

to the study of International Relations, Harper & Row, 1964.

12. Gregory Henderson, Richard Ned Lebow and John George Stoessinger eds.: *Divided Nations in a Divided World*, D. McKay Co, 1974.

13. Hans J. Morgenthan: *Politics among Nations: The Struggle For Power And Peace*, New York: Alfred A. Knopf, 1948.

14. Jan Melissen: *The New Public Diplomacy: Soft Power in International Relations*, Palgrave Macmillan, 2005.

15. Jean Fourastié: *The Great Hope of the 20th Century*, Köln-Deutz, 1954.

16. Joseph S. Nye: *Bound to Lead: The Changing Nature of American Power*, Basic Books, 1991.

17. Joseph S. Nye: *Soft Power: The Means to Success in World Politics*, PublicAffairs, 2005.

18. Kenneth Waltz: *Theory of International Politics*, McGraw-Hill, 1979.

19. Melissa J. Brown: *Is Taiwan Chinese? The Impact of Culture, Power, and Migration on Changing Identities*, University of California Press, 2004.

20. Paul Pierson, Jacob Hacker: *Winner-Take-All Politics: How Washington Made the Rich Richer-and Turned Its Back on the Middle Class*, Simon & Schuster, 2011.

21. Peter G. Tsouras, *Changing Orders: The Evolution of the World's Armies, 1945 to the Present*, Capricorn Link, 1994.

22. Ray S. Cline: *World Power Assessment: A Calculus of Strategic Drift*, Center for Strategic and International Studies, Georgetown University, 1975.

23. Ray S. Cline: *World Power Assessment 1977: A Calculus of Strategic Drift*, Westview Press, 1977.

24. Ray S. Cline: *World Power Trends and U.S. Foreign Policy for the 1980's*, Westview Press, 1980.

25. Raymond Aron: *Peace and War: A theory of International Relations*, Robert E. Krieger Publishing Company, 1981.

26. Ronald L. Tammen, Jacek Kugler et al.: *Power Transitions: Strategies for the 21st Century*, CQ Press, 2000.

27. Samuel P. Huntington, *The Third Wave: Democratization in the Late*

Twentieth Century, Norman: University of Oklahoma Press, 1991.

28. Shale Horowitz, Uk Heo, and Alexander C. Tan: *Identity and Change in East Asian Conflicts: The Cases of China, Taiwan, and the Koreas*, Palgrave Macmillan, 2007.

29. Victoria de Grazia's: *Irresistible Empire: America's Advance Through 20th—Century Europe*, Belknap Press of Harvard University Press, 2005.

30. Wilhelm Fucks: *Formeln zur Macht: Prognosen* über Völker, *Wirtschaft, Potentiale*, Deutsch Verlags-Anstalt, 1965.

31. 日本経済企画庁総合計画局編集:《日本の総合国力》，大蔵省印刷局，1987。

（三）期刊论文

1. "What's Gone Wrong with Democracy", *The Economist*, February 27, 2014.

2. Clinton Hillary, "America's Pacific Century", *Foreign Policy*, Issue 189, November 2011.

3. David Mitrany: "The Functional Approach to World Organization", *International Affairs*, 1948, 24(3).

4. Ernst B. Haas: "International Integration: The European and the Universal Process", *International Organization*, 1961, XV (Autumn).

5. Ernst B. Haas and Philippe C. Schmitter: "Economics and Differential Patterns of Political Integration: Projections about Unity in Latin America", *International Political Community: An Anthology*, Anchor Books, 1966.

6. John G. Ikenberry, "The Future of the Liveral World Order", *Foreign Affairs*, May/June 2011, Vol. 90 Issue 3.

7. Joseph E. Stiglitz: "Inequality: Of the 1%, By the 1%, For the 1%", Website of Vanity Fair, May 2011, http://www.vanityfair.com/news/2011/05/top-one-percent-201105.

8. Joseph A. Bosco: "Taiwan and Strategic Security", *The Diplomat*, May 15, 2015, http://thediplomat.com/2015/05/taiwan—and—strategic—security/.

9. Joseph Nye, "Comparing Common Markets: A Revised Neo-Functionalist

Model", *International Organizaiton*, vol. 24, no. 4, 1970.

10. Joseph S. Nye: "Still in the Game", Boston: *World Monitor*, March 1990.

11. Karl Deutsch, Sidney Burrell, et al. "Political Community and the North Atlantic Area", in *International Political Community: An Anthology*, New York: Anchor Books, 1966.

12. L. N. Lindberg: "Political Institution as a Multidimentional Phenomenon Requiring Multivariate Measurement", *International Organization*, vol. 24, no. 4, 1970.

13. Maria Wey-Shen Siow: "Chinese Domestic Debates on Soft Power and Public Diplomacy", *Asia Pacific Bulletin*, No. 87, December 7, 2010.

14. Philippe C. Schmitter: "A Revised Theory of Regional Integration", *International Organization*, 1970, 24(4).

15. Stephen G. Brooks, William C. Wohlforth, "Reshaping the World Woder", *Foreign Affairs*, 2009, Vol.88 Issue 2.

16. Shirley A. Kan and Wayne M. Morrison, "U. S. -Taiwan Relationship: Overview of Policy Issues", *Current Politics and Economics of Northern and Western Asia*, 2013, Vol. 22.

（四）研究报告

1. David A. Shlapak: "Questions of Balance: The Shifting Cross-Strait Balance and Implications for the U.S.", Website of Rand Corporation, March 2010.

2. Emmanuel Saez and Gabriel Zucman: "Wealth Inequality in the United States since 1913: Evidence from Capitalized Income Tax Data", Website of the National Bureau of Economic Research, October 2014, http://www.nber.org/papers/w20625.

3. IMD World Competitiveness Center: "IMD World Competitiveness Yearbook 2014", June 2014, http://www.colombiacompetitiva.gov.co/prensa/informes/IMD_WCY-2014.pdf.

4. Joseph Stiglitz: "Equality of Opportunity, Our National Myth", *The New York Times*, February 16, 2013.

5. Martin Gilens and Benjamin I. Page: "Testing Theories of American Politics:

Elites, Interest Groups, and Average Citizens", *Perspectives on Politics*, 2014, Website of OpenScholar @ Princeton, https://scholar.princeton.edu/sites/default/files/mgilens/files/gilens_and_page_2014_-testing_theories_of_american_politics.doc.pdf.

6. OECD Economic Policy Paper (No. 03): "Looking to 2060: Long-Term global growth prospects", November 2012, https://www.oecd.org/eco/outlook/2060%20policy%20paper%20FINAL.pdf.

7. Office of the Director of National Intelligence: "Global Trends 2030: Alternative Worlds", December 2012, https://globaltrends2030.files.wordpress.com/2012/11/global-trends-2030-november2012.pdf.

8. Shihoko Goto: "Taiwan and the U.S. Pivot to Asia: New Realities in the Region?", Report of the Woodrow Wilson International Center for Scholars' Conference on U.S.-Taiwan Relations, Website of Wilson Center, February 26, 2013.

9. The World Bank: Global Development Horizons 2011: "Multipolarity: The New Global Economy", http://siteresources.worldbank.org/INTGDH/Resources/GDH_CompleteReport2011.pdf.

10. The World Bank: Global Development Horizons 2013: "Capital for the Future Saving and Investment in an Interdependent World", https://siteresources.worldbank.org/EXTDECPROSPECTS/Resources/476882-1368197310537/Capital-ForTheFuture.pdf.

11. US-China Economic and Security Review Commission Staff Research Report: Jordan Wilson: "China's Expanding Ability to Conduct Conventional Missile Strikes on Guam", website of US-China Economic and Security Review Commission, May 10, 2016, https://www.uscc.gov/Research/china%E2%80%99s-expanding-ability-conduct-conventional-missile-strikes-guam.

12. United Nations Development Programme (UNDP) and China Centre for International Economic Exchanges (CCIEE): "Reconfiguring Global Governance -Effectiveness, Inclusiveness, and China's Global Role", Report of High-Level Policy Forum on Global Governance, December 17, 2012.

（五）统计网站

1. Bureau of Economic Analysis-U.S. Department of Commerce, https://www.

bea.gov/

2. Carbon Dioxide Information Analysis Center, http://cdiac.ornl.gov/trends/emis/meth_reg.html

3. Freedom House, https://freedomhouse.org/

4. Global Security.org, http://www.globalsecurity.org/

5. International Institute for Strategic Studies (IISS), https://www.iiss.org/

6. International Monetary Fund, http://www.imf.org/external/index.htm

7. Monocle, https://monocle.com/

8. Nature Index, http://www.natureindex.com/

9. Stockholm International Peace Research Institute (SIPRI), https://www.sipri.org/

10. The United Nations, http://www.un.org/zh/index.html

11. The United Nations Statistics Division, https://unstats.un.org/home/

12. The World Bank, http://www.worldbank.org/

13. U.S. Department of Defense, http://www.defense.gov/

后记

　　海峡两岸综合实力消长，是影响两岸关系发展的决定性因素，也是决策者认知和判断两岸关系的基础。这种认知和判断本应建立在"实际变化"的基础上，但长期以来系统揭示这一"实际变化"的成果寥若晨星。

　　2015年春，我正在找寻博士论文选题，我的导师南京大学历史学院教授、台湾研究所所长刘相平老师希望我建构海峡两岸综合实力评估模型，全面评估1978年以来的两岸综合实力，考察两岸硬实力与软实力的互动关系。综合实力量化评估对跨学科研究的要求很高，涉及模型建构、指标建模、数理统计、软指标量化、趋势预测等一系列内容，涵盖经济、科技、军事、资源、政治、文化、教育、外交等各领域，这对于一个历史学背景的青年研究者来说，确有窒碍难行之感。我一面以历史学人甘坐冷板凳的学术态度、"上天入海"的考据精神搜寻、比对各类数据，一面学习、运用统计学、政治学、国际关系等跨学科理论和方法，最终选用288项指标、上万个数据，绘制86张趋势分析图、78张数据统计表，测算1978年以来海峡两岸综合实力，构成进一步研究海峡两岸关系的依据和基础。

　　如今距成文已六年有余，历经审稿和修改近四年，评估结果早已时过境迁，仍盼为综合实力量化评估建构系统化模型，尤其是基于各领域理论和方法对软实力和硬实力中的软实力要素提供可量化的评估标准，为深入研究奠定基础。值此付梓之际，向所有为本书的撰写和出版提供帮助的师友致以最诚挚的谢意，并祈请学界同仁斧正。

　　我的导师刘相平教授是我从事台湾研究的领路人，更是我的人生导师。2009年春，我与刘老师相识于"当代台湾问题概论"的课堂，老师渊博的学识、严谨的学风、旷达的风范、亮节的品格令人仰之弥高。2009年秋，我在老师指导下撰写学年论文，正式步入台湾研究领域。此后多年间，老师不仅系统传授我台湾研究的知识和方法，钜细靡遗地指导我的论文，更是亦师亦父般对我的修身立德谆谆教诲，我在学术研究领域一点一滴的成长都离不开老师的帮助和教导。我时常庆幸，在懵懂无知之时，遇到一位德才兼备的导师，为我树立为人和学术的标杆。言语道断，也难以表达刘老师对我的人生和学术轨迹所产生的影响，更难以表达我对老师的景仰和感佩，只能化作在学术研究道路上继续前行的动力，努力不辜负老师的期望。师恩高与山齐，将永志吾心。

  我要向南京大学历史学院崔之清教授深鞠一躬，致以深切的感激。崔老师执太平天国研究和台湾研究之牛耳，博古通今、不拘小节，对许多问题高屋建瓴的阐释常常令我茅塞顿开。崔老师在学界享誉盛名、桃李满天下，却仍对我这微不足道的小小徒孙有求必应、倾囊相助，令我十分感佩。一朝沐杏雨，一生念师恩，衷心祝愿崔老师天保九如，喜乐安康。

  感谢国台办前副主任、海协会副会长孙亚夫先生在百忙之中拨冗为本书作序，实为莫大荣幸！孙主任深耕实务界和学术界数十年，对台湾问题的研究高瞻远瞩、洞若观火，作序期间主任多次就书中内容与我进行深入交流，一丝不苟的学术态度令我十分动容，也为我将来的深入研究指明了方向。感谢国台办新闻局和九州出版社，涉台研究出版不易，四年间各方不胜其烦地协调审核，才使得本书最终得以正式出版。

  感谢南京大学历史学院，以及赵清书记、张生院长对本书出版提供支持和帮助。在南大求学和工作期间，我还得到计秋枫教授、陈蕴茜教授、石斌教授、杨丹伟教授、李玉教授、梁晨教授、姜良芹教授、孙扬教授等老师的悉心教导。在台湾研究领域，国防大学政治学院的白纯教授，上海台湾研究所的倪永杰所长，中国人民大学的王英津教授，厦门大学的林劲教授、张文生教授、陈先才教授，北京联合大学的陈星教授、朱松岭教授，清华大学的郑振清教授，台湾大学的周继祥教授，台湾"中央研究院"的钟淑敏研究员等，给予我许多启迪和帮助。南京大学国际处暨台港澳办的从丛教授、孔剑锋老师、刘晓燕老师为我提供了诸多对外交流，尤其是赴台学习、交流的机会。君以知之甘露，启吾道之华，向诸位老师表达深深的谢意。

  进入台湾研究领域，尤其令我珍惜的是与师门兄弟姐妹的深情厚谊，以及与天南海北诸多学友的相识相知。我与郝沛然同门五年，多蒙其关心和照顾；师门的杨荣庆师兄、罗筱霖老师、王敏老师等给予我许多关怀和帮助，以及共同度过流金岁月的师弟师妹们，与他们同在南大学习和成长实为幸事，衷心祝愿他们在各自领域前程锦绣，得其所哉。

感谢多年来陪伴我、支持我的人，时常给予我学术灵感。感谢我的父母，一直以来，他们对我人生和学业的选择给予极大的包容、理解和支持；父母之恩重，三生报答轻，唯愿常相伴，共叙天伦乐。

回望步入台湾研究之路，实为一泓清可沁诗脾。虽则已见东海三为桑田，仍盼以赤诚之心将天下为己任，为国家统一与民族复兴贡献绵薄之力。

张萌

2023 年 11 月于仙林大美楼